JN495616

버들숲 짙푸른 楊門을 다시 열며

버들숲 집푸른 楊門을 다시 열며

A history of Namwon Yang family

초판 1쇄 인쇄일 2018년 3월 9일
초판 1쇄 발행일 2018년 3월 26일

기 획 양상윤
편 저 (1973) 양만정
개 편 (2018) 양상윤 양택규 양완욱
펴낸이 양옥매
디자인 임흥순 고유진
교 정 임수연

펴낸곳 도서출판 책과나무
출판등록 제2012-000376
주소 서울특별시 마포구 방울내로 79 이노빌딩 302호
대표전화 02.372.1537 **팩스** 02.372.1538
이메일 booknamu2007@naver.com
홈페이지 www.booknamu.com
ISBN 979-11-5776-537-9(03300)

이 도서의 국립중앙도서관 출판시도서목록(CIP)은 서지정보유통지원 시스템 홈페이지(http://seoji.nl.go.kr)와 국가자료공동목록시스템(http://www.nl.go.kr/kolisnet)에서 이용하실 수 있습니다.
(CIP제어번호 : CIP2018007626)

* 저작권법에 의해 보호를 받는 저작물이므로 저자와 출판사의 동의 없이 내용의 일부를 인용하거나 발췌하는 것을 금합니다.

* 파손된 책은 구입처에서 교환해 드립니다.

버들숲 짙푸른 楊門을 다시 열며

『南原楊氏世蹟輯要』
自序

近來에 西歐의 科學文明이 急進的으로 수입됨에 따라 우리의 固有思想이나 傳統이 무너져 가고 있다. 이것은 시대의 變遷에 따라 피할 수 없는 현상이기는 하지만 우리의 國籍까지도 옮길 수는 없다. 다시 말하면 모든 近代文明의 수입도 우리 韓國 속에 融和되어야 한다는 뜻이다. 그러려면 우리는 먼저 韓民族이 어떤 民族인가를 알아서 우리의 장점을 補하고 우리의 短點을 捨하여 우리가 바라는 문화를 創造함이 우리의 사명이라고 믿는다.

한 民族은 氏族의 결합체이다. 그러므로 民族史 연구는 氏族 연구에서부터 시작해야 한다. 한 民族의 흥망성쇠는 곧 한 氏族의 흥망성쇠와 밀접한 관계가 있기 때문이다. 그러므로 한 氏族史는 한 민족사의 一部分이 되는 것이다.

이런 觀點에서 볼 때에 자기의 先祖에 대한 연구는 곧 우리의 民族魂을 되찾는 데 必要不可缺의 일이라고 믿는다.

世間에서는 흔히 氏族史의 연구를 前近代的 思想인 兩班 자랑으로 誤認하기도 하나 이는 잘못된 생각이다. 이 세상에서 가장 尊貴한 것은 自己이며 자기가 생기게 된 根本은 자기의 先祖이기 때문이다. 자기의 선조는 잘났거나 못났거나 누구와도 바꿀 수 없는 것이다. 尊貴

한 선조의 遺業을 살펴서 우리의 나아갈 方向을 設定함이 가장 현명한 일이라고 믿기 때문이다.

우리 楊氏는 寧越公 이후로 근 千年이란 長久한 역사를 가지고 있다. 이 千年 동안에 우리의 선조들은 우리 民族의 興亡盛衰와 함께 喜悲의 역사 속에서 살아오셨다. 이 기쁘고 슬픈 역사를 살펴서 우리의 座標로 삼음이 후손으로서 마땅히 취해야 할 태도라고 믿는다. 특히 大提學公의 文章德業, 先祖妣 李氏의 卓烈의 行, 咸平公의 純孝, 執義公의 勳勞, 龜岩 · 梅堂公의 고도 行誼, 双梅堂 · 漁隱公의 學行義蹟, 龜陰 · 落霞亭公의 淸明直節, 聖泉 · 最樂堂公의 孝友文學, 三省堂 · 白水公의 理學精髓는 모두가 우리 민족사를 빛낼 만한 일로, 우리 후손으로서는 다시없는 자랑이라 아니 할 수 없다.

우리의 氏族史의 原書인 족보의 기원을 살펴보면 壬辰 · 丙子의 兩亂이 끝난 뒤인 肅宗朝에 들어와서 그 數가 近 百戶에 가깝게 되므로 족보의 必要性을 느끼어 蟻岩公께서 家乘을 만드신 데에서 비롯하여 1752年(英祖壬申)의 家乘譜와 1766年(英祖丙戌)의 족보 편찬이 있었다.

그 후에 各派에서 파보가 편집되다가 1931년의 辛未譜 刊行時에 저자의 祖考 星岩公께서 派派에 散在되어 있는 文獻을 聚合하시어 『南

原楊氏世蹟編』이란 冊子를 만드셨고, 다시 光復 後의 1955年 乙未譜를 刊行할 적에 지금은 九十高齡으로 臥病中에 계신 老親 龜雲公께서 前의 세적편을 補完하여 再刊行하셨다.

그러나 이 책은 모두가 한문 原書로 편집되어 있어서 現代人은 이해하기가 매우 어려우므로 後進들이 全然 이 책을 들여다보지 않고 있는 실정에 있다. 저자가 이를 딱하게 여기어 今番 數年間에 걸쳐서 多方面으로 文獻을 수집하여 이를 詳考하여서 前의 世蹟編 內容을 添削하여『南原楊氏世蹟輯要』라 이름 지어 편집하였다. 그러나 元來가 淺學非才한 저자가 다만 誠意만으로 唐突한 일을 꾀하였으니 어찌 疏忽한 점이 한두 가지뿐이겠는가? 저자의 研究不及으로 여기에 빠지게 된 先世事에 對하여서는 罪스러운 마음 禁할 길 없다. 다만 江湖同宗僉位께서는 이 점에 대하여 寬容하시기를 빌며 아울러 많은 指導鞭撻이 계시기를 바라고, 後進들이 우리 氏族史를 研究하는 데에 조금이라도 도움이 된다면 本來의 目的을 達成한 것으로 믿고 다시없는 榮光으로 여길 것이다.

끝으로 本書를 刊行함에 있어서 全州에서 印刷業 正和社를 經營하시고 계신 族叔 秉暢氏의 犧牲的인 奉仕와 協助를 하여 주신 데 對하여 甚深한 謝意를 表하는 바이다.

1973年 癸丑 仲冬

寧越公 二十九代孫 楊萬鼎 謹識

◆ 추천사 ◆

조상의 발자취를 되새기며

우리는 성시조인 영월공의 생존 시기를 고려 예종(재위 1105~1122년) 무렵으로 봅니다. 이것이 합리적 추정이라면 우리 남원양씨는 9백여 년이라는 역사를 이어 온, 뿌리 깊은 성씨라고 할 수 있겠습니다. 이 흐름을 부계를 중심으로 체계화한 문헌이 『남원양씨대동보南原楊氏大同譜』입니다.

우리 남원양씨의 최초 족보는 1766년(영조 42년)에 간행한 『남원양문족보南原楊門族譜』, 이른바 '병술보丙戌譜'입니다. 그 뒤로는 각 파의 파보派譜로만 명맥이 이어지게 됩니다. 이를 민망하게 여긴 원로들은 각 문중의 파보를 수습해 1955년에 『남원양씨족보』 9책을 간행했습니다. 그러나 이 족보는 5파만을 취보했기 때문에 '대동보大同譜'라고 할 수는 없을 것입니다. 그러다가 여러 어른들의 혈성血誠으로 문중 6파가 모두 합의해 참여함으로써 명실상부한 대동보가 발간된 것이 1998년 무인보戊寅譜입니다.

그러나 족보의 내용은 소상하지만 규모가 만만치 않아서 접근하기 어려운 점이 있었습니다. 이 단점을 해결하기 위해 시도한 것이 세적편世蹟編 편집입니다. 남원양씨의 세적을 처음으로 족보에서 발췌해 편집한 분은 정제靜齊 병현秉鉉 선생이라는 사실을 우리는 족보에서 확인할 수 있습니다.

그 후로 여러 어른들의 수정 · 보완 작업을 거쳐 최종적으로 갈무리한 분은 현곡玄谷 만정萬鼎 선생입니다. 현곡공은 한문으로 이뤄진 선대의 업적을 우리말로 번역하고 수정하여 당시 대종회장이셨던 중호中湖 병창秉暢 선생, 오성주조장 귀당龜堂 경섭璟燮 사장의 지원과 협찬으로 『남원양씨세적편』을 발간하게 됩니다. 그러나 이 문헌은 뜻있는 여러 종친들의 기대 속에 발간됐음에도 불구하고 고루 보급하지 못한 안타까움이 있었습니다.

그러다가 서울에서 『남원양씨세적편』 개정 · 증보판을 준비하고 있다는 소식을 알려 왔습니다. 이를 계기로 우리 양문의 세적을 고루 알릴 수 있는 좋은 기회라고 판단한 대종회에서는 저를 비롯한 직전 회장 만성萬星님, 총무 상호相浩님, 그리고 위선爲先 사업에 늘 앞장서셨던 용묵溶默님 등 여러 원로들과 논의를 통해 서울에서 진행 중인 개편 사업을 측면 지원하기로 합의를 했습니다. 그러나 탈고에도 불구하고 소요 경비 출연에 어려움이 있어 발간을 미루고 있다는 사정을 알게 됐으나 대종회에서도 선뜻 나설 수 있는 형편은 아니어서 마음만 졸이고 있었습니다.

이제 선보이게 될 『버들숲 짙푸른 양문楊門을 다시 열며』가 빛을 보게 된 것은 상윤相允 직전 서울종친회장이 경비 전액을 부담하신 덕분입니다. 이 지면을 빌어 감사의 말씀을 전합니다. 아울러 이 세적편이 나오기까지 대표 집필을 담당한 택규澤圭, 새로운 자료 발굴과 함께 작업을 원활하게 진행한 완욱皖旭, 한문 문적을 기존 번역물과 일일이 대조하면서 요새 사람들이 읽기 편하도록 교열하고 다듬어 준 성재成載 후학 등, 수고해 주신 모든 분들께 다시 한 번 감사의 인사를 전합니다.

이렇듯 여러 종친들의 정성으로 어렵사리 발간된 이 책이 종원 여러분 모두에게 배달돼 우리 스스로가 자랑스러운 양씨 가문의 후손임을 깨달을 수 있는 계기가 되기를 간절히 바랍니다. 그리고 우리 성관姓貫이 '순창양씨'라거나 '동계양씨'라는 말이 나오지 않기를 희망합니다.

우리 남원양문은 고려 우왕 때 이씨 할머니께서 유복자를 업고 개성에서 남원으로 낙향해 사시다가 1379년 귀미에 터를 잡으신 이래 지금까지 집성촌으로 세거한 씨족입니다. 그동안 우리 문중은 조선 시대에 사마시 30인(고려 3인), 문과 8인(고려 2인), 무과 10인을 배출했습니다. 가구家口는 1524년(중종 19년)에 영월공의 17세손인 '사士' 자 항렬 집안이 13세대, 1560년(명종 15년)에 18세손 '시時' 자 항렬 집안이 31세대, 1601년(선조 34년)에 '여汝' 자 항렬 집안이 52세대, 1641년(인조 19년)에 19세손 '거擧' 자 항렬 집안이 87세대로, 규모가 그다지 번성한 집안이 아닌 씨족임에도 불구하고 이렇게 많은 인재를 배출했다는 것은 어느 문중에도 뒤지지 않는 자랑거리라고 사료됩니다. 지금도 그렇습니다. 일일이 거명할 수는 없지만 허다한 우리 종원들이 사회 각 분야에서 열심히 활동하고 있다는 것은 선조님들이 쌓아 놓은 음덕일 것입니다.

새로운 모습으로 발간된 이 『버들숲 짙푸른 楊門을 다시 열며』를 통해 모든 종원들께서 우리 양문의 후손됨을 자랑스럽게 여기게 되는 계기가 되기를 간절히 바라면서, 우리의 뿌리를 확실히 알 수 있는 기회로 삼기를 진심으로 간구합니다. 아울러 우리 양문의 모든 종원님들의 가정에 행복과 즐거움이 늘 함께 하시기를 서원합니다.

2018년 봄

남원양씨 대종회장 **양상린**楊相麟

◆ 발간사 ◆

개정 · 증보판을 내는 우리의 기대

우리는 정보의 홍수에 떠다니며 살고 있다고 해도 지나친 말이 아닙니다. 세상은 정신없이 변화합니다. 매순간마다 새로운 정보의 소나기 속에 사는 것이 우리들의 현실입니다. 그 정보의 물결을 타고 부유하다 보니 내가 누구인지, 어디에 서 있는지, 어디로 가고 있는지 정신을 차릴 수 없을 지경입니다. 이 시대의 삶이란 것이 나 자신의 행복 찾기가 아니라 새로운 정보의 지시에 따라 움직이고 있기 때문일 것입니다. 그러다 보니 '참된 나'를 잃고 다른 사람을 의식하게 되고, 그 사람에게 뒤지지 않겠다는 조바심에 마음 졸이는 것이 요즈음의 '우리'입니다.

내가 있으므로 가족이 있고, 사회가 있고, 나라가 있습니다. '나'는 소중한 존재입니다. 내가 소중하다면 나를 있게 한 부모가 소중하고, 부모의 부모가 소중하고, 부모의 부모를 있게 한 선조가 소중합니다. 우리 민족의 유구한 역사가 있다면 그 역사의 갈래는 씨족사일 것입니다. 이 씨족사의 총화가 곧 민족사이기 때문입니다.

우리는 남원양씨임을 자랑합니다. 우리는 훌륭한 선조들이 계셔서 그분들의 혈통을 이어 왔다고 자부합니다. 그러나 우리 양씨의 근원을 대라면 쩔쩔맵니다. 훌륭한 조상이 언제, 어떻게 사신 분이냐고 물으면 말문이 막힙니다. 막연히 '훌륭하다'라고만 인지하고 있는 것이지, 많은 이들로부터 왜 추앙을 받고 있는지는 모릅니다. 우리가 어렸을 때만 해도 어른들은 씨족사에 대해 상당한 지식을 물려받았던 것으로 기억합니다. 그런데 요즘은 어찌된 영문인지 가까운 인척도 잘 모릅니다. 대충 알고 넘어갑니다. 이는 우리 사회의 급속한 근대화의 진행과 함께 전통사회가 해체된 결과일 것입니다.

얼마 전까지 저도 가통에 대한 지식이 매우 얕은 수준에 머물렀다고 고백하지 않을 수 없습니다. 어렸을 적에 어른들로부터 들었던 사실 중 기억나는 것 몇 가지뿐입니다. 남원양씨, 쌍매당공파, 이씨 할머니께서 비홍재에서 나무로 깎은 매鷹를 날려 집터를 잡았다는 정도가 고작입니다. 여기에서 부모님, 조부모님을 거슬러 올라가 증조·고조로 가게 되면 미지의 세계가 됩니다.

저는 본의 아니게 서울종친회장직을 수행한 시기가 있었습니다. 처음 이 직책을 떠안았을 때만 해도 우리 문중의 종사나 가통家統에 대한 지식들이 어린 시절의 기억에서 크게 벗어나지 못했습니다. 저뿐이 아닙니다. 우리 종원들 중 연세가 많으신 몇 분 말고는 거의가 저와 다르지 않았습니다. 드러내 놓고 말할 일은 아니지만, 현실이 그렇습니다.

남을 탓할 일이 아닙니다. 저부터가 배우고 익혀서 종원들에게 들려드려야겠다는 생각이 들었고, 그래서 자료를 찾았습니다. 그게 『남원양씨대동보』와 함께 현곡玄谷 만정萬鼎 선생이 엮은 『남원양씨세적집요』였습니다. 저는 이 문헌이 조 · 부 · 손 3대의 성과물이라고 들었습니다. 외람된 말씀이나, 『버들숲 짙푸른 楊門을 다시 열며』의 저본인 『남원양씨세적집요』는 출판 사정이 열악했던 40여 년 전의 문헌입니다. 국한문혼용체인 데다가 더러 벽자僻字 · 복자伏字 · 탈자脫字가 없는 것도 아니어서 천학비재淺學菲才한 저로서는 읽기가 불편했습니다. 요새 감각에 맞게 개편하고 싶은 욕심이 생긴 까닭입니다.

저는 이 책을 준비하기 전에 현곡 선생의 동생이자 21대 종회장을 역임하신 만성萬星님에게 제 의향을 말씀드렸습니다. 다행스럽게도 흔쾌히 응낙해 주셔서 저는 종사에 관심이 있는 몇몇 족하足下들을 중심으로 편집진을 구성했습니다. 이렇게 해서 전체 업무는 제가 책임을 지기로 하고 2016년 여름부터 자료 검토와 집필 준비에 들어갔습니다. 집필진은 원본과 『남원양씨대동보』의 대조 및 비교, 권위 있는 문헌자료를 통한 사실史實 확인, 균형 잡힌 진술을 지향하기로 했습니다.

시작한 지 벌써 1년을 넘기고 2년의 세월이 흘렀습니다. 저희 편집진은 이 자료가 다소 미흡하게 보일지라도, 꽤 쓸 만한 자료로 오래오래 간직되기를 기대하고 있습니다. 저희들은 이 『버들숲 짙푸른 楊門

을 다시 열며』를 통해서 우리 선조들께서 어떻게 가문의 명예를 지켜 오셨는지, 민족사에 얼마나 치열하게 반응하셨는지, 그리고 오늘의 우리에게 어떻게 처신하라고 질타하고 계신지를 실감하는 계기가 되기를 기대합니다.

이 책이 나오기까지 실로 많은 분들의 도움이 있었습니다. 저희들이 작업하는 동안 계속 편달해 주신 대종회장님, 든든한 버팀목으로 응원해 주신 서울종친회 회장과 종원분들, 자문에 응해 주신 대종회 원로 어르신들, 전주와 순창에서 오류를 지적해 주신 여러 분들께 감사의 말씀을 올립니다. 바쁘신데도 불구하고 편집진의 요구에 따라 문헌 자료를 보내 주시고, 현장의 사적을 확인해 주시거나 수도권에 살면서도 사진 자료를 위해 먼 길을 마다하지 않으신 분들에게도 감사의 마음을 전합니다.

2018년 봄

영월공 제28대손 **양상윤**楊相允

차례

1. 자서 – 양만정 · 4
2. 추천사 – 양상린 · 8
3. 발간사 – 양상윤 · 12

제1장 성씨와 본관

1 | 성씨의 기원과 형태 · 18
2 | 남원양씨의 기원 · 21

제2장 대제학공과 이씨할머니의 사적

1 | 대제학공의 사적 · 30
2 | 이씨할머니의 사적 · 44

제3장 세계

1 | 이씨할머니가 지니고 오신 가승(1~10세) · 58
2 | 지파의 파생(11~17세) · 62

제4장 과거

1 | 과거 · 104
2 | 문과 · 108
3 | 무과 · 121
4 | 사마 · 127

제5장 음서와 천거

1 | 음서 · 156
2 | 천거 · 165

제6장 증직과 수직

1 | 증직 · 178
2 | 수직 · 181

제7장 당론과 당화

1 | 을해당론 · 200
2 | 우리 양씨의 당화 · 205
가. 귀음공의 을묘당화 · 206
나. 성천공의 을묘당화 · 211
다. 무송공의 정사상소 · 213
라. 백수공의 당론 · 228

제8장 창의

1 | 임진왜란의 창의 · 232
2 | 병자호란의 창의 · 237
3 | 한말의 의병 · 241

제9장 유현

제10장 유행

제11장 서원과 사우

1 | 화산서원 · 312
2 | 서룡사 · 314
3 | 지계사 · 318
4 | 아계사 · 321
5 | 화암서원 · 322

제12장 문화재와 전설

1 | 문헌 · 326
가. 국가보물 · 327
1) 대제학공과 직제학공 홍패 · 328
2) 좌랑공과 부정공 홍패 · 330
3) 좌랑공과 창주공 백패 · 331
4) 부정공 교지 · 331
나. 전라북도 유형문화재 · 332
2 | 유적 · 건물 · 333
가. 정려 · 333
1) 고려 직제학 양수생 처 열부 이씨 려 · 335
2) 양시진 처 도강김씨 정려 · 338
나. 누정 · 345
1) 귀암정 · 345
2) 광제정 · 348
3) 어은정 · 351
4) 사라진 정자들 · 354
다. 건축 · 359
라. 자연 유산 · 363
마. 전설 · 377

제13장 선영과 산송

1 | 선영 · 391
가. 농소 이씨할머니 묘 · 392
나. 관전 선영 · 396
다. 대곡(대실) 선영 · 397
라. 여산 선영 · 399
마. 세심 선영 · 403
바. 세룡 선영 · 404
사. 구선동 선영 · 405
2 | 산송 · 406
가. 농소막 선영의 투장 산송 · 406
나. 여산 선영의 산송 · 412

제14장 혼맥

1 | 선외가 · 418
2 | 외손 · 421

제15장 전통의례

1 | 출산 · 426
2 | 관례 · 429
3 | 혼례 · 430
가. 혼례 준비 · 430
나. 혼례식 · 431
다. 신행 · 435
4 | 상례 · 438
가. 임종에서 입관까지 · 439

나. 출관 · 442
다. 출상 · 444
라. 출상 이후 · 447

5 | 제례 · 449
가. 준비 · 449
나. 제례 순서 · 452

6 | 시제 · 455
가. 대종 춘제 · 455
나. 대종회 주관 묘제 · 462
다. 지파 묘제 · 464

부록

1 | 인명록 · 468
2 | 조선 시대의 품계와 관직 · 518
3 | 과거제도 · 520
가. 식년시 · 520
1) 문과 · 521
2) 무과 · 523
3) 잡과 · 524
나. 별시 · 524
1) 문과 · 524
2) 무과 · 525
4 | 남원양씨 항렬 · 525
5 | 호칭 · 526
가. 친척끼리 · 526
나. 사돈끼리 · 532
6 | 대종회 역대 도유사 · 대종회장 및 서울 종친회장 · 534
가. 남원양씨 대종회 · 534
나. 남원양씨 서울종친회 · 535
7 | 선조들의 전적典籍 · 539

참고문헌 · 540
찾아보기 · 541
가계도 · 559
표 · 561
삽도 · 562
後記 · 564

일러두기

1. 기본 구성은 저본底本 『南原楊氏世跡輯要』에 따르되 제15장 '전통의례'는 추가한 자료이며, 〈부록〉은 본문 이해를 위한 도움자료이다.
2. 연대는 서력西曆과 왕대王代를 병기했다.
3. 사실史實이나 인용문은 출처를 밝혔다. 명시되지 않은 사적史蹟과 인용은 『南原楊氏大同譜』를 준용했다.
4. 원서의 고유명사 표기와 독음이 『南原楊氏大同譜』와 다를 때는 『南原楊氏大同譜』를 준용했다.
5. 우리 선조의 존함에는 문자표를 달았으나, 諱가 연속적으로 이어질 때는 맨 앞 어른에만 붙였다. 선세先世의 일은 경어를 썼다.
6. 표제명 선택은 원서에 따랐다. 최근 인물이나 개화기 이후의 관직을 채용하지 않은 이유다. 손록孫錄도 원서의 기준에 따라 자녀로 국한했다.
7. 호칭은 원서에 따라 아호 또는 직함을 혼칭했다.
8. 한자 병기는 최초 단어로 한정했다.
9. 특수 기호 쓰임은 다음과 같다.

• 『 』: 도서명 • 「 」: 작품명 • ➡ : 관련기사 안내 부호

제1장

성씨와 본관姓貫

교룡산 아래 동네 | 이씨 할머니는 개성에서 유복자를 안고 교룡산 아래 대제학공의 시골집으로 내려와 사신 것으로 알려졌다.

우리는 '남원양楊씨'다. '남원'과 '양씨'가 늘 붙어 다닌다. '남원'은 우리들의 본관, 즉 우리 시조께서 사셨던 곳이고, '양씨'는 혈통을 상징하는 기호, 이른바 성씨다. 이 합성은 절대 바뀌지 않는다. 우리는 순창양씨도 동계양씨도 아닌, '남원양씨南原楊氏'가 제대로 된 지칭이다.

1. 성씨의 기원과 형태

누구에게나 성명姓名이 있다. 성姓은 성씨 곧 혈연을, 명名은 다른 사람과의 차별성을 드러내는 이름이다. 성씨는 '성姓'과 '씨氏'의 합성어로 부모의 혈통을 드러내는 기호였다.

먼 옛날은 모계사회였다. '성'은 '나'를 '낳아준 여성(女+生)' 쪽 혈족을 표시했고, 아버지 쪽 혈통을 나타내는 것이 '씨'였다. 그래서 성씨는 부모의 혈통을 가리키는 기호가 된다. 이때만 해도 모계母系가 씨족의 줄기였고, 부계父系는 가지였다.

그러다가 수렵 · 채집사회가 농경사회로 진화하고, 남자의 힘의 강화되면서 성씨의 위상도 달라졌다. 중국에서는 진한秦漢(BC 221~AD 220) 시대부터 성과 씨의 개념이 하나로 융합되기 시작해 한漢나라 때에 이르러 '성'으로 통칭됐고, 이것이 '씨'로 바뀌었다.

우리나라가 중국식 성씨를 본격적으로 사용하기 시작한 때는 신라 말부터 고려 초라는 것이 학계의 정설이다. 성은 대부분 외자지만 남궁 · 서문 · 황보 같은 복성複姓(두 글자로 된 성)이 존재하는 이유는 성씨 형태를 중국에서 도입했기 때문이다.

통일신라 이전에는 음절音節 수가 일정하지 않은 이두식 이름을 썼다. 거칠부 · 이사부 같은 이름이 그것이다. 그러다가 통일신라 이후 한자식 성씨를 도입하고, 두 글자로 된 이름이 등장하기 시작했다. 지금은 누구에게나 성씨가 있지만, 고려 초기만 해도 성씨는 특수계층에서만 향유할 수 있었다. 왕건을 도와 고려를 세운 개국공신들의 대부분도 성씨 없이 이름만 있었다.

후삼국을 통일한 고려 태조는 사회통합의 필요성을 절감했다. 그래서 각 지역의 영향력 있는 호족 세력에게 성씨를 분배하면서 출신지를 본관으로 정했다. 이를 역사에서는 토성분정土姓分定이라고 한다. 토성이란 지연土과 혈연姓이 혼융된 개념이다. 성 앞에 붙은 지명은 본관이 된다. 시조의 거주지가 그곳이어서 본관으로 정해졌다.

본관과 성姓貫은 항상 붙어 다닌다. 우리는 그냥 양씨가 아니고 '남원양씨'다. 남원에서 사셨던, 양씨 성을 가진 어른의 후예라는 의미다. 이씨할머니가 개성에서 낙향하실 때 가슴에 품고 오셨다는 과보科譜(과거를 치를 때 응시자의 8세조까지 밝혔던 조상의 계보)에 적힌 분들이 언제 개성으로 이주하셨는지 모르지만, 그럼에도 불구하고 그 분들은 개성 사람이 아니라 선조가 사셨던 남원 사람, 곧 남원인이었다. '남원인'

이란 본관이 남원이라는 뜻이지 남원 출신이라는 말은 아니다. (남원을 본관으로 삼은 양씨는 '楊'씨와 '梁'씨가 있다. 이 글에서는 남원梁씨를 가리킬 때는 반드시 한자를 병기했다. 따라서 아무 표시 없는 '남원양씨'는 우리 집안이라고 보면 된다.)

고려 초기만 해도 성씨 없는 사람이 더 많았다. 이때의 성씨는 인명人名의 필수요소가 아니었다. 그러다가 1055년(고려 문종 9), 성이 없는 사람은 과거에 오를 수 없다는 법령이 반포됨에 따라 많은 성시조姓始祖가 등장했다. 고려 때에 성씨를 가졌다는 것은 지배계급, 곧 특수 계층에 편입됐음을 의미한다. 고려조의 우리 어른들이 금방金榜에 오르고, 높은 관직에 계셨다는 것은 그만큼 비중 있는 가문이었다는 증거다.

성씨는 고려를 거쳐 조선에 이르러 백성들 사이에 보편화됐다. 성종 때 나온 『동국여지승람』에는 277성이 등장한다. 그럼에도 불구하고 17세기까지도 성관姓貫이 없는 인구가 50% 정도 였다. 임진 · 병자 양란을 겪는 동안, 기존의 신분 질서가 흔들리면서 사회 구조가 재편되는 조짐이 나타났다. 이 흐름에 따라 피지배 계층의 경제력이 성장하고, 이들의 신분상승 욕구가 분출되기 시작해 1백여 년 뒤에는 성씨 없는 인구가 10% 미만으로 줄었다. 그러다가 1909년(융희 3) 민적법의 시행으로 비로소 모든 사람이 성씨를 가지게 됐다.

2015년 인구주택 총 조사에서는 성씨 5,582개, 본관 3만 6,744개로 집계됐다. 성씨만 따지더라도 1985년의 275개, 2000년의 728개에 비하면 상상을 뛰어넘는 증가다. 우리나라가 다문화사회로 접어들면서 귀화인이 늘어나고, 동남아를 비롯한 세계 곳곳의 이성異性들과 국제 결혼이 자유로워지면서 창씨창본으로 나타난 결과다. 이 중 전통적인 득성得姓 방식에 따라 한자로 표기할 수 있는 성씨는 1,507개, 나머지는 한글만의 표기인데 이는 모두 귀화 성씨로 보면 틀림없다.

1980년까지만 해도 한글만으로 된 성씨는 없었다. 최근의 귀화인들은 중국계가 49.8%로 '뇌賴 · 즙汁…' 등 한자 성씨도 있지만, 한자문화권의 밖에서 귀화한 사람들이 타블로, 하질린, 무크라니, 파피오나, 뮬러 등 어린 시절 모국에서 쓰던 성이나 출신 지역을 그대로 한자 표기 없이 한글로 옮겨 적어 성씨와 본관으로 등재된 것이 대부분이다.

2. 남원양씨의 기원

중국의 양楊씨는 인구 순위에서 6위를 차지한다. 중국에서는 대성인 셈이다. 중국사中國史는 당숙우唐叔虞(주나라 무왕의 아들)의 후손 백교伯僑가 진晉나라에서 주周나라로 들어가 양후楊侯로 봉작되고, 양읍楊邑이라는 식읍食邑을 대대로 통치한 데서 비롯했다고 설명한다. 이후로 중국의 양씨는 제왕을 비롯한 정치가, 사상가 등 걸출한 인재를 많이 배출했다. 고구려를 침범한 수양제도 그 중의 한 사람이다.

중국과 달리, 우리나라 양楊씨는 조선 시기에 '8희성稀姓'으로 지목될 만큼 인구가 적었다. 이는 지금도 크게 다르지 않다. 통계청은 2015년을 기준으로 양楊씨 총수를 69,101명으로 집계했다. 이중 우리 양씨는 17,332명(청주양씨가 38,161명으로 가장 많다.)이다. 모든 양楊씨 중 1/4 정도이다. 우리나라 인구 4천 9백 70여만 명의 0.035%에 조금 못 미치는 비중이다.

1766년(영조 42)에 편찬한 우리 족보丙戌譜의 서문에는 여러 양楊씨의 본관이 남원, 청주, 중화中和, 풍산豊山의 4본으로 나와 있다. 그런데 2000년 통계청 자료에는 네 지역 외에 11본이 더 있다. 이것은 4본에서 갈린 것으로, 원래 관향을 기억하지 못하는 양씨가 조상의 거주 지역이나 본향이리라고 짐작하는 곳을 적당히 둘러댔을 개연성이 높다. 순창양씨, 동계양씨 따위가 그런 유類이다.

『만성보萬姓譜』는 4본을 이렇게 소개했다. (『병술보』 서문에 보이는 풍산양씨는 기록에 없다. 『만성보』에는 풍산양씨 대신 안악양씨가 보인다.)

남원양씨, 시조는 경문敬文, 영월군사를 지냈다.

청주양씨, 시조는 기起, 원나라의 도첨의시중都僉議侍中. 노국공주魯國公主(계국공주의 착오)를 따라 고려로 들어와 충선왕 때 대광보국숭록대부大匡輔國崇祿大夫에 올라 상당백 충헌공上黨伯忠獻公에 봉해지고 처가가 있는 청주를 관적으로 하사받았다.

중화양씨, 시조는 포浦, 원나라 때에 용호위상장군龍虎衛上將軍으로 고려 고종 때 정승을 지냈고, 당악군唐岳君에 봉해졌다.

안악양씨, 시조는 판사判事다.

소루하나마 안악양씨 말고는 시조의 이름을 밝혔으므로 창씨 연대 추적이 가능하다. 안악양씨는 시조를 '판사'라고만 소개하고 있으나 청주양씨 기起의 3남이라는 설도 있다. 굳이 안악양씨 시조를 따지는 이유는 양규楊規(?~1011, 현종 2)의 유명세 때문이다. 그는 양씨로는 사서史書에 맨 처음 등장하는 인물이다. 고려 초엽, 구주성龜州城(현재 평안북도 구성읍)에서 거란군을 격퇴한 명장으로 알려졌다. 그때가 1010년(현종 1), 영월공보다 1세기 정도 선진이다. 『신증동국여지승람』은 양규를 안악 사람이라고 했다. 그런데 안악양씨를 포함, 우리나라에는 양규 장군의 후예라고 세계世系를 댄 후손이 없다. 『고려사절요高麗史節要』에는 양규의 공적과 함께 아들 대춘帶春의 행적까지 나와 있다. 예종(睿宗, 고려 16대왕. 재위 1105~1122)이 양규의 공로를 못 잊고 증손에게 은합銀盒을 하사했다는 기록으로 보아 어디엔가는 그의 후손이 혈통을 이어갔을 가능성은 높다.

굳이 남원양씨가 아니라 하더라도 양규 같은 인물이 씨족사에서 증발해버린 사실은 아쉬운 대목이지만, 본관이 다른데도 동성이라는 이유로, 문헌적 근거 없이 자기 조상으로부터 유래한다는 주장祖上同源說 때문에 우리 양씨는 한때 곤욕을 치렀다.

위의 『만성보』대로라면 양씨는 중국계와 토착계로 나눌 수 있다. 남원양씨와 안악양씨는 토착 성씨, 청주양씨와 중화양씨는 중국계로 본다. 청주양씨는 시조를 고려 26대 충선왕비인 계국대장공주薊國大長公主가 원나라에서 시집올 때 배종한 후 귀화했다는 사실을 자랑스럽게 밝히고 있다. 그에 반해 남원양씨는 영월공寧越公경문敬文을 시조로 모신 토착 씨족이다. 문제는 영월공의 선대, 곧 비조鼻祖(시조 이전의 선계先系 조상 중 가장 윗사람)가 어떻게 되느냐 하는 것이다.

씨족의 시작은 선언적으로 출발한 것이 아니다. 일정한 세월이 흐른 뒤, 본관지에 살았던 수많은 씨족원 중에서 후손들이 '자랑할 만한' 인물이라고 추대한 사람이 시조다. 그렇게 선택되려면 후손도 그럴듯한 인물이어야 한다. 대가 끊어지지 않아야 하고, 주요 관직에 진출한 후손이 나와야 수많은 씨족원 가운데 그 후손들의 시조로 선택되고, 그래서 성시조姓始祖로 추대되는 영광을 차지할 수 있다. 선택된 시조의 위상을 단적으로 보여주는 예는 머나먼 옛날, 왕이었다는 사람에게 줄을 대고 있는 김해김, 밀양박, 전주이, 경주김씨에서 찾을 수 있다. 이들은 2015년 주택총인구조사 집계의 규모면에서 최상위를 차지했다. 그들은 현존 씨족원 수효만 1,200만이 넘는다. 이들은 귀화인을 제외한 우리나라 총인구의 24% 이상을 차지한다. 신라를 넘어, 고려를 거치고, 조선을 지나 오늘을 살면서도 대한민국 국민의 1/4 가까이가 왕족의 후예임을 자랑한다.

남원양씨는 사정이 다르다. 우리 족보는 이씨할머니께서 고려 말엽에 낙향하실 때 품고 오신 가승家乘으로부터 출발한다. 이 가승은 대제학공께서 과거를 치를 때 작성한 과보이기도 하다. 당시 예부禮部(고려 시대 과거를 주관한 부서)에서는 응시자 8세조까지의 명단을 제출한 사람에게만 수험 자격을 줬던 것이다.

이씨할머니가 지니고 오신 가승은 대제학공과 직제학공을 포함하고 있는데, 그 정점에 영월공이 있다. 그래서 우리는 영월공을 남원양씨의 성시조로 모신다. 이 가승은 영월공에 이어 유점由漸 → 한점漢占 → 용문用文 → 직령直令 → 국재國材 → 윤보允保 → 서령瑞齡 → 이시以時 → 수생首生으로 이어지는 가첩이다. 우리 남원양씨의 시조 추대 방식은 다른 씨족의 작위적 · 과시적 추대와는 이렇게 성격이 다르다.

이 가승에는 이 어른들의 생졸년이 나타나 있지 않다. 그래서 그분들의 생존 시기를 추정하려면 대제학공의 등과를 기점으로 역산逆算해야만 하는 어려움이 있다. 영월공은 대제학공의 8세조이므로, 1세를 30년으로 잡는다면 등과 240년 전이라는 계산이 나온다. 대제학공의 등과는 1355년(공민왕 4)이다. 이때부터 240년 전이라면 1115년(고려 예종 10) 무렵이다. 이로 보면 영월공은 고려 예종에서 인종(仁宗, 고려 17대왕. 재위 1122~1146) 무렵에 사셨던 것으로 짐작된다. 그렇다면 우리 남원양씨 역사는 약 9백년 정도인 셈이다.

『만성보』를 통해 이미 살핀 것처럼, 청주양씨와 우리 남원양씨는 본관과 창시조가 다르다. 청주양씨는 시조가 중국에서 왔다는 유래설始祖東來說에 기반을 둔 씨족이고, 우리는 남원을 본향으로 삼는 토착씨족이다. 한때 청주양씨는 영월공이 그들의 창씨조인 양기楊起의 차남이므로 우리를 '아래'라고 주장, 우리의 자존감을 훼손한 적이 있었다. 청주양씨 족보에 따르면, 그들의 성시조는 고려 26대 충선왕비인 계국대장공주가 몽골에서 시집올 때 수행했던 상당백 양기라고 한다. 그들이 청주를 관향으로 삼게 된 연유는 그곳이 양기의 처향妻鄕이기 때문이다.

양기가 고려로 들어온 시기는 1313년(충선왕 5)으로, 대제학공이 등과하신 해로부터 42년 전이다. 당시 양기의 나이를 젊게 잡아 서른 살로 가정해도 대제학공이 등과했을 때는 이미 일흔을 넘긴 노인이다. 높은 작위爵位를 감안해 마흔 살쯤으로 잡더라도 80이 넘는 노령이다. 양기는 대제학공보다 마흔에서 예순 살 정도 앞섰다고 해도 무리가 아니다. 그럼에도 불구하고, 청주양씨는 남원양씨와 합보合譜하면서 대제학공의 8세조인 영월공을 양기의 차남으로 끌어들이는 억지를 부렸다.

이는 조선의 명종 · 선조 무렵에 활동한 청주양씨 양사언楊士彦이 저지른 오류다. 이 오류 합보는 상당 기간 그대로 유통되었다. 그러다가 1640년(조선 인조 18) 화양공華陽公 諱여매汝梅이 '남원양씨는 청주양씨와 뿌리가 다르다'라는 논변으로 청주양씨 측에 이의를 제기했다. 그 뒤로 백수공白水公 諱응수應秀과 학생공學生公 諱학태學泰이 『고려사』 · 『성원총록姓源叢錄』을 비롯한 사서史書와 종중문서를 상고하여 화양공의 주장을 받쳐줬다. 『백수집白水集』은 그 전후 사정을 밝히고 그들의 오류를 이렇게 지적했다.

> 중화 후손 양일영楊日榮 · 일서日舒 등이 평양에 살았는데 내가 일찍이 서찰을 보내 그 계첩系牒을 얻어 봤다. 거기에는 중화와 청주 또한 동보同譜로, 다 같이 고려 때의 정승 양포楊浦를 시조로 삼았다. 양포 정승의 증손 기起가 상당백이 됐기 때문에 그 자손이 따로 청주로 본관을 삼았다는 것이다. 내가 이를 가지고 『성원총록』과 대조해 보니 『성원총록』에 있는 청주양

씨보에서 말하기를 시조 양선재楊善才는 중국 홍농弘農 사람인데 원나라 시중상서侍中尙書(최고위직 재상)를 지냈고, 한漢나라 태위太衛 진震의 14대손이라 했다. 그의 증손 기가 충선왕 때 노국대장공주를 배행하여 우리나라에 와서 벼슬이 삼한벽상창국공신三韓壁上昌國功臣 삼중대광도첨의정승三重大匡都僉議政丞으로 상당백에 봉해져 청주 · 해주 · 송화松禾를 식읍食邑(고대 중국에서 왕족 · 공신 · 대신들에게 공로에 대한 특별 보상으로 주는 영지領地. 그 지역 조세를 받아 먹게 했고, 봉작과 함께 대대로 상속됐다.)했기 때문에 청주양씨가 이에서 비롯했다. 이 양보兩譜를 보건대, 상당백 이상의 같지 않음이 또한 이러하니 어찌 된 일인가.

_『백수집』 권13, 족보서族譜序

추측컨대 당시의 양사언은 우리나라 모든 양씨를 단일본으로 삼으려 했던 모양이다. 지금도 청주양씨의 구보舊譜에는 영월공이 양기의 둘째 아들로 돼 있어서 남원양씨가 자기 집에서 갈려 간 집이라고 답습해 적고 있다.

이제 우리가 남원을 본관으로 삼은 근거를 살펴보자.

앞에서 진술한 것처럼 고려 중엽까지는 본관제도란 것이 없었다. 따라서 우리에게도 남원을 본관으로 삼았다는 명시적 기록은 없다. 그런데 이색李穡의 『목은문고牧隱文藁』에는 '양군 이시楊君以時는 남원인이다'라는 구절이 나온다.(➡ p.37) 대제학공이 국자감 학유로 계실 때 나온 글이다. 여기 나오는 '남원인'은 본관이 남원이라는 뜻인지, 단순한 주거지를 말하는 것인지를 확인할 길은 없다. 다만 그 구절 뒤에 나오는 '우리 원님의 정사政事'란 표현으로 미뤄 당시 사시던 곳이 남원이라는 것만은 확실하다.

이색의 대제학공 소개는 『신증동국여지승람』「남원도호부」편에도 소상하게 나오는데, 이것이 우리가 남원을 본관으로 삼은 단서다. 남원군지郡誌 『용성지龍城誌』에 실린 이씨할머니 전기에도 '부군 諱수생의 고향인 남원으로 낙향하셨다'라고 되어 있어 이색의 글과 일치한다. 그러므로 우리 양씨가 대제학공 윗대 몇 세世 동안은 남원에서 사셨다고 추정할 수 있으며, 이를 근거로 남원을 본관으로 삼은 데는 전혀 무리가 없다.

제2장

대제학공과 이씨할머니의 사적史蹟

비홍산성 | 『용성지』는 이씨할머니가 쌓은 성이라고 기록했다. 『전라북도지』「전설사화」편은 이씨가 방대한 재산을 지키기기 위해 쌓았다고 했다. 비홍재에서 문덕봉 쪽 500m 지점, 남원시 주생면 내동리 산 57-2.

영월공 이후 우리 양씨의 현조顯祖는 대제학공이고, 씨족의 터전을 다진 분은 이씨할머니다. 대제학공은 문과 급제한 후 국자감학유, 고부군수, 양광도안렴사, 추밀원지신사, 집현전대제학 등을 역임했음은 물론 시문에 능하여 시 4수가 『동문선東文選』에 전할 뿐만 아니라, 명나라에서 편찬한 『조선시선朝鮮詩選』에도 공의 시가 수록돼 있다.

이씨할머니는 직제학공이 돌아가신 뒤에 온갖 어려움을 무릅쓰고 개성으로부터 유복자를 안고 남하하여 후손들의 영원한 터전을 마련하고 오늘의 우리를 있게 한 분이다.

1. 대제학공의 사적

대제학공은 고려 말기인 14세기 초에 태학생공太學生 諱서령瑞齡의 아드님으로 태어나셨다. 1353년(공민왕 2) 생원시에 장원하시고, 2년 후인 1355년(공민왕 4) 을미방 문과에 오르셨다. 이후 국자감학유, 고부군수, 양광도안렴사(양광도는 지금의 경기 남부, 강원 일부, 충청의 대부분을 차지하는 지역이다. 안렴사는 각 도의 으뜸 벼슬), 추밀원지신사(조선의 승정원도승지에 해당하는 관직), 판사를 거쳐 집현전대제학 등을 역임하셨다. 가까이 지낸 분으로는 목은 이색, 둔촌 이집遁村 李集, 척약재 김구용惕若齋 金九

容 등과 같은 명사가 있다. 시문에 능해『동문선』에 시 4수가 전해오고 있으며, 명나라의 오명제吳明濟의『조선시선朝鮮詩選』에도 작품이 실려 있다. 우리에게 무엇보다도 소중한 것은 이씨할머니가 낙향하실 때 가지고 오신 공의 홍패(문과 급제자에게 주는 합격증서)다.

『고려사』절요는 대제학공과 우왕禑王(1365~1389)의 인연을 기록하고 있다. 공이 추밀원지신사로 있던 1377년(우왕 3) 백미 40석을 하사받았다는 기사가 그것이다. 우禑는 신돈辛旽의 비첩이었던 반야般若가 낳은 공민왕의 아들이라고 한다. 그래서 공민왕은 아들을 궁중으로 데려오지 못하고 모니노牟尼奴라는 이름으로 몰래 길렀다. 이때 공민왕의 부탁으로 모니노를 돌본 이가 공이었다고 한다. 모니노는 1371년(공민왕 20)에야 궁으로 들어와 '우禑'라는 이름과 함께 강녕부원대군江寧府院大君에 봉해지고 세자가 됐다. 그러다가 1374년, 공민왕이 시해되자 이인임李仁任 등에 의해 열 살의 어린 나이에 32대 왕으로 즉위했다.

공이 외직인 고부군수로 떠날 때, 김구용의 환송시가 그의 문집에 전한다.

함께 급제한 양공의 고부군수 부임 전송 시를 차운하여 送楊同年之任古阜次韻

수년 이래 전쟁으로 길쌈과 농사를 폐하니 兵甲年來廢織耕

가련하다! 백성들의 이 때 실정實情이여. 可憐黔首此時情

먼 곳에 출정하여 수자리 지키다 죽는 일은 오히려 죽음을 견딜 만한데 遠方征戍猶堪死

가혹한 관리의 착취가 도리어 고생스럽네. 酷吏誅求却苦生

임금을 돕는 것을 스스로 부끄러워함은 나의 분수가 아니니 補袞自慙非我分
그대가 고을 수령으로 가는 것을 함께 축하하네. 專城共賀是君行
만약 병이 남아있는 이로 하여금 소생하게 할 수 있다면 若敎殘疾能蘇活
다만 남양태수 부모의 명성뿐만이 아닐 것일세. 不獨南陽父母*名

_『척약재선생학음집惕若齋先生學吟集』

* 南陽父母 : 중국 남양고을 태수의 부모는 아들 잘 둔 사람으로 명성이 높음. 『南原楊氏大同譜』의 시제는 「附送楊知申事以時之任古阜」

앞에서 살핀 것처럼, 공의 유작으로는 서거정徐居正(1420~1488)이 성종의 명으로 역대의 시문詩文을 집대성하여 편찬한 『동문선』에 절구와 율시 4편이 있다. 여기에 수록된 작품을 소개하면 다음과 같다.

최십일에게 남겨주다 留贈崔十一*

마을에 살구꽃 두루 피니 村杏開成遍
길가는 사람 떠나기 더디네. 行人發欲遲
예쁜 아이의 가냘픈 손은 佳兒有纖手
휘장 친 수레를 머무르게 할 수 있으리. 能得駐幨帷

* 十一 : 송나라 시절에 친척이나 친구에게 번호를 매겨 지칭했던 일이 있었는데 고려에도 이 같은 풍습이 있었다.

대부 권호의 정정 시 운자를 따서 짓다 次權大夫鎬靜亭詩次韻

새로 지은 정자는 먼지 바깥에 빼어나고 新亭迥出塵埃外

큰 은자隱者는 도시 안을 떠나지 않네.*	大隱不離城市中
많은 기와들은 들쭉날쭉 위아래를 나누었고	萬瓦參差分上下
뭇 산은 구불구불 얽혀 동남쪽을 둘러쌌네.	衆山盤屈抱南東
황홀히 세상을 피하여 참된 경지에 노는 것 같고	恍如避世遊眞境
바로 옷깃을 헤치는 북풍이 시원하네.	正可披襟快北風
고요한 속의 고상한 회포를 누가 알리오.	靜裏高懷誰認得
하늘과 땅이 응당 이 마음과 같으리.	乾坤應與是心同

* 작은 은자隱者는 숲 속에 숨고 큰 은자는 조시朝市에 숨는다는 말이 있다.

평릉역 정자에서 쓰다 題平陵驛亭*

벼꽃은 바람결에 희고	稻花風際白
콩꼬투리는 비 온 뒤에 푸르다.	豆莢雨餘靑
만물은 제 자리를 얻었는데	物物得其所
나는 시냇가 정자에서 노래하네.	我歌溪上亭

* 『南原楊氏大同譜』에 나온 시제詩題는 「次權左尹疇平陵驛亭韻」. 공의 운韻 중에서 가장 많이 알려진 시다. 평릉역은 강원도 삼척의 바닷가에 있었던 역으로 지금의 동해시 평릉동.

좌윤 권주의 모춘 시 운자를 따서 짓다 次權左尹疇暮春韻

이른 봄의 시를 지으려고	擬賦早春詩
머리를 돌리니 봄이 돌아가려 하네.	轉頭春欲歸
애끊는 향기로운 풀은 끝없고	斷腸芳草遠
눈에 가득히 꽃이 떨어져 날리네.	滿目落花飛

계를 닦는 나그네는 바야흐로 많은데　　修禊*客方盛

기수에서 목욕하는 사람은 바로 드무네　　浴沂*人正稀

호연히 맑은 흥이 일어나니　　浩然淸興發

새로 목욕하고 내 옷을 터네.　　新沐振吾衣

* 修禊 : 3월에 볏짚禊을 닦는 풍습이 있었다.

* 沂 : 성인의 경지에 이른 사람만 목욕했다는 노魯나라 강 이름.

* 새로 머리를 감은 자는 반드시 갓을 털고, 새로 목욕한 자는 반드시 옷을 턴다. 屈原, 『漁父辭』

「대부 권호權鎬의 정정靜亭 시 운자를 따서 짓다」는 『조선시선』에 있는 작품이다. 임진왜란에 명나라 지원군을 수행한 오명제는 소설 『홍길동전』으로 유명한 허균과 깊이 사귀었는데, 명나라로 돌아가 허균

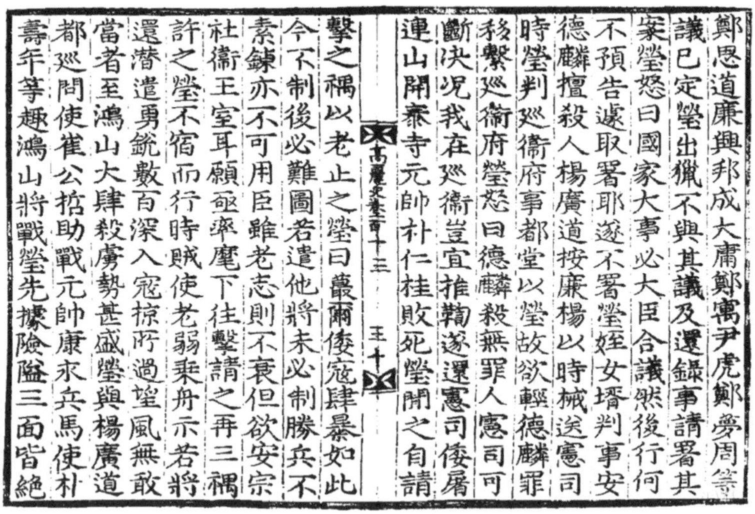

鄭思道廉興邦成大庸鄭寓尹虎鄭夢周等議已定瑩出獵不與其議及還錄事請署其案瑩怒曰國家大事必大臣合議然後行何不預告遽取署耶遂不署瑩姪女壻判事安德麟擅殺人楊廣道按廉楊以時械送憲司時瑩判巡衛府事都堂以瑩故欲輕德麟罪移繫巡衛府瑩怒曰德麟殺無罪人憲司可斷決況我在巡衛豈宜推鞫遂還憲司倭屠運山開泰寺元帥朴仁桂敗死瑩聞之自請

高麗史卷百十三　王十

擊之禑以老止之瑩曰蕞爾倭寇肆暴如此今不制後必難圖若遣他將未必制勝兵不素鍊亦不可用臣雖老志則不衰但欲安宗社衛王室耳願亟率麾下往擊請之再三禑許之瑩不宿而行時賊使老弱乘舟示若將還潛遣勇銳數百深入寇掠所過望風無敢當者至鴻山大肆殺虜勢甚盛瑩與楊廣道都巡問使崔公哲助戰元帥康永兵馬使朴壽年等趣鴻山將戰瑩先據險隘三面皆絶

대제학공의 양광도 안렴사 관련 기사 | 『고려사』 권113, 열전 「최영」조

에게 소개받은 시 332편을 『조선시선』이란 책으로 엮었다고 한다. 이 시선집에 공의 운詩이 뽑혀 실렸다는 것은 우리나라 문학사만이 아니라 국제적으로 이름을 떨친 예로서 가문의 영광이 아닐 수 없다.

공은 문학적 명성뿐만 아니라 지방관으로 재직하시면서 엄정한 공직 기강 확립을 위해서도 과감하셨던 것 같다.

다음 기사는 최영崔瑩(1316~1388)의 사람됨을 강조할 때 더러 인용되는 일화이다. 여기에서 우리는 대제학공의 강직한 공직관을 엿볼 수 있다. 주지하다시피 최영은 고려 말엽의 명장이자 재상이다. 더군다나 우왕의 장인이었으므로 당시 고려에서는 누구도 그의 권위를 넘볼 수 없었다. 1376년(우왕 2년), 최영이 판삼사사判三司事(국가 전곡의 출납과 회계를 관장하던 기구의 최고위직)였을 때의 일이다.

> 최영의 조카사위인 판사 안덕린安德麟이 사사로이 살인을 저지르자 양광도 안렴사 양이시가 형틀을 채워서 헌사憲司(사헌부)로 이송했다. 당시 최영이 판순위부사判巡衛府事(고려 때 도둑의 체포와 정치적 변란의 진압을 담당한 사평순위부司平巡衛府의 책임자. 사평순위부는 조선 태종 때 의금부로 개칭했다.)로 있었는데, 도당都堂(의정부)에서는 최영과의 연고 때문에 안덕린의 죄를 경감하려고 순위부로 이감했다. 그러나 최영이 화를 내며, "안덕린이 죄 없는 사람을 죽였으니 당연히 헌사에서 재판을 받아야 한다. 하물며 내가 순위부에 있는 터에 어찌 불편부당하게 신문할 수 있겠는가?"라고 하면서 결국 헌사로 돌려보냈다.
>
> _『고려사』 권113, 열전26

이 글에 나타난 최영의 공사관公私觀도 본받을 만하지만, 당대 최고의 권력자 눈치를 살피지 않고 시정을 펼쳐나간 대제학공의 삼엄한 공직관도 우리 후손에게 시사하는 바가 결코 가볍지 않다.

다음은 공이 돌아가셨을 때 지우들이 보내준 만사輓詞다.

친구 양 대제학을 애도하며 輓楊友大提學

세상 일 참으로 우습고	世事眞堪笑
인생 또한 슬프구나.	人生亦可哀
공을 세운 명성은 지푸라기와 같고	功名如草芥
부귀는 티끌과 같다.	富貴若塵埃
임금을 보필하던 높은 선비가 죽으니	輔主淪高士
시대를 바로잡을 뛰어난 인재를 잃었네.	匡時失俊材
바람결에 더욱 슬퍼지노니	臨風更悁悵
다시는 진뢰를 보지 못하겠구나.	無復見陳雷* _ 척약재 김구용

* 陳雷 : 중국 후한 때 우정이 두텁기로 유명한 진중陳重과 뇌의雷義.

판사 양이시의 부음에 소리 내어 울다 哭楊判事以時

한강 서쪽 두둑에 시골집이 있었는데	漢江西畔有田廬
오가며 한가할 때 나를 꼭 찾았지	來往閒餘必問余
이렇게 오간 지 십년이나 됐는데	因與相交十年久
오늘 아픈 마음으로 영구차를 보내네.	傷心此日送靈車 _ 둔촌 이집

위 만사들에 나타난 대제학공의 호칭은 각각 다르다. 김구용은 '양우대제학楊友大提學', 이집은 '양판사楊判事'로 칭했다. 김구용은 공보다 몇 년 연하로 추정되지만, 1353년(공민왕 2)에 열여섯 살의 나이로 진사에 올랐으므로 공公과는 동방이다. 그래서 평교平交했던 모양이다. 이집은 1347년(충목왕 3)에 문과로 급제했다. 공보다 10년 정도 연상으로 판단된다. 이집이 만사에서 지칭한 판사는 어사대御史臺 · 국자감 · 비서성秘書省 등의 직제에 있던 종2품 관직이다. 대제학보다 1품 낮은 직위다. 그러므로 공은 대제학으로 계시기 전에 어느 관서의 최고위직에 재임했으리라고 보면 된다. 참고로 이색의『목은집』에 소개된 공의 면모를 살펴보자.

남원부에 새로 둔 제용재의 기 南原府新置濟用財記

지금의 임금(공민왕) 8년 봄에 간관諫官인 익재 시중益齋侍中의 손자를 내보내 남원부를 다스리니, 1년도 안 되어 다스림의 명성이 동남 수령 중에서 으뜸이므로, 내가 그것을 써서『순리전循吏傳(선정을 베푼 관리 열전)』에 붙이고자 한 지 오래됐다. 국자학유國子學諭 양이시 군楊以時君은 남원사람인데, 신중하고 성실하며 말 또한 미더웠다. 하루는 내게 와서 말하기를, "우리 원님府使의 정사는 사람들이 깊이 감동하니, 쇠나 돌에 새기지 않더라도 또한 없어지지 않을 것이나, 오직 설치한 제용재濟用財가 쉽게 무너질까 걱정스럽습니다. 진실로 후세 사람으로 하여금 두려워할 줄 알고 경계할 줄 알게 하지 않으면 그 영원토록 폐단이 없음을 보장할 수 없으니, 선생님께서 말씀을 내려주시기 바랍니다."라고 했다. 나는 익재선생에게 대대로 두터운 은혜를 받아서, 진실로 그 어진 손자 있음을 기뻐했고, 또 일찍이 간원諫垣(사간원)의 동료여서 서로 더욱 깊이 알았다. 그러므로 흔연히 양군을 좇아 그 일을 살펴보니, 양군이 말하기를, "사자使者가 급히 세금을 요구할 때마다 우리 지현支縣(갈려 나간 고을)에서 미처 준비하지 못하면, 빌려주고 이자를 더하니, 이로 말미암아 혹 파산하는 일도 있었습니다. 우리 부사가 그러함을 알고 곧 말하기를, '백성을 학대함이 이보다 더함이 있겠는가?'라고 하고 포탈한 세금을 모아 징수하여 약간의 베를 얻었고, 안렴사에게 아뢰니 안렴사가 그것을 가상히 여겨 베를 내어 도와주었습니다. 노비 일로 다투어 관가에서 송사할 때 값을 받는 것을 베로 받아 들였는데 한 명당 한 필이었습니다. 우리 부사가 판결을 잘하여 들어오는 것이 더욱 많아져 총 베 육백오십 필을 얻었고, 향교와 세 반班에서 각각 한 명씩을 뽑아 그것을 맡아 보게 했습니다. 지현이 급할 때는 네 사람이 부사에게 아뢰면 관청에서 그것을 내어주되 이자를 취하지 않았고, 부府(고을)의 관리를 경계하여 감히 다른 데 쓰지 못하도록 영원한 규정을 지어 만들었습니다. 우리 고을은 비록 산속에 있으나 손님들이 끊이지 않으므로 비축용으로 거두니 백성들이 그것을 매우 고통스러워했습니다. 우리 부사가 그러함을 알고 또 말하기를, '백성을 학대함이 다시 이보다 더하겠는가?'라고 하고 또 재를 설치할 뜻을 안렴사에게 아뢰어 베와 사들인 쌀 약간을 얻었습니다. 옛날에 둔전이 있었는데 방자한 관리가 농간하므로 우리 부사가 몸소 그 수고로움을 친히 하니, 관리가 감히 속이지 못했습니다. 쌀을 얻은 것이 총 이백 석이고 콩이 백오십 석이었는데, 규정을 세워 분산하고 거두었으며, 본자를 보존하고 이자를 사용했습니다. 칠십이 석을 거둘 수 있는 밭을 새로 개간

할 것을 계획하여 비축용으로 공급했고, 일상생활의 도구에 이르기까지 이미 완비됐으니, 합하여 그것을 제용재라고 이름 지었습니다. 이에 평민에게 제멋대로 거둠이 없고 지현에서 일정한 세금을 거두니, 이로움이 일어나고 해로움이 제거되어 백성들이 그 삶을 즐거워했으니, 논하여 기록함이 없을 수 있겠습니까?"라고 했다. 내가 말하기를, "어질도다! 그러나 이부사의 정사에서 이것은 그 기본적인 일이니 나는 그것에 흡족해하지 않는다. 이부사는 어질고 두터움으로써 그 근본을 배양하고, 굳세고 현명함으로써 그 운용을 이루어 한 고을을 교화했으니, 마땅히 영천穎川(중국 요나라 때 은사 허유가 숨어 지냈다는 곳)태수나 촉군蜀郡태수(BC 3세기 경, 중국 쓰촨성에 있던 촉군 태수 이빙李冰. 매년 반복되는 홍수를 잘 다스려 백성을 편안하게 했다는 전설적인 인물)보다 못하지 않으니 그 기록할 만한 것이 이에 그치지 않는다. 또한 이 한 가지 일에서 마음 씀의 부지런함을 볼 수 있는데, 남원 사람들이 이부사李府使를 저버리지 않을 수 있는지를 알지 못하겠다. 그대는 나를 위하여 그대의 고을 사람들을 깨우쳐 주되 고상하고 특이한 말로 하지 말고 눈앞의 일을 직접 거론하여 그것을 밝혀 준다면, 병자가 의원에게 효험 보았고 굶주린 자가 먹을 것을 얻어 살았으니, 그 보답하지 않을 자가 있겠는가? 백성은 그대의 마음이요 현縣(고을)은 그대의 지체(몸)니, 현이 있고 백성이 있어야 마침내 그대의 부府(고을)가 있을 수 있다. 옛날에 마음과 지체가 서로 곤궁함이 굶주리고 또 병든 것보다 심했는데, 지금 이부사가 이미 낫게 하고 이미 먹게 했는데 보답할 줄 모른다면 그대는 그래도 사람인가? 보답하기를 어떻게 해야 하는가? 그 규정을 파괴함이 없고 그 뜻을 실추함이 없어야 할 것이다."라고 하니 양군이 두 번 절하며 말하기를, "삼가 가르침을 받겠습니다."라고 했다. 이부사의 이름은 보림寶林으로 을미년(1355, 공민왕 4)에 급제했으며, 뜻을 가짐이 충성스럽고 곧아 옛날의 간쟁하는 신하의 기풍이 있었으니, 그 고을을 다스림에서도 여기에 근본을 둔 것이 많았다. 지정至正(원나라 순제의 연호) 기해년(1359, 공민왕 8) 가을 8월에 쓰다.

_『목은문고牧隱文藁』 권1

이 기사는 서거정의 『동문선』에 그대로 실려 있고, 1530년(중종 25)에 펴낸 『신증동국여지승람』 남원부에도 소개돼 있다. 이제현은 1356년(공민왕 5) 12월에 문하시중이 됐다. 이 기사 가운데 남원부사로 나갔다는 이제현의 손자는 이후李侯를 가리킨다. 옛 문헌에는 이보림李寶林이라는 이름으로 자주 등장하는 인물이다.

대제학공을 높이 평가한 이색은 대제학공과 평교하는 사이가 아니다. 시생간侍生間(어른으로 모시는 사이)이었을 것이다. 나이차를 급제 연도로 미뤄보면 공이 2년 뒤지만, 공의 등과를 스무 살 무렵으로 볼 때 이색보다 8년 정도 연하라고 해야 맞다. 학유學諭는 공의 등과 직후 직책이다. 이색은 1357년(공민왕 6)에 국자감 좨주祭酒(문묘의 공자 제사를 담당하는 정3품 관리)가 됐으므로 이 기사처럼 두 분이 접촉한 것은 그 2년 뒤일 것이다. 이때 같은 관서에 봉직하면서 공이 이색에게 「…제용재기」를 부탁한 것 같다. 학유는 종9품, 좨주는 종3품이다. 그래서 대제학공은 좨주인 이색을 어른으로 모시는 위치라서 이색이 대제학공을 '군君'으로 불렀을 것이다.

공의 생졸 연대를 정확히 밝힐 문헌적 근거는 없다. 「…제용재기」로 보면 이색의 후진임은 분명하고, 만사를 쓴 김구용과는 동방이다. 김구용은 열여섯 살 홍안으로 진사방에 올랐는데, 아마 공도 비슷한 또래여서 평교로 지냈을 법하다. 김구용은 1338년(충숙왕 복위 7)생이다.

다음은 돌아가신 해에 대한 추정이다. 전술한 바와 같이 왕은 1377년(우왕 3) 공에게 쌀 40석을 하사했다고 했다. 그러므로 그 후에 돌아가셨다고 보는 게 무난하다. 며느리인 이씨할머니가 남원으로 내려오신 때는 1378년(우왕 4) 무렵이니까 그 사이에 돌아가셨다는 결론을 얻을 수 있다.

항간에 공의 집현전 대제학 직함에 의문을 품는 사람이 있다. 고려에 무슨 집현전이냐는 시비다. 모르는 소리다. 집현전은 문종(재위 1046~1083) 때 설치됐으나 충렬왕(재위 1274~1308) 때 이를 혁파했고, 공민왕이 이전의 제도를 회복했다. 그 뒤 고려가 망함으로써 폐전廢殿됐는데, 조선조 세종이 어진 선비를 뽑아 이곳에서 공부시키겠다면서 부활했다. 이때 신하들로부터 망한 나라의 제도를 본받으면 안 된다는 반론이 나왔으나 세종은 물러서지 않았다. 그래서 굳이 부활하고자 한다면 이름이라도 바꾸자는 절충안이 나왔다. 이름이 무슨 상관이냐, 망한 나라의 제도라 해도 본받을 것은 따라야 한다며 세종은 그대로 밀고 나갔다. 그러므로 고려 시대에 집현전이라는 제도가 있었음은 확실하다.

'대제학'이라는 관직명에 대해서도 의의를 다는 경우가 있다. 문헌에는 대제학 혹은 '태학사太學士'가 등장한다. 태학사는 공민왕 때 대제학으로 통용했다. 김구용의 만사에 그렇게 돼 있고, 도암陶庵(이재

© 양택규

대제학공 제단 | 1968년 이씨할머니 묘소 뒤쪽에 조성했다.

李綍의 호)을 비롯한 선현들이 공을 가리킬 때 한결같이 대제학으로 지칭한 기록을 남겼다는 사실이 이를 입증한다. 만사에 대제학이라 하지 않고 '판사'라고 한 이집의 글에 보이는 호칭도 가볍게 넘어갈 일이 아니다. 판사라면 당시 종2품직 이외에 상서부尙書部 판사가 또 있다. 정1품직으로 문하시중과 같은 직위다. 대제학보다는 판사가 더 알려진 직임이다. 공이 어떤 직위의 판사인지는 밝힐 근거가 없으나 판사로 봉직한 일이 있었으므로 이집은 판사라고 불렀을 것이다. 그러므로 결례거나 잘못된 호칭은 아니다.

공의 배위이신 광산탁씨光山卓氏의 봉호가 군부인郡夫人이었다는 것도 대제학공의 위상을 방증한다. 군부인은 2품직 부인에게 내리는 외명부 봉작이다. 대제학은 정2품직이므로 부군의 직함과 봉호는 일치

© 양대우

1930년대의 귀미리 |

한다. 광산군부인光山郡夫人 탁씨는 개성부윤 탁광무卓光茂의 따님이자 좌참찬 탁신卓愼의 누이였다. 군부인은 대제학공과의 사이에 1남2녀를 뒀다. 1남은 말할 것도 없이 직제학공이시고, 두 따님은 순창사람 판도정랑判圖正郞 조권趙權과 광산김씨 김계지金繼志에게 출가했다. 조권의 후손은 알 길이 없지만, 김계지 후손은 호남 일대에 퍼져 있다. 김계지의 아들, 곧 대제학공의 외손자인 김재金滓는 태종 때 문과에 급제하여 판서에 오른 인물이다.

끝으로 공의 묘소에 대해 알아보자. 이씨할머니께서 가져오신 가승에는 공의 묏자리가 '개성의 마귀면 돌거리' 혹은 '돌오개 갑좌甲坐(동북쪽을 등지고 서남쪽을 바라보는 자리)', 또는 '파주의 평산 아래 돌고개의 서원 뒤쪽坡州平山下麓突古介書院後麓' 등으로 돼 있다. 그러나 공과 직제학공 부자 분의 묘소는 여전히 밝혀지지 않은 채 지금까지 흘러왔다. 그동안 우리 선조들께서는 묘소의 위치를 찾으려고 온갖 정성을 바쳤지만 번번이 실패했다. 특히 백수공의 손자 귀은공龜隱 諱종갑宗甲 · 경암공敬庵 諱종을宗乙 형제는 유언집兪彦鏶(좌의정 유언호의 형) 문하에 출입하면서 그의 주선으로 개성유수의 도움을 받아 여러 차례 현지를 답사했다고 한다. 그러나 대제학공이 돌아가신 지 4백여 년이 지난 1780년대의 일이라 그 이상의 추적은 불가능했을 것이다. 그래서 공 내외분과 직제학공 등 3위분에 대해 안암공鞍岩公 諱춘태春泰께서 귀미 종가 터에 제단을 마련하고 묘제 대신 제사를 받들었다. 그러다가 이 제도를 그만두고 농소 이씨할머니 제각에서 밤에 초령招靈해서 제사를 올렸다. 지금은 농소의 이씨할머니 묘 뒤쪽에 조성한(1968) 제단에서 묘제를 봉행하고 있다.

2. 이씨할머니의 사적

직제학공은 대제학공과 광산군부인 탁씨 사이에서 공민왕 시기에 태어나셨다. 공은 1376년(우왕 2)에 생원에 올라 장복직장掌服直長을 지냈다. 이어 그 해 6월 병진방丙辰榜에 33인 중 두 번째인 을과(고려의 을과는 조선 시대의 갑과에 해당한다.) 2위의 영예를 차지했다. 그 후, 집현전 직제학에 올랐으나 천수를 누리지 못하시고 일찍 돌아가시는 바람에 더 이상 현달하지는 못했다. 유택은 대제학공과 함께 모신 것으로 전해온다.

당시는 관리가 과거에 급제하면 현직보다 품계를 높여 발탁했다. 을과 급제자는 3품, 병과 급제자는 2품 특진의 혜택이 그 제도다. 직제학공은 등과 전에 7품직인 종사랑 장복직장으로 계셨다. 그래서 급제한 뒤 3품계를 뛰어넘는 직함을 받았다. 돌아가실 때의 직제학이 바로 그 직임이다. 직제학공은 급제하자마자 취임한 자리가 결국 마지막 벼슬이었던 셈이다.

눈 여겨 볼 것은 직위의 고하가 아니라 직제학공의 놀라운 재질才質이다. 공은 아버지이신 대제학공보다 21년 뒤에 등과하셨는데, 나이 추정 근거가 막연하기는 하나, 대제학공과 20여 년의 차가 있다고 가정하면 공도 아버지처럼 스무 살 전후에 등과하셨을 것이니, 불과 스물둘 아니면 스물세 살의 약관으로 수재들의 전당인 집현전 직제학에 진출했다고 보면 된다. 이는 공의 학문이나 식견, 재능이 비범했음을 충분히 입증한다.

다음은 공의 돌아가신 해에 대한 추정이다. 급제하신 1376년으로부터 이씨할머니께서 낙향하신 1378년(우왕 4) 사이에 돌아가셨으리라는 것은 쉽사리 짐작할 수 있다. 그런데 할머니께서 안고 오신 함평공咸平公 諱사보思輔께서는 유복자였다. 낙향 당시에 '능식능언能食能言(능히 먹고 말할 수 있음. 이재의「열부이씨전」에 나오는 표현)했다'는 것으로 미루어 서너 살 정도가 아니었을까 생각된다. 1379년에 네 살이라면 1376년생, 그보다 한 살 낮게 잡으면 1377년생이다. 그러나 이런 추단에는 다소 무리가 있다. 공이 등과하고 직제학으로 승진하기까지는 최소한 1년 정도는 경과했다고 보는 편이 자연스럽다. 1376년 등과, 1377년 직제학으로 옮기시고, 그 해에 돌아가셨다고 가정하면, 유복자이신 함평공은 아버지가 돌아가신 지 적어도 수개월 뒤에 태어나셨을 것이므로, 직제학공이 1377년에 돌아가셨다면 빨라야 그 해 겨울, 아니면 1378년 봄에 태어나셨으리라는 추정이 가능하다. 그렇다면 이씨할머니가 낙향하실 때는 두 살이나 세 살이었을 것이다.

이 추정대로라면 직제학공은 1377년에 돌아가셨고, 함평공은 그 해에 태어나셨다고 보면 된다. 이씨할머니는 1378년에 낙향하신 뒤, 교룡산 아래 사시다가 비홍산으로 잠깐 옮기셨고, 다시 1379년 8월에 귀미로 들어와 정착하셨을 것이다.

이씨할머니께서 낙향하신 과정은 많은 구전과 전설로도 전해지지만, 문헌으로는 귀미에 정착하신 지 3백여 년 뒤인 조선 중엽 이후에 기록된 3종의 전기가 있다. 가장 오래된 것은 운계 황신구雲溪 黃信龜가 지은 「숙인이씨 정려비음기淑人李氏旌閭碑陰記」다. 황신구는 중산진사공 諱시익時益의 외손자로, 1678년(숙종 4)에 이 글을 썼다. 다음은 도암 이재의 「열부 숙인이씨전烈婦淑人李氏傳」으로, 백수공이 1745년(영조 21)에 받은 전기문이다. 그리고 판서 권성權惱의 「열부 숙인이씨묘비음기烈婦淑人李氏墓碑陰記」가 있다. 권판서가 순창군수로 있을 때 지은 것으로 추정된다. 그가 순창군수로 도임한 것은 1760년(영조 36)이므로 그 무렵에 쓴 글일 것이다. 황신구의 「정려비음기」는 세조 때 내린 정려를 비로 세우기 위해 그 뒷면에 새기려고 받은 것이고, 권판서의 「묘비음기」는 묘비에 새길 「숙인이씨전」은 순수한 전기다. 내용은 대동소이하다.

다음은 『옥천군지玉川郡誌』(1760)에 실린 도암 이재의 이씨할머니 전기이다.

열부 숙인이씨전

열부 이씨는 고려 직제학 양수생의 처이다. 수생이 죽었는데 이씨는 아직 나이가 어려 부모는 그가 일찍 홀로 됐음을 가엾게 여기고 시집가기를 권했다. 그때에 이씨는 임신 중이었다. 이씨가 울면서 부모에게 말하기를 "다행히 아들을 낳으면 양씨의 제사가 끊어지지 않을 것이니 해산을 한 뒤에 시집을 가도 늦지 않습니다." 했다. 그 후에 아들을 낳자 부모가 다시 강요하므로 이씨는 또 울면서 아뢰기를 "아이가 아직 젖이 떨어지지 아니했는데 다른 곳으로 시집을 가면 아이가 자랄 수 있을지 알 수가 없습니다. 하늘은 양씨의 뒤를 잇게 했는데 내가 차마 그 뒤를 끊어지게 해서야 되겠습니까? 바라건대 아이가 품안에서 벗어날 때까지만 기다려 주십시오." 했다.아이가 자라서 능히 밥을 먹고 말을 하게能食能言 되자 이씨는 의연히 말하기를 "충신은 두 임금을 섬기지 않고, 열녀는 두 남편을 섬기지 않는다." 라고 하면서, 죽어도 다시 시집을 가지 않겠다고 했다. 그래도 부모가 들어주지 않으므로 이씨는 자결을 하려고 했으니 그것 또한 자식 된 의리가 아니라며 서너 명의 노비를 데리고 남편의 옛집인 남원의 별장으로 피했

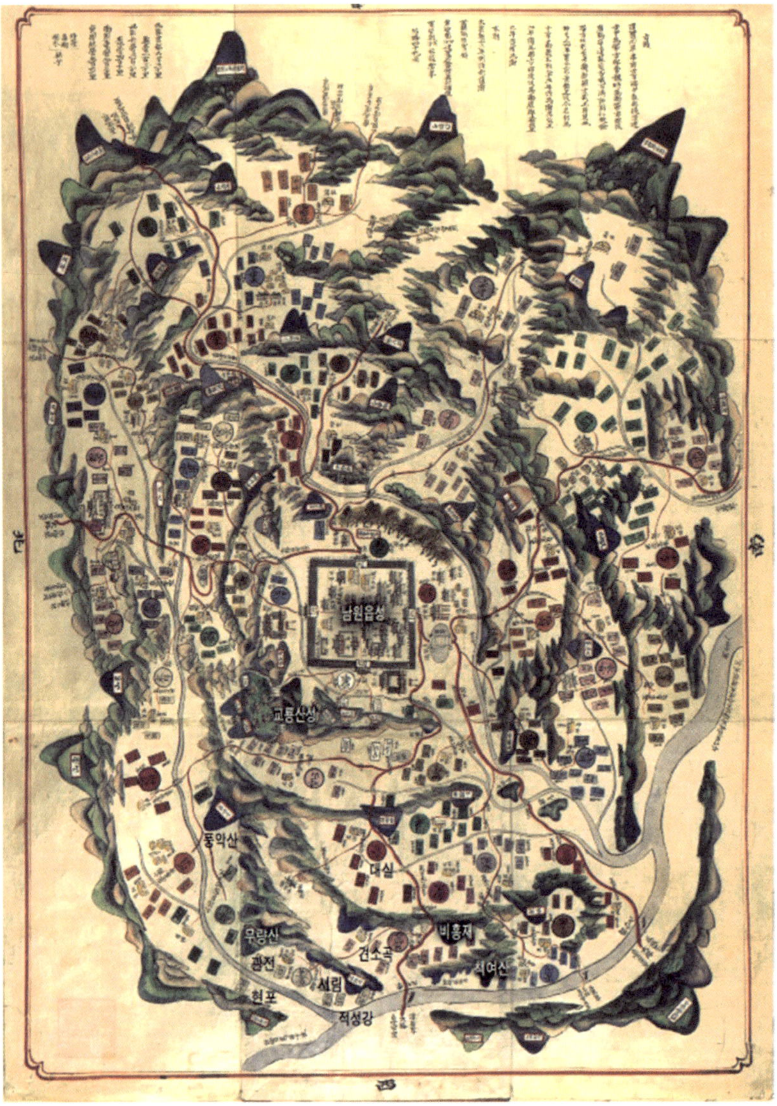

지도 : 서울대 규장각 한국학연구원

남원부지도 | 조선후기 지방지도, 위가 동쪽, 아래가 서쪽이다.

© 양대우

1930년대의 남원양씨 종가 | 마루에 서 있는 이는 당시의 종손 후암공(병렬秉烈1879~1957). 이 무렵, 후암공은 퇴락한 사랑채(양호재)를 헐고 다시 세웠다. 지금 양호재는 이때 중건한 것을 1992년에 보수했다.

다. 천리 길을 굴러 넘어지며 걸어 발에는 유혈이 낭자했다. 남원의 서쪽 교룡산 아래에서 살다가 얼마 후에 칠치의 난漆齒之亂을 피하여 비홍산에 올랐다. 그곳에서 순창의 귀악龜岳을 바라보고 말하기를 "산기가 좋구나!" 하고 바로 가서 집을 짓고 살았다. 양씨의 자손은 그로부터 그곳에서 대대로 살게 된 것이다. 젖먹이가 성장하여 소년이 됐으나 사냥을 즐기고 학업에 힘쓰지 않았다. 하루는 이씨가 밥을 먹지 않고 이불을 둘러쓰고 누워 있었는데 아이가 밖에서 돌아와 어디가 편찮으시냐고 물었다. 이씨는 말하기를 "아픈 것이 아니다. 홀로 되어 오직 자식만을 의지하면서 살아왔다. 네가 책을 읽고 몸을 닦아서 부모의 서업緖業(시작한 일, 여기서는 학업)에 뒤떨어지지 않는 것이 내 소망이었는데, 지금 너의 하는 일이 이러하니 소망을 이룰 수가 없게 됐으므로 나는 죽으려고 한 것이다" 하니 아이는 깨닫고 그날로 사냥 도구를 불사르고 이웃에 사는 김주서에게 배워 드디어 큰 재목이 됐으니 함평 현감 휘 사보가 곧 그이다. 이씨는 늙어서 온 성의 봉양專城之養(전성지양, 한 고을의 원으로서 그 어버이를 봉양하는 일)을 누렸으며 죽어서는 순창의 동쪽 20리(약 7.85㎞) 아래에 장葬했다. 본조에서 그 정열을 아름답게 여겨 특별히 기리어 그 장지에 봉석封石을 했으니, 지금도 완연하며 이 일은『옥천지』에 실렸고 정려를 내릴 때는 세조조라 했다.

오호라! 동방의 풍속에 부인의 정신 불음貞信不淫은 모두 팔조八條의 가르침에 따른 것인데, 아조我朝의 예의는 더욱 밝아서 개가한 사람의 자손은 동서반의 관직에 오르는 것을 허하지 않고 있다. 이것은 정신 불음貞信不淫의 가르침을 지키고 개가를 막기 위함이다. 그러나 고려 말년에는 이와 같지를 않아서 대개 세속에서도 남편이 죽으면 아내가 개가하는 것이 일반적이었고, 족보 자녀록에 두 번째 남편의 이름을 싣는 것을 수치로 여기지 아니했다. 이씨는 홀로 절개를 지키고 뱃속의 아들로 하여금 자라게 하여 대를 잇게 하고 지금과 같이 번성하게 했으니, 참으로 예부터 열부라고 부르는 것은 이런 태도를 가리켜 말하는 것이다. 이씨는 송진사 극기宋克己의 배配 유씨와 김한림 문金問의 배 허씨와 함께 같은 시대에 나왔으니 이 또한 어찌 하늘이 우리나라에 문명의 운을 열어 주기 위한 것이라고 아니하겠는가? 양씨의 자손에 참으로 뛰어난 사람이 많았지만 아직은 사계沙溪(김장생)나 이송二宋(송시열 · 송준길)과 같은 이는 나오지 아니했는데 구양자歐陽子가 말한 바와 같이 위선爲善(좋은 일을 함)에 보답이 없을 리가 없으니 그 시기의 빠르고 더딤에 어찌 상관이 있겠느냐! 내가 요사이 듣자니 그 장지에 투장偸葬 수총이 있는데 법관이 오래된 것이라고 그대로 두고 있다 하니 지금 절개를 높이고 악을 징계하는 이 세상에서 장차 어찌하면 이런 일을 다시 보지 않을까? 참으로 한탄스럽다. 후손 응수應秀는 독지 향학하여 나를 따라 노는데, 나는 전에 이 일을 들어서 자세히 알고 있었기에 이제 전기로 써서 후세에 드리우고자 하니 이것은 하늘에서 타고난 덕을 기리는 마음에서 오래도록 사그라지지 않게 하기 위해서이다.

_『옥천군지』, 1760(영조 36)

이 전기에 확실하지 않은 사실이 있다. 이씨할머니의 낙향 시기와 유柳 · 허許 두 부인과의 동시낙향설이다.

첫째 낙향 시기는 이 글의 '칠치의 난을 피하여 비홍산에 올랐다'라는 기술로 추정할 수 있다.('칠치의 난'이란 우왕 초기에 운봉을 중심으로 인근 10여 개 군에서 벌어진 왜구의 난을 말한다. 권성의 글에는 '흑치지란黑齒之亂', 황신구 글에는 '아지발도阿只拔都의 난'으로 돼 있다. 이 구화寇禍는 1380년(우왕 6), 이성계가 황산에서 왜구를 토벌함으로서 평정됐다. 이성계는 이 황산벌 싸움을 승리로 이끎으로써 중앙 정계로 진출할 수 있는 발판을 확고하게 다졌다.) 이로 미뤄 이씨할머니께서 낙향한 시기는 1379에서 1380년 사이일 개연성이 높다. 1752년(영조 28)의 어은공파 · 한림공파 파보에는 이렇게 나와 있다.

1379년 8월, 이씨가 순창의 귀악산 아래 녹갈암鹿渴岩으로 자리를 잡아 옮겼다. 집을 마련할 때, 나무는 하늘을 찌르고, 짐승이 떼를 이뤘으나 처음으로 이곳을 개척하여 집짓기가 초겨울까지 이어졌다. 이 후로 이 집터는 양씨의 종가로 이어오고 있다.

앞의 전기와 일치하는 기록이다. 이 사실에 이의를 제기할 근거를 찾지 못한 우리로서는 이씨할머니가 귀미로 들어오신 해를 1379년 8월로 판단한다. 이 파보에는 이런 기사도 있다.

> 남원 서쪽에 교룡도가 있다. 이곳은 대제학공의 시골집이다. 이씨가 이곳으로 와서 살았기 때문에 지금 사람들이 여기를 '할머니섬'이라고 부른다. 남원 서쪽에 오래된 성이 있다. 「지誌」에는 '열녀 이씨가 쌓은 성'이라고 한다. 성 옆에 우물이 있는데 후세 사람들이 성은 '할머니성城', 우물은 '할머니샘'이라고 부른다고 구보舊譜에 기록돼 있다.

글 속의 '지'는 『용성지』를 가리킨다. 거기에도 남원 서쪽의 비홍산에 '오래된 성古城이 있었다'는 기록이 보인다. 이 기록은 이씨할머니께서 대제학공의 시골집인 교룡도로 오셔서 지내셨다는 것을 확실하게 뒷받침한다. 게다가 비홍산에 성까지 쌓았다는 것은 이 분이 보통 여자가 아니라는 사실을 방증한다. (『전라북도지全羅北道誌』「전설사화」편에 할머니가 방대한 재산을 보호하기 위해 성을 쌓았다는 일화가 나온다.) 이씨할머니가 남원으로 오신 시기는 1378년이 맞을 것이다. 교룡도에서 사셨던 기간에다 비홍산에 성을 쌓기까지는 적어도 1년 정도는 걸렸다고 봐야 하기 때문이다.

다음은 이씨할머니가 회덕송씨 집안의 유씨 부인, 연산김씨 집안의 허씨 부인과 함께 내려왔다는, 이른바 세 부인 동시낙향설에 대해 살펴보자. 같은 처지에 놓인 세 부인이 '어린애를 업고 같이 내려왔다'는 기록은 우리 집안의 여러 문헌이나 전설에도 등장한다. 유씨는 충남 회덕에 정착해 회덕송씨 집안을 일으켰고, 허씨는 충남 연산에 정착해 연산김씨 터전을 닦았다는 것이다. 송시열宋時烈과 송준길宋浚吉, 김장생金長生과 김집金集은 이들 두 가문이 배출한 대표적 유현儒賢이다.

그런데 전해오는 동시낙향설은 아귀가 안 맞는다. 인물들의 생졸연대나 활동 시점이 다르다. 허씨의 부군인 김문金問(1373·공민왕 22~1393·태조 2)은 1392년(공양왕 4)에 을과 3위로 급제하여, 예문관 검열로 있다가 1393년(태조 2), 스물한 살의 나이로 병사했다. 이때 양천허씨는 열일곱 살로 아들 김철산金鐵山을 키우며 평생을 수절했다. 1455년(세조 1)에 허씨가 향년 일흔아홉 살로 세상을 뜨자 나라에서 정문旌門(충신·효자·열녀 등을 표창하기 위하여 그 집 앞에 세우는 붉은 문)을 세워줬다고 한다. 사헌부 감찰 등을 역임한 김철산은 아들인 김국광金國光을 반듯하게 키워 광산김씨가 논산에 뿌리내리는 발판을 마련한 인물이다.

고흥유씨(1371~1452)는 진사 송극기宋克己(생졸년 미상)의 아내다. 스물두 살 때 남편을 여의었다. 젊은 나이에 과부가 된 딸을 안타깝게 여긴 친정에서는 재혼을 권유했다. 그때 아들 송유宋愉(1388년~1446)는 겨우 네 살이었다. 유씨는 시부모에게 의탁할 요량으로 어린 아들과 함께 회덕의 시댁으로 내려왔다. 시부모를 극진히 모시고 아들을 잘 보살펴 훌륭히 키워 낸 부인에게 조정에서는 1653년(효종 4) 정려각을 세워줬다. 송극기의 아들 송유는 관직을 멀리하고 평생 학문에 몰두하여 쌍청처사雙淸處士(쌍청은 청풍과 명월의 맑은 기상)로 불렸다. 은진송씨가 회송懷宋으로 상징될 만큼 지역사회와 깊은 연고를 가지게 된 것은 송유 때부터이다.

위에서 살펴본 바와 같이 이씨할머니를 포함한 세 부인의 낙향 시기는 각기 다르지만 행적에는 유사점이 많다. 젊은 나이로 남편을 여의고, 재혼의 유혹을 뿌리치고 수절했으며, 아들을 훌륭하게 키워 가문의 기반을 닦았다는 점이 그렇다.

이씨할머니는 지리에 밝으셨던 듯하다. 귀미에 남원양씨의 터전을 잡은 것 말고도 당신의 신위神位가 안식할 농소의 유택과 아들 함평공의 묘소까지 잡아뒀다고 전한다. 오늘날 전통지리학을 미신으로 보는 일부 시각이 없는 것은 아니지만, 할머니께서 터를 잡은 이래 명당의 발복으로 말미암은 음덕인지는 모르겠으나, 6백 50여 년 한결같이 그곳에서 대대손손 이어왔다는 사실은 결코 우연한 일이 아니다.

전술한 세 부인 중 두 분은 생졸 연대가 뚜렷하다. 그런데 이씨할머니께서 돌아가신 해에 대한 기록은 분명하지 않다. 그럼에도 불구하고 상당히 장수하셨으리라고 판단된다. 이재가 쓴 전기문의 '전성지양을 누렸다'는 표현이 그 근거다. 모르긴 해도 일흔 이상의 수는 누리셨을 것으로 추정된다. 할머니가 1355년(공민왕 4)에 태어나셨다고 가정할 때, 일흔 살이면 1424년(세종 6)쯤 된다. 출생 시기를 약간 늦춰 잡고 80년을 누리셨다면 1439년(세종 21) 무렵이다. 증손인 임피공臨陂公 諱자첨子瞻이 1428년(세종 10)에 태어났으므로 어쩌면 증손을 보고 돌아가셨을지도 모른다. 이씨할머니 정려는 1467년(세조 13)에 내렸다. 돌아가신 지 20~30년쯤 뒤다. 이 무렵에 손자이신 판관공判官公 諱연淵이나 임피공께서 조정에 할머니의 절행을 아뢰었을 가능성이 높다.

제3장

세계 世系

서당터에서 내려다 본 귀미 |

남원양씨 가첩家牒은 이씨할머니께서 지니고 오신 과보科譜에서 출발한다. 그래서 우리의 씨족사는 직계만의 단선으로 이어진 고려시대가 한 획을 긋고, 직제학공의 유복자이신 함평공에 이어 외아드님 판관공이 형제를 두심으로써 비로소 방계가 나타난다. 이어 자손이 번성하면서 지파로 갈린 조선 전기의 17세 '사士'자 항렬까지가 제2기, 그리고 인구가 불어나면서 번창하기 시작한 그 이후의 시대로 설명할 수 있다. 조선 전기에 남원양씨가 비교적 평온한 가운데 가문의 명예를 높여왔다면, 조선 후기의 씨족사는 시대의 변화와 함께 다양하고 역동적인 전개를 보여준다고 볼 수 있다.

1. 이씨할머니가 지니고 오신 가승(1~10세)

우리 양씨의 역사는 이씨할머니가 개성에서 남하할 때 가슴에 품고 오신 과보가 단초다. 이씨할머니가 지니신 과보는 대제학공께서 과거를 보실 때 제출한 8대의 가계다. 그러므로 이 문서에는 직계 조상만 단선으로 나와 있다. 영월공의 선대 어른은 말할 것도 없고, 그 뒤로도, 방계가 틀림없이 있었을 텐데도, 마치 외아들만 있는 듯 단선으로 이어진 가계다. 게다가 이 명단은 휘자諱字(돌아가신 어른이나 높은 어른의 이름자)와 관직만 드러났다. 지금의 우리로선 대제학공 선대의 행적이나 생졸 연대, 가족 관계를 알 길이 전혀 없다. 다만 이 어른들의 직함을 통해 당대의 위상을 짐작할 따름이다.

世	이름	관직	배위
1世	양경문 楊敬文	지영월군사 知寧越郡事	
2	유점 由漸	창정 倉正	
3	한점 漢占	중서 中書	
4	용문 用文	보승정 保勝正	배위 윤씨
5	직령 直令	산원동정 散員同正	
6	국재 國材	금오위동정 金吾衛同正	
7	윤보 允保	군기소감 軍器少監	
8	서령 瑞齡	태학생 太學生	배위 남원양梁씨
9	이시 以時	대제학 大提學	배위 광산탁卓씨
10	수생 首生	직제학 直提學	배위 이씨

이씨할머니께서 전하신 가승(1~10세)

창시조創始祖 영월공寧越公 諱경문敬文 |

영월공의 관직인 지영월군사는 지금의 군수郡守와 같다.

2世 창정공倉正公 諱유점由漸 |

창정공의 직임은 중앙의 파견직派遣職인 이닌, 향리직 서열 3위의 직책이다. 거둬들인 각종 물품의 창고 출납 책임직이다. 당시 지방행정은 호부戶部 · 병부兵部 · 창부倉部 세 부서로 구성됐는데 이런 직책은 많은 토지를 소유한 그 지방의 토착세력이 차지했다.

3世 중서공中書公 諱한점漢占 |

중서는 정무기관이었던 중서문하성의 약칭이다. 중서문하성은 서무를 총괄하고 간쟁을 맡았다. 조선으로 치면 의정부에 해당한다. 중서는 관직이 아니라 근무했던 관아를 가리킨다. 『고려사절요』에는 이 관아에 종1품인 중서령中書令 · 문하시중 이하 25인의 품관品官과 그 밑에 271인의 이속吏屬이 딸려 있다고 나와 있다.

4世 보승정공保勝正公 諱용문用文 |

보승은 고려 시대 정용군精勇軍과 함께 경군京軍과 주현군州縣軍의 주력을 이루고 있던 부대의 이름이다. 정용군이 기병이라면, 보승군은 보병으로 추정된다. 그러므로 보승정공은 무관으로 종사하셨다는 이야기가 된다. '정正'은 해당 보병부대의 최고지휘관으로 종1품이다. 이로 보면 공의 직임은 이 무렵의 남원양씨 관직으로는 최고위 품계라 할 수 있다. 고려의 중앙군은 응양군 · 용호군 등 국왕의 친위부대인 2군과 좌우위 · 신호위 · 흥위위 · 금오위 · 천우위 · 감문위 등 전투부대인 6위로 구성돼 있었다.

5世 동정공同正公 諱직령直令 |

산원散員은 2군 · 6위의 산관散官(관리가 될 자격은 있으나 실직이 없는 사람)

을 뜻한다. 따라서 동정공의 산원동정직은 정8품 무관직이지만 직책을 맡지 않았음을 알 수 있다. 실직은 정원이 제한돼 있지만 동정직은 직책이 주어지지 않은 발령대기자의 성격이 짙다. 관직 정원의 한계를 극복하고, 보다 많은 사람들을 관료체제 안으로 흡수하기 위해 마련된 직제가 동정직이다.

6世 금오공金吾公 諱국재國材 |

금오공이 소속한 금오위는 6위의 전투부대 중 하나다.

7世 소감공少監公 諱윤보允保 |

군기軍器는 군대에서 사용하는 각종 도구를 일컫는 말로, 일반적으로는 무기를 가리키지만 각종 깃발과 군대에서 사용하는 악기도 군기로 친다. 소감공의 소임은 군기 감監의 다음 서열로 종4품직이다.

8世 태학생공太學生公 諱서령瑞齡 |

태학생공의 신분은 국자감에 들어가 공부하는 진사다.

이상 8세까지는 높낮이가 있기는 하지만 우리 양씨가 동서반에서 두루 활동한 명족임을 알 수 있다. 이씨할머니가 과보에 그치지 않고 그 윗대 가승家乘까지 두루 적어 오셨더라면 보다 풍부하고 역동적인 내력을 알 수 있었을 것이다. 다음은 이씨할머니 이후의 세계다.

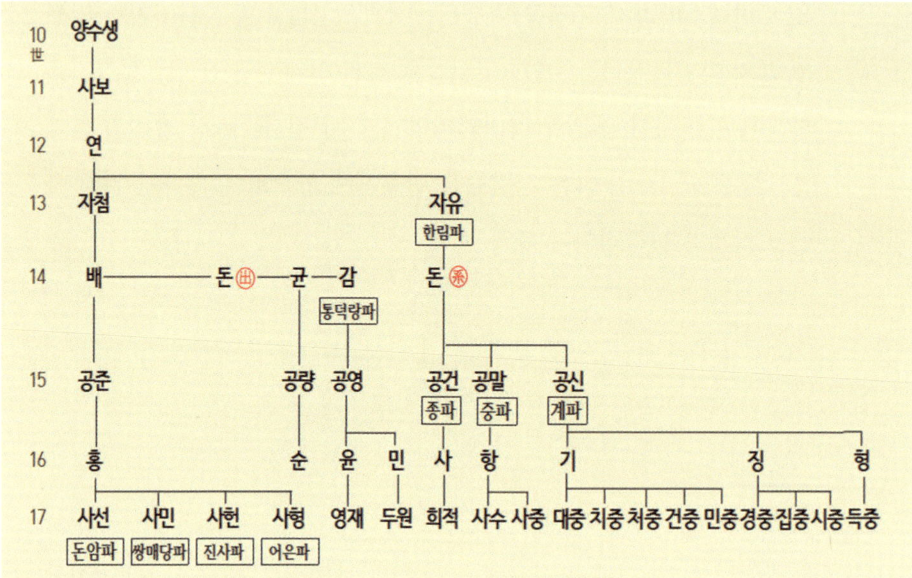

지파 초기(10~17세)

2. 지파支派의 파생(11~17세)

세계도에 나와 있는 것처럼 13세에 이르러서야 겨우 형제가 탄생했다. 14세에 이르러 4형제, 15세는 여섯 종항분, 16세에 아홉 재종분, 17세에 열여덟의 삼종분으로 확장됐다. 개인별 사적을 살펴보기로 하자.

11世 함평공咸平公 諱사보思輔 생졸 미상 |

직제학공의 유복자로 이씨할머니께서 안고 낙향하신 분이다. 생졸 연대는 알 수 없다. 제2장에서 살핀 것처럼, 1377~1378년 사이에 태어나셨을 것으로 추정된다. 조선조에 사마司馬를 하셨으나 방목榜目(합격자 명부)을 확인할 수 없다. 공이 역임하신 함평현감은 음사蔭仕(과거를 거치지 않고 조상의 공덕으로 맡은 벼슬)다. 가자加資(품계를 올림)로는 정3품 통훈대부에 이르셨다. 춘추 70 정도의 천수를 누리셨을 것이라는 추정을 전제로 가정하면, 돌아가신 시기는 1447년(세종 29)무렵일 것이다.

배위는 숙인 황씨, 좌의정 황희黃禧의 따님이다. 유택은 동계면 관전리 선산에 양위분이 계시다.

12世 판관공判官公 諱 연淵 생졸 미상 |

함평공의 아드님이다. 생졸년은 전하지 않는다. 사마에 오르시어 음사로 정읍현감 · 진주판관 · 내선시內膳寺(궁궐 내 식자재를 관리 · 감독하는 부서) 판관을 지내셨다.

공의 내선시판관 재임시에 세조가 즉위했다. 1457년(세조 3), 세조는 공을 좌익원종공신 3등으로 녹훈하라는 전지를 내렸다. 이해 8월 12일자 『세조실록』 기사에는 판관공 공신 녹훈 기사가 나와 있는데도 우리 족보에는 이 사실을 밝히지 않고 있다. 당시는 절의를 숭상하던 세월이라, 무리하게 왕의 자리를 차지한 세조로부터 공신 칭호를 받게 된 것을 그다지 명예롭지 않게 여긴 족보 편수자들이 고의로 은폐한 것이 아닌가 싶다.

공은 세조 즉위에 기록할 만한 공을 세우지는 않았지만 궐내 요직에 있었으므로 원종공신(정공신 외의 작은 공을 세운 사람에게 주던 칭호)으로 녹훈하라는 전교가 나왔을 것이다. 예나 지금이나 최고 지도자가 드는 음식 관리는 엄중하다. 공은 공신 녹훈과 함께 귀미를 중심으로 한 토지를 사패지로 받았다. 귀미 주변의 전답은 물론 용궐산 · 무량산 · 귀미 안산 · 천태산 · 한산동 뒷산, 강 건너 도왕동 · 강경마을과 선돌마을 일대의 산은 이때 받은 사패지이다.

공은 내직에 계시면서 세조를 잘 보필했을 뿐만 아니라 외직에 나아가서도 기록에 남을 만한 족적을 남겼다. 『신증동국여지승람』 경상도 거제현 조에는 '진주 판관 양연 등이 백성을 동원해 거제읍성 공사를 감독했다'는 기사가 실려 있다.

배위는 영인令人 전주최씨 이조판서 최부崔府의 따님이다. 족보에는 공의 가자가 정3품 당하관인 통훈대부인데, 묘비에는 종4품 봉렬대부로 돼 있다. 봉렬대부라면 배위가 외명부 영인令人 봉작이 맞지만 족보에 오른 대로 통훈대부에 맞춰 배위 최씨할머니를 숙인으로 잡아야 옳다. 자녀는 2남2녀로 큰아드님은 임피현령 諱자첨, 둘째 아드님은 사헌부집의 諱자유子由이시다. 큰따님은 종실인 수성군壽城君 이창李昌(조선 2대왕 정종의 손자)에게, 둘째 따님은 영의정 구치관의 아들 구경具慶에게 출가했다. 유택으로 아버님 함평군의 묘소 옆에 양위분이 함께 계신다. 묘를 여느 것과 달리 돌을 쌓아 도형刀形(칼 모양의 무덤길)으로 조성한 것은 공신에 대한 예장의 결과다. 묘 비음기가 있으나 누구의 글인지는 알 수 없다.

공의 유집遺集은 전하는 것이 없으나 청범루淸範樓(경상도 함안군의 객관 동쪽에 있었다는 누정)에서 읊었다는, 칠언율「함안청범루에서題咸安淸範樓」라는 칠언율이 있다.

함안 청범루에서 題咸安清範樓

어떤 사람이 처음 지었는지 알지 못하겠고　不識何人始度營
다만 예로부터 전해오는 청범이란 이름만 남았네.　只留淸範古傳名
대나무는 차가운 달을 체질하여 가을 난간에 흔들리게 하고
竹篩*寒月搖秋檻
바람은 맑은 시냇물을 끌어와 저녁 기둥을 서늘케 하네.　風引淸溪爽暮楹
옷깃으로 강산을 안으니 적막하기만 한데　襟抱江山多寂闃
앉아 있으니 마음이 스스로 분명하네.　坐來心地自分明
태평한 기상은 흐려서 하는 일 없고　太平氣像渾無賴
오직 한낮에 시골의 닭 우는 소리만 들리네.　惟聽村鷄日午聲

* 篩 : 가루를 곱게 치거나 액체를 밭거나 거르는 데 쓰는 기구.

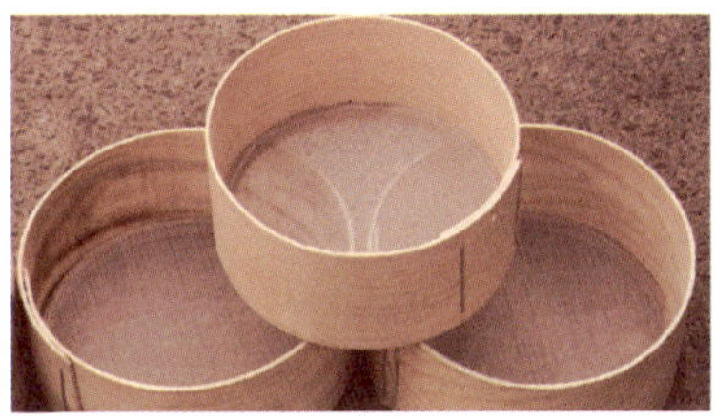
체

여담이지만, 공은 아드님의 혼사 문제로 곤욕을 치른 적이 있는데 『세종실록』에 나와 있어 참고로 소개한다.

종부시에서 "다경령多慶令 유강有康이 그 누이를 전 판관 김양金壤의 아들에게 출가시키려 하여 단자를 바치기에, 양壤에게 물으니 대답하기를, '자식이 지금 열다섯 살인데 금년 3월에 정읍 현감 양연의 집에 약혼했다.' 합

니다. 곧 양연의 집에서 혼서를 가져다가 보니 이미 정혼한 것이 사실입니다. 예조에서 수교한 것을 상고하건대 남자는 열여섯 살, 여자는 열네 살이라야 바야흐로 성혼할 수 있고 혼서를 받는 절차는 없습니다. 오직 수교한 가운데에, '글을 통한 뒤에 두어 달이 못되어 성혼하면 혼수를 졸지에 준비하기 어려우니, 예물을 보낸 뒤에 만 일 년을 지내지 말라.' 했습니다. 김양의 아들이 혼서를 만들어 보낼 때에는 나이 비록 만 열여섯 살이 못 됐으나, 납채한 뒤 기년 안에는 나이 만 열여섯이 되니, 위의 혼서를 양연의 집에 주어 혼인을 하락하오리까. 교지 안의 남녀 연한에 의하여 김양의 혼서를 쓰지 마오리까." 하고 아뢰니, 양연의 집에 돌려주라고 명했다. 임금이 조금 뒤에 김양이 조금 시간을 두고 혼서를 만들어서 피한 것을 듣고, 드디어 양壤과 연淵을 의금부에 내려 고문하고 종부시 관리도 아울러 국문하여 벌을 주었다.

_『세종실록』 1447년(세종 29) 12월 4일

1447년(세종 29) 12월 4일 기사다. 당시 혼인 제도의 일단이 보인다. 여기 등장하는 이유강은 종실이다. 이유강의 누이동생 혼사에 엉뚱하게 휘말린 공은 서울로 압송돼 심문을 당하고 정읍현감직에서 파면됐다. 물론 공은 김양의 집안과 통혼하지 않았다.

13世① 임피공臨陂公 諱자첨子瞻
字희식希軾 1428(세종 10)~1498(연산군 4)

단선으로 이어 오던 세계에 방계가 나타난 것은 13세부터다. 공은 나이 스물아홉에 사마에 오르신 이후, 경기전직 · 조지서사지 · 임피현령 · 흥덕현감을 역임하셨다. 임피공에 대한 기록은 『성종실록』에 보인다. 1484년(성종 14)년 12월 1일 조를 보면 공의 고신(임명장)을 돌려줬다는 기사가 그것이다. 무슨 곡절인지는 모르나 많은 관리들이 연루되어 직첩을 회수당한 사건이 있었던 듯하다.

1486년(성종 17), 전라도 진휼사로 파견됐던 이극돈李克墩이 아뢰었다. "흥덕현감 양자첨은 용렬하기가 비할 데 없어서 쌀을 내어 백성을 진휼하는 일을 모두 하급관리에게 맡겼는데, 하리가 사욕을 많이 꾀하여도 어리석게 전혀 아는 바가 없습니다. 청컨대 파면하소서." 이 일로 공은 관직을 그만뒀다.

이 사건에는 음모의 냄새가 난다. 이 정도의 실수는 고자질로 파면될 만큼 중대한 사안이 아니었다. 그리고 당시 지방관아는 아전들 중심으로 움직였다. 물론 드러내놓고 말할 수는 없지만, 당시 지방수령들은 아전들이 알아서 챙겨줘야 할 만큼 봉록이 시원찮았고, 그 지방 사정에도 어두운 것이 사실이었다. (당시 인사는 수령을 연고지에 배치하지 않는 게 원칙이었다.) 여기서 음모설을 제기하는 이유는 임피공의 동생 집의공執義公 諱자유子由이 훈구대신 한명회韓明澮와 불편한 관계였기 때문이다.

성종이 즉위하자마자 세조비 정희왕후는 수렴청정에 들어갔다. 그 후 성종이 스무 살이 됐는데도 발을 거두면 안 된다고 주장한 한명회를 사헌부가 공격했는데 그 선두에 선 언관이 사헌지평 諱양자유였다. 당대 최고의 권신이었던 한명회로서는 종5품에 지나지 않은 언관으로

부터 매섭게 질타를 받아 체모가 말이 아니었을 것이다. 그래서 자신과 오랫동안 호흡을 맞춰온 충복 이극돈에게 임피공을 모함하는 상소를 올리도록 사주했을 수도 있다. 전라도 진휼사로 내려가기 전 이극돈은 은퇴한 한명회로부터 언질을 받았거나 한명회의 환심을 사려고 자발적으로 움직였을 것이다.

이극돈은 전라도관찰사로 있을 때 세조비 정희왕후의 국상 중(1483, 성종 14) 술에 취해 장흥의 기생과 어울렸다 하여 비판을 받았다. 『성종실록』 편찬에 참여했던 김일손은 이극돈의 비행을 수록하려 했다가 무오사화戊午史禍로 죽음을 당한다. 무오사화는 '소인小人'이라는 지탄을 받았던 이극돈이 불을 지피고 유자광이 기름을 부은 사건이다. 이극돈은 실록청 당상이었다. 아마도 임피공의 파직은 이극돈의 전비前非와 무관하지 않을 것이다.

이극돈을 비롯한 5형제는 모두 문과로 급제해 광주이씨를 조선 제일의 문벌로 부상시킨 인재들이었다. 이들은 대제학공의 절친이었던 둔촌 이집의 증손이었다. 그런데 이극돈이 임피공을 모함함으로써 선대의 아름다운 우정은 여기서 끝났다. 광주이씨 5형제 이름은 극배 · 극돈 · 극감 · 극균 · 극증이다. 임피공은 아들을 낳자 차례대로 광주이씨 형제들의 이름 끝자를 따서 아드님 이름으로 삼았다. 잘 알려진 것처럼 임피공의 네 아드님 諱배培 · 돈墩 · 감堪 · 균均이 곧 그 분들이다. 이는 이극돈에 대한 반감의 상징일 것이다.

대한민국 이승만李承晩 초대 대통령과 긴장 관계였던 옛날 어느 정객은 아들 이름을 치리治李 · 치승 · 치만으로 삼았다는 일화가 있다.

아마 정적政敵을 극복하려는 의지의 반영일 것이다. 이 정객의 마음도 이극돈을 미워한 임피공의 심정과 같지 않았을까 싶다. 공의 가자는 종3품 중직대부다.

배위는 순흥안씨 부윤 안지귀安知歸의 따님이다. 공교롭게도 임피공의 처당숙인 안관후安寬厚의 다섯 형제도 이극돈 형제처럼 5자등과五子登科로 온 나라에 명성을 떨쳤다. 임피공의 자녀는 4남2녀다. 따님 두 분은 각각 박겸朴謙 · 대사성 김효간金孝侃에게 출가했다. 김효간은 이씨할머니가 귀미에 터를 잡기 전부터 이곳에 살았다는 주서注書 김광을金光乙의 현손이다. 김 주서는 어린 시절의 함평공을 가르친 일화가 전설처럼 전해오는 인물이다('주서'는 고려시대의 종7품관직. 귀미리 귀주마을의 '주서동'은 김광을이 살았던 마을 이름이다).

임피공 내외분의 묘소는 남원군 대산면 풍촌리 대실 선영이다. 묘비음기는 마모가 심해 누가 지었는지 밝히기 어려운데, 그 끝에 '공의 성품은 관대하고 작은 일에 얽매이지 않았다. 술과 낚시를 즐겼으며, 어머니 최씨를 극진하게 모셨다. 아우 집의공과 우애가 돈독해 사람들의 칭송이 자자했다'는 기록이 보인다.

13世② 집의공執義公 諱자유子由

字희철希轍 號귀은龜隱 1444(세종 26)~1495(연산군 1) **한림공파**

1465년(세조 11)에 나이 스물둘 약관으로 진사가 되고, 3년 후인 스물다섯 살 때 식년시에 올랐다. 조선조에 이르러 남원양씨로서는 첫 등과다. 처음 관직은 예문관 검열檢閱(흔히 한림翰林으로 불림.)로 사필史筆을

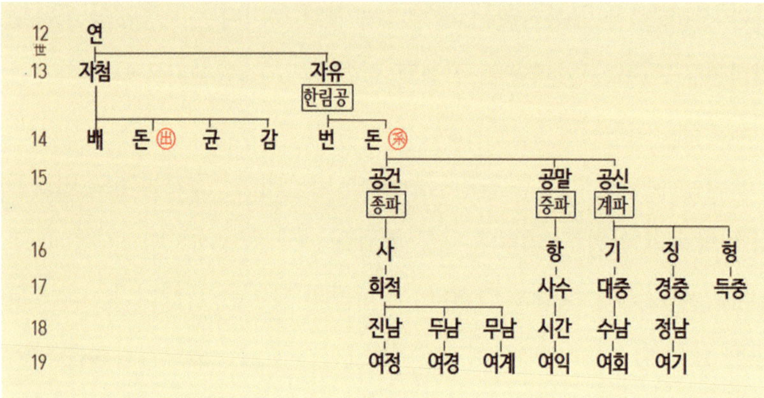

한림공파(12~19세)

잡았다. 1468년 공이 성균관박사로 있을 때, 세조가 승하하자 실록청 기사관으로 일했다.

『세조실록』 찬수를 마치자마자(1471년 12월), 바로 『예종실록』 편찬에 참여했다. 1471년(성종 2) 5월, 5년간의 실록청 일을 마친 뒤 1계급 특진과 함께 좌리원종2등공신으로 책훈됐다. (좌리공신은 성종이 보필과 정치를 잘한 공으로 내린 공신호) 삼계면 세심리 일대의 전답과 산은 이때 받은 사패지다.

그 뒤로 집의공은 청요직淸要職(품계와 관계없이 선비라면 누구나 취임하고 싶어 하는, 맑고 중요한 직책. 언론 기관인 사헌부 · 사간원 · 홍문관 등 3사의 직임이 대표적인 청요직이다.)이라 해서 누구나 선망하는 사간원정언 · 사헌부지평, 장령, 집의 겸 춘추기주관사관, 경연청시강관(임금에게 경서를 강론하는 직임)을 역임했다. 외직인 금산군수로 계시다가 떠날 때는 백성들이 청덕 · 애민淸德愛民의 공덕을 기리기 위해 선정비를 세웠다. 공의 내직 생활은 청요직에만 계셔서 앞날이 더욱 촉망됐으나 권력과의 매운 대결로 더 나아가지는 못했다. 정계가 정상적으로만 작동되면 청요직은 정승의 반열로 진출할 수 있는 발판이자 관문이었다.

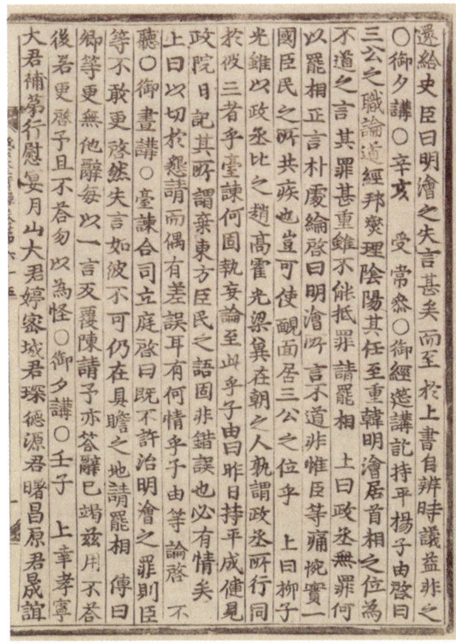
遞給史臣曰明澮之失言甚矣而至於上書自辨時議益非之
○御夕講○辛亥 受常參○御經筵講訖持平楊子由啓曰
三公之職論道經邦燮理陰陽其任至重韓明澮居首相之位爲
不道之言其罪甚重雖不能抵罪請罷相 上曰政丞無罪何
以罷相正言朴處綸啓曰明澮所言不道非惟臣等痛惋實一
國臣民之所共疾也豈可使靦面居三公之位乎 上曰柳子
光雖以政丞比之趙高霍光梁冀在朝之人孰謂政丞所行同
於彼三者乎臺諫何固執妄論至此乎子由曰昨日持平成健見
政院日記其所謂棄東方臣民之語固非錯誤也必有情矣
上曰以切於懇請而偶有差誤耳有何情乎子由等論啓 不
聽○御晝講○臺諫合司立庭啓曰既不許治明澮之罪則臣
等不敢更啓然失言如彼不可仍在具瞻之地請罷相 傳曰
卿等更無他辭每以一言反覆陳請予亦答辭已竭茲用不荅
後若更啓予且不荅勿以爲怪○御夕講○壬子 上幸孝寧
大君補第行慰宴月山大君婷密城君琛德源君曙昌原君晟誼

집의공이 한명회의 파면을 주장한 『성종실록』 기사 | 1476년(성종 7) 3월 8일

『조선왕조실록』을 보면 공의 역량과 치열한 정의감을 들여다 볼 수 있다. 세조가 승하하자, 1469년(예종 1), 4월 실록청이 설치됐고, 이때 성균관박사로 있던 집의공은 실록 편수관을 겸임했다. 스물여섯 살 때였다. 다음 해엔 예종이 즉위 1년 2개월 만에 승하했다. 공은 거푸 실록청 편수관으로 참여했다. 1471년(성종 2), 공은 그 공로로 1품 승진의 포상을 받았다. 웬만한 역사의식과 통찰력, 문장력이 아니면 넘어다볼 수 없는 자리가 사관 직임이다. 무엇보다도 빛나는 활동은 당대 최고의 권신인 한명회와의 대결이다.

한명회는 세조의 정변에 참여한 이래 네 차례, 그것도 모두 1등공신 녹권을 받았다. 그는 네 딸 중 두 명을 예종과 성종의 왕비로 들여보냈다. 성종이 형인 월산대군을 물리고 보위에 오른 것도 한명회가 장인이 아니었다면 불가능했다.

성종은 열셋의 어린 나이로 즉위했다. 조선의 왕은 성년 전에 즉위하면 스무 살 성년이 될 때까지 왕대비가 수렴청정을 했다. 성종은 7년간 세조비 정희왕후의 수렴청정을 받았다. 그런데 성종의 나이가 차서 친정親政에 들어갈 무렵이 되자 문제가 생겼다. 이때 한명회는 영의정이었고, 집의공은 사헌부지평이었다. 한명회는 계속 주도권을 행사하기 위해 대비에게 대리청정을 거두지 말라고 주청했다. 실권을 넘겨주지 말라는 것이었다.

"한명회는 수상의 자리에 있으면서 부도한 말을 서슴지 않습니다. 그 죄가 심히 엄중합니다. 벌을 줄 수는 없다고 하더라도 재상에서 파면해야 옳습니다."

공은 직격탄을 날렸다. 훈구대신들에게 압박감을 느껴왔던 성종도 친정 시기를 기다렸지만 한명회를 물리칠 수는 없었다. 대간이 간쟁을 하다가 실패하면 사직을 요청하는 것이 관례다. 공은 사표를 제출했으나 성종이 받아들이지 않았다. 이때 공의 나이 서른넷, 한창 활동할 시기였으나 장령, 집의 자리에 잠깐 머무르는 것으로 끝났다. 한명회도 얼마 안 있어 한강 건너편에 '압구정狎鷗亭'이라는 정자를 짓고 소요하면서 일선에서 물러났다. 언론계의 중급 관료가, 나는 새도 떨어뜨린다는 현실 권력과 한판 벌인다는 것은 웬만한 기개와 정의감 없이는 엄두도 못 낼 일이다.

원배는 숙부인 무장윤씨(1447~1470), 참판 윤빈尹玭의 따님이다. 무장윤씨는 스물네 살에 세상을 떴다. 계배 숙부인 동래정씨의 생년은 미상, 1512년(중종 7)에 돌아가셨다. 외동아드님 번播공은 성혼 후 요절했으므로 임피공의 둘째 매당공梅堂 諱돈墩이 그 뒤를 이었다. 임실군 삼계면 세심리 사오랑의 대조령에 있는 유택에 내외 세 분이 계신다.

"슬프다. 창상의 변滄桑之變(뽕나무 밭이 푸른 바다로 변한다는 뜻으로, 세상이 몰라볼 정도로 변함을 비유한 말)으로 문헌이 소실돼 공의 언행은 상세히 알 수 없다. 조정에 나아가 공을 세워 군주를 섬긴 절의만은 가히 알 수 있고, 아들을 가르쳐 대유大儒가 됐으니 집안을 다스리는 도를 가히 알 수 있다."

공이 돌아가신 지 4백여 년이 지난 뒤 승지 김영한金甯漢이 지은 「한림공묘갈명(묘갈墓碣은 무덤 앞에 세우는 둥그스름한 작은 비석)」의 마무리 부분이다.

공의 후예를 한림공파로 부른다. 공이 역임했던 예문관검열의 별칭이 한림이기 때문이다. 그러나 '한림공파'라는 명칭에는 적절성의 문제가 있다. 한림은 정9품직이다. 공의 최후 관직은 한림보다 훨씬 높은 종3품 집의執義(사헌부의 종3품질)다. '집의파'라고 해야 좋다. 단지 줄곧 그렇게 불러왔기 때문에 관성적으로 한림공파라 하는 것이다. 한림공파는 현재 1천여 호 정도로, 순창군 적성면과 임실군 삼계면 일대에 많이 거주하고 있다.

14世① 귀암공龜岩公 諱배培
字이후而厚 號귀암龜岩 생졸 미상

14세 네 분은 모두 임피공의 아드님이다. 이 중 귀암 · 매당공은 연산군의 학정으로 은둔에 들어간, 당대의 대표적 처사로 알려졌다. 매당공은 후사가 없던 집의공의 후사로 들어갔다. 매당공의 후손을 한림공파, 귀암공의 막내동생 죽은공竹隱 諱감堪의 후손을 통덕랑공파로 구별한다. 남원양씨의 지파가 파생한 것은 이때부터다.

귀암공은 임피공 諱자첨의 큰아드님이다. 학문이 깊고, 품행과 도의가 돈독해 사림의 추앙을 받았다. 아우 매당공과 함께 낙향하기 전까지는 주로 서울에 거주하면서 세조 때 생육신으로 이름 높은 남효온南孝溫과 깊이 교유했다. 뒷날 귀암 · 매당공 형제는 연산군의 혼정昏政으로 사류의 화가 혹독해짐을 보고 은둔에 들어가 밖으로 눈길을 돌리지 않은 것도 알고 보면 이런 교우와 무관하지 않을 것이다. 연산의 학정이 끝난 후에도, 조정에서는 충순위 · 사헌부장령 등으로 여러 차례 불렀으나 끝내 나아가지 않았다고 한다.

배위는 밀양박씨 제용감직장直長 박중우朴仲愚의 따님으로 세종조의 아악공신이자 이조판서인 박연朴堧의 손녀다. 자녀는 1남1녀를 뒀다. 아드님은 좌랑공佐郎 諱공준公俊, 따님은 대사간 소세량蘇世良에게 출가했다. 익산시 여산면 신양리에 양위분 유택이 있다.

공의 행적을 짐작할 수 있는 자료로는 신경준申景濬이 남긴 「산인동기散人洞記」와 황윤석黃胤錫의 「고 처사 귀암양공 진사 매당양공 합전故處士龜岩楊公進士梅堂楊公合傳」이 있다. 귀미에는 거북바위, 형제바위, 산인동 터, 귀암정 등 귀암공 사적이 산재해 있다. 후세 뒷날 사림에서는 공의 학문과 절의를 숭상하여 적성면 지북리에 지계사芝溪祠를 세우고, 쌍매당공双梅堂 諱사민士敏 · 백수공 諱응수 · 만회 이유겸晩悔 李有謙

과 함께 배향했다.

14世② 매당공梅堂公 諱돈墩
字형숙亨叔 號매당梅堂 · 광제정光霽亭 1461(세조 7)~1532(중종 27)

임피공의 둘째 아드님이다. 1477년(성종 8) 열일곱 소년으로 진사방에 올랐으나 연산군의 학정이 이어지자 형님인 귀암공과 함께 은거에 들어가 세상일에 관심을 끊었다.

배위는 광주정씨 홍문관교리 정승순鄭承順의 따님이다. 자녀는 3남2녀로, 아드님은 송와공松窩 諱공건公健 · 반선정공伴仙亭 諱공말公休 · 회와공悔窩 諱공신公信이고, 진사 유희청柳希淸 · 한열韓烈은 사위다. 공은 말년에 후사가 끊긴 숙부 집의공(집의공의 외아드님 번播은 성혼 후 자녀 없이 요절했다.)에 입계, 지금의 삼계면 세심리로 이거했다. 이로부터 세심리는 한림공파의 세거지가 됐다.

매당공은 이때 뜰에 매화를 가득 심고 매당梅堂을 자호로 삼았다. 또 마을 앞 맑은 개울을 굽어보는 곳에 정자를 세워 '광제정光霽亭'이란 현판을 걸고, 스스로를 광제정이라 부르기도 했다. 이 정자에는 김인후金麟厚, 장경세張經世의 운을 걸었는데, 이 현판이 지금까지 전하고 있다. 묘는 임실군 삼계면 세심리 선영에 양위분이 있다.

공은 돌아가신 뒤에 통정대부 승정원동부승지에 증직됐다. 공 형제분의 행적은 앞서 소개한 「산인동기」와 형제분 「…합전」이 있고, 개인적인 것으로는 승지 김영한이 지은 묘갈명이 있다. 1788년(정조 13), 고을 사람들이 공을 추모하여 삼계면 세심리에 아계사阿溪祠를 세워

공의 증손 모정공慕亭, 희적希迪과 함께 배향했다.

공의 바로 아래 동생 균均은 생원이었다. 배위는 평산신씨 목사 신경申經의 따님이다. 자녀는 1남2녀, 아드님 諱공이公儞는 생원시에 들었고, 천안전씨 전계종全繼宗 · 옥천조씨 조영기趙泳琪는 사위다. 전계종의 따님은 매당공의 손자 통정대부공 諱징澄의 배위가 돼 우리 집안에 다시 들어오신 것으로 족보에 나와 있다. 생졸 시기는 알 수 없다.

14世③ 통덕랑공通德郎公 諱감堪
字죽은竹隱 생졸 미상 **통덕랑공파**

임피공의 막내아드님으로 통덕랑은 정오품의 문관 품계이다. 배위는 남원진씨 옛 순위舊順尉 진경동晉京童의 따님이다. 자녀로는 외아드님 諱공영公永이 있다. 공의 후예를 통덕랑공파로 이른다. 남원양씨 두 번째 지파다. 대산면 풍촌리 선영의 임피공 묘 아래에 양위분의 유택이 각각 있다.

15世① 좌랑공佐郎公 諱공준公俊
字언경彦卿 1484(성종 15)~1525(중종 20)

귀암공諱 자첨의 외아드님으로 서울에서 출생했을 것으로 추정된다. 할아버지 임피공은 경가京家(서울집)가 있었고, 귀암공도 서울에서 지냈기 때문이다. 1507년(중종 2), 스물넷에 진사에 오르고, 13년 뒤인 1520년(중종 15) 경진별시에 등과한 것도 서울내기이기 때문에 가능했을 것이다. 별시別試는 부정기 시험이어서 지방 출신은 기회를 포착하기 어려웠다. 좌랑공의 급제는 남원양씨로는 집의공 다음으로 두 번째다. 그러나 급제 후 5년 만에 돌아가셔서 관직은 병조좌랑 겸 춘추기주관에 그쳤다.

배위는 덕수장씨 집의 장충보張忠輔의 따님으로 1남5녀를 뒀다. 아드님은 부정공副正公 諱홍洪이고, 큰따님은 진주소씨 소근蘇近, 둘째 따님은 기묘명현 김세필金世弼의 아드님이신 참봉 김구金礭, 셋째 따님은 함양오씨 오세영吳世榮, 넷째 따님은 청주한씨 한언광韓彦光, 다섯째 따님은 나주진씨 진사 진준陳俊에게 출가했다. 소근은 귀암공의 사위인 소세량의 형 소세온蘇世溫의 아들이므로 우리 집안과는 겹사돈이 됐고, 오세영은 무장茂長(고창 지역의 옛지명)에 사는 함양오씨 입향조, 한광언과 진준은 남원에서 세거한 집안이다. 묘는 익산시 여산면 신양리 선영의 귀암공 묘역이다.

15世② 송와공松窩公 諱공건公健

字윤형允衡 1486(성종 17)~1535(중종 30) **한림공종파**

매당공諱돈의 큰아드님이다. 배위는 사헌부지평 이충남李忠男(본관은 미상)의 따님으로 1남2녀를 뒀다. 아드님은 돈재공遯齋 諱사泗, 첫째 따님은 목사 장건張健, 둘째 따님은 옥천 설홍덕薛弘德에게 출가했다. 공은 과거 공부를 접고 정원을 가꾸며 악금서樂琴書를 즐겼는데, 뒤에 증직 교지가 내렸으나 소실돼 직명과 품자品資를 알 수 없다. 묘는 임실군 삼계면 세심리 선영에 있는 집의공의 묘 남쪽 기슭에 양위분을 쌍분으로 모셨다. 공의 후예를 한림공종파로 구분한다.

15世③ 반선정공伴仙亭公 諱공말公休

字언형彦衡 號백운白雲 · 반선정伴仙亭 1502(연산 8)~1560(명종 15) **한림공중파**

매당공의 둘째 아드님이신데 천거로 사산감역을 제수 받았다. 배위는 풍산이씨 찰방 이의장李義章의 따님이다. 외아드님인 항沆을 남기고 돌아가셨다. 임실군 삼계면 세심리 선영에 있는 매당공 묘 아래에 양위분이 있다. 공의 후예를 한림공중파라 한다.

유사遺事로 황윤석의 「사산감역반선정양공전四山監役伴仙亭楊公傳」이 있다. 이 전기에 따르면 공은 만년에 적성강 기슭에 반선정을 짓고 김인후, 소세양蘇世讓, 백광홍白光弘, 임억령林億齡, 정희렴鄭希濂 등과 어울렸다고 한다. 애석하게도 유집은 전하지 않고, 앞에 밝힌 분들의 반선운伴仙韻 몇 수가 전할 뿐이다.

15世④ 회와공悔窩公 諱공신公信

字규형圭衡 號회와悔窩 1493(성종 24)~1565(명종 20) **한림공계파**

중형 반선정공과 함께 김인후, 소세양 등과 교의가 깊었다. 수직壽職으로 동중추부사 가선대부의 가자를 받았다.

배위는 경주김씨 별좌 김세기金世基의 따님이다. 3남3녀를 뒀는데, 諱기沂 · 징澄 · 형泂은 아드님, 사과司果 한응문韓應文 · 생원 김희지金熙止, 김천로金天老는 사위다. 삼계면 세심리 선영에 양위분 묘소가 있다. 공의 후예는 한림공계파로 구분한다.

15世⑤ 제용감정공濟用監正公 諱공영公永
字신길信吉 생졸 미상

통덕랑공諱 감의 외아드님이다. 자녀로는諱 윤潤 · 민敏 2남을 뒀다. 제용감정은 증직이다. 배위는 김해김씨 김호金浩의 따님이다. 양위분의 묘소는 임실군 둔남면 주천리에 있다.

15世⑥ 생원공生員公 諱공이公爾 생졸 미상

생원공諱 균均의 외아드님이시다. 족보의 사마안에는 생원으로 올라 있으나 급제시기를 알 수 없고, 배위, 묘 위치 등 행적에 관련된 기록도 없다. 자녀로는 외아들 諱순洵이 있다.

16世① 부정공副正公 諱홍洪
字심원深源 號양호재養浩齋 1508(중종 3)~1564(명종 19)

좌랑공 諱공준의 외아드님이다. 열여덟 살 때 아버님을 여의시고 방대한 재산 관리 때문에 노고가 많았다. 이미 살핀 바와 같이 할아버지 귀암공이 후사後嗣가 없는 여산의 처가 재산을 물려받았는데, 그 유산의 일부가 지금의 익산시 여산면 신양리 선영이다. 당시 가산이 어느 정도였는지 지금으로서는 가늠할 수 없으나, 부정공은 할아버지 · 아버지에 이어 귀미와 여산을 오가며 관리했던 것으로 미뤄, 쉽사리 처분할 수 없을 정도의 방대한 규모였던 듯하다. 또 외증조가 이조판서이자 아악공신인 박연의 둘째 아드님 박중우이므로 재산이 적지 않았으리라 추정할 수 있다(공신功臣은 노비와 사패지로 포상한다).

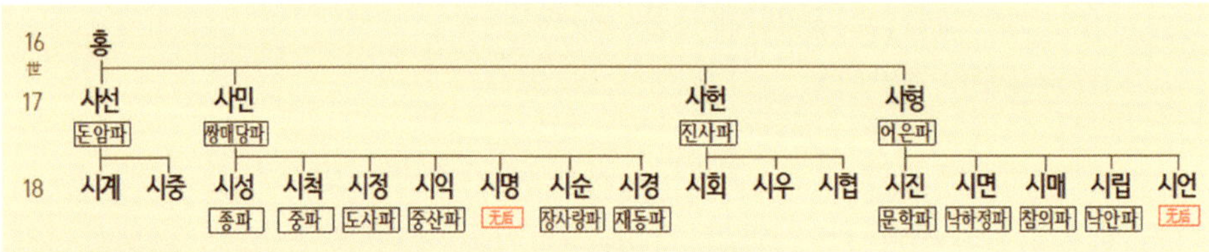

부정공의 네 아드님은 돈암공·쌍매당공·진사공·어은공이 파조가 되고, 돈암공·진사공은 후예가 얼마 안 돼 갈려나간 파가 없으나, 쌍매당공과 어은공의 후손은 여러 지파로 세분됐다.

박연은 원래 충청도 영동에서 살았다. 부정공의 외증조부가 영동에서 여산으로 분가했다면 이곳의 넓은 땅을 물려받았을 것이다. 부정공은 양가兩家 재산을 관리하기 위해 3백 리 가까운 길을 분주하게 오가며 집안을 다스리는 와중에서도 학문을 게을리 하지 않았다. 공은 1540년(중종 35) 서른세 살의 나이로 생원이 되었고, 바로 그 해에 별시문과 병과 7위로 급제했다. 매당 · 반선정 · 회와공 등 우리 선조들과 깊은 교의를 나눴던 호남의 명현 김인후도 이 별시 동방이다.

급제와 함께 관로에 들어선 부정공은 홍문관 지제교 · 전한 · 사복시 부정 겸 춘추편수관(둘 다 종3품), 외직으로 청도군수 · 선산부사 등을 역임했다. 1555년의 을묘왜변(명종 10년, 전라도 해남의 달량포에 왜선 60여 척이 쳐들어온 사건) 당시 공은 선산부사였다. 조정의 지휘에 따라 군사를 이끌고 해남으로 향하던 공은 함안 청범루에 걸린 고조할아버지 판관공諱연의 운을 보고 감격에 겨웠다. 다음은 즉석 차운이다.

삼가 청범루 시 운자를 따서 짓다 韻次清範樓韻

이 삶을 세상에서 부질없이 영위하다가 此生於世漫經營

늘그막에 명성을 이루기 위해 군대를 이동했네.	白首調兵爲底名
조상 분묘에 해를 거르니 누가 풀을 베어줄까?	丘隴隔年誰芟草
방패와 창은 땅에 가득하고 홀로 기둥에 기대었네.	干戈滿地獨憑楹
마음은 늘 돌아가기를 생각하는 피로한 새와 같은데	心如倦鳥常思返
눈으로 뜰의 꽃을 대하니 잠시 앞이 밝아지네.	眼對庭花暫前明
선조가 남긴 글이 현판 위에 남아 있는데	先祖遺篇留板上
나약한 자손이 어떻게 풍도와 명성을 이을 수 있을까?	孱孫那得繼風聲

이 시는 싸움터로 나아가는 공을 붙드는 심사의 한 자락을 엿보게 한다. 당시 공은 형제나 사촌도 없이 가장 가까운 혈족으로는 재종 여섯 분뿐이었다. 종손이면서도 성묘도 제대로 돌보지 못한 처지로 수백 리 타향에서 만난 고조할아버지의 글을 보고 심정이 어떠했을지는 짐작하고도 남는다. 공의 유적遺蹟은 이 운뿐이었다. 그런데 뜻밖에도 고창에 살았던 광산김씨 문중의 진사 김경희金景熹 문집에서 부정공이 보낸 서찰이 발견됐다.

진사 김노계(김경희)에게 부침

삼가 생각하옵건대 며칠 동안 추위가 매서웠는데, 학업이수를 소중히 해서 (뜻을) 성실히 하고 (마음을) 바르게 하는 공부에, 깊고 오묘한 의미를 터득했습니까? 어제 토론한 것에서 아직 밝히지 못한 것은 다만 스스로 모호하여, 돌아와서 구석진 곳에 앉아 속으로 매우 부끄러웠습니다. 무릇 말이 있으면 이치가 있는데, 그 이치는 은미하여 드러나지 않으며 쌓여 있으되 나타나지 않습니다. 사람을 대하고 말하여 비록 황홀한 그림자를 얻었다 할지라도 하나의 형체를 잡거나 짐작하기 어렵고, 말하고자 해도 말할 수 없으며 장차 잡으려 해도 잡을 수 없으니, 이것은 바로 학문이 궁구되지 못한 소치이니, 어찌 말로 하기 쉽겠습니까? 대저 덕에 들어가는 학문은 '뜻을 성실히 함'과 '마음을 바르게 함'에서 벗어나지 않으니, 두 개의 도일뿐입니다. (뜻을) 성실히 하고 (마음을) 바르게 하는 공부는 '그 보지 않는 곳에서 경계하고 삼가며, 그 듣지 않는 곳에서 두려워하는 것, 이 두 가지다.'라고 나는 반드시 말합니다. 만약 (뜻을) 성실히 하고 (마음을) 바르게 하는 것이, 드러나는 처지에 있다면, 도리어 은미함을 파괴하여 그 잃음이 점점 많아져 마침내 실제의 공부에 이르지 못할 것입니다. 대학의 삼강령 팔조목은 그 조목이 비록 번잡하나, (뜻을) 성실히 하고 (마음을) 바르게 함에서 나오지 않은 것이 없어서, 이 뜻은 한결같이 성실하여, 성실하지 않은 일이 없으며 이 마음은 한결같이 바르지 않은 곳이 없으니, 어찌 다만 일에 응하고 사물을 접할 때만 (뜻을) 성실히 하고 (마음을) 바르게 하리오. 이 때문에 나는 반드시 경계하고 삼가며 두려워하는 것을 (뜻을) 성실히 하고 (마음을) 바르게 함의 근본으로 삼는데, 그대는 어떻게 생각하는지 알지 못하겠으니, 옳은 것인지 그렇지 않은 것인지를 회신하여 알려 주세요. 예전에 시를 보내어 화답을 구하신 것은 객들의 시끄러움 때문에 구상할 겨를이 없어서 받들어 부응하지 못했습니다.

_『노계집盧溪集』

성리학설에 대한 진사 김경희의 물음에 대한 답신이다. 먼 데서 명성을 좇아 질문을 해온 것을 보아 부정공의 성리학 조예가 예사롭지 않았음을 확인할 수 있다.

부정공의 배위는 남원 이백면 일대에 세거해 온 순흥안씨 안극함安克諴의 따님, 4남3녀를 뒀다. 아드님은 차례로 종사랑 돈암공 諱사선士選, 장사랑 쌍매당공諱사민, 진사공諱사헌士獻, 어은공諱사형士衡이시고, 따님은 고령신씨 신익申瀷, 남원양씨 양준우梁俊遇, 경주김씨 김취련金就鍊에게 출가했다. 신익은 귀래정 신말주申末舟의 후손인데 후사를 두지 못했다. 양준우는 남원 주생면 이언(상동리)에 살았다. 그는 아들이 없고 사위는 삭녕최씨 최연崔葕이다. 초로공楚老公 諱운거雲擧과 함께 종호에서 풍류를 즐겼던 여섯 친구 중 오주 최휘지崔徽之와 간호 최유지艮湖 崔攸之 형제가 최연의 아들이다.

묘소는 익산시 여산면 신양리 선영, 1624년(인조 4)에 좌랑공 묘비와 비를 세웠는데 비음기는 누가 썼는지 전하지 않는다. 비음기를 보면 귀암공 · 좌랑공 · 부정공의 비석이 병화兵火로 손괴돼 당시 충청도사로 있던 사예공諱시정時鼎이 여러 후손들과 함께 새로 세웠다는 기사가 있다.

16世② 생원공生員公 諱순洵 생졸 미상 |

생원공諱공이의 외아드님인데 후사가 없어, 조부 이래 3대로 절손이 됐다. 이로 인해 사위인 증이조참의 귀와 한응성龜窩 韓應聖이 처가의 제사를 받들었다. 귀와공은 어은공諱사형 · 모정공諱희직 등과 함께 임진란에 의병으로 참여, 금산 전투에서 전사한 칠백의사의 한 분이다.

ⓒ 양완욱

한응성 장군 묘역 | 생원공 諱순은 후사가 없어 한응성 장군이 처가의 제사를 이었다. 장군은 임진왜란에 어은공·모정공과 함께 창의, 조헌의 금산 전투에서 전사했다. 이때 전장까지 따라갔던 노복 부협夫脅도 쌓인 시체 가운데 은신했다가 왜적이 물러간 뒤에 주인을 거두어 귀미리 선산에 장사한 뒤, 자신도 공이 탔던 말과 함께 순사했다. 묘역의 맨 위는 한응성 장군, 왼쪽은 부협(맨 왼쪽)과 말무덤(정면 왼쪽의 크게 보이는 무덤)

한응성 장군 충의비 | 순창군 인계면 노동리 ▶

ⓒ 한국향토문화전자대전

귀미 한산에 한공의 묘소와 제각이 있다.

16世③ 참의공參議公 諱윤潤 생졸 미상 |

증제용감정공諱공영의 큰아드님으로 관함은 증참의다. 공의 손자 동지공諱득춘得春으로 인해 사후에 내린 증직이다. 배위는 밀양박씨 박근후朴根厚의 따님이고, 증참판諱영재英材이 외아드님이다. 임실군 오수면 한암리에 묘소가 있다.

참의공의 동생 민공諱敏은 증손諱연춘延春의 무후로 대가 끊기자, 허씨 집안으로 출가한 딸의 외손봉사로 이어졌다.

16世④ 돈재공遯齋公 諱사泗

字사원士源 號돈재遯齋 1512(중종 7)~?

송와공諱공건의 큰아드님이다. 가자는 장사랑. 할아버지 · 아버지가 모두 세상에 나아가지 않음에 따라 산림山林에 묻혀 학문에만 몰두했다.

배위는 연안김씨 주부 김순金巡의 따님으로 외아드님 모정공慕亭 諱희적의 모부인이시다. 묘는 삼계면 세심리 사오랑 선영.

16世⑤ 찬하정공餐霞亭公 諱항沆

字청경淸卿 號찬하정餐霞亭 1518(중종 13)~1593(선조 26)

반선정공諱공말의 외아드님이다. 아버님을 따라 과거를 접고, 아버님이 계셨던 적성강변 화산 아래 '찬하정'이란 정자를 지어 편액하고 이를 자호로 삼았다. 그곳에서 선비들과 시주詩酒를 즐기던 중, 조정에서 익위사 세마洗馬(세자 경호원)로 불렀으나 응하지 않았다. 건강이 안 좋아 만년에 강원도 춘천(좌리원종공신이었던 매당공 諱자유의 사패지가 있었던 곳)에서 요양하다가 정읍군 칠보면 시산의 처가로 옮겨 치료하던 중 임진왜란을 당했다. 이에 공은 나이 예순다섯이라는 노구를 무릅쓰고 의병을 일으켜 병마兵馬를 지휘하며 북진하다가 병사하셨다.

배위는 도강김씨 찰방 김원金元의 따님이다. 자녀는 2남2녀로 사수士秀 · 사중士中이 아드님이고, 큰따님은 주부主簿 정흥방鄭興邦, 둘째 따님은 성준덕成俊德에게 출가했다. 묘소는 순창군 유등면 무수리, 찬하정 뒤에 양위분을 모셨다. 묘갈은 노석장盧錫璋이 썼다.

16世⑥ 계당공溪堂公 諱기沂

字청도淸渡 號계당溪堂 1528(중종 23)~ 1583(선조 16)

회와공諱공신의 큰아드님이다. 음직으로 봉직랑에 제수됐으나 나아가지 않았다.

배위는 전의이씨 이청신李淸臣의 따님, 諱대중大仲 · 처중處中 · 치중致中 · 건중建中 · 민중敏中 등 5남을 뒀다. 소세량, 김동준金東準 등과 교유했으며, 유집은 병화로 소실됐다. 양위분의 묘소는 삼계면 세심리 사오랑 선영에 있다.

16世⑦ 통정대부공通政大夫公 諱징澄

字청숙淸叔 생졸 미상

회와공의 둘째 아드님이다. 음직으로 통정대부 가자를 받았다.

배위는 천안전씨 전계종全繼宗의 따님으로 매당공諱돈은 시가媤家와 외가의 증조부가 된다. 諱경중敬中 · 집중執中 · 시중時中 등 3남을 뒀다. 묘소는 삼계면 세심리 선영의 회와공 諱공신 유택 아래에 있다.

공의 동생 諱형泂은 아들諱득중得中대에서 절손돼 외손 봉사로 이어졌다.

'사士'자 항렬은 모두 18분이다. 부정공의 아드님 4형제는 돈암공파 · 쌍매당공파 · 진사공파 · 어은공파 파조가 돼 4파로 갈렸다. 이로써 남원양씨는 한림공파 · 통덕랑공파와 함께 모두 6파를 이뤘다.

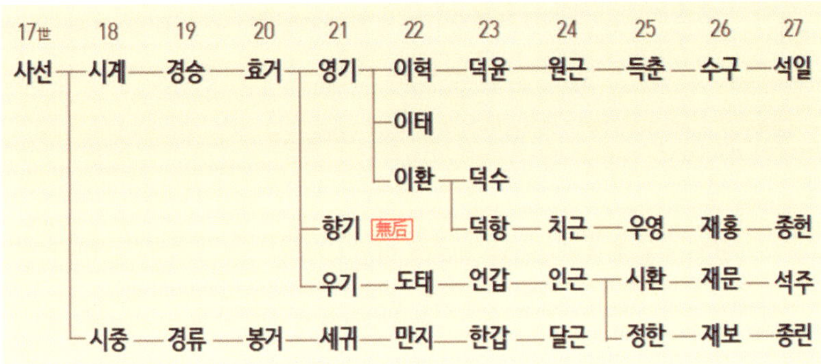

돈암공파(17~27세)

17世① 돈암공遯菴公 諱사선士選

字원택元擇 號돈암遯菴 1524(중종 19)~1566(명종 21) 돈암공파

부정공의 첫째아드님으로 귀미에서 태어나신 돈암공은 종사랑의 가자를 받았다. 성품이 진실하고 학문을 숭상하여 효제孝悌를 실천했다. 그 일례로 부친이 병환 중일 때, 손가락을 잘라 피를 목에 넣어드려 기어코 소생시켰다는 일화가 유명하다. 지극한 정성에 감복한 고을 선비들이 표창해 달라고 조정에 천거하려 하자 공이 극구 만류했다고 한다. 학문에 깊이 정진하셔서 많은 이들이 기대를 걸었으나 애석하게도 마흔셋의 나이를 일기로 세상을 떴다.

배위는 진사 소순蘇巡의 따님이신 진주소씨와 박정수朴廷洙의 따님이신 죽산박씨이시다. 2남3녀를 두셨는데 큰아드님은 諱시계時繼, 둘째아드님은 諱시중時中이다. 사위는 1558년(명종 13) 식년시에 급제해 목사牧使를 지낸 안동권씨 권대덕權大德, 진주강씨 강안국姜安國, 강릉김씨 김회벽金懷壁이다. 동계면 관전리 선영의 함평공 묘 뒤에 세 분을 모셨다.

송병순宋秉珣은 『돈암공묘비음기』에서 공의 남다른 효우를 이렇게 소개했다.

…(전략)… 신해(1551, 명종 6) 겨울에 아버지 부정공께서 몸이 편치 않으셔서 여러 달이 지나도 낫지 않으시므로 공은 뒤뜰에 단을 만들어 분향하고 북향 백배하여 하늘에 빌기를 "집에는 세 아우가 있으니 가히 부모를 받들 만하고, 뜰에는 두 아들이 있어 내 몸을 이을 만하니 나의 남은 목숨으로 부모의 명을 대신하게 하는 바람을 거두어 주소서" 하고 탕약은 반드시 먼저 맛을 보고 미음은 반드시 몸소 끓여 올렸다. 여러 아우가 민망하게 여겨 그치기를 권하며, "집에는 사람이 있고 비녀가 많이 있는데 형께서 어찌 이러한 수고로움을 하십니까" 하고 말하니 "그렇지 않다. 만약 부모가 안 계시면 내가 비록 이런 일을 행하고자 해도 할 수 있겠느냐"라고 했다. 부정공께서 병중에 잉어를 자시고자 하니 때는 바야흐로 한겨울이라 낚시질이나 그물질을 할 수가 없었다. 공이 여러 차례 강가를 왔다 갔다 하다가 얼음을 깼더니 홀연히 세 마리의 잉어가 얼음 위로 뛰어나왔는데 길이가 한 자가 넘었다. 급히 그 고기를 가지고 가서 올리니 병이 곧 회복됐다. 이 말을 들은 사람은 모두가 모여 효자라 했다. 이는 평소에 부모의 뜻을 받들고 따르며 봉양했기 때문이니 보통 사람들이 가히 할 수가 없는 바가 이와 같았다. 고을 선비들이 도내의 여러 선비들과 함께 공을 조정에 천거하려고 하고 또한 여러 아우도 포양褒揚코저 하니 이 말을 듣고 공은 깜짝 놀라 말하기를 "부자는 천성의 친함이 있다. 아들 된 사람이 가히 불효를 하겠

느냐. 증자의 효는 고금을 통한 효인데 맹자는 다만 '좋다'라고 했으니 효의 한 자가 어찌 나에게 가당키나 하겠는가. 불초한 나로 하여금 만약 포상이 있다면 불효의 피를 더하게 될 것이니 차라리 산림 속으로 홀로 들어갈지언정 이런 말은 듣지 않겠다" 했다. …(후략)…

17世② 쌍매당공雙梅堂公 諱사민士敏

字중눌仲訥 號쌍매당雙梅堂 1531(중종 26)~1589(선조 22) 쌍매당공파

부정공의 둘째 아드님이시다. 일찍이 유희춘柳希春·노진盧禛 문하에서 배웠다. 어머니가 돌아가셨을 때는 슬픔이 지나쳐 몸이 상했을 정도였고, 아버지 상을 당했을 때도 묘 옆에 여막을 짓고 3년간 시묘했다. 과거를 멀리한 공은 뒷날 거처 뜰에 매화 두 그루를 심고 쌍매당이라는 현판을 걸어 이를 자신의 당호로 삼고, 그곳에서 학문에 전념했다. 이를 두고 어은공諱사형은 「종가 쌍매당은 중형 사민의 당호다 題宗家双梅堂仲兄士敏堂號也」라는 헌사獻詞를 올렸다.

종가 쌍매당에 쓰다 題宗家雙梅堂

정숙한 여자는 옛날부터 자신을 중매하지 않으니	靜女從來不自媒
황혼에 홀로 작은 추녀 모퉁이에 서 있네.	黃昏獨立小軒隈
봄이 깊어 뒤뜰에 꽃이 바다와 같이 피었으니	春深上苑花如海
누군가 묻네, 우리 형이 심었는지, 심지 않았는지를.	誰問吾兄栽未栽

형님諱사선까지 잃어 집안의 책임을 맡은 공은 두 아우와 자질子姪들

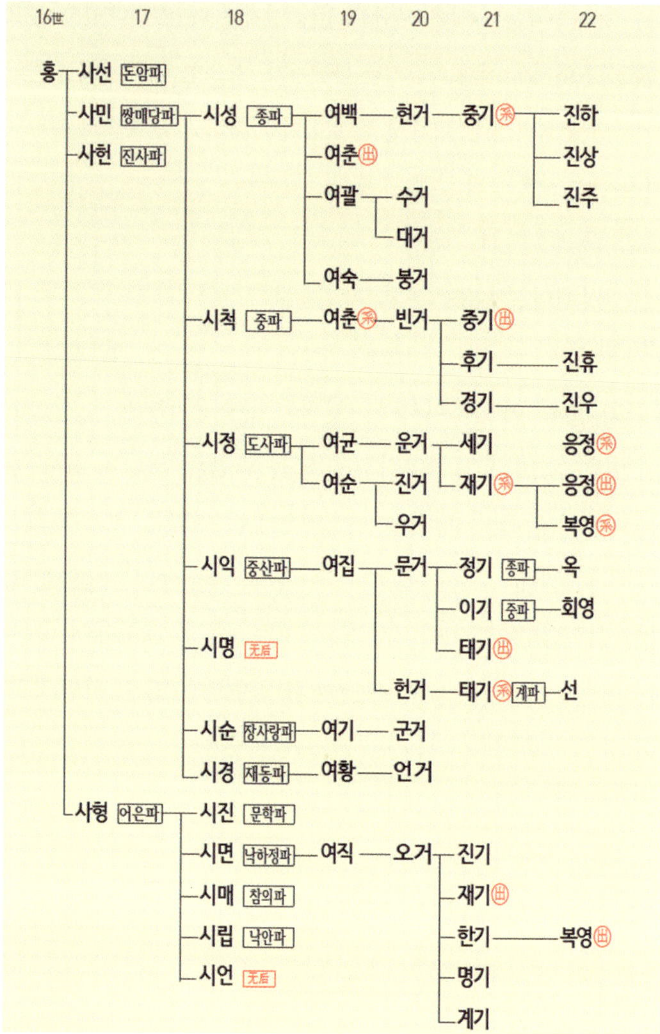

쌍매당공파(17~22세)

을 직접 가르쳐 문하에서 생진 급제자 여덟 분, 문과 급제자 네 분이 나왔다. 경행經行으로 천거돼 선조가 익위翊衛(세자를 위하여 경서를 강하고 질문에 응하는 정5품직)로 불렀으나 나아가지 않았다. 쌍매당공은 부정공 諱홍의 둘째 아드님이지만 승종承宗을 하여 종통宗统을 이었다.

원배는 광산김씨 진사 김정언金廷彦의 따님, 우리 양씨와 깊이 교유했던 하서 김인후와 성재 김약묵誠齋 金若默의 처이질녀다. 계배는 남원양씨 주부 양극성梁克誠의 따님으로 두 분에게서 7남3녀를 뒀다. 생원 시성時省 · 종사랑 시척時惕 · 문과 급제 후 성균관 사예를 지낸 諱시정時鼎 · 진사 시익時益 · 시명時命 · 장사랑 시순時順 · 장사랑 시경時敬은 아드님이다.

이 시기에 쌍매당공파 지파支派가 파생했다. 쌍매당공파에서 諱시성의 후손을 종파, 諱시척 후손을 중파, 諱시정 후손을 도사공파, 진사 諱시익의 후손을 중산파, 諱시명은 후손이 없고, 諱시순 후손을 장사랑공파, 諱시경 후손을 재동파로 구분한 것이다.

이중 중산진사공 諱시익의 손자이신 승지공諱문거文擧은 3남2녀를 두셨는데, 맏이이신 최락당공諱정기鼎基의 후예를 중산종파, 둘째이신 諱이기履基의 후예를 중산중파, 3남 諱태기泰基는 승지공의 동생 諱헌거憲擧의 후사로 입계됨으로써 諱헌거의 후예를 중산계파로 부른다.

쌍매당공의 따님들은 광주廣州이씨 이윤남李允男 · 남양방씨 방덕화房德驊 · 의령남씨 남각南恪 · 경주 김선金宣에게 각각 출가했다. 공의 묘소는 인계면 세룡리 선영인데 『장사랑쌍매당공묘갈명』은 좌의정 유언호兪彦鎬 諱칙지헌則止軒가 지었다.

공은 위인이 단정 · 성실 · 간략 · 중후했으며 식견이 높고 행실이 돈독했으며, 몸가짐을 예로써 신중히 하고 거짓말을 하지 않았으니, 평소 일상생활 속에서의 떳떳한 사람의 도리에 힘썼다. 부정공이 아내를 여읜 지 15년이 되도록 소실을 두지 않으므로, 사람들이 간혹 권하면, 말하기를 '나는 아들이 나에게 효도하여, 입고 먹는 것과 잠자리가 편안하고 선조를 봉양함과 손님을 접대함이 나의 뜻과 같지 않음이 없으니, 소실을 어디에 쓰리오.'라고 했다. …(중략)… 두 아우에게는 스승을 좇아 배우기를 권했으니, 그 아는 것과 행하는 것의 도리를 가지고 말한다면, 하고자 하는 분수가 정밀하고 깊고 간절했으며, 그 마음에 터득한 것은 입과 귀로만 하지 않고 몸소 실행했음을 징험할 수 있다. 평소에 몸가짐을 조심히 하여 급한 기색과 게으른 모습이 없었으며, 예절과 법도를 지나치게 따져 자신을 본보기로 삼았다. 그러므로 자제들이 성했고 지방 사람들이 신뢰했다. 사는 곳에는 경치 좋은 호수와 산이 있었다. 뜰에 손수 두 그루 매화를 심고 이로 인하여 스스로 호를 삼았으며, 때로 마음에 맞는 사람과 거문고를 타고 술을 마시고 즐기면서 푸른 얼굴과 흰 머리로 여유 있게 그것을 바라보았다. 아! 공은 아름다움을 지닌 것을 자부했으며 널리 알려짐을 구하지 않았고 마침내 벼슬 없는 선비로 마쳤으나, 효도와 공경으로 집안을 교화한 것이나 성실함과 미더움으로 남에게 신뢰 받는 것이나 복을 자손에게 베푼 것은 아름답지 아니한가? 세상 사람들이 서원에 배향하여 한나라의 선비로 공경했다.

공이 돌아가시고 2백 년 뒤, 유림에서 공의 학행을 기리기 위해 사우祠宇를 세워 배향했다. 그 첫 번째가 공의 묘소 옆에 1788년(정조 12)에 세운 서룡사瑞龍祠인데, 5년 만인 1792년(정조 16), 조정의 명령으로 폐사廢祠됐다. 그 다음은 서룡사가 훼철된 지 16년 뒤인 1808년(순조 8), 적성면 지북리에 들어선 지계사芝溪祠에 증조이신 귀암공 등 순창의 대표적인 유현儒賢과 함께 배향하게 됐다. 지계사는 고종 때 대원군의 서원철폐령으로 다시 훼철됐다.

17世③ 진사공進士公 諱사헌士獻

字숙침叔琛 1540(중종 35)~1596(선조 29) 진사공파

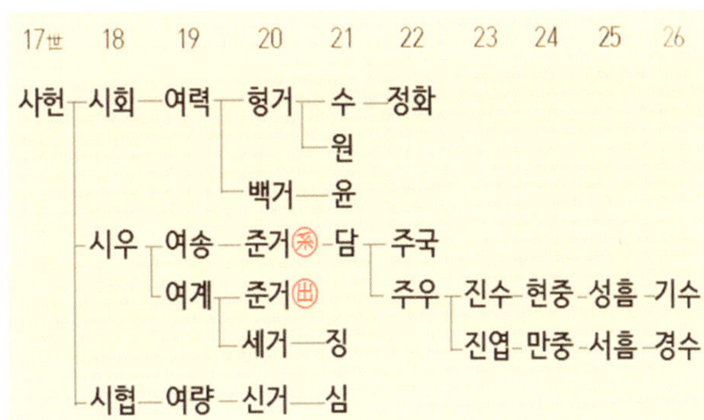

진사공파(17~26세)

부정공의 셋째 아드님이다. 공은 귀암공 때부터 관리해온 여산의 가산을 관리하라는 아버지의 뜻을 받들어 그곳으로 분가했다. 처가가 익산이었으므로 익산으로 분가하기에 적임자였을 것이다. 1570년(선조 3), 학문에도 힘을 써서 진사방에 올랐다.

배위는 진주소씨 생원 소봉선蘇奉善의 따님으로 2남2녀를, 계배인 전주최씨 최성崔聲 따님에게서는 1남을 낳아 3남3녀를 뒀다. 諱시회時會·성천공 諱시우聖泉 時愚·통덕랑 시협時協 등은 아드님, 이진선李振先·홍겸길洪謙吉 등은 사위다. 묘소는 익산시 여산면 신양리 선영의 부정공 묘 아래에 양위분이 있다. 공의 후예를 익산파, 혹은 진사공파로 부른다.

17世④ 어은공漁隱公 諱사형士衡

字계평季平 號어은漁隱 · 영하暎霞 1547(명종 2)~1599(선조 32) 어은공파

부정공의 막내아드님이다. 아버지를 열여덟 살에 여의었기 때문에 돈암공과 쌍매당공 밑에서 자랐다. 어려서는 오수면 둔덕리에 살던 최상중崔尙重 · 장경세張經世와 함께 지금의 동계면 수정리 서당에서 공부하다가 얼마 후 중형 쌍매당공과 함께 유희춘 · 노진 문하에서 배우고, 21살이던 1567년(명종 22) 귀미에서 구남으로 분가해 천태산에서 공부했다.

어은공은 1579년(선조 12), 서른세 살 때 한준겸韓浚謙과 함께 생원시에 오르고, 9년 뒤인 1588년(선조 21) 식년방 문과에 급제했다. 그로부터 벼슬길에 들어가 군자감직장으로 봉직하던 중, 1590년(선조 23) 배위 삭녕최씨(1548~1590)가 돌아가시자 벼슬을 버리고 집으로 돌아왔다.

2년 뒤, 왜군이 대대적으로 조선을 침략하여 온 나라를 유린하기 시작했다. 파죽지세로 치고 올라온 왜군이 침략 보름 만에 한양으로 진격, 동대문을 통해 입성했다. 선조는 허겁지겁 도성을 빠져 나갔다. 전라감사 이광李洸도 미증유의 국난 앞에 어쩔 줄 모르고 우왕좌왕했다. 어은공은 이런 전라감사를 서면으로 질책하고, 호남 유림들에게 격문을 띄우는 한편, 남원의 이대윤李大胤 · 최상중, 삼종제 모정공諱희적과 함께 담양으로 달려가 고경명高敬命 등과 창의군을 조직했다. 대장으로 추대된 고경명은 의병을 이끌고 충청도 금산으로 진군하고, 공은 모량관募糧官 직임으로 군량을 모아 고경명 군진으로 보냈다. 그러나 고경명이 금산 전투에서 순절했다는 비보를 접하고는 여산을 경

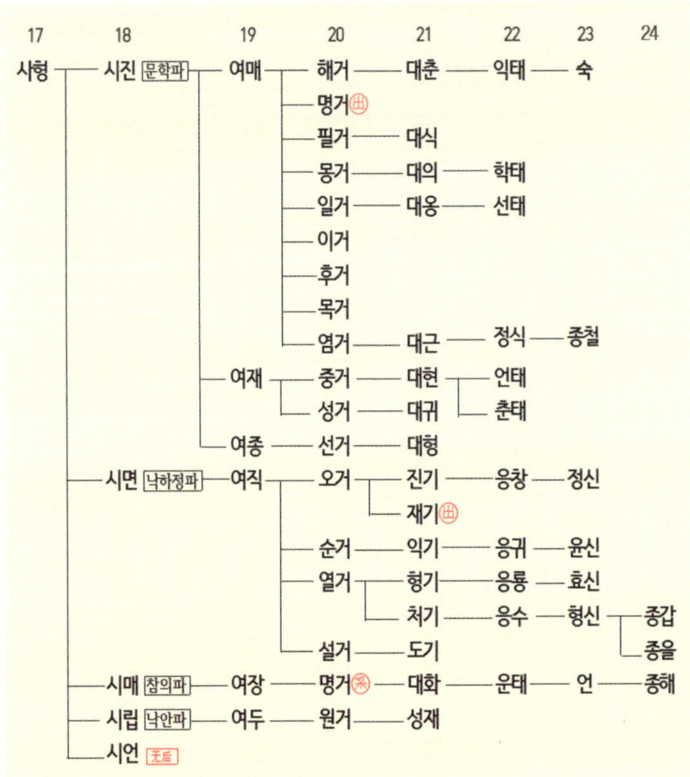

어은공파(17~24세)

유하여 의주로 달려가 몽진 중인 선조를 호종했다. (p.232 · 332)

1593년(선조 26), 전황이 소강상태로 접어들자 선조가 월산대군 옛집(지금의 경운궁)으로 환도했다. 궁궐이 모두 불타버려 들어갈 곳이 없었던 것이다. 이로부터 왜군이 다시 창궐할 때까지, 공은 도체찰사 정철의 종사관 · 예조정랑 · 병조정랑 · 경기도사를 거쳐 남평현감을 역임했다.

1597년(선조 30), 정유재란이 일어나자 공은 다시 변사정邊士貞·정염丁焰 등과 함께 의병을 일으켜 잔적 섬멸에 앞장섰다. 왜적이 완전히 물러간 뒤, 공은 영광군수에 제수됐는데 2년 뒤에 임지에서 눈을 감았다. 공이 세상을 뜬 지 16년이 지난 1614년(광해 6), 조정에서는 공을 선무원종공신2등(임진왜란 전공자 훈공)으로 녹훈하고, 도승지 지제교 겸 경연참찬관·춘추관수찬·예문관직제학·상서원정의 증직을 내렸다. 적성면 내월리, 곧 우계·시목동·내적 일대의 임야와 토지는 이 무렵에 내린 사패지로 추정된다. 이는 모두 천리를 밝히고 인륜을 도탑게 하는 것을 소임으로 알고 어떤 어려움에도 충절을 다한 결과다.

배위는 앞서 밝힌 삭녕최씨 최영崔潁의 따님으로 어린 시절 동문수학했던 최상중과는 남매간이다. 자녀는 5남4녀를 뒀다. 귀음공 諱시진龜陰 時晉·시면時冕·시매時邁·시립時立·시언時彦이 아드님들인데, 여기서 어은공파는 아드님들의 순차대로 그 후예를 문학공파·낙하정공파·참의공(구남)파·낙안파로 구분한다. 諱시언은 후사가 없다.

어은공의 큰따님은 하동정씨 정홍서鄭弘緖, 둘째 따님은 창녕조씨 조응휴曺應休, 셋째 따님은 고령신씨 신상준申尙俊에게 출가했다. 맏사위 정홍서는 동방 18현東方 十八賢의 한 분인 정여창鄭汝昌의 증손이다. 그는 임진왜란 무렵에 혼인했는데 난리가 나자 본가로 돌아가지 못하고 처가에 머물다가 왜적이 완전히 물러간 뒤 신행新行해서 집에 가보니 집안사람들이 모두 전란에 희생돼 아무도 없었다 한다. 집안을 추스른 그는 1628년(인조 6) 무진별시 병과 1위에 올라 홍문관 박사를 지냈다. 둘째사위 조응휴는 문과에 급제하여 현감을 지냈는데, 그의 아들 조향曺鄕은 진사공 시익(쌍매당 4남)의 사위가 됐다. 셋째사위 신상준에게는 효자 정려가 내렸다.

어은공의 묘소는 남원군 사매면 계수리 노봉 기슭으로, 도암 이재가 묘갈문을 지었다. 2백 년 뒤, 정조조에 순창 사림은 화산서원에 추배하여 공의 충절을 기렸다. 유집 2권이 전한다.

17世⑤ 모정공慕亭公 諱희적希迪
字길부吉夫 號모정慕亭 1555(명종 10)~1601(선조 34)

한림공종파인 돈재공諱사의 아드님이다. 공은 천성이 지혜로운데다가 총명하면서도 의지가 굳세고 강직하여 우국충정이 남달랐다고 한다. 서른여덟 살 때, 임진왜란으로 온 나라가 왜적의 말발굽 아래 유린되자 밤낮으로 통곡하시고 동지들을 규합해 거병했다.

이때 공의 뜻에 기꺼이 동참한 의병 지도자가 유팽로柳彭老와 양대박梁大樸이다. 공은 이들과 함께 고경명 장군의 막하로 들어가 조직을 일원화하고 삼종형諱사형과 같이 군량미를 조달하는 일을 맡았다. 이때 삼남지방에서 모은 군량미를 금산 고경명 장군 진영으로 수송했는데, 조정으로부터 모량 성과가 가장 좋다는 평판을 받았다.(➡ p.232) 전쟁이 끝나자, 조정은 공의 전공을 치하하며 내선시 판관으로 불렀으나 나아가지 않았다. 왜란 중에 보인 공의 활약상을 황윤석은 「봉훈랑 내선시판관공 묘표」에서 이렇게 소개했다.

공은 준수하여 평범한 아이와 달랐으며 자상하고 단아하여 일찍 이름을 떨쳤고, 점차 자라서는 뜻이 굳세며 도량이 넓고 원대하여 충효를 자처했는데, 힘이 무리에서 뛰어나므로 간혹 무관을 권하면 달가워하지 않았다. 오직 부모를 섬기고 종족에게 두터이 함을 힘쓰고, 때로 백성과 나라를 생각하여 크게 탄식하지 않음이 없었다. 임진년(1592, 선조 25) 5월에 왜군이 크게 이르니, 공은 뜻을 같이 한 학유 유팽로와 학관 양대박과 함께 가서 충렬공 고경명을 만나 말하기를, "이 때가 바로 죽음으로 충성할 때이니 임금을 위해 충성을 다할 지방 의병을 일으키는 것이 어떻습니까?"라고 하니 고공이 손을 잡고 기뻐하며 말하기를, "자네를 실로 먼저 얻었네."라고 하고 마침내 멀고 가까운 데 격문을 띄워 담양에서 만나기로 약속했다. 당시에 문열공 김천일은 이미 우도의병장에 추대되어 있었다. 곧 고공高公을 좌도의병장에 추대하고, 유팽로와 양대박은 종사관에, 공 및 삼종형 직장 사형 · 정랑 이대윤 · 정자 최상중은 모량유사(군량미를 모으는 직책)에 배정했다. 얼마 되지 않아 공은 진사 박천정과 함께 부전운량장赴戰運糧將(싸움터에 나가 군량미를 운반하는 장수)이 되고, 이대윤과 최상중은 재향운량장(지방에서 군량미를 운반하는 장수)이 됐는데, 때는 6월이었다. 고공은 김공에 이어 북쪽으로 올라가고, 공은 진중에서 한 길로 빨리 달려가서 타일러 병기, 군량미, 군마 및 군사를 다 의義로써 모았다. 불행히 고공이 금산에서 패하여 전사하므로 도중에 길을 바꾸어 운반했으니, 함께하지 못한 것은 그 뜻이 아니었다. 그러나 이로부터 또한 충장공 김덕령의 자취가 있게 되어서, 호남의 세 명의 의병장이 마침내 세상에 알려지게 된 것이다. 공은 비록 우연히 한 번 죽음을 어겼으나 의병을 일으키고 운반을 독려했으니 그 또한 비방할 수 있겠는가? 11월에 무공으로써 공에게 봉훈랑 내선시판관을 상으로 내렸다.

1788년(정조 12), 사림들은 삼계면 세심리에 아계사阿溪祠를 세우고 매당공과 함께 배향하고 공의 충절을 추모했다.

배위는 경주김씨 집의 김사걸金士傑의 따님이다. 4남1녀를 뒀는데, 아드님은 諱진남震南 · 기남起南 · 두남斗南 · 무남茂南이고, 고명따님은 현감 오적吳積에게 출가했다. 묘는 동계면 관전리 선영, 지금의 묘비는 1992년에 개수改竪한 것이다.

17世⑥ 화은공華隱公 諱사수士秀

字방언邦彦 號화은華隱 1555(명종 10)~1640(인조 13)

한림공중파 찬하정공諱항의 큰아드님이다. 충순위 어모장군으로 제수됐는데, 장수하신 것으로 미뤄 수직壽職으로 추정된다. 할아버지 반선정공의 유적을 기리기 위해 반선정에 김인후와 소세양 등 현사들의 시를 걸어놓고 지냈다.

배위는 진주강씨(1554~1612), 어모장군 강극의姜克儀의 따님이다. 4남3녀를 뒀다. 諱시간時幹 · 시무時茂 · 시태時泰 · 시복時復은 아드님이고, 사위는 송세신宋世臣 · 동래정씨 정광지鄭廣智 · 김제조씨 조극신趙克臣. 묘는 유등면 신창리 역촌 뒤 기슭에 양위분이 있다.

공의 동생 諱사중士仲은 알려진 행적이 없이 증손대에서 절손됐다.

17世⑦ 매음공梅陰公 諱대중大仲

字이화爾和 號매음梅陰 1549(명종 4)~1608(선조 41)

한림계파 계당공 諱기의 맏이다. 공은 문명文名이 높아 당대 문사였던 장경세 · 이정란李廷鸞 등과 교유했다. 음직으로 내자시봉사內資寺奉事를 역임했다.

배위는 진양하씨 하자렴河自廉의 따님이다. 자녀는 외아드님 諱수남秀南을 뒀고, 묘소는 삼계면 세심리 사오랑 선영의 계당공 아래에 양위분이 있다.

諱처중處中은 계당공의 둘째 아드님인데 절손됐다.

諱치중致中字군화君和은 계당공의 셋째 아드님이다. 음직으로 봉사奉事에 제수됐다. 배위는 경주김씨, 1남 諱시보時輔를 뒀다. 남원시 수지면 서당동에 양위분을 모셨다.

諱건중建中 字자화子和은 계당공의 넷째 아드님이다. 배위는 청주한씨, 손자 諱여춘汝春에 이르러 절손됐다.

諱민중敏中은 계당공의 다섯째 아드님인데 절손됐다.

諱경중敬中 字계직季直은 통정대부공 諱징澄의 맏이다. 음직으로 주부에 제수됐다. 배위는 연안김씨 김호金琥의 따님으로 1남3녀를 뒀다. 아드님은 정남挺南, 하득도河得道 · 고형원高亨遠 · 정시직鄭時直은 사위인데 둘째 사위 고형원高亨遠은 무과에 급제했다. 동계면 관전리 선영에 양위분이 있다.

諱집중執中은 통정대부공의 둘째 아드님으로 승사랑 내자시봉사에 제수됐다. 배위는 청주한씨 한호겸韓好謙의 따님으로 1남을 뒀다. 묘는 삼계면 세심리 사오랑 선영에 있다.

諱시중時中은 통정대부공의 막내로 아드님 諱금호金灝의 무사로 절손됐다.

諱득중得中은 통정대부공의 동생 諱형泂의 외아드님이다. 후사가 없어 사위 소득길蘇得吉이 제사를 이었다.

17世⑧ 참판공參判公 諱영재英材
字영백英伯 1544(중종 39)~1584(선조 17)

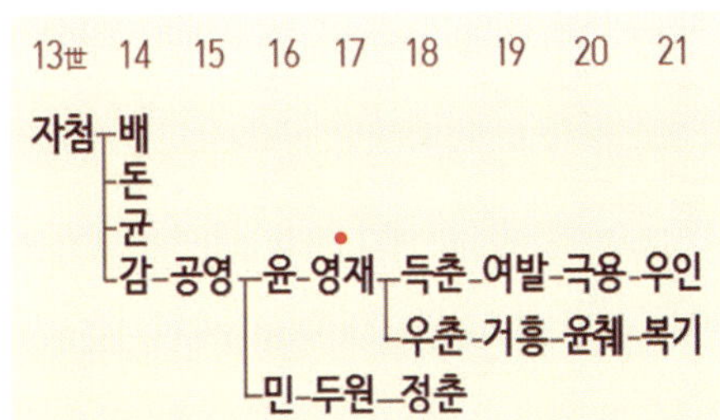

통덕랑공파(13~21세) 참판공 가계

통덕랑공파 참의공 諱윤의潤 아드님이다. 돌아가진 뒤에 가선대부 참판 제수의 은전이 내렸다. 이 직함은 공의 아들 동지공諱득춘得春으로 인해 사후에 내린 증직이다.

배위는 남원양씨 참봉 양훈梁勳의 따님, 자녀는 동지공과 통덕랑 諱우춘遇春 등 2남이다. 임실군 둔남면 주천리 황둔산에 양위분 묘소가 있다.

諱두원斗元은 참판공諱영재의 사촌, 곧 숙부 諱민潡의 외아들이다. 증손대에 절손됐다.

이상이 17세 '사士'자 항렬 개요다. 다음 장부터는 '시時'자 항렬을 생략하고, 행적이 드러난 어른에 한하여 기술했다.

제4장

과거科擧

거북장수마을 벽화 | 남원양씨의 본향인 귀미리는 정부로부터 '거북장수마을'로 지정된 전통 농촌 테마 마을이다. 그림은 홍패 교지를 받는 장면을 보여주는 벽화이다.

인재 채용 제도에는 과거 및 천거薦擧 · 음서蔭敍가 있다. 과거는 학식이나 문장, 음서는 신분이나 가문, 천거는 개인의 덕행이나 학문적 · 정치적 역량을 기준으로 선발한다.

우리나라 과거는 고려 광종 때 중국 당나라 제도를 도입한 데서 비롯했다. 과거 급제는 출세의 발판이었다. 그래서 기득권을 유지하거나 지배 계층에 진입하려는 사람은 과거에 매달렸다. 등과는 개인의 영광은 물론 그런 인물을 배출한 가문의 명예를 지키는 방편으로 굳어졌다.

1. 과거

과거에는 소과와 대과가 있다. 소과를 사마과司馬科라고도 한다. 이 시험은 생원시와 진사시로 나뉜다. 시험은 식년式年(간지에 子 · 卯 · 午 · 酉가 들어간 해)이 되면 초시와 복시, 두 차례 치른다. 생원시는 경서 지식을 시험하고, 진사시는 문장력을 따진다. 시험 장소에 따라 한성시와 지방에서 겨루는 향시로 나뉜다. 지방마다 정원이 있어, 초시에는 한성에 2백, 전라도는 90명을 배정하는 등 전국적으로 7백 명을 선발하고, 다시 복시를 통해 각각 1백 명을 추려 백패를 줬다. 이렇게 해서 생원과 진사 2백 명이 탄생한다. 여기서 통과하면 성균관 입학자격을 얻는다. 성균관에 들어가지 않더라도 소과에 합격해야 대과에 응시할 수 있다.

예조에서 주관하는 대과는 식년시와 천간에 '丙' 자가 들거나 나라에 특별한 일이 있을 때에 치르는 별시가 있다. 식년시에서 초시는 복시를 위한 예비시험이다. 시험은 세 번 치른다. 첫날은 경서 지식을 제술하고, 하루건너 문장력 시험, 다시 하루 쉬었다가 시국 현안에 대한 대책문을 작성한다. 한 과정이라도 실패하면 탈락한다. 초시는 한성시와 향시를 통해 2백 4십 명을 선발한다.

복시는 첫날 사서삼경 중에서 시관이 묻는 대목을 구술한다. 책을 보지 않고 물음에 답하는 배강背講(시관을 등지고 치르는 구술)과 책을 보면서 답하는 임문고강臨文考講의 과정을 거치며, 나머지 부분은 초시와 같다. 복시는 이 중에서 33명을 추리고, 석차를 매기기 위한 시험이라 할 전시殿試에 임한다. 임금 앞에서 치르는 시험이다. 여기서는 주로 대책문을 작성하게 된다. 전시에는 부정을 저지르지 않는 한 불합격이 없다. 여기서 갑과 3(고려는 갑과 제도가 없다. 을과가 조선의 갑과에 해당한다.), 을과 7, 병과 23명으로 등위가 정해진다.

과거 중에서 식년시가 가장 까다롭다. 전시의 등차는 매우 중요하다. 장원에게는 종6품 청요직이 주어진다. 말단으로부터 7년 정도를 앞당긴 품계다. (9품에서 정식으로 1단계 승진하려면 450일 정도 걸린다.) 갑과 2·3등은 정7품, 을과는 정8품, 병과는 정9품식이 주어진다. 장원 아래는 모두 참하관參下官으로 분류됐다. 급제했다 해서 바로 벼슬길이 열린다는 보장은 없다. 조선 후기에 이르면 9품직에도 들지 못한 급제자가 숱했다. 설령 벼슬길에 들어섰더라도 본인의 역량도 문제지만 문벌이 받쳐줘야 좋은 관직으로 진출할 수 있었다. 학맥과 혼맥은 그 만큼 비중이 높았다. 학자 계통으로는 홍문관 · 예문관, 행정 관료로는 이조를 선망했다. 경연청 · 세자시강원은 누구나 들어갈 수 있는 자리가 아니었고, 사간원과 사헌부는 홍문관과 함께 청요직의 대표적인 관아였다.

별시로는 증광시增廣試(나라에 경사가 있을 때 치르는 시험. 시험 절차는 식년시와 같다), 정시庭試(왕실의 경사가 있을때나 특정 지역의 유생 또는 관리를 대상으로 실시하는 특별 과거), 알성시謁聖試(왕이 성균관에서 제사를 올릴 때 성균관 유생을 상대로 치르는 시험), 중시重試(관리에게 승진 기회를 주기 위해 10년마다 치르는 시험) 말고도 여러 가지가 있다.

무과는 지방에서 치르는 사마, 훈련원에서 주관하는 원시院試, 병조에서 주관하는 대과大科가 있다. 사마와 원시는 식년시 예비시험이다. 과목은 사서오경에 대해 구술하는 강서講書와 활쏘기 · 기마 · 격구 등의 재능을 시험했다. 무과는 식년에 구애되지 않고 지휘관 확보를 위해 수시로 시행했다. 문과에 응시하려면 4대의 가계를 제시하여 엄격한 신분 검증을 받은 반면 무과는 가문을 보지 않았고 서자에게도 개방했다. 그래서 문과보다 품계가 낮았다. 흔히 말하는 '선달先達'이란 무과에 합격하고도 채용되지 않은 사람을 이른다.

조선은 문치의 나라였다. 무반은 정3품 절충장군까지만 승진이 가능하고, 그 이상의 서반직은 문관으로 충당했다. 조선 시대 때 외부로부터 침공을 당하면 허망하게 무너진 원인이 여기에 있다.

잡과는 중인을 상대로 한 기술시험이다. 양반계층인 남원양씨에게는 해당되지 않았다. 현대에 와서 인기 있는 전문직이 조선 시대에는 낮게 평가되었다.

고려 시대에도 우리 양씨는 대과나 소과 급제자가 상당했을 것이다. 그러나 문헌으로 남아있는 것은 사마 3매, 대과 2매뿐이다. 그러나 조선조에 들어와서는 사마가 30매, 문과가 8매다. 명문갑족으로 손색이 없는 가문이다. 관직으로 보더라도 고려시대에 집현전 대제학에 오른 어른이 계셨다.

대제학은 어느 시기를 막론하고 최고의 지식인에게 주어지는 직임이다. '대제학이라면 지체를 묻지 말라'는 속담이 있다. 조선 초기에는 그만한 인재를 배출하지는 못했지만, 부정공諱홍께서 홍문관전한을 역임하셨고, 귀음공 諱시진께서 증직이라고는 하지만 이조참의에 제수됐다. 그러므로 이만하면 문벌로 자랑할 만한 틀은 갖췄다고 볼 수 있다.

이 밖에 선조들께서 승정원 도승지, 세자시강원문학, 사헌부집의, 사간원정언, 성균관 사성과 사예, 익위사익위 등 제대로 된 가문에서 선망하는 관직을 두루 섭렵하셨으므로 전라도 향반으로는 어느 집에도 뒤지지 않는다. 무과도 만만하지 않다. 병마절도사를 비롯하여 상당한 요직을 차지한 어른이 많았다. 문반과 무반을 묶어서 양반이라고 한다. 우리 집안은 문무를 겸장한 양반으로서의 자격 요건을 두루 갖춘 문벌이었다.

2. 문과

대제학공으로부터 사성공 諱몽인夢寅까지 약 4백년간 홍패가 10매이므로 평균 40년에 1매씩 나온 셈이다. 그러나 실제로는 중종조에서 인조조까지 1백년간 6매가 나왔으므로 이때는 평균 15년마다 1매 꼴이 된다. 그러므로 이 시기가 남원양씨의 전성기였다고 할 수 있다.

사성공 등과 후 1894년(고종 31) 갑오개혁으로 관리 임용방식이 바뀜에 따라 과거제가 폐지될 때까지 약 1백 5십여 년간은 1매의 홍패도

[표1] 문과안

순	휘	생몰	급제	급제 나이	아버지	관직
1	이시以時	~	1355(공민 4)	·	서령瑞齡	집현전대제학
2	수생首生	~	1376(우왕 2)	·	이시以時	집현전직제학
3	자유子由	1444~1495	1468(세조 14)	25	연淵	사헌부집의
4	공준公俊	1484~1525	1520(중종 15)	37	자첨子瞻	병조좌랑
5	홍洪	1508~1564	1540(중종 35)	33	공준公俊	홍문관전한
6	사형士衡	1547~1599	1588(선조 21)	42	홍洪	영광군수
7	시진時晉	1573~1615	1606(선조 38)	34	사형士衡	사헌부지평
8	시우時遇	1563~1638	1614(광해 6)	52	사헌士獻	병조좌랑
9	시정時鼎	1567~1633	1624(인조 2)	58	사민士敏	성균관사예
10	몽인夢寅	1696~1743	1640(영조 16)	46	응화應華	성균관사성

* 몽인 : 양장급제兩場及第

나오지 않았다. 조선 후기는 전라도가 반역향으로 매도돼 기피의 대상이었다. 게다가 외척의 세도정치가 횡행하면서 매관매직과 비정秕政이 난무했던 시기였다. 설령 응시 기회가 왔다 해도 권신들에게 줄을 대지 않으면 급제하기가 어려웠다.

급제할 때 나이는 집의공 諱자유의 스물다섯 살이 최연소이고, 사예공 諱시정의 쉰여덟이 최고령이다. 남원양씨의 평균 급제 나이는 마흔한 살이다. 조선의 진사 급제자 중에는 여든세 살 때 백패를 받은 이가 있는가 하면, 그보다 세 살 많은 여든여섯에 급제한 사람도 있다. (나주 사람 정순교丁洵敎는 순조 5년, 60세 이상의 노인들을 위한 특별시험인 기로응제시耆老應製試에서 86세에 급제자 5명 중 5위로 뽑혔다.) 그만큼 과거 급제는 필생의 사업이었다. 욕망이 아무리 열렬해도 경제력이 받쳐주지 않으면 이마저도 불가능하다. 낙방한 응시자 중에는 경비 때문에 한양에 그대로 머물며 다음 기회를 기다리는 사람도 있었다. 경제적인 이유로 학업 성취가 어려운 것은 예나 지금이나 마찬가지다.

그토록 어려운 과정을 거친 이가 등과 후에는 얼마나 관직에 머물렀을까? 고려의 대제학공은 20년쯤 된다. [표1]에 보인 것처럼 조선조에서는 집의공의 27년이 가장 길고, 다음은 부정공 諱홍이 24년, 나머지는 10여 년 안팎, 맨 나중의 사성공은 불과 4년이었다. 우리 가문 출신 급제자의 관로가 짧았던 것은 그만큼 승진 기회를 얻지 못했기 때문이다. 이것 또한 가운이라고 할 수밖에 없다.

이제 개인별 경력을 살펴보기로 하자. 대제학공과 직제학공, 집의공·좌랑공·부정공·어은공까지는(문과안의 표순 1~6) 앞에서 다뤘으므로 생략한다. 18세 '시時'자부터 들여다보자. 시자 항렬에서는 세 어른이 등과했다. 연령으로는 성천공聖泉 諱시우 · 사예공司藝 諱시정 · 귀음공龜陰 諱시진의 순서지만, 등과는 귀음공 · 성천공 · 사예공 순으로 했다.

(표제명의 숫자는 해당 장章의 일람표의 순번이다. 이 책의 다른 장도 마찬가지다.)

7 귀음공龜陰公 諱시진時晉

字자승子昇 號귀음龜陰 1573(선조 6)~1615(광해 7) 어은문학공파

어은공의 큰아드님이다. 어려서부터 구남 뒤 천태산에서 수학했다. 이 무렵, 공의 재능을 짐작하게 하는 일화가 전한다.

열네 살 때다. 당시 정계를 누비던 윤두수尹斗壽가 잠시 중앙에서 물러나 전라도 체찰사(임금의 명령을 받고 지방에 파견되어 제반 군무軍務를 총괄하던 임시직)로 내려와 있었다. 그가 도내를 순시하다가 순창에 이르러 수령들과 함께 적성강에서 뱃놀이를 가졌다. 이 자리에 어은공은 유림 자격으로 참여했다. 어은공이 사마에 오르고, 아직 대과에 오르기 전인 마흔 살 장년 시절이었다. 그 무렵, 귀음공은 어린 소년이었는데도 뛰어난 재예가 온 고을에 자자했다. 윤두수가 그 풍문을 듣고 재주를 시험해 보고자 했다. 그래서 칠언절구 1수를 지어 대구對句로 화답하라면서 심부름꾼을 집으로 보냈다. 집에서 책을 보고 있던 소년은 즉석에서 붓을 들었다. '翁옹' 운韻이었다. 홍안 소년은 일국의 재상이었던 윤두수에게 거리낌 없이 자신을 '늙은이'로 자처했다.

오음 윤두수가 준 시 운자를 따서 짓다 次尹梧陰斗壽見贈韻

외진 곳이라 사람이 드물고 뜰도 비었으니 地僻人稀庭院空

대 사립문이 물소리 나는 속에 늘 닫혀 있네. 竹扉長掩水聲中
어디서 왔는지 모를 세속의 나그네가 不知何處紅塵客
쓸쓸한 강에서 홀로 낚는 늙은이를 찾아왔네. 問及寒江獨釣翁

공은 서른셋의 나이인 1605년(선조 38)에 생원, 다음 해에 문과 식년방에 올랐다. 이로써 공의 직계는 4대를 연이어 급제하는 영광을 누렸다. 첫 관직은 승문원부정자, 이어 성균관전적으로 승진한 이래, 호조좌랑을 거쳐 1613년(광해 5) 충청도 균전均田종사관, 다음 해에 병조정랑에 제수됐다. 이때 성절사 서장관(사절단의 정사·부사 다음 서열로 외교문서를 책임지고, 일행을 단속하는 기록관)으로 연경에 다녀왔다. 외교적 수완과 담력, 문장력, 꼼꼼한 감찰 능력을 지닌 관료에게 주어지는 직임이다.

자승(귀음공의 자)은 나와 동년배 친구요 우리와 대대로 우호적이었다. 내가 우러러 존경했는데 지금 연경으로 가게 됐으니, 훌륭한 유람을 하는 이는 형이요 홀로 있는 이는 나인데, 홀로 있는 이의 회포를 훌륭한 유람을 하는 이에게 자랑하고, 과장하여 크게 하는 것이 아! 또한 어렵도다. 그러나 진실로 사랑하니, 한마디 말이 없을 수 있겠는가?

양 관원을 연경으로 보내며 送楊員赴燕京詩

무성한 변경邊境의 나무는 따뜻해지니 다시 푸르고 關樹沈沈煖更蒼
그대를 보내는 이별의 아쉬운 생각이 길도다. 送君離思此時長
오직 응당 요동 바다의 달 밝은 밤에 喻應遼海月明夜

아득히 선경에서의 옛적 술주정꾼을 떠올리게.　　　遙憶三淸舊酒狂

_『漁隱集』·『龜陰集』·『落霞亭遺稿』 합본

귀음공이 성절사로 떠날 때 연평부원군 이귀李貴가 격려하며 쓴 글이다. 이 자리에서는 김상헌金尙憲, 장유張維, 차운로車雲輅, 윤지경尹知敬 등 당대의 명사들이 동참해 붕정만리를 축복했다. 뒷날 귀음공은 능창군추대사건으로 불의의 화를 당하게 됐지만, 살아남은 이들은 인조반정 이후 정계를 주름잡는 실력자로 성장했다. 귀음공은 외교적 임무를 마치고 귀국한 1615년(광해 7)에 사간원정언으로 자리를 옮겼다가 사헌부지평 겸 지제교 · 시강원문학을 역임한 뒤, 그 해 8월에 사간원정언으로 되돌아갔다. 시강원문학은 정5품, 사간원정언은 정6품 직이므로 좌천인 셈이다.

당시 정권은 이이첨李爾瞻 · 정인홍鄭仁弘 등 대북大北세력이 틀어쥐고 있었다. 집권 세력은 강직한 공에게 우호적이지 않았다. 좌천은 그렇다 치고 간당의 모해에 걸려들어 대역죄로 몰린 것이 비운이었다. 이른바 능창군추대사건綾昌君推戴事件(1615년, 광해 7)이 그것이다(➡ p.206).

익산 사는 진사 소명국蘇鳴國이란 자는 교활하고 사나워서 사람들을 괴롭히는 패악이 심했다. 이 때문에 익산의 원로들은 고개를 절레절레 흔들었다. 남의 여자와 희학질하는 장면이 이 사람 저 사람 눈에 들어왔고, 명색이 진사라는 자가 부모에게도 못하는 짓이 없었다. 그러다보니 향교의 유적에서 삭제되는 지경에 이르렀고, 고을에서 사람

행세를 할 수 없게 되자 한양으로 올라왔다.

그는 알 말한 인사들 집을 들랑거리며 이것저것 귀동냥을 했다. 그러다가 어느 날, 집권 세력과도 원만한 관계를 유지하고 있던 신경희申景禧(신립 장군 조카)에게 대간들이 영의정을 공격하려 한다고 일러바쳤다. 그러나 소명국에게 돌아온 것은 의금부 구금이었다. 판이 커질 것을 염려한 신경희가 미리 손을 쓴 것이었다. 양사에서도 소명국을 중죄로 다스려야 한다는 주장이 나왔다.

궁지에 몰린 소명국은 벗어날 길을 찾기 위해 골똘히 궁리했다. 그는 귀음공에게 시선이 곱지 않았던 집권세력에게 접근했다. 이어 "장령 윤길尹趌과 정언 양시진 · 전적 양시우 등이 전 중화부사 신경희와 몰래 짜고 역모를 꾀하여 능창군을 추대하려고 했습니다."라는 소명국의 공술이 나왔다.

눈엣가시를 물리치는 데 역모逆謀로 몰아가는 것보다 치명적인 방법은 없다. 공은 이 한 마디 말에 날아갔다. 귀음공과 가까이 지낸 윤길은 전라도 무안 사람들이었는데 그도 오래 전부터 소명길의 패악을 미워한, 신경희의 조카사위였다. 신경희와 윤길은 곤장을 맞다 숨이 떨어졌다. 귀음공에게는 함경도 종성에 위리안치(중죄인이 달아나지 못하도록 가시나무 울타리를 치고 그 안에 가두는 유배형) 하라는 처분이 떨어졌다.

11월 초하룻날, 공은 머나먼 유배지를 향해 길을 떠났다. 당로자들의 지시를 받은 금부도사들은 빨리 움직이도록 쉴 새 없이 다그쳤다. 고문 후유증에다가 연이은 겁박과 여독은 공을 가만두지 않았다. 혹한이 몰아치는 북변의 겨울, 철령을 겨우 넘은 공은 유배지에 도착하기도 전에 덕산역(함흥 동북쪽으로 30리 지점에 있는 역)에서 쓰러지고 말았다. 사간원정언으로 좌천되던 해 11월 18일이었다. 숙부인 도강김씨께서는 귀음공이 참화를 당하고 나서 3년 동안 태양을 보지 않고, 일생 동안 고기반찬을 입에 대지 않았다고 전한다.

공이 돌아가신 지 8년 후(1623), 인조반정이 일어났다. 이귀 · 신경진申景禛(신립 아들. 신경희 사촌동생) 등이 주도한 정변이다. 능창군의 형인 능양군이 보위에 오르게 됨으로써 억울하게 희생된 귀음공의 명예도 회복됐다.

황하가 맑으니 성군이 나왔고 黃河淸兮 聖人出
원한을 씻어주니 온 세상이 넓어 보이네. 雪人冤兮 乾坤闊 _「하청송河淸頌」

귀음공이 신원되고, 모함한 소명국이 복주됐다는 소식을 접한 숙부인 도강 김씨는 이렇게 읊었다. 언제나 흐리던 황하에 맑은 물이 흐르니 어진 임금이 나왔고, 이 임금이 원통을 풀어주니 온 천지가 기쁨에 넘친다는 주제다. 이 노래를 귀음공의 절친이었던 이귀가 아뢰자 인조는 매우 흡족해 했다 한다. 인조반정 덕택으로 귀음공은 명예를 회복했고, 억울함을 호소한 공의 현손 諱학태學泰의 상소에 따라 조정에서는 1753년(영조 29) 이조참의를 증직했다.

숙부인은 김대립金大立의 따님이다. 자녀는 3남4녀, 아드님은 진사 화양공 諱여매 · 수우공守愚 諱여재汝榟 · 여종汝棕이고, 사위는 광주이씨 참봉 이사헌李士獻 · 해남윤씨 윤계선尹繼善 · 도강김씨 김기종金起

宗 · 문화유씨 감역 유동연柳東淵이다. 참화 직후, 귀음공의 영구는 덕산에서 머나먼 2천리 길을 반장하여 적성면 내적성에 모셨다. 묘갈은 「산인동기」를 쓴 신경준의 글이다. 1653년(효종 3), 조정에서 숙부인에게 정려를 내렸다. 공의 현손 백수공이 쓴 『증숙부인김씨정려중수기旌閭重修記』가 적성면 구남마을 정려비에 전해온다.

8 성천공聖泉公 諱 시우時遇

字 형언亨彦 號 성천聖泉 1563(명종 18)~1638(인조 16)

진사공諱사헌 둘째 아드님으로 익산시 금마면 황복동에서 태어나셨다. 서른아홉 살이던 1601년(선조 34)에 진사, 13년 뒤인 1614년(광해 6) 쉰셋의 고령으로 별시에 합격했다. 정유재란 때 소실된 경기전 정전을 이때 중건하고, 11월 20일 임진왜란 당시 평안도 영변으로 옮겼던 태조의 영정을 다시 봉안하게 됨에 따라 이를 경축하기 위해 현장에서 베푼 과거가 이 별시다. 호남인에게만 응시 자격이 주어진 이 시험에서는 네 명이 선발됐다.

공은 급제와 함께 전적으로 제수됐는데, 불행하게도 다음 해 8월에 능창군추대사건이 발생했다. 공은 사촌동생 귀음공과 함께 이 사건에 말려들어 함경도 삼수三水로 유배 처분을 받았다. 귀음공은 종성으로 가다가 덕산역에서 세상을 뜨고, 공은 유배지에서 9년을 절치부심하다가 인조반정으로 방면됐다. 환갑을 맞이한 해에 벼슬길에 다시 들어서서 예안현감, 형조 · 병조정랑을 거쳐 통례원봉사를 끝으로 물러났다. 공은 늦은 나이에 관직에 진출했으나 능창군 옥사로 9년간을 유배지에서 허비한 터여서 비록 관운이 트였다고는 하지만 너무 짧은 세월이라 역량을 제대로 펴지도 못하고 일흔셋을 일기로 일생을 마감했다. 공이 돌아가신 뒤 사림들은 공을 익산 화암서원華岩書院에 배향하고 학행을 기렸다.

원배元配는 문화유씨 충순위 유후柳厚의 따님이다. 그녀는 외아드님을 남기고 서른넷의 나이로 세상을 등졌다. 계배는 도강김씨 주부 김응윤金應贇의 따님이다. 1남4녀를 남겼다. 큰아드님 諱여송汝松은 아버지가 능창군 옥사로 의금부에 갇히자 스물다섯 살 약관으로 의금부 앞에서 단식 호곡하다가 옥리로부터 구타를 당한 끝에 목숨을 잃었다. 둘째 아드님은 諱여계汝桂, 고두찬高斗燦 · 소이굉蘇爾宏 · 권황權榥 · 송시현宋時賢은 사위다. 묘갈은 백수공과 함께 이재 문하에서 배웠던 이조판서 홍계희洪啓禧가 썼다.

통덕랑공諱시협時協은 진사공의 셋째 아드님이자 성청공의 아우이다. 1583년(선조 16)에 태어나 1630년(인조 8)에 세상을 떴다. 배위 완산최씨는 따님 하나, 계배 여산송씨는 외아들 諱여량汝樑을 두었다.

9 사예공司藝公 諱시정時鼎

字수부受夫 1567(명종 22)~1633(인조 11) **쌍매당도사공파**

귀미에서 쌍매당공諱사민의 셋째 아드님으로 태어나셨다. 공은 20대에 중형 諱시척에 이어 아버님을 여의었고, 스물아홉 살 때에는 큰형 諱시성마저 세상을 뜨자 위로 어머님, 두 형수, 나이 어린 조카들까지

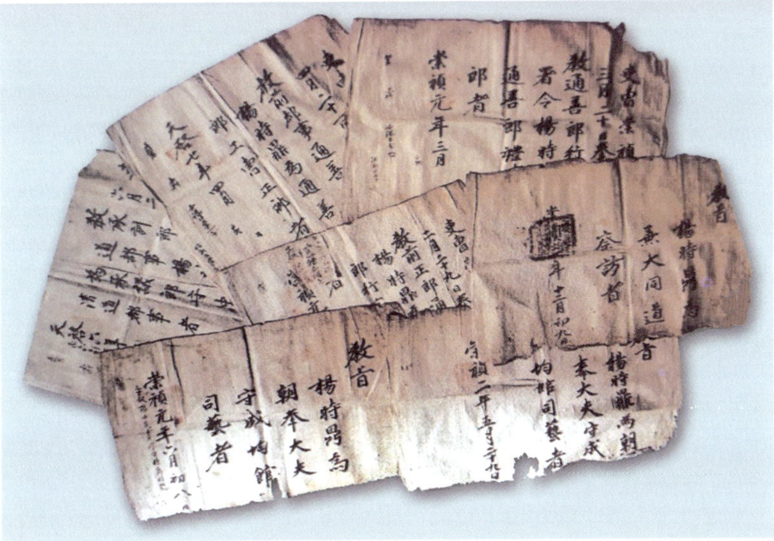

© 순창문화원

사예공에게 내린 교지들 |

책임져야 했으므로 가사 처리에 마음 놓을 틈이 없었다.

그런 분망 속에서도 책을 손에서 떼지 않았던 공은 1601년(선조 34), 서른다섯 살에 사촌형 성천공시우과 함께 진사방에 올랐다. 그 뒤 대과에 응시하려고 학업에 정진하다가 광해군의 혼정에 이를 단념하고, 학문에만 몰두했다. 『광해군일기』를 보면 이 무렵(1610, 광해 2)에 성혼成渾(조선 선조 때의 유학자. 성리학의 대가로 기호학파의 이론적 근거를 닦았다.)을 신원해 달라고 상소했다는 기사가 있다. 상소 내용이 실려 있지 않으므로 공이 성혼과 어떤 관계였는지는 알 수 없다. 당시 집권당인 대북 세력과 서인인 성혼과는 적대적 관계였기 때문에 이 상소가 받아들여질 리는 없었다. 이때 성혼은 타계한 뒤였으나 그의 말년은 '정여립의 난(기축옥사)' 때 정철과 깊이 밀착했기 때문에 선조와의 관계도 원만하지 못했다.

1575년(선조 8) 을해당론乙亥黨論 이후 사림이 동·서로 갈리자, 방계 출신으로 즉위해 정치적 기반이 취약했던 선조는 동인과 서인을 번갈아가며 버리고 당겨쓰는 줄다리기 용인술을 구사했다. 이 무렵 서인의 맹장은 정철이었고, 정치 일선에는 나서지 않았지만 성혼이 정철을 적극 지원했다. 동·서 갈등의 절정은 '정여립의 난'이었다. 이 옥사를 주도한 위관委官(수사 책임자)은 정철이었는데, 이때 적극 자문한 이가 성혼이었다.

정여립의 난이 마무리된 뒤 건저建儲(세자 세우는 일) 문제가 불거졌다. 선조는 총애하던 인빈 김씨의 둘째 신성군信城君(선조의 4남)을 마음 깊이 작정하고 있었는데, 정철은 공빈 김씨의 둘째 아들 광해군을 밀었다.

자기 속셈과 다른 제안이 나오자, 변화무쌍한 용인술을 구사해오던 선조는 지금까지의 신임을 거두고 정철과 성혼에게 '간혼독철姦渾毒澈(간사한 성혼, 독살스런 정철)'이라는 독설을 퍼부었다. 그렇지 않아도 '정여립의 난' 후유증으로 이런저런 말이 들리자 선조는 집권 세력을 교체해야겠다고 시기를 저울질하던 터였다. 이후 서인 세력이 황혼을 맞으면서 동인에서 나뉜 북인에게 힘이 실렸고, 북인의 지원을 받은 광해군이 여러 곡절 끝에 조선의 15대 왕으로 즉위했다. 그 북인 정권을 뒤엎은 정변이 서인들이 주도한 인조반정이다.

이 무렵 우리 선조들께서는 서인과 가까웠던 것 같다. 귀음공과 성천공이 능창군추대사건에 휘말린 사실이나 사예공이 성혼을 위해 상소를 올린 사실이 그런 추정을 가능하게 한다. 그동안 서인 세력에 대해 부정적이었던 북인정권이 무너지고 인조반정으로 서인 세력이 집권하자 사예공은 지금까지의 결심을 버리고 이듬해인 1524년(인조 2) 갑자식년방에 응시하여 쉰여덟 살의 고령으로 병과에 올랐다.

급제 다음해에 성균관 학유에 이어 성균관전적 겸 춘추관기주관으로 승진했고, 춘추 예순에 이르러 충청도사로 나갔다. 이때 여산 선영의 귀암공 · 좌랑공 · 부정공의 묘역을 새로 조성했다. 지금 우리가 볼 수 있는 이 묘역은 정유재란의 병화로 총알받이가 된 석물을 충청도사였던 사예공이 이때 교체한 것(1526)이다. 사예공은 외직을 마치고 1628년(인조 6) 내직으로 들어와 예조정랑 · 성균관사예로 옮겼고, 다시 외직인 대동도(평양의 대동역을 중심으로 한 역도) 찰방에 제수됐으나 병환으로 부임하지 못하고 귀미로 되돌아왔다.

> …(전략)… 공은 타고난 자질이 소박하여 공손하고 삼가며, 겸손하고 억제하여, 술 마시는 것을 즐기지 않았고, 남의 허물을 말하지 않았다. 평소에 진실하여 여느 사람과 두드러질 만큼 다르지는 않았는데, 권력에 아첨하여 출세하려고 하지 않은 것을 보고 사람들은 비로소 그 소신이 확고하다고 믿었다. 혼미한 조정(광해조를 가리킴)을 만나 간신이 권력을 훔치고 농간하여, 자기에게 아부한 자를 도와주고 자기와 다른 자를 물리치니, 비록 뛰어난 재주와 남다른 행실이 있을지라도 이 지름길을 따르지 않으면 끝내 과방科榜에 들 수 없었다. 이 때문에 온 나라의 선비들이 휩쓸려 그렇게 따랐다. 공은 비록 전례에 따라 과거에 응시했으나 일찍이 벼슬을 구하려는

> 마음이 없었기 때문에 늙도록 억눌림을 당하다가 우리 인조가 반정한 다음 해에 이르러 한번 응시하여 바로 합격하니, 사람들이 더욱 공의 재주와 학문이 본래 풍부했으나 (이전에는) 지난 시기의 부당함으로 과연 응시하지 않았다는 것을 알았다. 급제한 날에 나이가 60에 가까웠으니, 스스로 기력이 쇠함을 알고 벼슬하는 것을 즐겁게 여기지 않았다. 비록 일찍이 조금 낭서郎署(중요하지 않은 공무에 종사하는 관리)에 임용됐으나, 지위가 덕에 걸맞지 않았으니, 아! 애석하도다. …(후략)…

유식柳侙이 쓴 『사예공묘비음기』에 나타난 공의 인품이다. 잠깐 동안의 벼슬살이에서 물러난 공은 고향으로 돌아와 조용한 만년을 보냈다.

배위는 남원윤씨(1568~1639)로, 군수를 지낸 윤대이尹大頤의 따님이다. 병자호란에 의병을 일으킨 호조참의공 諱여균汝筠과 장사랑공 諱여순汝筍이 아드님이고, 사위는 풍천노씨 노형우盧亨遇 · 남양홍씨 홍시현洪時顯이다. 국부로 이름을 떨친 초로공 諱운거은 공의 손자다. 묘는 임실군 운암면 쌍암리 산2번지로, 양위분이 여기 계신다. 공의 후예를 쌍매당도사공파로 부른다.

10 사성공司成公 諱몽인夢寅

字사열士說 1695(숙종 21)~1743(영조 19)

사예공의 현손 諱응화應華의 아드님으로 귀미에서 태어나셨다. 마흔한 살 때인 1735년(영조 11), 생원시에 입격入格(과거시험에서 초시나 소과에 합격함)하여 성균관 생활 5년 만인 1740년(영조 16) 증광시 문과에 급제했다. 효종을 추숭하기 위해 원래 존호에 '명의 정덕名義正德'을 보태면서 이를 경축하는 별시였다.

이 별시에서 공은 표表와 책策 모두 합격함으로써 '양장급제兩場及第'(원래는 하나만 제출해도 된다.)라는 칭송을 받았다. 훗날 영의정을 지낸 이천보李天輔는 사성공의 성균관 동문이자 동방 급제자다. 성균관 유생 시절부터 가까이 지냈던 이천보는 공의 재예를 칭송하며 '장차 크게 쓰일 그릇'이라고 기대했으나 공의 천수는 급제한 지 3년 만인 마흔아홉 한창 나이로 막을 내렸다. 그간 관직은 성균관학유와 학정을 거쳐 사성으로 끝났다.

원배元配 나주임씨는 일찍 돌아가셨고 계배는 남원윤씨 윤주익尹周翊의 따님이다. 두 분 다 아드님 없이 오정원吳正源에게 출가한 딸만 하나 있다. 그래서 아우 諱호인好寅의 아들 수원秀源을 양자로 들여 대를 이었다. 적성면 입석리에 양위분 묘소가 있고, 묘갈은 지곡공芝谷 諱병운秉雲의 글이다.

3. 무과

이씨할머니가 전한 가승의 이면을 미뤄보면 고려 시대 우리 양씨의 무과 진출은 상당했을 것이나 문헌 자료가 없어 자세한 사정은 알 수 없다.

조선은 고려와 달리 숭문崇文사상이 압도해서 양반가에서는 무과를

[표2] 무과안

순	휘	생몰	급제 연도	급제 나이	아버지	비고
1	양거흥巨興	1607~1690	1626(인조 4)	20	우춘遇春	통덕랑공파
2	연춘廷春	~	1656(효종 7)	·	목睦	통덕랑공파
3	여규汝珪	1637~1702	·	·	무남茂男	한림공파
4	여기汝機	1638~1708	·	·	시순時順	쌍매당공파
5	윤화允華	1643~1694	1676(숙종 2)	34	거흥巨興	통덕랑공파
6	오거五擧	1631~1688	1665(현종 6)	35	여직汝稷	어은공파
7	원거元擧	1633~1697	·	·	여두汝杜	어은공파
8	신거莘擧	1634~1698	·	·	여량汝樑	진사공파
9	정신挺臣	1704~1765	1739(영조 15)	36	응창應昌	어은공파
10	서흠叙欽	?~1829	1802(순조 2)	·	만중晩重	진사공파

기피했다. 그렇다고 완전히 외면하지는 않았던 것 같다. 율곡 이이 같은 유종을 배출한 덕수이씨 집안인 충무공 이순신을 봐도 과히 빗나간 진단은 아닐 것이다. 그러나 숭문 집안에서는 무관이 나오면 '무변가武邊家(무예에 능한 집)'라면서 수군거렸다. 무관에 급제하고 현감 이상의 관직에 못 오르면 당사자도 본전을 잃었다고 할 정도였다. 반드시 그런 것은 아니었겠지만, 우리 문중의 기록을 봐도 아쉬운 대목이 많다. 무과 어른들의 행적이 대부분 소루한 편이기 때문이다.

무과는 문과와 달리 천인 계급이 아닌 한, 누구에게나 응시 자격이 주어졌고 기회도 많았다. 그 중 식년시가 가장 까다롭고 권위가 있다. 이 시험은 문과처럼 세 단계 과정을 거치도록 돼 있다. 무과도 부정기적으로 치르는 별시가 있고, 알성시 · 정시 · 춘당대시 등 각종 비정규 시험이 있었다. 식년 이외에 실시된 각종 별시는 증광시 말고는 대개 각 지방별로 행하는 초시가 생략됐다. 심할 경우에는 단 한 차례의 시험으로써 급제자를 내기도 했다. 족보에 기록된 우리 선조들의 무과안은 [표2]와 같다.

1 諱거흥巨興 생졸 미상 |

통덕랑 야은공野隱 諱우춘遇春의 큰아드님이다. 1626년(인조 4), 스무살 약관으로 급제했다. 어떤 관직에 있었는지에 대해서는 기록이 없다. 배위는 전주최씨 최정실崔貞實의 따님이고, 1남2녀를 뒀다. 묘소는 임실 월수산에 있다.

2 諱연춘延春 1607(선조 40)~1690(숙종 16) |

통덕랑공諱감의 5세손이다. 1656년(효종 7) 급제하여 오위 부장部將을 지냈다는 것 말고는 행적을 알 수 있는 기록이 없다. 배위는 양梁씨로, 공의 대代에서 절손됐다.

3 봉사공奉事公 諱여규汝珪 1637(인조 15)~1702(숙종 28) |

참봉공諱무남茂男의 아드님이다. 봉사공도 훈련원봉사였다는 것 이에는 알려진 행적이 없다.

배위는 숙부인 경주김씨이고, 諱덕거德擧 · 득거得擧 두 아드님을 뒀다. 득거의 셋째 아드님인 諱만기萬基께서 수직으로 중추부동지사에 제수됐으므로 3대 추증의 영예를 입어 諱득거는 가선대부 형조참판 겸 오위도총부총관, 봉사공諱여규은 참의, 참봉공은 장악원정의 증직을 받았다. 묘는 삼계면 세심리 사오랑 선영에 양위 쌍분이 있다.

4 諱 여기汝機

字 재장載張 1638(인조 16)~1708(숙종 34)

장사랑공諱시순의 일곱째 아드님이다. 행行수문장(품계는 높으나 직위는 낮은 관직 앞에 '행' 자가 붙는다. 반대는 '수守')을 지냈다는 기록만 있다.

배위는 완산박씨 부장 박형귀朴亨龜의 따님이다. 통덕랑 諱군거君擧와 호거虎擧는 아드님, 사위는 정래기鄭來麒다. 인계면 동촌에 묘가 있다.

5 諱 윤화允華

字 자빈自彬 1643(인조 21)~1694(숙종 20)

무과에 급제한 아버지諱거흥에 이어 1676년(숙종 2)에 급제함으로써 2대가 연속 무과에 합격했다. 더 이상 알려진 행적은 없다. 배위는 광주이씨로 3남4녀를 뒀다.

6 곤양공昆陽公 諱 오거五擧

字 은로隱老 號 의암蟻岩 1631(인조 9)~1688(숙종 14)

통덕랑공諱여직汝稷의 큰아드님으로 적성면 구남마을에서 태어나셨다. 1665년(현종 6) 급제하여 1670년(현종 11)에 오위부장을 지낸 이래 선전관을 거쳐, 당시 행병조판서 민정중閔鼎重(숙종비 인현왕후의 숙부) 추천으로 훈련원판관을 지냈다. 마흔한 살 때 첨정 겸 도총都總에 임명됐으나 어머니 함양박씨의 별세로 귀향했다.

이 무렵 공을 적극 지원했던 민정중은 휘하 군졸에게 공을 호송해 드리라면서 매우 아쉬워했다는 일화가 있다. 삼년상을 마친 공은 조정의 부름을 받아 좌수영우후, 나이 마흔여덟에 낙안군수로 봉직하다가 쉰한 살 때 임기를 마치고 고향으로 돌아왔다. 3년 뒤, 곤양군수 겸 진주 병마절도사로 다시 나아갔다가 임기를 마치고 귀향했다. 이 때가 쉰일곱 살, 다음 해에 병마로 별세했다.

공의 일대기는 조카인 생원 여암공旅庵 諱형기炯基이 남겼는데, 그 글에서 여암공은 "키가 8척이 넘고, 용모가 수려했다. 수염에는 위의가 넘쳤으며 풍채가 비범하여 누구나 공을 한 번만 대하면 압도당했다." 라고 했다. 낙안군수 임기를 마치고 물러날 때는 이곳 백성들이 선정비를 세워 공을 흠모했다고 전한다. 청백하기 이를 데 없어 자손에게는 한 치의 땅도 물려주지 못했다.

배위는 부안김씨 현감 김단金湍의 따님이다. 자녀는 5남1녀로 통덕랑 진기震基 · 재기載基 · 봉교 한기漢基 · 통덕랑 명기命基 · 계기啓基는 아드님이고, 안형택安亨宅은 사위다. 적성면 구남의 천태산에 양위분 묘소가 있다. 둘째 아드님 諱재기는 쌍매당도사공파의 삼종숙 초로공 諱운거 앞으로 입계됐다.

7 諱원거元擧 1633(인조 11)~1697(23) |

낙안공樂安 諱여두汝杜의 아드님으로 급제한 사실 외에는 기록이 없다. 원배는 영월신辛씨, 계배는 밀양박씨다.

8 봉사공奉事公 諱신거莘擧
字응삼應三 1634(인조 11)~1698(숙종 24)

진사공파의 감찰공監察公 諱여량汝樑의 큰아드님이다. 무과에 급제했으나 봉사에 그쳤다. 원배는 우주황씨 증좌승지 황이후黃以厚 따님(1632~1664), 계배는 영광유씨 유옥柳沃의 따님(1651~1689)이다. 8남3녀를 뒀다. 심潯 · 유濡 · 숙淑 · 준濬 · 오澳 · 호灝 · 함涵 · 진溱은 아드님, 사위는 송명우宋明瑀 · 송수대宋授大 · 황도승黃道升이다. 묘소는 익산시 여산면 신양리 선영에 있다.

9 도사공都事公 諱정신挺臣
字이몽二豪 1704(숙종 30)~1765(영조 41)

諱응창應昌의 큰아드님이자 의암공蟻岩 諱오거 증손이다. 1739년(영조 15)에 급제, 선전관을 비롯하여 훈련원주부, 의금부도사를 역임한 후 은퇴했다.

배위는 문화유씨 유수태柳壽泰의 따님으로 오두공五蠧 諱종세宗世과 종팔宗八은 아드님, 여흥민씨 민백동閔百東은 사위다. 묘소는 적성면 서림리 탄촌 기슭에 있다.

10 諱서흠叙欽 ?~1829(순조 29)

진사공파 諱만중晩重의 아드님이자 동지공諱주우柱宇 의 증손이다. 1802년(순조 2) 무과에 올랐으나 관직에 대한 기록이 남아 있지 않다. 원배는 삭녕최씨 최복현崔復賢의 따님으로 지평 최시옹崔是翁의 증손이다. 2남2녀를 기르시다 별세했다. 계배는 전주이씨 이문경李文經의 따님으로 2남을 뒀다. 諱경수敬洙 · 의수義洙 · 발수發洙 · 문수文洙는 아드님이고, 이소李埰 · 송모宋某는 사위이다. 묘소는 익산시 여산면 신양리 선영에 있다.

4. 사마司馬

사마시는 생원시와 진사시로 나뉜다. 그래서 생진시라고도 한다. 사마방에 올라야 대과 응시자격을 얻는다. 대과 예비고사인 셈이다. 성균관 입학도 생원 · 진사라야 가능하다.

사마시는 대과에 비해 응시 기회가 적다. 이 시험은 조선 시대를 통해 모두 229회 실시됐는데, 그 중 67회가 증광별시였다. 문 · 무 대과는 식년시와 증광별시 외 별시 · 정시 · 춘당대시 · 알성시 등 각종 임시특설 시험이 있어, 그것이 모두 500여 회나 베풀어졌는데 사마시는 식년시와 증광시 두 종류뿐이다.

우리 양씨 중에서 사마에 오른 어른은 모두 서른세 분이다. 이 중 고려 백패가 3, 조선 백패가 30매다. 18매는 생원 증서, 15매는 진사 증서다.

[표3]은 사마방에 오른 어른들의 명단이다. 이 면면을 연대별로 분석해 보면 고려조였던 14세기에 3매, 15세기(태소~연산) 6매, 16세기(중종~선조) 6매, 17세기(선조 말~숙종 중기) 11매, 18세기(숙종 말~정조) 6, 19

[표3] 사마안

순	휘	생몰	급제연도	급제 나이	아버지	출신 지역
1	양서령瑞齡	~	·		윤보允保	
2	이시以時	~	1353(공민 2)		서령瑞齡	문과
3	수생首生	~	1376(우왕 2)		이시以時	문과
4	사보思輔	~	(태종조)		수생首生	(귀미)
5	연淵	~	(세종조)		사보思輔	(귀미)
6	자첨子瞻	1428~1498	1456(세조 2)	29	연淵	(귀미)
7	자유子由	1444~1495	1465(세조 11)	22	연淵	문과(귀미)
8	돈墩	? ~1532	1477(성종 8)	17	자유子由	(귀미)
9	균均	~	(성종조)		자첨子瞻	(귀미)
10	공준公俊	1484~1829	1507(중종 2)	24	배培	문과(귀미)
11	공이公儞	~	(중종조)		균均	(귀미)
12	홍洪	1508~1564	1540(중종 35)	33	공준公俊	(귀미)
13	사헌士獻	1540~1596	1570(선조 3)	31	홍洪	(귀미)
14	사형士衡	1547~1599	1579(선조 12)	33	홍洪	문과(귀미)
15	시성時省	1556~1595	1591(선조 24)	36	사민思敏	(귀미)
16	시정時鼎	1567~1633	1601(선조 34)	35	사민思敏	문과(귀미)
17	시익時益	1571~1629	1609(광해 1)	39	사민思敏	(귀미)
18	시우時遇	1563~1638	1601(선조 34)	39	사헌士獻	문과(익산)
19	시진時晉	1573~1615	1605(선조 38)	33	사형士衡	문과(구남)
20	시면時冕	1585~1626	1613(광해 5)	29	사형士衡	(구남)
21	여백汝栢	1578~1651	1603(선조 36)	26	시성時省	(귀미)
22	여역汝櫟	1588~1642	1613(광해 5)	26	시회時會	(익산)
23	여매汝梅	1601~1655	1635(인조 13)	35	시진時晉	(구남)
24	해거海擧	1622~1687	1687(숙종 13)	66	여매汝梅	(우계)
25	몽거夢擧	1643~1712	1669(현종 10)	27	여매汝梅	(우계)
26	세기世基	1635~1668	1666(현종 7)	32	운거雲擧	(귀미)
27	형기炯基	1658~1727	1721(경종 1)	64	열거說擧	(구남)
28	회영會榮	1681~1767	1747(영조 23)	67	이기履基	(중산)
29	선태善泰	1734~1803	1756(영조 32)	23	대옹大翁	(우계)
30	몽인夢寅	1695~1743	1735(영조 11)	41	응화應華	(귀미)
31	진수震燧	1718~1750	1744(영조 20)	27	주우柱宇	(익산)
32	종해宗楷	1744~1815	1774(영조 50)	31	언堰	(구남)
33	석룡錫龍	1800~1868	1858(철종 9)	59	지복志復	(흥덕)

세기(순조~고종) 1매다. 16~17세기가 우리 양씨 전성기였으리라는 사실이 한눈에 드러난다.

이를 연령별로 들여다보면 17세 매당공諱돈이 최연소, 다음은 22세 집의공諱자유이고, 최고령 등과는 예순일곱의 삼성당공諱회영, 예순여섯의 장륙공藏六 諱해거海擧으로 급제 당시 평균 나이는 서른다섯 살이다.

이 사마안에 든 어른은 순창 출신이 대부분이다. 순창 밖에서 태어난 분으로는 함평공을 포함한 고려조 4대, 진사공파의 성천공諱시우을 비롯한 익산 출신 세 분과 고창 흥덕에서 태어난 호은공壺隱 諱석룡錫龍을 합하면 모두 일곱 분이다. 순창 출신 26명 중 상당수는 본향本鄕인 귀미 어른들이시다. 귀미 밖 출신 어른은 어은공파의 화양공諱여매 형제와 우계공愚溪 諱선태善泰 등 우계 태생이 3매이고, 구남에서는 귀음공諱시진과 낙하정공諱시면 형제, 화양공 · 여암공旅庵 諱형기炯基 · 돈와공遯窩 諱종해宗楷의 5매가 있으며, 삼성당공三省堂 諱회영會榮은 인계면 중산 출신이다.

이미 진술한 대로 생진시에 들어야 대과에 응시할 수 있다. 그런데 이 사마안에서 남원양씨 대과 진출자 10명이 나왔다. 생진生進 3명 중 1명의 비율로 대과에 올랐다는 계산이 나온다. 전국적인 경쟁률이 4대 1이라는 점을 감안하면 우리 양씨 생진生進은 타성에 비해 매우 우수한 인적자원이었다고 볼 수 있다.

물론, 생원이나 진사는 대과 예비시험이나 성균관 입학 자격이란 것 말고는 벼슬과 각별한 관계가 있는 것은 아니다. 그럼에도 불구하고 조선의 선비들 중에는 과거에 뜻이 없으면서도 생진시에는 적극적이었다. 그들 중에는 생원이나 진사가 관직과 상관없다는 사실에 오히려 의미를 더 부여하는 사람이 많았다. 생원이나 진사야말로 지식인이라는 공인된 심리적 지위를 확보함은 물론 깨끗한 선비로서의 위상을 누릴 수 있는 가장 확실한 방편이라고 믿었기 때문이다. 우리 양씨 어른들도 그런 길을 가신 분이 많다.

개인별 행적은 다음과 같다(앞서 소개한 '세계'편과 '문과'편에 기술한 어른은 생략했다. 표제의 일련번호는 [표3]의 순번이다).

15 창주공滄洲公 諱시성時省

字면부勉夫 號창주滄洲 1556(명종 11)~1595(선조 28) 쌍매당종파

쌍매당공의 일곱 아드님 중 맏이로 귀미에서 태어나셨다. 1591년(선조 24), 서른여섯의 나이로 사마방에 올라 성균관에 입학하셨으나 다음해에 임진왜란을 만나 더 이상 발신의 기회를 얻지 못하고 1595년(선조 28), 겨우 마흔의 나이로 돌아가셨다. 남원 노봉서원에 배향된 오정길吳廷吉이 쓴 「제생원창주공문祭生員滄洲公文」에 공의 인간적인 면모를 보여주는 대목이 생생하다.

> … (전략) … 처음에 내가 어렸을 때, 기사년(1569, 선조 2) 가을에 형과 서로 만나, 함께 붓과 벼루로 글 익히기를 게을리 않고 함께 시경과 서경을 배우며, 소매를 같이 하여 다니고 자리를 같이 하여 앉으며, 이불을 같이 덮고 같은 상에서 밥 먹으며 보낸 시간이 몇 해였던가? 그 후에 학교와 서원과 산사와 과장科場에서 만날 때마다 서로 기뻐서 형과 아우로 부르며 떨어질 수 없는 친구로 의지한 것이 거의 30년이다. 신묘년(1591, 선조 24)에 함께 사마에 합격하니 천리에 으뜸가는 자의 자취를 남겼고 행동할 때는 반드시

© 성균관

성균관 조감도 | 창주공은 오정길 · 이경진 등과 동재에서 함께 기숙했다(1747년 그림).

서로 이끌어 주었다. 이경진(율곡 이이의 큰조카), 조사율, 조덕부 그리고 내가 형과 함께 성균관 동재의 한 책상에서 경서의 뜻을 참고하여 밝히고, 서로 허물없는 막역지우였으며, 마음과 담력이 다 넓었다. 혹은 밤중에 자리를 차고 일어나 초조하게 다정한 이야기 나누어, 멀리 유학하는 고통과 객의 회포의 서러움을 알지 못했는데, 조덕부와 형 두 사람의 성명이 이미 저승 명부 속에 등록될 것을 어찌 생각이나 했겠는가? 생각이 여기에 이르니 간과 창자가 끊어질 듯하도다. 아아! 애통하도다. 임진년(1592, 선조 25) 여름에 병란이 있어서, 난세의 사람 일이라 서로 만남이 매우 드물어 답답하고

> 걱정스러운 생각에 거의 견딜 수 없었는데, 계사년(1593, 선조 26)에 이르러 형은 초상 중에 있고 동생은 형제의 상을 당하여, 두 곳의 재앙이 참혹하기 이를 데 없었다. 이 해 가을에 어머니를 모시고 형의 거처로 피난을 갔는데, 나의 어머니 보기를 자기 어머니처럼 했다. 인정과 의리가 매우 정성스러워 열흘 남짓을 머무르고 마침내 돌아왔는데, 이듬해의 봄에 나 또한 하늘에 죄를 얻어 어머니 상을 당했다. 비록 간혹 편지로는 한두 번 오고 갔으나 다만 더욱 목이 메었다. 올 2월에 나를 위로하러 오니, 나도 슬피 울고 형도 매우 슬퍼했다. 하룻밤을 묵고 돌아서니, 정도 흡족하지 못한 채 이별했는데 이별할 때 형이 말하기를, "아버지를 여읜 뒤로는 생각이 무너져서 세상일에 마음이 없어졌다."라고 하고 또 말하기를, "나에게 시냇가 정자가 있는데 정말로 아름다우니 한번 와서 만나기를 바란다."라고 했다. 지금 돌이켜 생각해 보면 형이 번거로움을 싫어하고 조용한 것을 좋아했던 것은 그 정신과 기력이 옛날만 못하기 때문이 아니었겠는가? 강호와 산의 풍경을 대하는 생각이 반드시 나와 다르지 않아 한번 약속한 것이 귀에 있는데, 아침 이슬처럼 쉽게 말라버렸으니, 슬프도다! 사람의 일이 한결같이 이에 이르는가? … (후략) …

오정길은 이 글에 "공은 평소의 언행에 조금도 흠 잡을 데가 없어 호남 유림의 종장宗匠으로 받들었다"라고 덧붙였다.

배위는 문화유씨 종사랑 유홍원柳洪源의 따님으로, 중종 때 단경왕후 신씨 복위 상소를 올려 파란을 일으킨 유옥의 증손녀이시다. 자녀는 4남 3녀를 두셨다. 진사 諱여백汝栢 · 선무랑 여춘汝椿 · 선무랑 여괄

汝栝 · 선무랑 여숙汝橚은 아드님, 주부 방원익房元益 · 설응형薛應亨 · 박충훈朴忠勳은 사위다. 묘는 적성면 평남리 한산동에 양위분을 모셨다. 묘갈은 돈와공諱종해이 썼다. 공의 후예를 쌍매당종파라고 부른다.

쌍매당중파는 쌍매당공 둘째 아드님이자 창주공의 아우 종사랑 諱시척이시다. 태어나신 해는 전하지 않고 스물두 살 때 돌아가셨다는 기록만 있다.

배위는 증승지 오언기吳彦麒의 따님, 도암 오희길韜庵 吳希吉의 여동생이다. 오희길은 임진왜란 때『조선왕조실록』을 내장산으로 옮김으로써 온존하게 지킨 공로가 있다. 세계기록유산으로 등재돼 오늘날 우리가 자랑스럽게 여기는『조선왕조실록』은 오희길이 목숨을 걸고 지켜낸 성과다.

오희길은 원래 고창에 살았는데 그 집터가 문묘文廟(공자 사당) 자리로 알맞으므로 팔라고 하자, 공자를 모실 사당을 세운다는데 돈을 받고 팔 수 있느냐면서 그 집터를 내 주고 순창 금과면 고례리에 있는 여동생 집으로 이사했다고 한다. 종사랑공은 후사가 없어 창주공의 둘째이신 선무랑 諱여춘을 양자로 맞아들였다. (종사랑의 양자인 여춘의 배위는 도암 오희길의 딸이다. 시어머니가 친정조카를 며느리로 들인 셈이다.) 종사랑공은 상속한 적성면 입석리 선산 이외에 금과면 고례에도 논이 있었으므로 처남인 오희길을 불러 거기서 경영하도록 했다. 당시 쌍매당공은 약 3천 석 정도의 전답을 가지셨을 것으로 추정한다. 오늘날까지 남아 있는, 7형제 중 넷째이신 진사공 諱시익의 분재기에 밝혀진 전답이 약

2백 마지기이기 때문에 그런 추정이 가능하다. 진사공은 분가한 뒤 전답을 늘릴 기회 없이 과거 응시하러 왕래하느라고 경비가 만만하지 않았을 텐데도 불구하고 2백여 마지기를 보유한 것으로 미뤄 쌍매당공이 7남 4녀에게 고루 분재하려면 2천 마지기 정도는 필요했을 것이다. 더구나 쌍매당공이 돌아가신 후 장남이 돌려받았을 몫까지 생각하면 3천 마지기 규모는 됐으리라고 본다.

17 진사공進士公 諱시익時益

字이겸爾謙 1571(선조 4)~1629(인조 7) 쌍매당중산파

진사공은 쌍매당공의 넷째 아드님이시다. 일찍부터 고경명 문하에서 학습하시다가 임진왜란을 만났다. 마침 공은 건강이 안 좋아 집에 머무르셨기 때문에 스승이 창의하실 때 뒤따르지 못했다. 그 해 고경명 장군은 아들 종후從厚와 함께 금산 전투에서 순절하고 말았는데, 이 일로 공은 평생 동안 죄인을 자처했다. 7년에 걸친 왜란이 가라앉고 나서도 의병으로 참전하지 못한 죄로 과거를 단념하고 자숙하던 진사공은 아버님이 안 계신데다가 맏형諱시성도 전란 중에 돌아가신 터라 주위의 권유를 뿌리치지 못하고 늦게나마 부거赴擧(과거 시험 응시)의 뜻을 굳혔다. 그래서 서른아홉 살이던 1609년(광해 1) 생원시에 합격하고 바로 상경, 성균관에 들어가 장의掌儀(성균관유생들의 자치기구인 재회 임원. 동재와 서재에서 1명씩 2명을 선출했는데, 영조 때까지는 출중한 문중 출신자에게 주어졌다)로 활동했다.

그러나 광해군의 혼정이 난무하고, 이이첨 · 정인홍 등에 의해 인목

대비 폐모론이 왕성하게 일어나자 과거 진출의 꿈을 접고 낙향했다. 만일 공이 이때 낙향하지 않으셨더라면 종항간인 귀음공諱시진 · 성천공諱시우처럼 능창군추대사건에 휘말렸을지도 모른다.

원배는 양성이씨 부장 이성근李盛根의 따님으로 무육無育(자녀를 기르지 못함)하셨다. 계배는 옥천설씨 설태형薛泰亨의 따님으로, 3남 8녀를 두셨다. 목심재공牧心齋 諱여집汝楫 · 장사랑공 諱여식汝植 · 농은공農隱 諱여감汝柑은 아드님들이시고, 진사 양몽우梁夢禹 · 부호군 김원백金元白 · 서윤 황위黃暐 · 조항曺恒 · 보덕輔德 나용무羅用茂 · 박증전朴曾傳 · 이시재李時栽 · 양전梁洪은 사위다. 사위 조항은 어은공 둘째 따님의 아들로 진사공으로 따지면 곧 생질이기도 하다. 묘는 인계면 도사리 사이봉 동쪽 기슭에 양위분을 모셨다. 묘갈은 송규헌宋奎憲이 썼다.

진사공의 바로 아래, 곧 쌍매당공의 다섯째 아드님 장사랑 諱시명時命은 후사가 없다.

여섯째 아드님 장사랑 諱시순은 인계면 동촌으로 분가해 살았다. 초배는 옥천조씨 조천상趙天祥의 따님, 계배는 안동권씨 부장 권대립權大立의 따님이다. 두 분에게서 모두 7형제를 두셨다. 이 중 일곱째 아드님 諱여기汝機는 무과에 올라 수문장을 지냈다. 諱시순의 후예를 쌍매당장사랑공파로 부른다.

쌍매당공 일곱째 아드님 장사랑 諱시경時敬의 후예를 쌍매당재동파로 부른다. 재동파는 지금의 인계면 중산리에 세거해 왔다.

배위는 광산이씨 부제학 동암 이발東巖 李潑의 따님이다. 이발은 '정여립의 난'에 연루돼, 당시 위관이었던 송강 정철과 그 추종자들에 의해 일가가 도륙된 비운의 인물이다. '정여립의 난'은 을해당론 이래 경쟁관계에 있던 서인들의 주도로 수많은 인물들이 제거된 조선 최대의 정치적 사건이었고, 그 중심에 정여립과 형제처럼 지낸 동인의 선두주자 이발은 서인들의 중요한 표적이었다. 광산이씨는 이발 선생의 따님이었으나 우리 집안으로 시집을 오신 탓에 다행히 화를 면했다. 광산이씨 족보에는 '사위인 승지 시경의 상소로 동암 이발이 신원됐다'고 기록하고 있으나 이는 오류다. 장사랑공이 벼슬길에 나아갈 만한 정치적 환경이 아니었다.

참고로 우리 집안에는 '정여립의 난'으로 희비가 갈린 분이 여럿 계시다. 무송공諱몽거夢擧은 남인의 대변인이 되어 숙종 초년에 정철의 관작을 추탈하라는 상소를 올렸고, 장사랑공은 이발의 따님을 배위로 맞아들였으며, 임진왜란 때 『조선왕조실록』을 지킨 오희길(諱시척의 처남)과 김대립(귀음공 諱시진의 처부)은 생전에 정여립을 배척했다 해서 포상을 받았다. 어은공諱사형 · 모정공諱희적과 함께 임진왜란에 의병장으로 활약한 이정란李廷鸞은 정여립의 이종형이다. '정여립의 난'을 당해 무고誣告가 횡행하던 시기에 이발과 이정란의 옥중 해후와 비통은 오랫동안 회자된 유명한 일화다.

20 낙하정공落霞亭 諱시면時冕

字자의子儀 號낙하정落霞亭 1585(선조 18)~1626(인조 4) 어은낙하정공파

어은공諱사형의 둘째 아드님이시다. 열다섯이라는 어린 나이에 아버지를 여의고 독학하여 1609년(광해 1) 진사방에 올라 성균관에 입교하셨다. 그러나 성균관에 유학한 지 2년 만에 광해군의 혼정이 나락으로 치닫고, 형님이신 귀음공諱시진이 능창군추대사건으로 화를 입자 「장안곡長安曲」이란 시를 남기고 성균관 생활을 접었다.

연못 가까이에 푸른 오동나무 한 그루 있는데	一樹靑梧近液池
까마귀 떼 모여드니 봉황이 앉을 가지 없네.	群鴉亂集鳳無枝
기미 살피고 어느 곳으로 멀리 날아갔는가?	色斯何處爲長住
바다 건너 무릉도원을 세상에서는 알지 못하네.	海外桃源世不知

당시 집권 세력인 대북의 정인홍 · 이이첨 등을 통렬하게 풍자한 글이다. 세상에서는 공의 이 시를 광해군의 처남인 유희분을 비롯한 유씨들이 횡포를 비난한 당대의 문사 권필權韠의 「궁류시宮柳詩」(➡ p.470)에 비견할 만하다고 칭송했다. 고향으로 돌아온 뒤로는 구남에 낙하정落霞亭을 짓고 이를 자신의 별호로 삼았다. 그 후 인조반정으로 대북파가 숙청되고 귀음공의 명예가 회복되자 주위에서 출사를 권했으나 일체 응하지 않고 적성강 가에서 소요하다가 마흔두 살을 향년으로 세상을 등졌다.

배위는 해남윤씨 윤서중尹瑞中의 따님이자 관찰사 윤복尹復의 손녀

다. 1남 5녀를 뒀는데, 아드님은 통덕랑 諱여직汝稷이고, 고두망高斗望 · 생원 김오金浯 · 이문영李文英 · 부사府使 권이공權以公 · 홍박洪舶은 사위다. 묘는 적성면 구남마을 뒤의 천태산에 양위분을 모셨다가 얼마 전에 남원시 대강면 평촌리 선산의 아드님 諱여직汝稷 옆으로 천장했다. 묘갈은 현손이신 백수공諱응수의 부탁으로 도암 이재가 짓고, 글씨는 송명흠宋明欽이 썼다.

21 참봉공參奉公 諱여백汝栢

字후지後之 號세한재歲寒齋 1578(선조 11)~1651(효종 2)

창주공諱시성의 큰아드님으로 귀미에서 태어나셨다. 열여덟 살 때 아버지를 여의었기 때문에 위로 할머니(광산김씨) · 어머니(문화유씨) · 과제수寡弟嫂(나주오씨)와 어린 아우 여춘 · 여괄 · 여숙 및 어린 여동생 셋을 책임져야 했다. 1603년(선조 36) 진사시에 합격했으나 벼슬에는 관심을 접고 학문과 가사에 전념했다. 나이 쉰아홉에 학행으로 천거돼 이듬해인 1637년(인조 15) 희릉(중종비 장경왕후릉) 참봉에 제수돼 나아갔으나 잠시 머물렀을 뿐 이내 돌아왔다.

이때 정묘년에 이어 국호를 '청淸'으로 바꾼 후금의 황제 홍타이지皇太極가 대군을 이끌고 침공해왔다. 공은 예순이라는 고령에도 불구하고 아우 선무랑공諱여숙 · 재종동생 화양공諱여매 등과 함께 창의하셨다. 그러나 남한산성에서 고군분투하던 인조는 추위와 식량난을 이겨내지 못하고 청 태조 앞에서 삼배구고두례三拜九叩頭禮(세번 절하고 절할 때마다 세 번씩 머리를 조아리는 의식)라는 치욕적인 항복의식을 치렀다. 청이

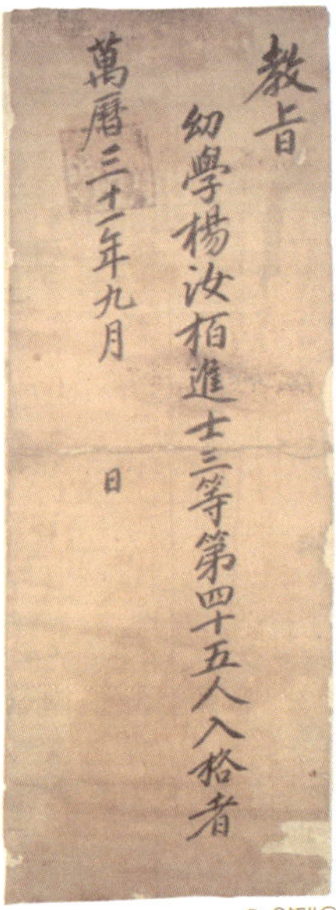

教旨
幼學楊汝栢進士三等第四十五人入格者
萬曆三十一年九月 日

© 양대우

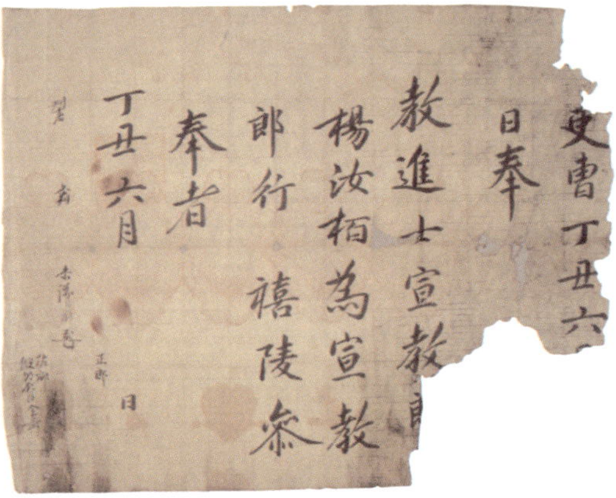

吏曹丁丑六
日奉
教進士宣敎郞
楊汝栢爲宣敎
郎行禧陵參
奉者
丁丑六月 日

© 양대우

▲ **참봉공이 받은 교지** | 희릉참봉 임명 교지(1637, 인조 15)

◀ 진사시 백패(1603, 선조 36)

물러간 뒤, 조정에서는 익위사익찬 · 선공감주부 · 태인현감 등으로 불렀으나 공은 모두 응하지 않았다. 병자호란에 굴욕적인 강화를 맺은 데 대한 비분강개였다.

이후 호남 유림의 어른으로 추앙을 받았으나 공의 문고文藁가 전하지 않아 자세한 것은 알 수 없다. 그런 중에도 행行사간원정언과 평양서윤을 역임한 황위가 공의 소상 때 지은 「제희릉참봉공문祭禧陵參奉公文」제문이 전한다.

삼가 생각하건대, 내가 처음에 어린 나이로 공의 문중에 장가들 적에, 공이 나에게 일을 집행하도록 했는데, 공의 접대함이 온화하고 환대하여 늙은이와 젊은이의 차별이 없었다. 또한 공의 두 사위와는 정이 부자간과 같아 항상 공이 앉아 계신 곳에서 함께 놀았는데 공이 이것을 보고 기뻐하여 오래일수록 더욱 싫어하지 않아 정이 날로 두터웠다. 얼마 안 되어 내가 처자를 데리고 돌아가고 나서는, 세상 일이 쌓여 한 해에 혹 한 번씩 인사드리거나 해를 걸러 혹 한 번씩 인사드렸는데, 매우 바빠 정을 두터이 하지 못하고 집으로 돌아갔으니, 일찍이 잘못하는 것 같았다. 정축년(1637, 인조 15)에 인재를 선발하는 관청의 업무로, 벼슬하지 않은 선비 중에서 인재를 선발했는데 공이 능참봉에 제수됐고, 나도 같은 날 참석했었다. 공은 한 번의 명령임에 개의치 않았고 한 번도 사양하지 않았으니, (사양하는 것은) 의리에 옳지 않아 바로 (벼슬을) 구한 것이니, 나도 천리를 함께 먼지를 좇아, 문득 더위와 장마의 고생을 잊고 서울에 들어가서 또 함께 묵었다. 사은숙배(왕의 은혜에 감사하며 공손히 절함) 하는 날에는 대궐문에서 함께 절했으며, 향을 받고서 능을 살피고 예조에 같이 앉아 있었는데, 크고 작은 출입에도 매양 따라 모셨으니 이 또한 이 세상의 기특한 인연이었다. 지금에 이르러 생각하니, 하나의 행복이고 하나의 슬픔임을 깨닫지 못했었다. 한 달을 보내지 못하고 번연히 돌아와서는 나는 미련을 갖고 머뭇거렸는데, 또 다행히 과거에서 장원을 해서 어떤 경우에는 물러나기도 하고 어떤 경우에는 벼슬하기도 하여 세상 일이 번갈아 바뀌었다. 지난봄에 북관에서 돌아와 공을 강가의 새 집에서 뵙고 인사드렸는데, 공께서 대면하시는 것이 지난번과 달리 정겨운 이야기가 간절하며 웃음소리가 그치지 않으며 한참동안 붙잡아 머무르게 하고 밤새도록 말씀하시니, 강을 건너와 회고하며 걱정스러움을 참지 못했다. 공은 이때에 육체와 정신이 이미 이탈하여 병세가 깊었으므로 나는 매우 근심했고, 마음에 염려하지 않을 수 없어서 북으로부터 돌아와 매양 나아가 인사드릴 것을 생각했었는데, 계획을 실천하기도 전에 공은 홀연히 일어나지 못하게 되셨으니 아아! 애통하도다. …(후략)…

공의 인간미와 학행을 구구절절 칭송한 글이다. 이 밖에도 공의 문자나 시구 등이 호남의 다른 문집의 여기저기에 더러 보이는데, 이 또한 공의 학문과 인품의 일단을 더듬어볼 수 있는 자료가 될 것이다.

배위는 나주임씨로, 조선 전기에 조선의 문장이자 풍류객으로 드높은 임제林悌의 따님이다. 숙종 시대의 대정치가이자 송시열과 예송禮訟으로 맞섰던 남인의 거목 허목許穆이 이질이기도 한, 전국적인 명망가 출신이다. 자녀는 2남4녀를 뒀다. 아드님은 통덕랑 諱현거現擧·빈거賓擧, 방명회房明會·한림 오이규吳以奎와 오준석吳俊錫·오이서吳以瑞는 사위다. 묘는 남원군 대산면 풍촌리 선영의 임피공 묘소 아래로 모셨다. 묘갈은 귀음공의 사위인 유동연이 썼다.

22 생원공生員公 諱여역汝櫟

字자구子久 1588(선조 21)~1642(인조 20)

익산시 금마면 황복골에서 진사공諱사헌의 큰손자이자, 諱시회時會의 큰아드님으로 태어나셨다. 1613년(광해 5), 스물여섯 약관으로 당숙 낙하정공諱시면과 사마시에 함께 급제했다. 공에 관한 일체의 기록은 남아있지 않아 자세한 행적은 알 수 없다.

배위는 함양박씨 봉사 박간朴侃의 따님으로 두 아드님 諱형거衡擧·

종사랑 백거伯擧가 있다. 묘는 익산시 여산면 신양리 대맥 서쪽 기슭에 있다.

23 화양공華陽公 諱여매汝梅

字화백和伯 號화양華陽 1601(선조 34)~1655(효종 6)

귀음공諱시진의 외아드님으로 어머니는 「하청송河淸頌」으로 유명한 숙부인 도강김씨이다. 열다섯 살 때 아버님이 능창군추대사건으로 종성 유배 길에 돌아가시자 모부인의 훈육을 받으며 성장했다. 문장에 뛰어났던 공은 서른다섯 살이던 1635년(인조 13) 진사방에 올랐다. 이 무렵의 화양공 풍모를 신경준은 「진사 화양공 묘갈명進士華陽公墓碣銘」에서 이렇게 예찬했다.

> … (전략) … 공의 재주는 높았으나 과거의 명은 더욱 궁해져서 대소과에 15번이나 초시에만 들었다가 늦게야 명경과에 세 번째까지 올랐는데 마지막 단계에서 시관이 물리치고 말았다. 문장은 뛰어나고 또한 알기 쉬웠으며 당세의 사람이 공을 알지 못했는데 더욱이 공이 쌓은 인품이야 알았겠는가. 공은 강개의 큰 뜻이 있어 평상시에 술이나 차를 마시고 품었던 시사를 논할 때는 마치 산을 안은 것처럼 컸으며, 치밀하게 샅샅이 파헤쳤고 정에는 아주 감절하여 그 웃음소리가 호탕했으며, 시를 읊을 때는 쇳소리같이 쩌렁쩌렁 울려서 보는 사람의 눈썹이 움직였다고 한다. 병자(1536)에 나라의 큰 수치(병자호란)가 있자, 수십 수의 시를 지었는데, 모두가 옷자락으로 눈물을 닦고 혀를 차면서 나라를 막을 계책을 얻지 못하여 이와 같은 수

치를 당했다고 분개하는 글들이었다. 이는 반드시 공의 마음속에 어떤 계책이 있음을 말한 것인데, 만약에 그때에 공을 썼다면 어려움을 벗어날 계책이 나와서 나라를 구했을지도 모르는 일이 아닌가. … (후략) …

이듬해, 공은 해남에 있는 누이 집을 가다가 대군을 동원한 청나라 황제가 서울로 진격하고 있다는 소식을 들었다.

병자년 12월 21일 적의 서울 침범 소식을 듣고

丙子十二月二十一日 聞賊犯京城

추한 오랑캐가 서울을 침범하여	警聞醜虜犯王畿
임금의 수레가 급작스럽게 밤에 포위됐음을 듣고 놀랐네.	玉輅蒼黃夜被圍
신하된 도리로 마땅히 한 몸 죽음을 달갑게 여겨야 하니	臣子義當甘一死
붙잡는 것을 뿌리치고 이로부터 부모님을 하직하네.	絕裾*從此謝庭闈

* 絕裾절거 : 옷자락을 자르다. 불효하게 떠나는 행동.

공은 그 길로 발길을 돌려 집안의 여러 뜻있는 어른들과 창의를 도모했다. 그때 어른으로는 공의 재종이신 참봉공 諱여백이 쉰아홉 고령이었고, 호조참의공 諱여균이 마흔아홉, 사촌아우 공조참의공 諱여장이 스물다섯 살, 재종동생 선무랑공 諱여숙(諱여백의 막내아우)은 30대 장년이었다. 공은 여러 분의 뜻을 모아 창의를 결의하고 이들과 함께 서울을 향해 출발했으나, 모친이 편찮으셔서 다른 분들만 가동家僮들을 인솔하고 북상하도록 했다. 그러나 올라가던 중 강화가 이뤄졌다는 소식이 들리자 중도에 포기할 수밖에 없었다. 청나라 군대가 물러간 뒤 논공행상이 이뤄졌다. 그런데 두 참의공 諱여균·여장에게는 호조참의와 공조참의가 제수됐으나 화양공과 선무랑공에게는 아무런 은전이 없었다. 두 참의공의, 군량미 3백 석과 군마軍馬를 헌납했다는 실적만 인정됐기 때문이었다.

원배는 풍천노씨 사과司果 노척盧脊의 따님이자 조선 중엽의 대유 노진의 증손녀다. 자녀로 2남 5녀를 남기고 서른아홉 살의 나이로 돌아가셨다. 계배는 고령신씨 신기호申起滬 따님으로 2남을 두셨다. 두 배위께서 남긴 자녀는 모두 9남 6녀인 셈이다. 생원 장륙공 諱해거·통덕랑공諱명거明擧(공조참의공 諱여장 앞으로 입계), 필거弼擧·사헌지평 무송공諱몽거·일거逸擧·이거爾擧·후거後擧·목거牧擧·승지공諱염거廉擧은 아드님이시고, 신섭申涉·현휘玄徽·정인우鄭寅佑·김세정金世挺·김태상金兌相은 사위다. 묘는 순창군 북화암北花岩 뒤 기슭에 있다.

한편 공이 돌아가신 뒤 증손이신 동지공諱정식挺湜께 수직으로 숭정대부의 가자가 있었는데, 3대 추존의 은전으로 장악원정의 증직이 내려왔다.

24 장륙공藏六公 諱해거海擧

字초로楚老 號장륙藏六 1601(선1622(광해 14)~1687(숙종 13)

화양공諱여매의 큰아드님이다. 공의 가계는 고려 태학생공諱서령 이후 귀암공諱배 1대를 빼고 공까지 13대를 연이어 사마에 오르는 기적을 이뤘다. 귀암공 뒤부터 따지면 좌랑공諱공준으로부터 6대가 백패인 셈이다. 그런데 예순여섯이라는 노령으로 사마시에 응시한 공은 병석에 누워 합격자 발표가 있기도 전에 눈을 감고 말았다. 그래서 사람들이 청패거사靑牌居士('청패'는 나라에서 내린 효자정려문패. 정려패가 붉은 바탕이면 홍패, 푸른 바탕이면 청패라고 한다.)라고 불렀다. 공은 생전에 효행이 지극해서 수령들이 누차에 걸려 조정에 천거했다는 데서 유래한 호칭이다.

원배 순창설씨는 마흔 살을 끝으로 2남1녀를 남긴 채 세상을 떴고, 계배는 자녀를 못 둔 청주한씨다. 대춘大春·대윤大潤은 아드님, 설최薛最는 사위다. 묘는 적성면 내적, 귀음공 묘소 오른쪽에 있다.

25 무송공撫松公 諱몽거夢擧

참조 | 제5장 천거 / 무송공 (➡ p.172) | 제7장 무송공의 정사상소 (➡ p.213)

26 생원공生員公 諱세기世基

字재숙載叔 1635(인조 13)~1668(현종 6)

생원공은 국부로 이름을 떨친 초로공諱운거의 큰아드님이다. 1666년(현종 7) 서른세 살로 생원이 되시고 다음 해에 과거 시험을 치르러 서울로 가는 길에 천연두에 전염돼 그곳에서 돌아가셨다.

배위는 삭녕최씨 홍문관교리 최유지 따님이다. 삭녕최씨께서는 부군의 관이 서울에서 운구 되자 손가락을 잘라 선혈을 관 속에 넣었다는 일화로 유명하다. 치상 후에 자진하려 했으나, 비록 자녀는 없지만 노부모가 아직 살아계셨으므로 끝까지 봉양하는 것이 옳은 길이라 여기고 양자를 들여 방대한 가산을 관리했다. 예순아홉 살을 일기로 생애를 마감했다.

양위분의 묘는 동계면 구미리 덕고개, 최시옹이 묘갈을 썼다.

27 여암공旅庵公 諱형기炯基

字덕중德仲 號여암旅庵 1658(효종 9)~1727(영조 3)

諱열거說擧의 큰아드님이다. 13세에 아버지를 여의고 어머님 청주양梁씨 가르침을 받아 아우 승의랑공諱처기處基과 함께 학문에 정진했다. 환갑을 넘긴 예순네 살 때이던 1721년(경종 1)에 사마시에 응시하여 생원이 됐다.

배위는 남원방씨로, 3남3녀를 뒀다. 응룡應龍·응호應虎·응갑應甲은 아드님, 김이호金履豪·김뇌金礧·이동태李東台는 사위다. 묘는 적성면 화산 뒤 기슭에 있고, 행장은 조카 백수공諱응수이 썼다.

28 삼성당공三省堂公 諱회영會榮

字원득元得 號삼성당三省堂 1681(숙종 7)~1767(영조 43)

증호조참판공諱이기의 맏아드님으로 인계면 중산리에서 태어나셨다. 어머니는 청주한씨 한익韓翊의 따님으로, 당시 문명을 떨쳤던 진사 한치명韓致明은 삼성당공과 내외종간이다. 옛날 중국의 증자曾子가 하루 세 차례씩 반성했다는 가르침을 실천하려는 다짐에서 삼성당을 자호를 삼았다고 한다.

공이 15살 때 한겨울이었다. 어머님이 병환이 나셨다. 공은 비록 어렸지만 자신의 정성이 부족한 탓이라 여긴 나머지 엄동설한을 무릅쓰고 찬물로 재계한 뒤, 홑옷만 걸친 채 눈 속에 정좌하고 하늘에 어머니의 쾌유를 빌었다. 첫닭이 울었다. 정신을 차리고 보니 눈은 사라지고 등불만 환했다. 이튿날 아침, 누워계시던 어머님이 거뜬히 일어났다. 사람들은 공의 정성에 하늘이 감응한 것이라고 감탄했다.

공은 과거 준비가 아닌 위기지학爲己之學(자신의 인격 수양을 목적으로 하는 학문)에 전념했다. 만년에는 아버지의 유훈에 따라 예순일곱이라는 노령을 어려워하지 않고 사마시에 응과하여 생원방에 올랐다. 동방 중의 가장 연장이셨던 공은 동방들에게 황단첨배皇壇瞻拜(임진왜란에 지원군을 보낸 명나라 신종과 마지막 황제 의종을 추모하기 위해 창덕궁에 세운 대보단을 향해 절을 함)를 권유했다. 아무도 이에 동의하지 않아서 공은 홀로 황단을 향해 절을 올렸다. 영조는 이 같은 '의로운' 행동을 전해 듣고 칭찬했다고 한다.

공은 우리 양씨 후진 양성을 위해 정성을 쏟았다. 족제 백수공 · 오졸재공迂拙齋 諱진우鎭禹과 상의하여 천태암과 옥출산에서 봄 · 가을로 강론하는 제도를 마련한 것이 그 중 하나다. 그 결과 우리 가문에서 많은 인재가 나왔다. 그 가운데 귀은공諱종갑 · 경암공諱종을 형제와 돈와공諱종해 · 안암공諱춘태 · 우계공諱선태 같은 분들을 손꼽을 수 있다. 강의는 백수공과 삼성당공이 주도했는데, 공이 백수공보다 19년 연장이어서 많은 강講을 부담했다.

공은 여든일곱의 천수를 누린 복으로 수직 가선대부 동지중추부사의 은전이 내렸다. 3대 추존의 수직 규례에 따라 부친은 가선대부 호조참판, 조부諱문거는 통정대부 승정원좌승지 겸 경연참찬관, 증조 목심재공諱여집은 통정대부 장악원정이었다. 만년에 찾아온 경사에도 불구하고 생전에는 혈육을 연이어 잃게 되는 아픔을 겪었다. 예순 살이던 해에는 서른한 살의 아드님을, 여든네 살 때에는 서른두 살의 손자 諱세후世垕를 잃었다. 그래서 공의 치상은 열두 살밖에 안 된 증손諱득희得熙이 감당했다.

배위는 전주이씨 이도일李道一의 따님으로 2남 2녀를 뒀다. 諱한정漢挺 · 한걸漢杰은 아드님이고, 박장원朴章源 · 최득수崔得壽는 사위다. 묘는 인계면 중산리에 있고, 묘갈은 송병순이 지었다. 유집 2권이 전한다.

29 우계공愚溪公 諱선태善泰

字악부樂夫 號우계愚溪 1734(영조 10)~1803(순조 3)

적성면 우계에서 諱대옹大翁의 큰아드님으로 태어나셨다. 1753년(영조 29), 스물세 살에 진사가 됐다, 그 뒤로 백수공諱응수 문하에서 익힌 심학心學에 조예가 깊어 향리에서 모두 무겁게 여겼고, 일마다 부모의 뜻과 어긋나지 않았다.

열일곱 살 때에는 아버지가 등창이 났다. 어린 공이 밤낮으로 울면서 모시며 약을 쓰는데 다른 사람에게 수고를 끼치지 않고 손수 달여 올렸다. 그러기를 반년 동안 이었는데 긴 기간에도 불구하고 그 정성은 더욱 간절하여 조금도 흐트러짐이 없었다 한다.

배위는 광주이씨 이윤열李胤悅 따님으로 명종 시기의 대정치가였던 이준경李浚慶의 6세손이다. 자녀는 2남 3녀, 諱참墋 · 보堡는 아드님, 안사익安思益 · 정창석丁昌奭 · 유엽柳燁은 사위다. 묘는 적성면 외우계 뒷산에 있다. 돈와공諱종해이 행장을 지었다.

31 생원공生員公 諱진수震燧

字성휘聖輝 1718(숙종 44)~1750(영조 26)

익산시 금마면 황복골에서 동지공諱주우柱宇의 큰아드님으로 태어나, 1744년(영조 20) 27살 약관으로 생원이 됐다. 그러나 6년 뒤 서른세 살의 젊은 나이로 세상을 등지는 비운을 맞았다.

배위 여흥민씨도 1남 2녀를 남기고 서른세 살에 세상을 떴다. 아드님은 현중顯重, 윤광유尹光愈 · 김정순金正淳은 사위다. 묘는 전주 북쪽 봉봉정蓬峰亭에 있다.

32 돈와공遯窩公 諱종해宗楷

字원칙元則 號돈와遯窩 1744(영조 20)~1815(순조 15)

적성면 구남마을에서 영모재공永慕齋 諱언堰의 외아드님으로 태어나셨다. 백수공 문하에서 공부하다가 스승이 돌아가신 뒤에는 유언집의 제자로 들어가 기대를 모았다. 뒤에 영의정에 올랐던 유언호는 형 유언집의 문하를 출입하는 공을 각별히 아꼈다고 전한다. 1774년(영조 50) 진사방에 오른 공은 후학을 가르치며 여생을 보냈는데 종중 일에 남다른 관심을 쏟았다. 화산서원에 7대조이신 어은공諱사헌을 모시고, 귀암공諱배 · 쌍매당공諱사민 · 백수공諱응수 세 분을 지계사에 배향하게 한 일은 담재공諱득희과 돈와공의 용력 덕분이다. 공의 사후에 조정에서 동몽교관의 증직이 내렸다.

배위는 안동권씨로, 3남 2녀를 뒀다. 諱달환達煥 · 시환時煥 · 이환以煥은 아드님, 나원읍羅元揖 · 한학량韓學亮은 사위다. 묘는 적성면 입석리 도왕동 위에 있다. 유집 4권이 전한다. 다음 인용문은 진사 노석승盧錫升의 지은 「돈와진사공휘종해행장遯窩進士公諱宗楷行狀」의 일부이다.

…(전략)… 공은 영조 갑자 12월 23일에 태어나 영특하고 뛰어났으며穎秀不群, 효성이 천성이어서 겨우 일고여덟 살의 어린 나이에 효순의 도를 다했다. 보통 때에 물건을 얻으면 언제나 먼저 맛보지 않고 반드시 품고 와서 기쁜 얼굴로 부모님께 드렸으며, 스스로 얼굴을 깨끗이 하는 데에 힘쓰지 않고 게으름이 없이 힘써서 승순했다. 집이 빈한했으나 자력으로 배워서 시나 문장을 크게 떨쳤으며 젊어서 과거에 나아가 거수擧首가 되고 이어 진사에 올랐으나 오직 배우기를 즐기어 학문에 힘썼다. 집에서 배울 때부터 일찍이 백수 양공白水楊公을 따라 바른 방향을 체득했으며 또 대제 유 선생이 천문을 이어 정하여 후학을 창도하매 사방의 산두山斗(태산북두 줄임말)의 망이 됐다고 듣고 드디어 책을 짊어지고 불원천리하여 속수束脩(입학금)의 예를 행하니 그 강론에서 번번이 깨달음을 얻어 여러 차례의 칭송을 받고 두 정자二程子 문하의 양구산楊龜山(북송의 철학자 정호程顥와 정이程頤 형제의 제자인 양시楊時. 구산은 그의 호)에게 비유됐다. 지헌 유상공(유언호)은 그 학문이 크게 익혀감을 경중敬重하여 말하기를 "자네의 재주와 덕이 아름다우니 만약 대과에 오른다면 반드시 나라를 빛낼 그릇이 될 것이다." 했으니 이는 곧 공이 나아간 바의 깊고 얕음을 본 것인데 이는 당세의 대인이나 선생들이 바르게 살피어 무겁게 보았음을 증험한 것이다. 만년에 호남의 유일을 반드시 얻어 쓰고자 도과道科를 베풀었을 때, 시와 부, 책을 시험해 보았더니 공의 시가 뽑히어 임금의 가림에서 우등에 들어갔으나 수용에는 미급했으니

사람들이 모두 이것을 아깝게 여겼다. …(중략)… 공은 위인이 온화하며 몇 편의 글을 지어 남겼으니 앞으로 간행이 있기를 기다리고 있는데 그 산을 보지 않아도 그 나무를 보면 또한 족하다 했으니 그 많은 유고를 대강 고증하여 보니 말에 순서가 있으며 한자隻字자나 반말半辭에도 정성이 담겨 있었다. 걸어온 길의 선후와 세월의 멀고 가까움이 실로 아무 상관없는 것인데 여기에 만약 여러 의견을 달며 깨끗한 것을 더럽힌 것이 되니 어찌 족히 어둠 속에서 빛을 발하여 잠겨 있는 덕 중 만의 하나라도 피게 할 것인가. 뒤에 말을 세우는 군자가 반드시 있어서 아는 바를 가리어 말할 것이다.

33 호은공壺隱公 諱석룡錫龍

字운익運翼 號호은壺隱 1800(정조 24, 순조 즉위년)~1868(고종 5)

諱지복志復의 큰아드님으로 고창 성내면 옥제리에서 태어나셨다. 어려서부터 영특하다는 소문이 자자했으며, 성장하면서 시문에 뛰어났고, 학문은 유현해졌다. 흥덕 고을의 호은공 문하에서 진사 세 명이 나온 것만으로도 학문의 깊이를 짐작할 수 있다. 일찍이 서울에 머물면서 당대 일류명사와 교류했다. 당시 세력을 자랑했던 장동김씨들과 깊이 사귀어 그 집 자질子姪들을 가르치기도 했다. 1858년(철종 9), 쉰아홉 나이로 진사에 오르고서도 벼슬을 외면하고 시주詩酒를 벗 삼아 여생을 꾸렸다.

다음 인용문은 손자뻘인 병익秉益의 「호은 진사공 휘석룡 행장壺隱進士公諱錫龍行狀」이다.

공은 정묘正廟 경신 9월 20일에 태어나셨는데 그때 바탕이 여느 아이와 뛰어나게 달라 천자문을 겨우 한 달을 넘기어 배우시고 자연히 문장이 익어가기가 벌레가 나뭇잎을 먹어가듯 하셔서 자라서는 문장이 경향에 크게 울리셨다. 젊어서 공부를 하실 때, 노처자를 대신하시어 초례청 신부에게 그 느낌을 말하는 제목으로 지으시기를 '내 나이 비녀를 꼽을 만한 때, 너는 오히려 젖을 먹었는데 세월이 문득 흘러서 같은 처자가 됐구나. 우리 어머니께서 어제의 잔치에 나가지 못한 것은 딸 둔 사정이 어찌 부끄럽지 않을 것이냐. 아들 딸 낳은 것은 또 그만 두고라도 이 해에 당하여 가장 한이 된 것은 이빨 하나가 흔들린 일이다.'라 하셨는데, 사람의 입에 맞아서 늘 외웠다. 더 지나셔서 표와 시에 능통하시어 무오(1858)에 표로 진사에 오르시어 만년에 태학관 장의로 유경하시었다. 이로부터 영상 김병국과 영상 김병학, 좌찬성 김병기, 예조판서 김병필, 이조판서 신석희 등 모두가 스승으로 섬겼다. 한수의 물이 바다를 메운다는 제목으로 지으시기를 '완만한 저 약수가 명을 듣지 아니하니 삼천리 밖으로 귀양 보내서 그 죄를 성토하자' 하셨는데, 이것으로써 김찬성 병국이 과거를 하게 됐다고 한다. 밤에 장안에서 술에 취하여 순라꾼을 만나매, '호남의 양진사가 서울 달에 취하여 죽었노라'라고 적어서 순라군에게 주니, 순라군이 상부에 보고하자 정승이 죽을 사死를 누울 와臥로 고쳐서 바로 맞아들이게 했으니 그 대접을 알 수 있다. 여러 재상이 그 가난함을 민망하게 여겨 부안현감을 시키려 했으나 선생께서 사양하시며 이르시기를 "어찌 작은 고을 하나로써 대감에게 소임을 바치겠는가. 차라리 빈천하여도 내 뜻대로 살겠노라." 하시니 여러 재상이 더욱 높이 여겼다.

세상은 어지럽고 풀릴 대로 풀어진 세상에서 더러운 이름을 남기지 않겠다는 호방함과 자긍심이 보인다. 고향으로 돌아올 때 여러 재상들은 말리지 못하고 시주로 호은공을 송별했다.

귀산으로 돌아가는 호은을 보내며 送壺隱歸龜山

백설가*를 세 번 거듭 부르는데	白雪歌*三疊
한 항아리 술로 붉게 달아오른 얼굴빛	紅潮酒一缸
갈림길에 임하여 일어나는 많은 생각을	臨岐多少意
가서 적성강에 견주어 보시오.	去較赤城江

* 白雪歌 : 춘추시대 초楚나라의 고아高雅한 가곡歌曲 이름. 너무도 고상해서 따라 부르기 힘든 노래를 가리키기도 한다. 초나라의 어떤 나그네가 대중가요인 '하리下里'와 '파인巴人'을 부르자 수천 명이 따라 불렀으나, 백설가와 양춘가陽春歌는 너무 어려워서 겨우 수십 명밖에 따라 부르지 못하더라는 이야기가 있다.

이때 영의정 김병국이 이별을 아쉬워하며 읊었다는 노래다.

양진사를 애도하며 輓楊上舍

시 속의 이태백과 술 속의 도연명이	詩中李白酒中陶
한번 가니 청산이 지극히 고요했고	一去青山盡寂寥
또 호남 양진사의 부음에 통곡하니	又哭湖南楊上舍
자고새와 향기로운 풀 둘 다 쓸쓸하네.	鷓鴣芳草兩蕭蕭

이 글은 일흔아홉을 일기로 세상을 뜬 호은공의 부음을 듣고 김병국의 형이자 역시 영의정을 지낸 김병학이 보내온 만사輓詞다. 호은공의 고고한 품성을 짐작할 수 있는 작품이다. 배위는 광산김씨로, 3남 1녀를 뒀다. 하영夏泳 · 은영殷泳 · 주영周泳은 아드님, 이규환李奎煥은 사위다. 묘는 고창군 성내면 옥제리 앞 산기슭에 있다.

제5장

음서蔭敍와 천거薦擧

용궐산에서 바라 본 만수탄 | 만수탄은 양씨 문화의 젖줄이다. 왼쪽 산이 무량산, 그 너머가 책여산과 비홍산이다. 이씨할머니는 비홍산에서 무량산을 발견하고 후손들의 터전으로 삼았다고 한다.

음서蔭敍는 조상의 공덕으로 채용되어 벼슬길에 나아가는 제도다. 이렇게 얻은 벼슬을 음직蔭職 혹은 음사蔭仕라고 한다. 음관蔭官과 같은 말이다. 할아버지나 아버지가 2품 이상의 관직을 누렸거나 국가에 공훈을 세운 집안을 우대하는 인사제도라 할 수 있다.

천거薦擧는 지식이나 문장에 치중한 과거제도의 단점을 보완하고 덕행이나 정치 능력이 뛰어난 인재를 널리 구하기 위해 실시한 등용 방식이다. 조선 조정은 3품 이상의 고급관리들에게 유능한 인재를 3년마다 세 사람씩 의무적으로 추천하도록 했다.

1. 음서蔭敍

음서란 공신이나 전 · 현직 고관의 자제를 과거에 의하지 않고 관리로 채용하던 일을 말한다. 이렇게 얻은 벼슬이 음직이다. 유일遺逸(초야에 묻혀있는 선비로서 학식과 인품을 갖추고 있으면서 세상에 알려지지 않은 경우, 이들을 과거시험 없이 발탁하는 인재등용 방법)을 제외한 음직은 특별한 경우가 아니면 정3품 당하관(통훈대부)까지로 승진이 제한된다.

조선 초기의 음직은 2품 이상의 관직에 있던 관원의 후손 가운데서

[표4] 음직안蔭職案

순	휘	생몰	아버지	시기	가자(加資)	관직	비고
1	사보思輔	~	수생首生	태종	통훈대부	함평현감	
2	연淵	~	사보士輔	세종	통훈대부	내선시판관	
3	자첨子瞻	1428~1498	연淵	세조	중직대부	임피현령	
4	대중大仲	1549~1608	기沂	선조		내자봉사	
5	치중致中	~	기沂	선조		?봉사	
6	경중敬中	~	징澄	선조		?주부	
7	집중執中	~	징澄	선조	승사랑	내자봉사	
8	희적希迪	1555~1601	사泗	선조	봉훈랑	내선시판관	불취不就
9	시립時立	~	사형士衡	인조	통훈대부	강진현감	
10	여균汝筠	1589~ ?	시정時鼎	인조	통정대부	호조참의	불취
11	여장汝樟	1610~1656	시매時邁	인조	통정대부	공조참의	불취
12	여두汝杜	1613~1661	시립時立	효종	중직대부	낙안군수	
13	금호金灝	~	시중時中	효종?		?정랑	
14	재춘再春	1650~1738	인거仁擧	영조	통훈대부	별제부호군	
15	재영在榮	1822~1896	영환永煥	고종		선공감가감역	
16	석원錫源	1831~1906	집하楫河	고종	통정대부	건원릉참봉	
17	석진錫珍	1827~1896	지하志河	고종	통정대부	용양위부호군	
18	석승錫升	1849~1928	재영在榮	고종		강릉참봉	

사마시에 합격한 사람에게만 주어졌다. 우리 문중에서 처음으로 음직에 나가신 어른은 대제학공諱이시의 손자인 함평공諱사보이시다. 대제학공이 비록 고려조 어른이기는 하지만 개국공신과 교유가 깊었으므로, 그 음덕이 함평공에게 끼친 것이다.

태종 연간에 사마시에 오른 함평공이 음직으로 나아간 데는 대제학공의 손자라는 가통에다가, 대제학공의 처남이자 진외가의 종조부이기도 한 탁신卓慎이 의정부좌참찬이었으므로 각별한 후원이 있었을 것으로 짐작된다. 탁신은 문정文貞이라는 시호가 내려오고, 성주 오계사

梧溪祠에 배향된 선외가先外家의 어른이다.

족보에는 함평공이 함평현감으로만 기록돼 있지만, 거기서 그치지만은 않았을 것이다. 이 추정이 어긋나지 않는다면, 함평공은 서울에 거주하시면서 자녀를 가르치고 혼사婚事를 치렀을 것이다. 판관공諱연의 관로와 혼맥을 보면 어느 정도 그럴 개연성이 짙다. 판관공 역시 사마시에 오른 뒤 진주판관·내선시판관을 역임했다. 판관공의 장인은 공조판서에 이어 탁신처럼 태종~문종 연간에 좌참찬을 역임한 최부崔府로, '정간靖簡'이라는 시호를 받은 분이다.

우리 양씨는 그 뒤로도 수대에 걸쳐 음직이 이어졌다. 임피공諱자첨까지는 대제학공의 음덕이고, 한림공파에서는 집의공諱자유의 공신녹권 덕분이며, 조선 중엽 이후는 임진·병자 양란에 창의한 어른들이 끼친 음덕이었을 것이다. 조선 말기인 고종 때 내려온 벼슬자리는 전통적인 음서제도에 따른 것이라기보다는 개인의 학덕이 인정돼 내려받은 관직일 것으로 짐작된다.

[표4]의 18위 중 제3장 세계世系에 소개한 '사士'자 항렬까지는 생략하고, 18세 '시時'자 이후 어른들의 행적을 들여다보자. (표제명의 번호는 음직안 일람표의 순번이다.)

9 강진공康津公 諱시립時立
字자정子正 생졸 미상 **어은낙안파**

어은공諱사형 넷째 아드님이다. 인조 때 통훈대부 강진현감으로 제수됐다는 것 외에는 알려진 행적이 없다. 강진현감으로 제수됐다면 이는 음직이다. 아버지가 임진왜란의 창의공신이기 때문이다.

배위는 진주강씨, 외아드님인 낙안공諱여두汝杜도 음직으로 낙안군수를 역임했다. 강진공 묘는 적성면 내적부락의 귀음공諱시진 묘 아래 모셨다가 얼마 전에 후손들이 살고 있는 전남 광양 선산으로 옮겼다.

10 참의공參議公 諱여균汝筠
字군작君直 1589(선조 22)~?

사예공諱시정의 큰아드님으로 귀미에서 태어나셨다. 1636년(인조 14) 병자년에 서울이 오랑캐에게 짓밟히자 군량미 3백 석을 조달하여 가동家童 수백 명과 함께 서울로 향하다가 송파 삼전도에서 강화조약이 체결됐다는 소식을 접했다. 참의공께서는 군량미와 군마는 그대로 군영軍營으로 올려 보내고 거느린 가동들과 함께 발길을 돌렸다. 조정에서는 공의 충성심을 치하하여 통정대부 호조참의를 내렸으나 받지 않았다.

배위는 문화유씨 유호柳灝의 따님으로 국부로 알려진 초로공 諱운거의 모부인이시다. 묘는 임실군 운암면 쌍암리, 사예공諱시정 묘 아래 모셨다. 묘표는 김균金畇이 썼다.

11 참의공參議公 諱여장汝樟
字거경巨卿 號정향당淸香堂 1610(광해 2)~1656(효종 7)

장사랑공諱시매時邁의 큰아드님으로 적성면 구남마을에서 태어나셨다. 공은 평소 재물을 가벼이 여기고 남 돕기를 즐겨했다. 병자호란이 일어났을 때 종형인 화양공諱여매 등과 함께 스물일곱의 나이에 근왕병勤王兵으로 참전하려 했는데, 공교롭게도 화양공은 모친이 병환 중이라 동참하지 못하고, 부득이 집안의 다른 형님들과 군량미와 전마 3백 필을 갖춰 북상하던 중 공주에 이르렀을 때, 강화가 이뤄졌다는 소식을 듣고 전마와 군량은 그대로 올려 보내고 되돌아왔다.

조정에서는 그 공을 높이 평가해 통정대부 공조참의를 제수했으나 나아가지 않고 구남에 청향정淸香亭을 짓고 거기서 노닐었다. 그러나 애석하게도 마흔일곱이라는 나이로 단명하시어 귀음공諱시진 묘 오른쪽에 모셨다. 배위는 전주이씨 어모장군 이수민李修敏 따님, 무육하시어 화양공의 둘째 아드님諱명거이 제사를 이었다.

12 낙안공樂安公 諱여두汝杜 1613(광해 5)~1661(현종 2) |

강진공諱시립 외아드님이다. 음직으로 낙안군수로 임명됐다. 임기를 마치고 임지에서 돌아가신 걸로 추정된다. 공이 재임하실 때부터 낙안에 정착했기 때문에 후예들의 터전이 됐다.

배위는 전주이씨, 자녀는 무과에 급제하여 오위대호군을 지낸 諱원거元擧 한 분이다. 묘는 전남 광양군 골양면 신산에 있다.

13 정랑공正郞公 諱금호金灝 생졸 미상 |

諱시중의 외아드님이다. 후사가 없기 때문에 정랑이었다는 것 말고는 알려진 행적이 일체 없다.

14 별제공別提公 諱재춘再春
字만물萬物 1650(효종 1)~1738(영조 14)

諱인거仁擧의 아드님으로 여든아홉의 천수를 누렸다. 행직行職으로 별제와 부호군을 역임하고, 가자가 통훈대부라는 것 말고는 일체의 행적을 알 수 없다. 원배 숙인 완산최씨는 자녀 없이 일찍 별세했다. 계배도 같은 완산최씨로, 3남 3녀를 뒀다.

15 가감역공假監役公 諱재영在榮
字오겸五兼 號예암禮庵 1822(순조 22)~1896(고종 33)

쌍매당중파 諱영환永煥의 외아드님이다. 어머니는 광주廣州이씨 이상조李尙祚의 따님으로 명종조의 재상이었던 동고 이준경東皐 李浚慶의 후손이다. 공은 천성이 맑고 순수해서 사람들을 언제나 온화하게 대하고, 일을 처리할 때는 사정을 세밀하게 살펴서 처리했다고 전한다. 1891년(고종 28), 조정에서 선공감가감역으로 불렀으나 나아가지 않았다.

배위는 안동권씨 권상기權尙夔 따님, 6남 2녀를 뒀다. 화산공花山 諱석형錫馨 · 諱석준錫駿 · 참봉공 諱석승錫升 · 귀하공龜下 諱석우錫愚 · 옥호공玉湖 諱석헌錫獻은 아드님이고, 김병중金秉中 · 한일수韓一洙는 사위다.

16 계은공桂隱公 諱석원錫源
字경행敬行 號계은桂隱 1831(고종 31)~1906(광무 10)

증조봉대부 동몽교관 취계공醉溪 諱집하楫河의 큰아드님으로 삼계면 세심리에서 태어나셨다. 어린 시절부터 총명이 남달라서 주위의 주목을 받았다. 계은공은 매당공諱돈이 창건한 광제정을 중건하기로 결심하고 동생 심주공心洲 諱석모錫謨과 함께 이 일을 기획하고 1천 3백 원을 쾌척하여 1871년(고종 8)에 준공했다. 공은 음직으로 건원릉(태조릉)참봉에 제수되고 통정대부 가자를 받았다.

원배 문화유씨는 일찍 돌아가시고, 계배는 죽산박씨에게서 4남 2녀를 뒀다. 諱근영根泳 · 익영益泳 · 철영喆泳 · 봉영琫泳은 아드님, 조기석趙機錫 · 최두일崔斗一은 사위다. 묘는 임실군 삼계면 세심리 사오랑 선영이다.

17 죽오공竹悟公 諱석진錫珍

字성엽性燁 號죽오竹悟 1827(순조 27)~1896(고종 33)

묵암공默庵 諱지하志河의 둘째 아드님으로 삼계면 세심리에서 태어나셨다. 근검한 성품으로 시주를 즐겼고, 자녀 교육이 각별했으며 광제정 중건에 적극 동참했다. 만년에 절충장군 용호위부호군 겸 통정대

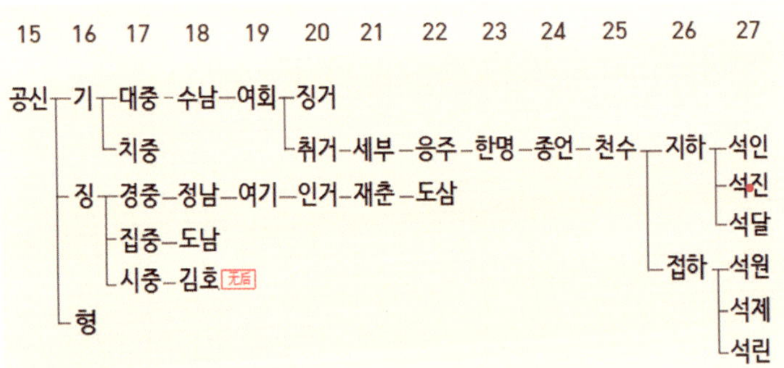

한림공계파(15~27세) 죽오공 가계

부의 음직을 받았다.

원배 함안조씨는 일찍 돌아가셨고, 계배 파평윤씨에게서 3남 2녀를 뒀다. 큰아드님諱진영鎭泳은 큰집으로 입계했고, 諱인영寅泳은 둘째 아드님, 장귀영張貴榮·노계현盧啓鉉은 사위다. 묘는 임실군 삼계면 세심리 감은산 아래에 있다.

18 만오공晩悟公 諱석승錫升

字순일順日 號만오晩悟 1849(헌종 15, 철종 卽)~1928(일제강점기)

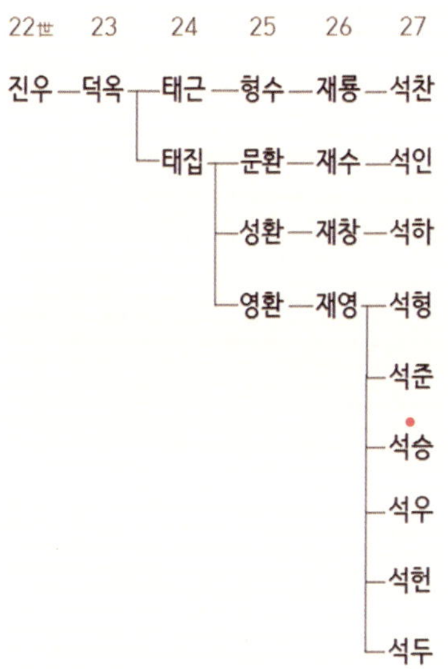

쌍매당중파(22~ 27세) 만오공 가계

예암공諱재영의 셋째 아드님으로 순창군 금과면 고례리에서 태어나셨다. 어려서부터 학문에 뜻을 세우고 정진하는 한편 종중 일에 열정을 쏟았다. 오랜 풍설로 마멸된 농소의 이씨할머니 묘비를 다시 세운 것은 공의 정성이다. 석재 등의 경비를 혼자 부담했을 뿐만 아니라, 당시 나라의 명필로 알려진 윤용구尹用求로부터 글씨를 받아온 것은 순전히 공의 수고이다.

백수공諱응수의 문집 『백수집白水集』 간행은 공이 남긴 큰 족적 중의 하나다. 공은 팔십 고령에도 불구하고 자료 수집과 경비를 감당하며

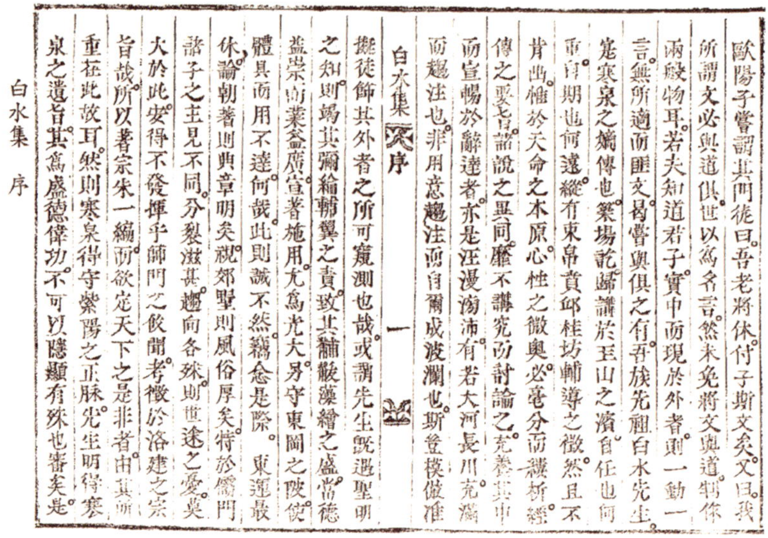

歐陽子嘗謂其門徒曰吾老將休付子斯文矣又曰我
所謂文必與道俱世以爲名言然未免將文與道判作
兩段物耳若夫知道君子實中而現於外者則一動一
言無所適而匪文曷嘗與俱之有吾族先祖白水先生
寔寒泉之嫡傳也業場乾歸講於玉山之濱自任也何
重自期也何遠縱有束帛賁邱桂坊輔導之徵然且不
肯出惟於天命之本原心性之微奧必毫分而縷析經
傳之要旨諸說之異同靡不講究而討論之充養其中
而宣暢於辭達者亦是汪漫滂沛有若大河長川充滿
而趨注也非用意趨注而自爾成波瀾也斯豈模倣准

白水集 序 一

擬徒飾其外者之所可窺測也哉或謂先生旣遇聖明
之知則竭其彌綸輔翼之責致其黼黻藻繪之盛當德
蓋崇而業益廣宣著施用尤爲光大另守東岡之陂使
體具而用不達何哉此則誠不然竊念是際 東運最
休論朝著則典章明矣覘郊野則風俗厚矣特於儒門
諸子之主見不同分裂滋甚趣向各殊則世途之憂莫
大於此安得不發揮乎師門之攸聞考徵於洛建之宗
旨哉所以著宋朱一編而欲定天下之是非者由其所
重在此故耳然則寒泉得守紫陽之正脈先生明得寒
泉之遺旨其爲盛德偉功不可以隱顯有殊也審矣是

白水集 序

만오공의 「白水集序」 |

문집 간행을 추진했다. 당초 백수공의 손자이신 귀은공諱종갑과 경암공諱종을 형제분이 자료를 수집 · 정리해 두긴 했었으나 백수공이 세상을 뜬 지 1백 50여 년이란 시간이 흐른 뒤라 흩어진 자료를 백방으로 찾아다니며 되돌려 받고, 더러는 사기도 했으며, 원본을 베꼈다. 그렇게 해서 수집된 자료가 1928년에 목판본 17권 50부로 세상에 모습을 드러냈다. 이렇듯 어렵사리 햇빛을 보게 된 『백수집』은 우리 문중이 내세울 수 있는 자랑스러운 문적文籍이다.

공의 업적을 일일이 예거하기는 간단하지 않다. 조정에서는 공의 학문과 행의를 높이 평가하여 나이 쉰셋이던 1901년(광무 5) 강릉(명종릉)참봉을 제수했다.

배위는 고경명 장군의 후예다. 무육하신 관계로 회산공晦山 諱석형錫

馨의 넷째 아드님諱건수健洙을 입계했다. 묘는 담양군 금성면 우식동에 양위분을 모셨다. 묘갈은 조선대 사학과 정운한 교수의 글이다.

2. 천거

음사가 신분이나 가문을 배경으로 등용된 데 반해, 천거는 개인의 덕행이나 학문, 정치적 역량에 초점을 맞춘 제도다. 천거 기준은 엄정하다. 첫째, 누구에게나 두루 인정받을 만큼 유학儒學에 뛰어나야 한다. 둘째, 품행과 도의行誼가 두드러져야 한다. 효성과 우애를 비롯한 인륜과 인간관계가 도타워야 하고 모든 언행이 유학적 질서에 맞아야 했다. 이 기준에 부합하는 사람을 유림에서 고을 수령이나 감사에게 알리면 그들은 조정에 보고하거나, 중앙의 유력자를 통해 임금에게

[표5] 천거안薦擧案

순	휘	생몰	아버지	시기	가자(加資)	관직	비고
1	배培	~	자첨子瞻	광해	봉렬대부	사헌부장령	불취不就
2	공말公休	1490~1558	돈墩	중종		사산감역	
3	항沆	1528~1593	공말公休	선조		익위사세마	불취
4	사민士敏	1531~1589	홍洪	선조		익위사익위	불취
5	사수士秀	1555~1610	항沆	선조	통정대부	어모장군	불취
6	여백汝栢	1578~1651	시성時省	인조	선무랑	익위사익찬	
7	여집汝楫	1599~1668	시익時益	인조	통선랑	장예원사의	불취
8	운거雲擧	1613~1672	어균汝筠	효종	조봉대부	예빈시참봉	
9	몽거夢擧	1643~1712	여매汝梅	숙종		사헌부지평	
10	응수應秀	1700~1767	처기處基	영조		익위사부솔	불취

※ 이 표의 관직은 제수한 여러 사실 중 상위 품계만 밝힌 것임.

직접 진언하기도 한다.

선비들은 조선 중엽 이래 천거를 등과登科 못지않은 명예로 알고 과거를 일찌감치 접고 이를 바라는 경향을 띄기도 했다. 다행히 천거를 받는 기회를 얻게 되면 급제자보다 우월감을 가졌다. '열 정승이 한 왕비만 못하고 열 왕비가 한 산림山林(학식과 덕망이 높으나 벼슬을 하지 아니하고 숨어 지내는 선비)만 못하다'라는 말이 나왔을 정도다. 그래서 한 집안에서 천거를 받은 이가 많이 나오면 문벌 좋은 집안으로 자리매김했다. 음직이나 천거의 직임은 대개 종9품 말직으로 출발하지만 승진을 거듭하면서 같은 품계라도 직임에 따라 비중이 달라졌다. 여담이지만, 음직이나 천거직 중에서도 세자시강원이나 익위사 취임은 더없는 영광으로 알았다. 미래 권력인 세자를 보도輔導하는 직임이기 때문이다.

수양대군이 조카인 단종을 끌어내리고 그 자리를 차지한 것을 불의로 규정하고 세상과 등지려고 했던 많은 선비들과 무오사화에 이어 갑자사화로 연산군의 혼정이 나락으로 빠져들면서 수많은 선비가 혹형을 받는 등 수난을 당하자 뜻있는 사람들은 산 속으로 숨어들었다. 그래서 사림士林이라는 말이 나왔다. 사림이란 선비의 복수 개념이자 산림山林이란 중의성을 띤다. 이미 진술한 바와 같이 천거제는 과거시험으로 이끌어 낼 수 없는 인재를 등용시키기 위한 방편의 하나다.

사림 중에는 현실과 배타적으로 나가는 부류와 정세를 관망하다가 몸을 드러내려는 부류가 있었다. 전자는 초지일관했지만, 후자는 조정이 부르면 굳이 마다하지 않았다. 그러나 그들도 마음에 차지 않으면 미련 없이 물러났다. 이렇듯 밀고 당기며 긴장관계를 유지하던 천거제가 조선 후기의 인조반정으로 집권에 성공한 공신들의, 기득권을 계속 유지하기 위한 방편으로 변질됐다. 그들은 산림에 묻힌 선비를 끌어내 세력을 확장하는 한편 왕족과의 혼인을 맺어 정치적 기반을 담보하려고 했다.

충청도 연산과 회덕을 중심으로 명성을 떨치던 김집金集(1574~1656)과 그의 제자 송시열宋時烈(1607~1689) 등이 정계로 들어온 때가 이 무렵이다. 이들이 실권을 잡게 되자 산림들은 과거로 진출하는 것보다 천거가 훨씬 명예롭고 승진도 빠르다고 판단했다. 산림에 발을 내딛는 선비들이 많아진 까닭이다. 그러나 소수의 처사들은 역량을 인정받아 세상으로 나왔지만, 그렇지 못하고 평생 산림에 갇혀버린 선비도 적지 않았다. 또 부름을 받은 선비 중에는 굳이 사양하면서 나가지 않겠다는 뜻을 밝힌, 대쪽 같은 이들도 적지 않았다. 그러면 그 뜻을 갸륵하게 여긴 조정에서는 두 번, 세 번 간곡하게 부르게 마련이었다. 산림처사로서는 더없는 영광이다. 이렇게 몸값을 불린 대표적인 학자가 윤증尹拯(1629~1714)이다. 윤증은 애당초 김집과 송시열 문하였다. 그는 초기에 내시교관으로 부터 공조좌랑 · 사헌부지평에 제수됐으나 줄기차게 사양했다. 우의정으로 불러도 나아가지 않았고, 명예직인 판중추부사를 줘도 요지부동이었다.

우리 양씨들은 천거된 분 중 네 분만 호응하고 여섯 분은 취임하지 않았다. 천거직 가운데 익위사는 매우 민감한 부서다. 내일의 태양인 동궁, 곧 세자 경호를 책임지기 때문이다. 조정에서는 천거받은 남원양씨 열 분 중 네 분에게 익위사 임무를 제의했으나 한 분만 응하고 나머지는 나아가지 않았다. 귀암공諱배이 제의받은 장령은 언론기관의 중견관료, 화은공諱사수에게 내린 어모장군은 무관이 오를 수 있는 최고위직 당하관이다. 만일 이 분들이 취임했더라면 상당한 발언권을 행사했을 것이다. 천거란 좀처럼 열리지 않은 등용문인데, 남원양씨 문중에서 열 분이나 나왔다는 것은 열 명의 급제자 못지않게 자랑할 만한 역사다.

열 분 중[표5] 이미 소개한 귀암공 · 감역공諱공말 · 쌍매당공諱사민 · 화은공 · 참봉공諱여백을 제외한 어른들의 이력은 다음과 같다.

7 사의공司議公 諱여집汝楫

字제경濟卿 號목심재牧心齋 1599(선조 32)~1668(현종 9)

인계면 중산리에서 진사공諱시익의 외아드님으로 태어나셨다. 어린 시절에 광해군 혼정으로 선비들이 고초를 겪는다는 말을 듣고 과거에 대한 뜻을 접고 독서에만 전념했다. 공의 올곧고 깊은 학문에다가 지극한 효성이 널리 날려져 온 고을에 칭송이 자자했다. 이 무렵, 정사공신靖社功臣(인조반정 공로자)이자 조선의 한학 4대가로 이름 높은 장유가 암행어사로 내려왔다가(1624, 인조 2) 공의 명성을 듣고 조정에 아뢰었다. 조정에서는 통선랑 장예원사의로 불렀다. 그러나 공은 흔들리지 않고 독서에만 전념했다.

배위는 도강김씨 진사 김관金灌의 따님, 2남 3녀를 길렀다. 증통정대부 승정원좌승지 겸 경연참찬관 諱문거 · 헌거憲擧는 아드님이고, 홍이주洪以疇 · 이성봉李聖鳳 · 조문하曺聞夏는 사위다. 묘는 인계면 도사리 사이봉, 진사공 묘 아래 양위분이 있다.

돌아가신 지 1백여 년 뒤에 증손 삼성당공諱회영이 수직으로 통정대부 동지중추부사에 제수되고, 3대추존의 은전에 따라 통정대부 장악원정의 증직이 내렸다.

8 초로공楚老公 諱운거雲擧

字우익宇翊 號초로楚老 1613(광해 5)~1672(현종 13)

호조참의공諱여균의 와아드님이다. 할아버지 사예공諱시정 때부터 누려온 부를 더욱 늘리고, 그 재산 관리를 위해 귀미에서 적성면 지북리로 옮겨 사셨기 때문에 '갓데참봉'이라는 별호가 생겼다. 공은 그곳에 살면서 방대한 재산을 일궜는데, 국부國富라는 명성이 오늘날까지도 전설처럼 전해오고 있다. 유동연의 묘표墓表에 따르면 가동 수효만 해도 수십 명이었다고 한다. 산수 사랑과 풍류가 남달랐는데 종호鐘湖(만수탄 상류에 있는 소沼)로부터 만수탄을 거쳐 지북리에 이르는 강안江岸에 아홉 채의 정자를 세웠다고 전한다. 공이 친구들과 풍류를 벗 삼았다는 종호에는 지금도 공의 호방한 자취가 뚜렷하다.

공은 가까운 친척이나 친지가 어려움에 빠지면 집을 마련해주고 한 살림 갖춰주기를 서슴지 않았다는 기록이 있다. 지북리에는 지금도 주초, 기와조각, 하수도에 이용했던 석조石槽 흔적을 발견할 수 있다. 뒷날, 지계사를 이곳에 세운 까닭도 공이 남긴 토지라든가 목재, 주초 등의 조달이 수월했기 때문이라고 한다.

영의정 태화가 진달했다.

"순창사람 양운거는 일찍이 몇 백 석의 미곡을 관에 납부했으며, 또 흉년이 들자 자기 개인 저축을 흩어 기민들에게 나누어 주었으므로 이에 힘입어 온전히 살아난 자가 자못 많습니다. 지금 만약 재물을 희사하여 빈민을 구제한 사람에게 상을 주던 옛날의 제도를 시행하기로 한다면 운거에게 상을 줌이 마땅합니다."

상이 상당한 관직을 제수하도록 명했다. 운거는 대대로 호남에 살았는데, 재산이 넉넉하여 백만장자라는 명성이 있었다. 선왕조에도 일찍이 운거에게 가선의 품계를 제수했으나 받으려고 하지 않았는데, 이때에 와서 사옹원 참봉에 제수했다.

_『현종실록』 1661년(현종 2) 1월 5일

『현종실록』 2년 정월 초의 기사다. 효종이 가선대부 품계로 불렀는데도 나오지 않았으므로 영의정 정태화가 다시 주청해 사옹원참봉으로 특별히 임용했다는 것이다. 초로공은 사옹원에 이어 예빈시참봉으로 잠깐 있다가 되돌아와 더 이상 관직에 나아가지 않고 벗들과 산수 속에 노닐었다. 조정에서는 조봉대부의 가자를 내렸다.

원배는 전주이씨 이상형李尙馨의 따님인데 일찍 세상을 떴다. 계배는 풍천노씨 노호盧皓의 따님으로 남원양씨 가문의 제자를 많이 배출했던 노진의 현손이다. 그러나 아드님 한 분만 남기고 돌아가셔서 다시 경주김씨가 들어오셨으나 자녀를 기르지 못했다. 묘는 임실군 운암면 쌍암리, 사예공諱시정 묘 아래 모셨다. 묘표는 평생의 지우였던 유동연이 썼다.

초로공의 유일한 혈육은 생원공 諱세기였다. 그러나 생원공이 과거 시험을 치르러 상경하던 중 병을 얻어 별세함으로써 혈육이 끊기게 됐다. 그때 초로공은 쉰여섯 살 노인이었으므로 부득이 9촌조카 곤양공諱오거의 둘째 아드님諱재기載基을 입양해 후사로 삼았다. 그러나 초로공도 후사를 입양한 지 4년 만에 세상을 등지고, 향화를 받들어야 할 양손養孫마저 스물여덟의 나이로 돌아가시고 말았다. 결국 방대한 재산은 여자들의 수완에 맡기는 수밖에 없게 됐다.(➡ p.382)

끝으로, 공의 유적으로 오늘까지 남아있는 것으로 육로암六老岩이 있다. 귀미 앞을 흐르는 만수탄 상류에 있는 반석이다. 이 반석은 당

© 양병완

종호의 육로암 | 여럿이 노닐 수 있는 암석군이다. 이 너럭바위들의 곳곳에 당시 풍류객들의 흔적을 새긴 음각이 보인다. 초로공은 여기서부터 멀리 보이는 만수탄 하류까지 아홉 채의 정자를 마련해 풍류를 즐겼다고 한다.

시 이 고을에서 문장으로 명성이 높았던 최휘지 · 최유지 형제, 유동연 · 유동유柳東遊 형제, 하만리河萬里 등과 초로공이 노니셨던 곳이다. 이분들과 이곳에서 읊은 「종호팔경운鍾湖八景韻」이 지금도 전하고 있다. 한편 종호 옆에는, 공이 친구들과 어울렸던 강 가운데 반석을 바라보는 위치에 최근 순창군에서 세운 육로정六老亭이 있다.

9 무송공撫松公 諱몽거夢擧

字뇌여賚予 號무송撫松 · 연암燕岩 1643(인조 21)~1712(숙종 38)

화양공諱여매의 넷째 아드님이자 귀음공諱시진의 손자로 적성면 우계리에서 태어나셨다. 스물일곱 살 때인 1669년(현종 10) 생원에 올랐는데 시율필법詩律筆法(시의 운율이나 문장 작법)과 담론에 능란해서 주위의 칭송을 받았다. 숙종 때 공의 뛰어난 학문이 조정에 알려져 영릉(세종릉)참봉으로 불러들였고, 이어 사포서별검으로 승진했다가 백관의 기강을 바로 세우는 사헌부지평으로 발탁됐다. 공은 이 직임을 끝으로 언론 생활을 접고 귀향해 고향에서 자연을 벗 삼으며 여생을 보냈다.

공의 언론은 날카롭고 과감했다. 남원양씨 중에서는 불의에 맞서 준엄한 언론을 펴신 분은 권신 한명회에 맞선 집의공諱자유과 무송공을 들 수 있다. 집의공이 훈구세력의 무소불위를 질타했다면 무송공은 붕당정치에 매몰된 권력과 적폐를 꼬집어 공론화한 분으로 일세를 풍미했다.

당대는 인조반정으로 대북파 숙청에 성공한 서인 권력이 내부분열을 거듭하면서 시대를 풍미하던 시절이었다. 숙종 시기에 무송공은 뚜렷한 색목을 띠고 소두疏頭가 돼 정철鄭澈의 관작을 삭탈하라는 상소를 올렸다. 주지하다시피 정철은 사림이 동서로 갈려 세력을 다퉜던 선조 때 서인의 맹장으로 활약했던 정치가다. 그는 건저문제(광해군을 후사왕으로 밀려했던 사건)로 선조에게 밉보인데다가 '정여립의 난'을 주도한 위관으로 있으면서 이름 높은 처사 최영경崔永慶(1529~1590) 등을 희생시키는 등 옥사를 가칠게 다스렸다는 탄핵을 받고 관작을 삭탈 당했다. 그는 인조반정 직후 신원을 회복했다. 여기에 시비의 불씨를 지핀 것이 무송공의 1677년(숙종 3) 정사소丁巳疏다. 이 상소로 인한 시비는 지금까지도 역사학계의 주목을 받고 있다.

조선 후기는 동인에서 갈린 남인南人 말고는 동인의 자취가 없는 시대였다. 이미 살펴본 것처럼, 우리 남원양씨 어른들이 대부분 서인 가까이에 서서 움직이고 있을 때 남인의 관점을 대변한 공의 기개는 아무나 발휘할 수 있는 게 아니다. 무송공의 언론 때문이라고 단정할 수는 없겠으나 정철은 1691년(숙종 17) 관작이 추탈됐다가 3년 뒤 다시 회복했다.

원배는 경주김씨 어모장군 김재휘金載徽의 따님인데 3남을 두고 서른 셋의 나이로 별세하셨고, 계배는 전주최씨로 2남을 남기고 일흔한 살에 돌아가셨다. 諱대진大震 · 대시大始 · 대의大儀 · 대범大範 · 대은大殷이 그 아드님들이다. 묘는 순창군 북화암 화양공諱여매 묘 오른편에 있다.

10 백수공白水公 諱응수應秀

字계달季達 號백수白水 1700(숙종 26)~1767(영조 43)

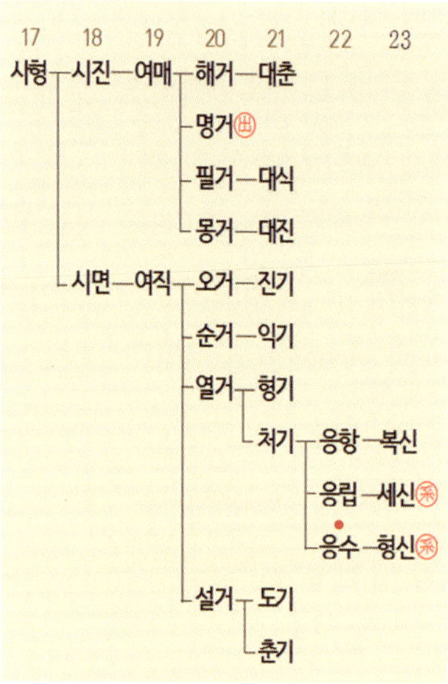

어은공파(17~23세) 백수공 가계

'백수'는 스승諱이재이 내려준 아호다. 공은 승의랑공諱처기의 셋째로, 적성면 서림마을에서 태어나셨다. 어머니는 강화최씨 최림崔林의 따님이자 장령 최시망崔時望의 5세손이다. 태몽에 하늘에서 천사가 내려와 벼이삭 다섯 개 중에서 가장 굵은 것을 주고 갔기 때문에 이름에 '수秀'자를 넣었다는 일화가 있다.

공은 어린 시절에 '자질이 총명하고 용모가 수려했다. 세 살 때에 눈빛이 반짝거려 보는 사람마다 기이하게 여겼다. 일곱 살에 글을 배우기 시작, 여덟 살에 문리를 터득했다. 아홉 살에 아버지 상을 당했는데 집상執喪이 '어른과 같았다'는 기록이 있다. 열세 살에 권집權璞에게 배웠고, 서른세 살 때 용인 한천寒泉으로 이재를 찾아가 10여 년 동안 사제의 의誼를 맺고 정진하여 심오한 학문의 세계를 이뤘다.

고향으로 돌아와서는 풍산면 행가리에 '백수정와白水精窩'란 정사를 지어 제자를 받아들였다. 쉰여섯 되던 해에 특별천거로 건원릉(태조릉)

참봉으로 불렀으나 나아가지 않았고, 이듬해에 다시 세자익위사부솔에 제수됐으나 역시 응하지 않았다. 예순여덟 살에 풍습병을 이겨내지 못하고 영면했다.

배위는 고령신씨 신선흡申善潝 따님으로 2녀를 뒀다. 김천약金天若·김의조金儀祖가 사위, 후사로 재당질인 諱형신馨臣을 입계했다. 공의 묘는 원래 풍산면 옥출산에 있었으나 1990년 11월 적성면 농소리 이씨할머니 묘 아래로 옮겼다.

공은 전국적인 명망을 지닌 학자였으나 조정에 학명學名을 홍보하지 못해 증직이나 시호를 얻지 못했다. 1928년에 이르러 만오공諱석승, 諱철수哲洙 등이 주동하여 『백수집』 30권을 활자본으로 간행했다. 행장은 영의정을 지냈던 유언호의 형 유언집, 묘갈은 이상영李商永이 썼다. 공이 서거한 지 50년 만인 1808년(순조 8) 유림에서 귀암공·쌍매당공, 만회 이유겸과 함께 지계사에 배향했다.

제6장

증직贈職과 수직壽職

귀미리 돌담길 | 산중마을이어서 골목이 돌담으로 이어져 있다. 그림의 왼쪽 골목으로 들어가면 종가 대문인 영승문이 나타난다.

벼슬에는 종2품 관리의 죽은 조상에게 품계와 벼슬을 내리는 증직贈職, 나이가 많은 노인에게 주어지는 수직壽職이 있다. 둘 다 직책이 없는 명예직이다. 그럼에도 불구하고 양반 관료들에게는 가자에 의한 승음承蔭(음덕을 이어받음)과 예우 등에 많은 특전이 있어서 매우 중시됐다. 증직이나 수직의 명예와 혜택은 비단 여기서 그치지 않는다.

조선은 효를 '백행의 근본'이란 가치관으로 지배하던 나라였다. 부모님이 내어주신 육신의 건강을 온존하는 것이 효의 시작이라면 '몸가짐을 바로 하고 도를 행하여 세상에 이름을 날려서 부모를 드러나게하는 것이 효의 마침이다'라는 『효경』의 말씀은 철들자마자 귀에 못이 박히도록 들려준 금과옥조였다. 자식이 벼슬을 하면 반드시 그 부모가 누구라는 것이 드러나기 마련인데 입신양명은 결국 부모를 드러내는 방편의 하나라고 할 수 있다. 증직이나 수직이 비록 직책 없는 명예직이라 해도 벼슬임에는 틀림없고, 그렇게 해서 부모의 이름을 드러나게 된다면 이것이 효도의 마무리라는 것이 선인들의 생각이었다.

1. 증직

증직이란 국가에 공로가 있거나 현달한 관인官人, 효행이 뛰어난 인물 등이 죽은 뒤에 관직이나 관계官階(벼슬의 등급)를 받거나, 죽기 전의 그

[표6] 증직일람贈職一覽

순	휘	생몰	아버지	시기	증직	사유	비고
1	돈墩	? ~1532	자유子由	중종	통정 동부승지	3대추증	사마
2	공영公永	~	감堪	명종	통훈 제용감 정	3대추증	통덕랑공파
3	윤潤	~	공영公永	명종	통정 참의	3대추증	통덕랑공파
4	영재英材	1544~1584	윤潤	선조	가선 참판	3대추증	통덕랑공파
5	사형士衡	1547~1599	홍洪	선조	통정 도승지	창의공신	문과
6	시진時晉	1573~1615	사형士衡	광해	통정 이조참의	충절	문과
7	여발汝發	~	득춘得春	광해	통정 참의	3대추증	통덕랑공파
8	무남茂南	1616~1678	희적希迪	효종	통훈 정악원 정	3대추증	한림공파
9	여규汝珪	1637~1702	무남茂南	숙종	통정 참의	3대추증	한림공파
10	득거得擧	1664~1702	여규汝珪	숙종	가선 형조참판	3대추증	한림공파
11	여매汝梅	1601~1655	시진時晉	효종	통훈 장악원 정	3대추증	어은공파
12	염거廉擧	1659~1707	여매汝梅	숙종	통정 좌승지	3대추증	어은공파
13	대근大根	1682~1753	염거廉擧	숙종	가선 호조참판	3대추증	어은공파
14	여집汝楫	1599~1668	시익時益	효종	통훈 장악원 정	3대추증	중산파
15	문거文擧	1617~1678	여집汝楫	현종	통정 좌승지	3대추증	중산파
16	이기履基	1648~1717	문거文擧	숙종	가선 호조참판	3대추증	중산파
17	정기鼎基	1644~1709	문거文擧	숙종	통정 좌승지	3대추증	중산파
18	옥鈺	1670~1709	정기鼎基	영조	가선 호조참판	3대추증	중산파
19	여송汝松	1591~1615	시우時遇	광해	통훈 감監정正	3대추증	진사공파
20	준거俊擧	1626~1674	여송汝松	현종	통정 참의	3대추증	진사공파
21	담湛	1650~1711	준거俊擧	숙종	가선 참판	3대추증	진사공파
22	극형克兄	1733~1783	복영復榮	영조	가선 동지중추부사	?	쌍매당공파
23	종철宗喆	1753~1822	정식挺湜	정조	통훈 사헌부감찰	?	어은공파
24	종해宗楷	1744~1815	언堰	정조	조봉 동몽교관	학행	어은공파
25	한복漢福	1740~1783	응윤應潤	정조	통훈 사복시 정	3대추증	통덕랑공파
26	종찰宗察	1768~1834	한복漢福	순조	통정 좌승지	3대추증	통덕랑공파
27	익환益煥	1797~1845	종찰宗察	헌종	가선 호조참판	3대추증	통덕랑공파
28	천수天壽	1779~1822	종언宗彦	정조	조봉 동몽교관	학행	한림공파
29	집하楫河	1800~1855	천수天壽	철종	조봉 동몽교관	학행	한림공파
30	재관在貫	1779~1855	유엽由燁	철송	가선 용양위부호군	학행	돈암공파

※ 이 표의 관직은 제수한 여러 관직 중 상위 품계만 밝힌 것임.

※ '가선'은 가선대부, '통정'은 통정대부, '조봉'은 조봉대부, '통훈'은 통훈대부의 약칭.

것보다 높여 받는 명예제도다. 벼슬을 하지 않은 사람에게는 끼친 공로에 알맞은 관직을 부여했다. 공이 없는 사람도 자손이 종2품 가선대부 이상의 관직에 올랐다면 그의 3대를 거슬러 증직을 내렸다. 이를 3대추증이라고 한다.

[표6]에 나타난 벼슬은 대부분 수직壽職으로 인한 3대추증이고, 국가에 기여한 공로로 내려진 증직은 몇 분 안 된다. 이미 살펴본 것처럼, 어은공諱사형께서는 임진왜란에 창의하신 공로로 선무원종2등공신 · 증통정대부 승정원도승지 겸 지제교 경연참찬관 · 춘추관수찬 · 예문관직제학 · 상서원정의 관직을 내렸다. 돈와공諱종해은 돌아가신 뒤에 학행을 기려 조봉대부 동몽교관이 증직됐고, 역시 학행이 뛰어났던 한림공파의 諱천수天壽 · 취계공諱집하楫河 부자 두 분에게도 같은 증직이 내려왔다.

주지하다시피 종2품 가선대부 이상의 관직을 얻으면, 그 경위야 어찌됐건 3대추증의 은전을 베풀었다. 추증의 규례는 가선대부에 오른 당사자의 아버지는 같은 품계의 증직이 베풀어지고, 조부는 한 단계 아래인 통정대부(정3품 당상), 증조부는 한 단계 더 낮춘 통훈대부(정3품 당하)가 내려진다. 이 규례는 조문화된 규정이다.

참고로, [표6]을 보면 화양공諱여매이 돌아가신 해가 족보에는 1655년(효종 6)으로 돼 있는데 공의 아드님 승지공諱염거廉擧의 생년은 1659년(효종 10)으로 나와 있다. 누군가 한 분의 기록은 오류일 것이다. 현존 문헌으로는 밝힐 방법이 없다.

이 표에 정리된 어른 가운데 상당한 부분은 다른 장에서 행적을 소개했으므로 재론할 필요가 없지만, 그 외 어른들의 행적은 알려진 것이 없어 안타깝다. 또, 기록 가운데 참의 혹은 참판, 감정監正으로만 소개하고 어느 관아 직책인지 밝히지 않은 것이 더러 있다. 참판은 육조의 종2품 관직으로, 각 조曹의 2인자다. 그래서 육조의 장관인 판서를 정경正卿, 차관인 참판을 아경亞卿이라고 했다. 참의는 육조의 정3품 당상관직이다. 각 조의 차차석으로, 판서나 참판을 보좌했다. 증직일 경우, 전체적인 흐름으로 보아 호조참판 아니면 호조참의일 개연성이 짙다. 감정은 제용감 · 선공감 · 사재감 · 군자감 같은 관아의 정正이란 직책이다. 정은 해당관아의 제2인자로 정3품 당하관이다.

2. 수직

수직은 여든 살이 넘은 노인에게 주어지는, 직무가 없는 명예직이다. 노인직이라고도 한다. 이런 혜택은 경로사상을 고취하기 위한 방편에서 나왔다. 이 제도는 세종 때부터 시작한 것으로 1481년(성종 12)에 이르러『경국대전』에 성문화됐다.

수직 제도는 출신 성분의 차이를 두지 않는다. '상놈은 나이가 벼슬'이라는 말이 있듯이 상민常民이라도 나이만 많으면 벼슬을 할 수 있다는 뜻이다. 수직은 가장 낮아도 정3품 통정대부, 그 위는 종2품 가선대부다. 이미 품계를 가진 노인은 1계급을 올려줬고, 당상관은 임금의 특지가 나왔다. 관직이 통정대부면 첨지중추부사, 가선대부면 동지중

[표7] 수직일람壽職一覽

순	휘	생몰	수(壽)	아버지	수직	비고
1	공신公信	1493~1565	73	돈墩	가선 동지	한림공파
2	득춘得春	1578~1664	87	영재英材	가선 동지	통덕랑공파
3	극일克逸	~	?	여발汝發	가선 동지	통덕랑공파
4	만기萬基	~	?	득거得擧	가선 동지	한림공파
5	회영會榮	1681~1767	87	이기履基	가선 동지	쌍매당공파
6	주우柱宇	1685~1764	80	담湛	가선 동지	진사공파
7	진우鎭禹	1686~1769	84	경기景基	통정 첨지	쌍매당공파
8	한준漢儁	1710~1794	84	옥鈺	가선 동지	쌍매당공파
9	육堉	1716~1797	82	윤태允泰	통정 첨지	한림파
10	정식廷湜	1729~1823	95	대근大根	숭정 동지	어은공파
11	세표世標	1731~1820	90	한창漢昌	통정 첨지	쌍매당공파
12	춘해春楷	1722~1865	94	원垣	통정 첨지	어은공파
13	재성在聖	1776~1857	82	형희亨熙	통정 첨지겸 용양위오위장	쌍매당공파
14	종필宗弼	1785~1864	80	명신命臣	통정 첨지겸 용양위오위장	한림공파
15	재수在壽	1808~1892	85	우화遇華	통정 첨지겸 용양위오위장	쌍매당공파
16	재춘在春	1807~1877	71	도수道壽	통정 절충장군, 용양위부호군	쌍매당공파
17	정환正煥	1829~1909	81	수장秀樟	가선 동지	한림공파
18	재근在根①	1843~1904	62	익환益煥	통정 첨지	통덕랑공파
19	재현在鉉	1833~1916	83	칠환七煥	통정 첨지	한림공파
20	재휴在休	1823~1902	80	중환重煥	통정 첨지	한림공파
21	재근在根②	1866~1942	77	정환釘煥	가선 동지	통덕랑공파
22	석중錫中	1836~1901	66	재우在佑	가선 돈녕부도정	쌍매당공파
23	석렬錫烈	1827~1914	88	재광在光	통정 첨지	쌍매당공파
24	종호宗虎	1842~1914	72	재보在輔	통정 첨지	돈암공파
25	언영彦永	1842~1924	83	석원錫元	통정 첨지	쌍매당공파
26	도영道泳	1832~1910	79	석귀錫龜	통정 첨지	쌍매당공파
27	경택敬澤	1841~1912	72	석중錫中	통정 중추원의관	돈암공파

※ '가선'은 가선대부, '통정'은 통정대부, '조봉'은 조봉대부, '숭정'은 숭정대부의 약칭.

추부사다. 흔히 첨지 혹은 동지라는 용어는 이 관직의 줄임말이다.

노인을 '영감'이라고 한 것도 여기서 나왔다. 옛날에는 정2품을 대감, 종2품 아래는 영감이라고 했다. 영감이란 원래 실직 고관을 지칭하는 경칭이었다.

[표7]은 대동보에 오른 우리 선조들의 수직자 명단이다. 수직의 은전을 입었는데도 빠진 어른이 있을 수 있다. 대동보에 기록된 분 가운데 매관매직이 자행되던 시기의 어른들은 이 명단에서 제외했다. 여기에는 예순 살에 못 미치는데도 수직으로 기재된 분이 있었다. 다음은 수직을 받은 어른들의 행적이다.

1 회와공悔窩公 諱공신公信

字규형圭衡 號회와悔窩 1493(성종 24)~1565(명종 20)

회와공은 남원양씨 가운데 처음으로 수직에 오른 분이다. 공의 행적은 제3장에서 다뤘으므로 여기서는 수직에 오른 인과만 따지기로 한다.

대동보에는 행行가선으로만 나와 있다. 행직行職으로 가선에 올랐다는 뜻이다. 수직이 아닌 실직으로 가선에 올랐다면 직함이 있어야 마땅하다. 수직이기 때문에 가자만 밝혔을 것이다.

> 성종 계축癸丑에 태어난 공은 도학이 일세에 떨쳤다. 중형인 백운 諱공말 거사와 우애가 지극했으며 하서 김인후, 양곡 소세양과 교유했다. 관직은 동지중추부사다.

「회와공유사遺事」에 나오는 말이다. 공의 아버지 매당공諱돈의 묘갈에도 '공신은 학행이 있으며, 동지중추부사다'라고 했고, 조부 집의공

諱자유 묘갈과 증조이신 판관공諱연 비음기에도 같은 내용이 들어 있으며, 손록孫錄에도 그렇게 나와 있다. 동지중추부사인 것만은 분명한데 수직인지 실직인지는 분명하지 않다. 문제는 가선대부까지 오르는 과정이 없다. 실제로 동지중추부사의 지위에 계셨다면 관례에 따라 3대추증이 이뤄져야 한다. 그런데 그게 없다. 아버지 매당공에게만 정3품 통정대부 승정원도승지 증직이 주어졌다. 이것은 격례에 어긋난다. 마땅히 아버지는 아들과 동격으로 종2품 가선대부, 조부는 정3품 통정대부의 증직이어야 맞다. 그런데 조부에게 내려갈 증직이 아버지에게 간 것이다. 그럼에도 불구하고 기록대로 소개할 수밖에 없다(➡ p.78).

2 동지공同知公 諱득춘得春

字양보陽甫 1578(선조 11)~1664(현종 5)

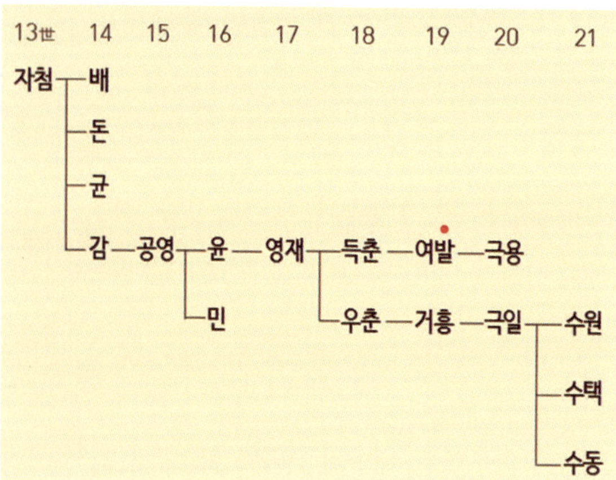

통덕랑공파(13~21세) 동지공 가계

공이 수직으로 가선대부 동지중추부사에 제수됐으므로 3대추증의 은전이 내렸다. 그래서 아버지諱영재는 가선대부 참판, 조부諱윤는 통정대부 참의, 증조諱공영는 통훈대부 제용감 정이다.

배위는 전의이씨 사간 이기우李箕遇 따님이다. 2남 2녀를 두셨는데, 참의공諱여발汝發과 諱여혁汝爀은 아드님, 곽준郭準 · 김화국金化國은 사위다. 묘는 임실군 둔남면 주천리 황둔산에 양위분이 있다.

3 諱극일克逸 생졸 미상

참의공諱여발의 둘째 아드님이자 동지공諱득춘의 손자다. 수직으로 가선대부 동지중추부사에 제수됐다. 생졸 연대는 알 수 없다. 배위는 전주이씨로, 3남을 뒀다.

4 諱만기萬基 생졸 미상

참판공 諱득거의 둘째 아드님이다. 수직 가선대부 동지중추부사에 제수됐다. 3대추증의 은전으로 아버지 참판공에게는 가선대부 오위도총부총관 · 형조참판, 참의공諱여규에게는 통정대부 참의, 증조 참봉공諱무남에게는 통훈대부 장악원 정의 증직이 내렸다. 배위인 해주오씨와의 사이에 1남 2녀를 뒀으나 아드님諱급汲의 무사로 절손됐다.

5 삼성당공三省堂公 諱회영會榮

참조 | 제4장 과거 / 사마편(➡ p. 146)

6 동지공同知公 諱주우柱宇

字명여命汝 1685(현종 5)~1764(영조 40)

동지공은 참판공 諱담湛의 둘째 아드님으로 익산시 금마면 황복골에서 태어나셨다. 수직으로 가선대부 동지중추부사로 제수됐다. 3대추증으로 아버지는 가선대부 참판, 조부 종사랑공 諱복거復擧은 통정대부 참의, 증조 諱여송汝松는 통훈대부 군자감정의 증직을 받았다. 성천공諱시우이 능창군추대사건(1615년, 광해군 7)에 연루돼 고문 받을 때, 의금부 앞에서 단식하다가 자진하신 감정공監正公 諱여송이 곧 공의 증조이시다.

그때 감정공은 아들이 없이 돌아가셨기 때문에 아우 종사랑공 諱여계汝桂의 맏이 諱준거俊擧를 입계했다. 동지공은 다만 천수만 누린 것이 아니라 익산 양씨의 경제적 기반을 닦는 데도 크게 기여했다. 당시 공이 일군 재산이 5천 석이었다는 말이 전한다. 그 재산은 대대로 이어져 자손들이 부를 누렸다. 온갖 고초를 겪었던 고조 성천공의 묘갈을 당시 이조판서 홍계희로부터 받아온 것도 동지공이다.

배위는 전주이씨 통덕랑 이옹李顒의 따님으로 2남을 뒀다. 생원공諱진수 · 諱진엽震燁이 그 아드님이다. 양위분 묘는 완주군 우북면 연봉정에 있다.

7 오졸재공迂拙齋公 諱진우鎭禹

字성부聖敷 號오졸재迂拙齋 1686(숙종 12)~1769(영조 45)

동계면 귀미에서 쌍매당중파 諱경기景基의 외아드님으로 태어나셨다. 태어난 지 한 달도 안 돼 아버지가 돌아가시는 바람에 어머님(안동권씨 선교랑 대수大受의 따님)의 가르침을 받으면서 자랐다. 열 살 이전부터 헛말을 안 했고, 어머니의 뜻과 다르다고 판단되면 움직이지 않았다.

자라서는 학문에 정진하여, 향리에서 대유大儒로 추앙을 받았다. 당

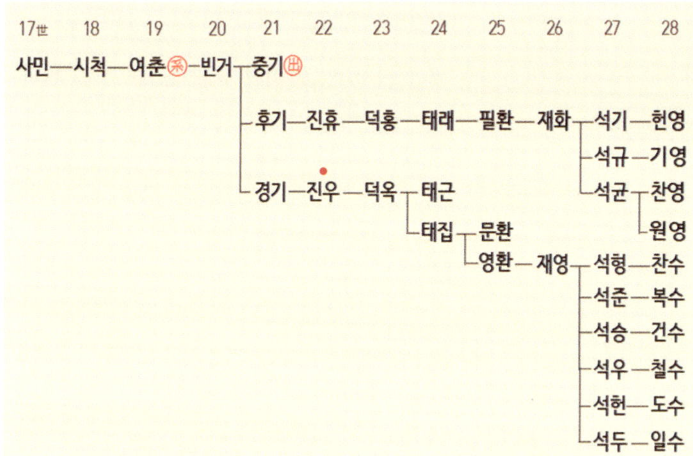

쌍매당중파(17~28세) 오졸재공 가계

시 남원양씨 문중에서는 백수공諱응수 · 삼성당공諱회영 · 안암공諱춘태, 그리고 오졸재공 같은 대유가 있어서 학문적 전성기를 구가했다.

공은 여든한 살이던 1766(영조 42)년에 통정대부 첨지중추부사의 수직을 받았고 3년 뒤에 영면하셨다. 유림에서는 공을 비롯한 9위를 서룡사에 배향했으나 얼마 안 있어 훼철됐다.

배위는 전의이씨 봉직랑 이광헌李光憲의 따님으로, 1남을 뒀다. 양위분은 동계면 관전리 선영에 모셨다. 공의 초상 때 진사 한치명이 바친 제문이 전한다. 다음은 승지 김영한의 「통정대부첨추공휘진우묘갈명通政大夫僉樞公諱鎭禹墓碣銘」 뒷부분이다.

> …(전략)… 공의 5대손 석승錫升은 80의 대질大耋(80세 이상의 노인을 일컫는 말)로서 멀리 찾아 묘에 새길 글을 내게 청하기에 여러 번 사양하다가 행장을

살펴보니 공은 낳은 지 7일 만에 아버지를 여의었으나 지성이 있어서 음식과 유희도 오직 어머니의 명에 따랐고, 어머니가 싫어하는 것은 하고 싶어도 하지 않았다. 열 살 이전에 망언과 경거가 없어 어른과 같았다 한다. 평생토록 아버지의 얼굴을 보지 못했음을 슬프게 여기고 제사 때에 슬피 울었으며 그 달이 다 지날 때까지 술과 고기를 먹지 않았다. 젊어서 아들을 기르지 못하고 연이어 아홉 차례의 슬픔九慽을 보았는데, 두 아들이 열흘 사이에 함께 죽었으니 참으로 보통의 정으로는 견디기 어려운 일이었으나, 그 어머니의 마음이 상하실까 두려워하여 슬픈 얼굴을 보이지 않았다. 어머니의 상을 당하여서는 공의 나이가 이미 쇠했으나 그 집례를 엄하게 했고, 애훼哀毁는 지나침에 이르렀다. 노복을 다스림에는 너그러웠으며 사람을 대할 때는 부드러웠고 이웃과 친척을 두루 도왔으며 여기에 횃불을 들고 기다리는 사람이 수십 명이었다. 또한 학문을 받드니 고을의 선비가 여러 차례 천거를 했는데 공은 힘써 마다했다. 뒤에 늙음을 우대하여 통정의 품계에 오른 은전을 입으니 아버지를 생각하여 차마 그 영화를 누리지 못하고 이마에 옥관자와 허리에 붉은 띠를 대지 않고 세상을 마쳤다. …(후략)…

8 동지공同知公 諱한준漢儁

字사영士英 1710(숙종 36)~1794(정조 18)

중산종파 諱옥鈺의 넷째 아드님이다. 공은 가선대부 동지중추부사로 제수돼 3대추증의 은전이 내렸다. 부친은 호조참판 겸 의금부동지사 · 오위도총부부총관, 조부 최락당공諱정기鼎基은 통정대부 승정원좌승지 겸 경연참찬관 증직이다. 증조 승지공諱문거은 삼성당공으로 인해 이미 통정대부 승정원좌승지 겸 경연참찬관 증직이 있었으므로 생략됐다.

배위는 장수황씨, 2남 2녀를 뒀다. 통덕랑 諱세식世式은 큰아드님이고, 둘째 아드님 諱세문世文은 중부仲父 諱한상漢相에게 입계했다. 이환규李桓圭·이한익李漢翊은 사위다.

9 첨지공僉知公 諱육堉

字언후彦厚 1716(숙종 42)~1797(정조 21)

諱윤태允泰의 큰아드님이다. 어려서부터 학업에 정진, 성리학으로 대성하여 당시 학명이 높았던 황윤석과 깊은 교분을 나눴다. 70이 넘은 고령에도 불구하고 강론을 끊이지 않았으며, 틈틈이 시문을 벗 삼았다. 80이 되던 1785년(정조 9) 통정대부 첨지중추부사 증직이 내렸고, 2년 뒤에 영면에 들었다.

배위는 분성이씨로, 7남 2녀를 뒀다. 諱종두宗斗·종진宗鎭·종하宗夏·복진復鎭·종인宗寅·종찬宗讚·종민宗珉은 아드님, 김흠金欽·송여흠宋汝欽은 사위다. 양위분 묘는 동계면 관전리에 있다.

10 노송공老松公 諱정식挺湜

字성연聖淵 號노송老松 1729(영조 5)~1823(순조 23)

묵은공默隱 諱대근大根의 넷째 아드님이다. 효우가 지극하고, 예로써 조상을 받들었으며, 사람을 대할 때는 항상 온화한 웃음을 띠었다고 전한다. 숭정대부 동지중추부사에 제수됐는데 남원양씨 가운데에서

17世	18	19	20	21	22
사형	시진	여매	염거	대근	정식

어은공파(17~22세) 노송공 가계

는 가장 높은 품계다. 3대추증으로 묵은공은 가선대부 호조판서 겸 의금부동지사 · 오위도총부도총관, 조부諱염거廉擧는 통정대부 승정원좌승지 겸 경연참찬관, 증조부인 화양공諱여매은 통훈대부 장악원 정에 증직됐다.

원배 도강김씨는 1남 1녀를 남긴 채 나이 서른아홉에 별세하고, 계배는 청주한씨로 3남 3녀를 뒀다. 큰아드님 통덕랑 諱종철宗喆은 증통훈대부 사헌부감찰이고, 그 아래로 諱종억宗億 · 종원宗元 · 종직宗稷은 모두 통덕랑, 유진호柳震號 · 신봉권申鳳權 · 황역黃櫟 · 이동언李東彦은 사위다. 묘는 남원시 영수동에 있다.

11 모헌공慕軒公 諱세표世標

字사칙士則 號모헌慕軒 1731(영조 7)~1820(순조 20)

諱한창漢昌의 큰아드님이다. 천성이 인후하고 학문으로 대성하여 종문이나 향리에서 존경을 받았다. '모헌慕軒'이라는 호는 당시 대유였던 송환기宋煥基가 내렸다. 아흔의 천수를 누렸는데 생전에 통정대부 첨지중추부사의 수직을 받았다.

원배 풍천노씨가 서른두 살로 별세한 반면 계배 남양홍씨는 여든여섯의 천수를 누렸다. 1남 4녀로 諱도희道熙는 아드님, 황득환黃得煥 · 박윤식朴允植 · 이돈국李敦國 · 김호金鎬는 사위다. 묘는 인계면 심초리 앞 외양재에 있다.

12 첨지공僉知公 諱춘해春楷

字군성君成 1722(경종 2)~1865(고종 2)

諱원垣의 큰아드님으로 아흔넷의 천수를 누렸다. 수직으로 통정대부 첨지중추부사에 제수됐다.

배위는 보성제諸씨로 諱여환汝煥 · 문환文煥, 2남을 뒀다. 양위분 묘는 순천시 서면 대구리 야망동에 있다.

13 중봉공中峰公 諱재성在聖

字덕관德寬 號중봉中峰 1776(영조 52)~1857(철종 8)

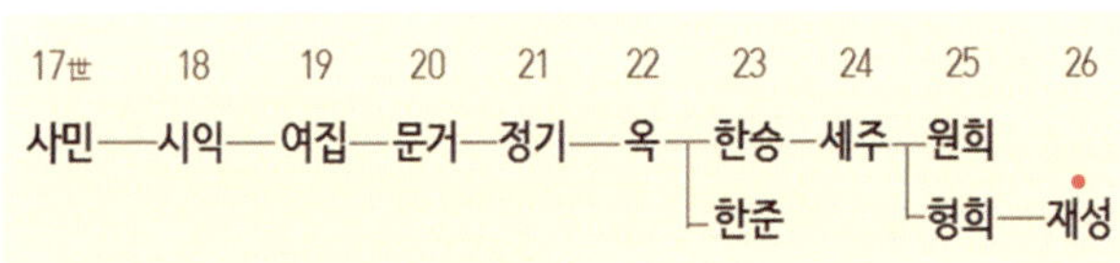

쌍매당중산파(17~26세) 중봉공 가계

인계면 중산리에서 諱형희亨熙의 큰아드님으로 태어나셨다. 평소 『중용中庸』을 정독하였는데 모든 사물의 이치가 중용에 있음을 역설하고 자질에게도 그렇게 가르쳤다. 그래서 다른 이들이 중봉中峰이라고 불렀다. 수직으로 통정대부 첨지중추부사 겸 용양위보호군이 내렸다.

배위는 경주설씨, 2남 6녀를 뒀다. 큰아드님은 諱석귀石龜이고, 둘째 아드님 諱석린錫麟은 종숙 諱재신在臣에게 입계했다. 김도연金道淵 · 소석춘蘇錫春 · 한명룡韓命龍 · 설귀순薛龜淳 · 노해수盧海壽 · 남유영南有櫺이 사위다. 묘는 인계면 중산리 뒷기슭의 쌍분이다. 묘표는 재종손인 諱인영寅泳이 썼다.

14 첨지공僉知公 諱종필宗弼
字양보良甫 1785(정조 9)~1864(고종 원년)

諱명신命臣의 둘째 아드님이다. 일흔 살 되던 1854년(철종 5) 수직으로 통정대부 첨지중추부사로 제수받았다.

배위는 제주고씨로 5남 1녀를 뒀다. 諱식환寔煥 · 욱환頊煥 · 칙환則煥 · 모환謨煥 · 승환昇煥은 아드님이고, 사위는 장시덕張時德이다. 묘는 적성면 지내리에 있다.

15 첨지공僉知公 諱재수在壽
字내원乃元 1808(순조 8)~1892(고종 29)

諱우화遇華의 아드님으로 수직 통정대부 첨지중추부사로 제수됐다.

배위는 경주김씨, 3남 1녀가 있다. 만호공晩湖 諱석규錫奎 · 청암공淸庵 諱석원錫源 · 석구錫九는 아드님, 사위는 형정인形正仁이다. 묘는 임실군 임실면 이인리 독산에 있다.

16 부호군공副護軍公 諱재춘在春
字화성化城 1807(순조 7)~1877(고종 14)

諱도수道壽의 아드님으로 수직 통정대부 절충장군 용양위부호군을 받았다. 배위는 김해김씨, 諱석인錫仁 · 석우錫佑 · 석민錫敏 세 아드님이 있다. 묘는 고창군 흥덕 송당 앞 기슭에 있다.

17 매사재공梅史齋公 諱정환正煥

字공서貢瑞 號매사재梅史齋 · 매죽헌梅竹軒 1829(순조 29)~1909(융희 3)

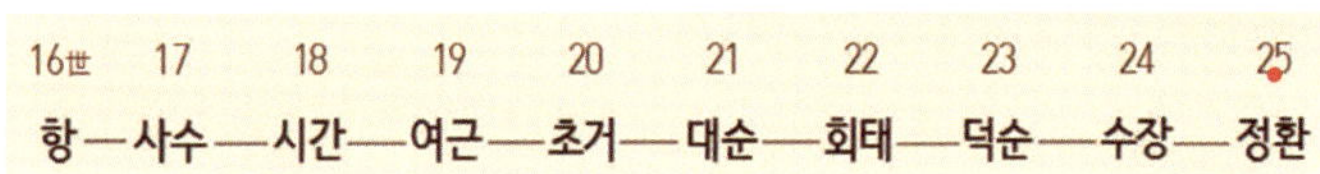

한림중파(16~25세) 매사재공 가계

諱수장秀樟의 둘째 아드님이다. 1898년(광무 2) 예순 살로 수직 통정대부 돈녕부도정, 춘추 일흔여덟이던 1905년(광무 9)에 가선대부 동지중추부사가 제수됐다. 공은 천성이 순후하고 사람을 대할 때면 언제나 온화해서 고을 사람들이 우러렀으며, 문장 또한 뛰어나서 사우士友들의 칭송을 받았다.

배위는 전주이씨, 諱재호在湖는 외아드님이다. 묘는 남원시 운봉읍 북상면 부동 뒤 비덕재에 있다.

18 첨지공僉知公 諱재근在根①

字순삼順三 1843(헌종 9)~1904(광무 8)

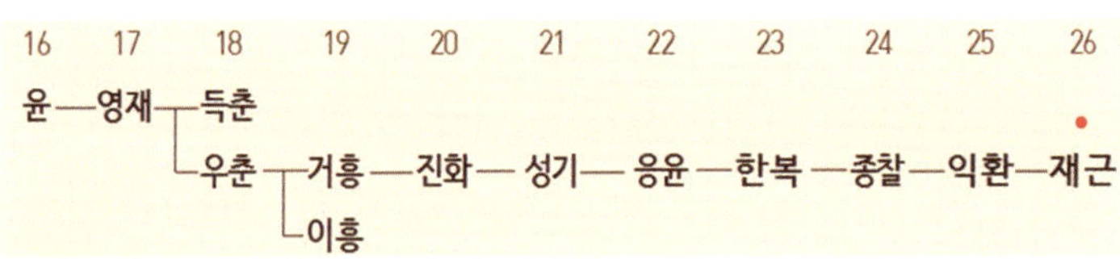

한림공파(16~26세) 첨지공 가계

참판공益煥의 아우 일환諱 日煥의 둘째 아드님인데 참판공의 무사로 입계했다. 공은 수직으로 통정대부에 제수됐는데, 공의 조상이 3대추증을 입은 것으로 보면 공의 지위가 가선대부여야 마땅함에도 불구하고 대동보에는 증통정대부로 기록된 경위가 궁금하다.

배위는 천안전씨로, 1남 3녀를 뒀다. 아드님은 諱석모錫模, 한성교韓聖敎 · 이현의李現儀 · 최용필崔鏞弼은 사위다. 묘소는 임실군 덕치면 동막 뒤 기슭에 있다.

19 호계공虎溪公 諱재현在鉉
字화서化瑞 號호계虎溪 1833(순조 33)~1916(일제강점기)

諱칠환七煥의 큰아드님이다. 1903년(광무 7), 일흔한 살로 수직 통정대부 돈녕부도정에 제수됐다.

배위는 순흥안씨, 자녀는 1남 2녀다. 죽산공竹山 諱석윤錫潤이 아드님이고, 조시용趙時鏞 · 강제원姜濟遠은 사위다. 묘는 구림면 구암리 사곡 남쪽 기슭에 있다.

20 농산공農山公 諱재휴在休
字성심聖心 號농산農山 1823(순조 23)~1902(광무 6)

諱중환重煥의 큰아드님이다. 부지런한 성품으로 학문에 정진하여 예문禮文과 시서에 통달했다. 향시鄕試에서는 여러 차례 장원을 차지했으나 과거에는 오르지 못했다. 수직으로 통정대부 첨지중추부사를 받고 3년 후에 여든 살로 천수를 마쳤다.

배위는 함안조씨로, 자녀가 없어 당질인 諱석주錫柱를 입계시켰다. 묘는 인계면 정산 뒤 기슭에 있다.

21 동지공同知公 諱재근在根②

字화백花白 1823(순조 23)~1902(광무 6)

諱정환釘煥의 큰아드님이다. 가선대부에 제수됐는데 3대추증의 은전은 아니다. 수직인지는 확실하지 않으나 가선대부에 오를 만한 다른 이유를 발견할 수 없어서 여기에서는 수직으로 상정想定했다.

배위는 창원정丁씨로, 3남 2녀를 뒀다. 큰아드님 諱석홍錫弘은 출계했고, 그 아래는 석원錫元 · 석운錫寬이며, 조준제趙俊濟 · 김동섭金東燮은 사위다. 묘는 임실군 청웅면 구락리 원동 후풍목後風木 부근에 있다.

22 춘당공春塘公 諱석중錫中

字경화敬和 號춘당春塘 1836(헌종 2)~1901(광무 5)

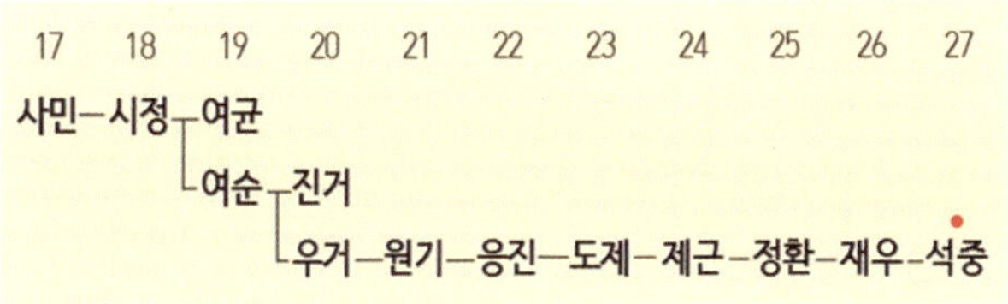

쌍매당도사공파(17~27세) 춘당공 가계

송은공松隱 諱재우在佑의 큰아드님이다. 영희전永禧殿(태조 · 세조 · 원종 · 숙종 · 영조 · 순조의 영정을 봉안한 별전. 서울 중구 저동에 있었다) 참봉에 제수되고, 예순여섯 살에 돌아가셨는데 그 해에 수직으로 가선대부 돈녕부도정의 은전이 내렸다. 공이 가선대부에 올랐으므로 3대추증의 규례에 따라 아버지 송은공에게는 통정대부 이조참의, 조부 諱정환廷煥에게는 통정대부 이조정랑, 증조 諱제근悌根에게는 이조좌랑을 증직했다.

배위는 안동권씨로 諱홍순弘淳 · 계순桂淳 · 익순益淳 등 세 아드님을 뒀다. 공은 순창에서 익산으로 이거했기 때문에 후손들은 그곳에 세거하고 있다. 묘소는 익산시 여산면 신양리 선영이다.

23 첨지공僉知公 諱석렬錫烈
字문평文平 1827(순조 27)~1914(일제강점기)

諱재광在光의 아드님으로 뒤에 諱재흥在興 앞으로 입계했다. 공은 천품이 곧고, 준수한 용모에 문명이 높았다. 수직으로 통정대부 첨지중추부사를 받았다.

배위는 고령신씨로 諱원영元永 · 종영宗永 두 아드님을 뒀고, 따님은 윤남섭尹南燮에게 출가했다. 묘는 인계면 갑동에 있다.

24 첨지공僉知公 諱종호宗虎
字치문致文 1842(헌종 8)~1914(일제강점기)

습암공諱재보在輔의 둘째 아드님으로 귀미에서 태어나셨다. 인륜에 어긋나거나 의롭지 못한 것을 용납하지 않았고, 모든 일의 처리는 공정무사 위주로 나갔다. 공은 언제나 책을 손에서 놓지 않고 성현의 가르침을 본받으려고 노력했다고 한다. 1902년(광무 6), 공의 회갑을 맞아 통정대부 첨지중추부사의 가자가 있었다.

배위는 장수황씨 황치묵黃致默의 따님으로 2남 2녀를 뒀다. 諱필영弼永 · 수영秀永은 아드님이고, 한용문韓容文 · 송환흥宋煥興은 사위다. 묘는 적성면 서림마을 선영에 있다.

25 첨지공僉知公 諱언영彥永

字우경宇景 1842(헌종 8)~1924(일제강점기)

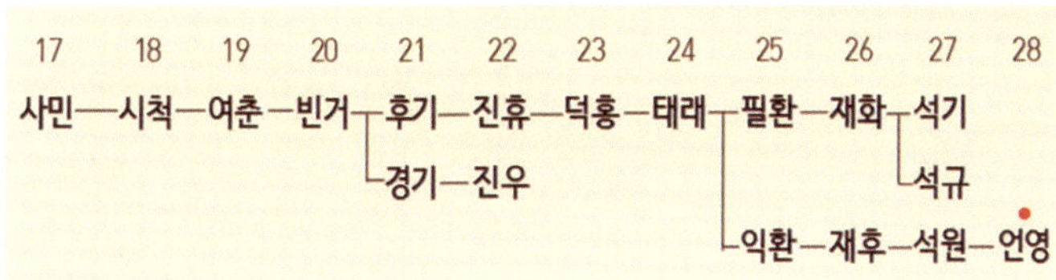

쌍매당중파(17~28세) 첨지공 가계

諱석원錫元의 아드님으로 귀미에서 태어나셨다. 1902년(광무 6) 수직으로 통정대부 첨지중추부사를 받았다.

배위는 부안김씨, 2남 1녀를 뒀다. 諱병관秉觀 · 병옥秉玉은 아드님이고, 사위는 홍순현洪이다. 묘는 동계면 관전리 선영이다.

26 첨지공僉知公 諱도영道永

字명오明五 1832(순조 32)~1910(융희 4)

諱석귀錫龜의 둘째 아드님이다. 수직은 통정대부 첨지중추부사다. 배위는 청주한씨로 자녀가 없어 諱병남秉南을 입계했다. 묘는 인계면 중산리 뒤 기슭에 있다.

27 諱경택敬澤

字명중明中 1841(헌종 7)~1912(일제강점기)

諱석일錫一의 둘째 아드님으로 귀미에서 태어났으나 자녀가 없는 중부仲父 諱석중錫中에게 입계했다. 갑오개혁(1894) 이후 관직이 바뀌어

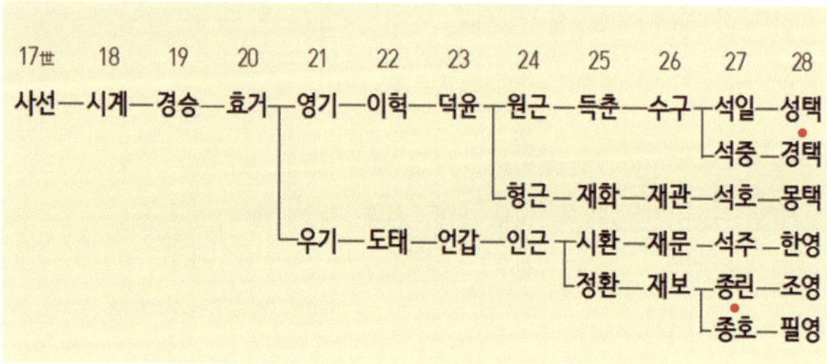

돈암공파(17~28세) 휘 종호 · 경택의 가계

새로 생긴 통정대부 중추원의관中樞院議官을 수직으로 받았다.

원배 성산이씨는 諱이세인李世仁의 따님으로 3녀를 남기고 별세했고, 계배 남양방씨는 諱방영규房榮圭 따님으로 1남 1녀를 뒀다. 병익秉益은 아드님, 이교직李敎稷 · 최석룡崔錫龍 · 한규수韓圭守 · 복태원卜太元은 사위다. 묘는 동계면 관전리 선영에 있다.

제7장

당론黨論과 당화黨禍

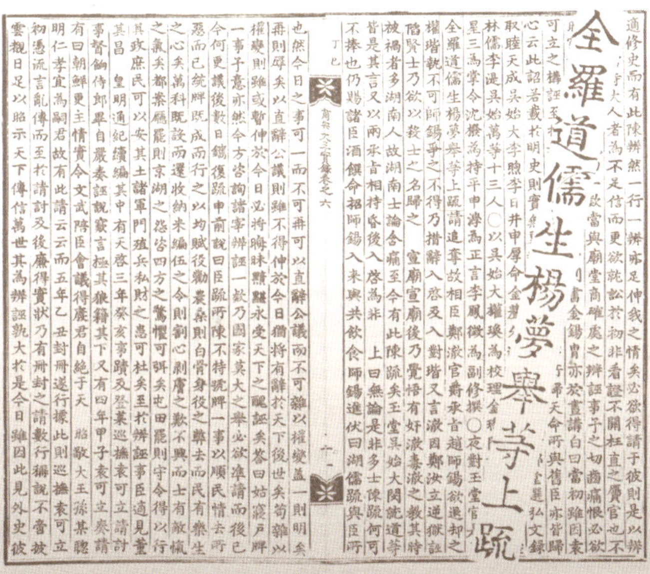
全羅道儒生楊夢擧等上疏

무송공의 정사상소 | 숙종 3년 2월 18에 올린 무송공 상소의 일부분. 노론이 집권했던 숙종 초기, 남인 을 대변한 무송공은 호남 유생들 의 대표자가 되어 선조 때의 서인 지도자였던 정철의 관작을 추탈하 라고 강력하게 요구했다.

선조 이후 척신들이 물러난 자리에 사림이 들어와 붕당정치 시대를 열었다. 이들은 초기에 척신정치의 청산이라는 공동 목표로 협치를 도모했지만, 이준경 · 백인걸白仁傑 · 홍섬洪暹 등 명종 체제의 원로 사림들이 빠져나가자 신진 사림 사이에 균열이 일어났다. 동 · 서로 갈린 그들은 인맥 · 학맥 · 혼맥의 인연에 따라 끊임없이 갈등하면서 부침을 거듭했다. 인조반정을 계기로, 동인에서 갈려나와 오랫동안 정치적 생명력을 구가하던 대북파를 척결한 서인들은 잠시 숭명배청崇明排淸의 기치 아래 기세를 올렸지만 이들도 끊임없이 이합집산을 거듭했다.

1. 을해당론

조선의 당쟁사는 세조의 왕위 찬탈 이후 훈구파 · 사림파 · 절의파라는 파벌에서 비롯한다. 훈구파는 수양대군이 조카를 몰아내고 왕위에 오르게 한 한명회 · 권람 · 최항 등 공신과 그 후예들, 사림파는 영남의 김종직 문인들로 초야에서 학문을 닦고 파사현정破邪顯正을 부르짖은 선비들, 절의파는 세조에게 저항하다 목숨을 잃은 성삼문 등의 사육신을 비롯, '불사이군不事二君'의 마음으로 폐인을 자처하여 세상을 등진 김시습 · 남효온 등의 학자들을 말한다.

이 파벌은 뒷날 연산조의 무오사화(1498) · 갑자사화(1504), 중종조의 기묘사화(1519), 명종조의 을사사화(1545)로 김굉필 · 정여창 · 조광조 등 명망 있는 많은 인재가 50여 년에 걸쳐 희생되는 결과를 빚었다. 이로 인해 뜻 있는 선비 가운데는 산림으로 들어가 현실에 등을 돌리거나 정계의 추이를 관망하면서 조정에서 나아갔다가 불리하면 되돌아오는 방향으로 나갔다. 전자가 절대적 은일隱逸(벼슬하지 않고 숨어 살던 학자)이라면 후자는 상대적 은일, 바꿔 말하면 관료적 은일이다. 김시습 · 남효온 같은 이는 절대적 은일주의자다. 남원양씨 중에서 무오 · 갑자사화의 참혹함을 목격하고 귀향해버린 귀암공諱배 · 매당공諱돈 형제분은 절대적 은일주의자 범주에 들어간다.

명종 시대를 마감하면서 척신들이 사라지고 선조의 등극과 더불어 사림들이 대거 몰려왔다. 그러나 사림들의 우호적인 국면도 잠시, 그들 사이에 대립과 반목, 갈등이 일었다. 조선 말기에 당화黨禍를 뼈저리게 목도한 이건창李建昌은 그의 탁월한 저술 『당의통략黨議通略』을 통해 분당의 경위를 이렇게 소개했다.

> 선조 초년에 영상 이준경이 사망했다. 그는 죽음에 임박하여 임금에게 글을 남겼는데 이렇게 썼다. “지금 사람들이 고상한 이야기, 훌륭한 말로 붕당을 결성하는데 이것이 끝내는 이 나라에서 뿌리 뽑기 어려운 화근이 될 것입니다.”
>
> 이때 유학을 공부한 신하 이이가 있었다. 그도 도학과 재주, 꾀로써 산

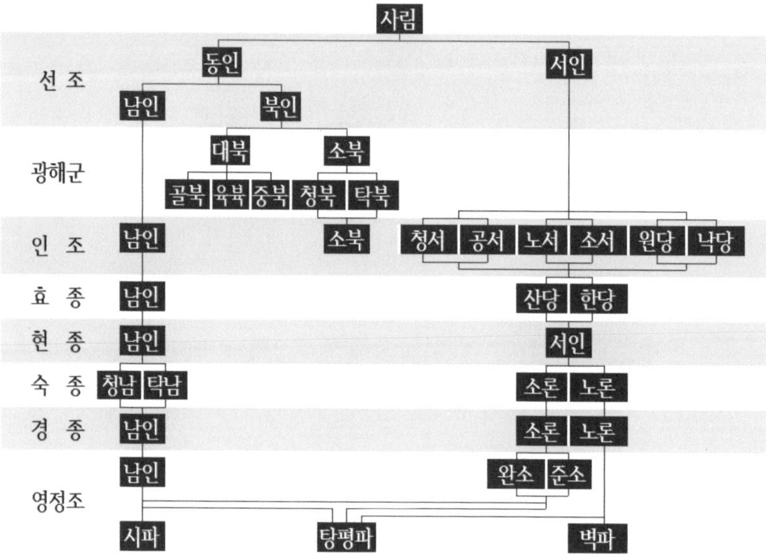

조선 시대 붕당 정치 계보도 | 자료 : 이건창, 『당의통략』

림 속 학자들의 영수 노릇을 하고 있었는데 선조가 그를 매우 높이 여기며 아끼고 있었다. 이준경의 글은 이이를 지목한 것이었다. "조정이 맑고 밝은데 어찌 붕당이 있겠습니까. 사람이 장차 죽을 때는 그 말이 선하다고 했는데 이준경은 죽으면서도 그 말이 사납습니다."

이때 삼사三司(사간원 · 사헌부 · 홍문관)에서 이준경의 생전 관직을 삭탈하려 했는데 유성룡이 홀로 여기에 참여하지 않고 말했다.

"대신이 죽음에 임박하여 임금에게 올린 말에 부당한 것이 있으면 물리치는 것은 옳지만 죄를 주기까지 한다면 너무 심하지 않는가."

또 좌상 홍섬 등도 모두 말하기를 "이준경은 살아있을 때 공덕이 있었습니다. 죄를 주는 것은 옳지 못합니다."라고 함으로써 이에 의론이 중지됐다. 이준경의 유언이 있은 지 수년 후에 그 말이 맞아떨어졌다.

처음 명종이 윤원형을 쫓아내고 이량을 등용했다. 이량의 큰누님은 인순황후의 어머니였다. 이때 인순왕후의 동생 심의겸은 아직 나이가 젊었으므로 이량은 과도하게 욕심을 내고 어지러운 짓을 마음대로 했다. 심의겸이 차츰 성장하고 또 귀하게 됐는데 이량의 하는 짓이 너무 방자하므로 몰래 임금을 뵙고 이량의 죄를 고하여 귀양 가게 했으며 그의 무리들을 받아들여 자신의 사람으로 만들어서 주위에서는 어질다는 소리를 들었다.

당시 전랑으로 있던 오건이 김효원을 추천하여 이조전랑 자리를 맡게 하려 했으나 심의겸이 이를 저지했다. 김효원이 젊었을 때는 윤원형의 집에서 처가살이를 하는 이조민과 매우 친하게 지내 어느 때는 심지어 침구를 가지고 가서 함께 잘 정도였다. 어느 날 심의겸이 공무가 있어 윤원형의 집에 이르러 그러한 광경을 목격했는데 오건이 김효원을 추천하자 "김효원은 윤원형의 문객일 뿐인데 그런 사람을 추천하다니."라고 하면서 배척하자 옆에서 김계휘가 손을 저으며 말했다. "아예 그런 말을 입 밖에 내지 마시오. 그런 일은 어린 시절 일이 아니오."

이러한 사연이 있은 뒤에 김효원이 마침내 전랑이 되고 많은 명사들과 사귀어 서로 돕게 하니 명성이 대단해졌다. 그때 심의겸의 동생 충겸을 전랑 자리에 앉히려고 하는 사람이 있었다. 김효원이 "천관天官(이조)이 어찌 외척들의 집안 물건이냐?"라며 저지했고, "이 사람은 어리석고 고지식해서 쓸 데가 없다." 라고 하는 등 심의겸을 헐뜯어 말했다.

이때는 인순왕후가 이미 죽은 뒤라 심의겸이 궁 안으로부터 후원자도 없고 선비의 무리들도 심의겸이 헛되게 이름난 것이라 하여 그에게서 등을 돌리고 의겸을 따르던 앞서의 무리들까지도 함께 배척하자 사람들이 말했다. "김효원이 전날의 앙갚음을 한 것이다."

박순이 우상이 됐을 때 대간 허엽이 조그만 일로 박순을 추고推考하자 박순이 스스로 우상 자리에서 물러났다. 이로부터 당론이 드디어 나뉘었다. 이때 김효원을 지지하던 사람들은 김우옹 · 유성룡 · 허엽 · 이산해 · 이발 · 정유길 · 정지연 등으로 이들을 동인이라고 불렀다. 김효원이 한양의 동쪽인 건천동에 살고 있었기 때문이었다.

심의겸을 지지하던 사람들은 박순 · 김계휘 · 정철 · 윤두수 · 구사맹 · 홍성민 · 신응시 등으로 이들을 서인이라고 불렀다. 심의겸이 서울의 서쪽인 정릉방에 살고 있었기 때문이었다. 동인들은 대체로 명예와 절조를 숭상하려 했고 서인들은 이와 반대로 노성한 사람이 많아서 경박하게 굴지 않았기 때문에 변변치 못한 사람들도 많이 따라다녔으며 혹은 동인이나 서인의 양쪽을 다 드나들면서 서로 공격하는 사람도 있었다.

이것을 '을해당론乙亥黨論'이라고 일컫는다. [이덕일 역]

맨 처음 이이李珥는 중립을 지켜 동 · 서 어느 편에도 치우치지 않았다. 이에 혹자는 '천하에 어찌 두 가지 일이 모두 옳고 두 가지 일이 모두 그른 법이 있을 수 있느냐'라고 공격하면서 이이를 조롱했다. 이이는 이 말에 '무왕과 백이伯夷 · 숙제叔齊의 일은 양쪽이 다 옳은 것이요, 춘추전국시대의 싸움은 양쪽이 모두 그른 것이다.'라고 응수했다. 이이는 동서분당을 화해시키려고 노심초사했는데도 끊임없는 중상모략에 시달렸고, 끝내는 그의 수고도 수포로 돌아가고 말았다.

이이가 죽은 뒤, 동인은 정인홍과 우성전 사이가 틀어져서 유성룡 · 김성일 · 이덕형 등은 우성전 편을 들어 남인이라 부르고, 이산해 · 이발(재동파 파조이신 장사랑공 諱시경의 처부) · 정인홍 등을 북인이라 불렀으며, 북인들은 다시 소북 · 대북으로 갈라졌다. 한편, 서인은 숙종 때에 송시열과 윤증尹拯 사이에 윤증의 아버지 윤선거의 묘비문 문제로 시비가 붙었다. 이를 '회니사생론懷尼師生論'이라고 한다. 송시열은 회덕, 윤증은 이성尼城에 살았기 때문에 그곳에 사는 스승과 제자 사이의 시비라는 것이다. 여기서 송시열 편에 선 사람들을 노론, 윤증을 두둔한 사람들을 소론이라고 한다. 이와 같이 갈린 남인 · 북인 · 노론 · 소론을 역사책에서는 '사색당四色黨'이라고 한다.

사색당의 갈등은 우리 역사에서 매우 수치스러운 상처가 됐다. 이 당쟁으로 말미암아 국력은 소진되고 끝내는 조선조의 문을 닫는 지경에 이르렀다. 당쟁은 선조조로부터 영조조까지 170여 년 동안이 극성기였다. 이 시기 양반 계층은 자의거나 타의거나 어쩔 수 없이 당론에서 자유롭지 못했다.

2. 우리 양씨의 당화

붕당정치가 출발할 때만해도 남원양씨는 당론과 떨어져 있었다. 을해당론 당시 부정공諱홍과 돈암공諱사선은 타계하신 뒤였고, 쌍매당공諱사민 · 진사공諱사헌 · 어은공諱사형 3형제와 쌍매당공의 큰아드님인 창주공諱시성이 이때 생존하시긴 했으나 관직에 나아가지 않으셨으므로 당론의 영향권 밖에 있었다. 다만, 쌍매당공 · 어은공 형제분이 노진과 유희춘의 문하여서 서인들과 어울릴 수밖에 없었고, 그래서 사람들이 서인 쪽으로 봤다. 어은공과 교분이 두터웠던 윤두수 · 신흠申欽 · 고경명高敬命 등도 모두 서인이었다.

가. 귀음공의 을묘당화

남원양씨가 당화에 휘말린 때는 1615년(광해 7) 이른바 능창군추대사건이다. 고위층을 모함하려 했다가 의금부에 갇혀 중도부처中途付處의 위기에 놓인 소명국蘇鳴國(1574~1629)이란 자가 '신경희 등 불측한 무리들이 능창군을 보위에 올리려는 음모를 꾸미고 있다'고 밀고한 것이 화단이었다. 이것이 사실이라면 대역 사건이다. 조선 시대에는 가끔 이런 역모 사건이 터졌는데 위기에 몰린 자가 국면을 전환하고자 할 때 곧잘 이용하는 수법이었다. 이럴 때 고변자는 으레 종실 중 하나를 왕위를 노리는 자로 지목하면서 사건을 꾸며 적대 세력을 함정에 빠트리곤 했다. 이런 사건에 한 번 걸려들면 빠져나올 수 없다. 선조의 손자였던 능창군(인조의 동생)도 이렇게 엮였다.

소명국은 익산 사람이다. 1615년(광해군 7) 식년시 때 생원 · 진사 양시兩試에 합격했을 정도로 재능을 인정받았다. 그러나 자신의 재주를 너무 믿고 뽐낸 나머지 음란하고 패악스런 일도 서슴지 않았다. 어머니가 죽었을 때는 상복 차림으로 아비와 다퉜고, 남의 집 여종과 놀아나다가 사람들 눈 밖에 나기도 했다. 부형과 집안으로부터 버림을 받고, 서원에서도 삭적돼 고을에 붙어있지 못하고 서울로 올라온 그는 아버지가 죽었다는 소식을 듣고도 내려가지 않았다. 그가 하는 일이란 '이쪽과 저쪽을 바삐 오가며 근거 없는 말을 만들어내고' 마음을 바꾸어가면서 교묘히 일을 꾸미는 것이었다.

귀음공諱시진의 사촌형인 성천공諱시우의 아버지가 진사공諱사헌이다. 명종 말기에 귀미에서 여산으로 분가하신 분이다. 성천공은 진사공의 둘째로 여산에서 태어나서 줄곧 거기서 사셨다. 그는 성장하면서 학문과 행의로 고을의 기대를 한 몸에 받았다. 성천공은 진사에 이어 대과에 오르면서 고을의 대소사에 깊은 관심을 가졌다. 성천공은 소명국의 소행을 잘 알고 있었다.

어느 날 소명국이 가까이 지내던 신경희에게 다가왔다. 신경희는 기묘명현 신상申鏛의 증손으로, 선조의 4남 신성군의 장인이자 1583년(선조 16) 니탕개의 반란을 진압하여 명성을 떨친 신립申砬의 조카이다. 그는 이러한 집안의 배경으로 1588년(선조 21) 의금부도사라는 음직蔭職을 얻었다. 이듬해 발생한 '정여립의 난'에 정여립의 제자 선홍복宣弘福을 체포한 공로로 6품직에 발탁됐고, 얼마 안 돼 제용감주부로 승진했다. 임진왜란이 발발 이듬해인 1593년(선조 25) 고산현감이었던 신경희는 도원수 권율의 휘하에 종군하여 공을 세운 데 이어, 같은 해 행주산성의 대첩을 왕에게 제일 먼저 보고함으로써 주목을 받았고, 왜적이 물러간 뒤에는 면천군수와 중화부사 등을 역임한 인물이다.

신경희에게 접근한 소명국은 양사兩司가 중학中學(서울특별시 종로구 중학동에 있었던 사학四學의 하나)에서 모여 영의정(당시 영의정은 기자헌奇自獻)을 탄핵하려 한다고 속삭였다. 신경희는 소명국이 불측한 일을 꾸미려는 것으로 판단하고 사실을 상소했다. 그렇지 않아도 풍문이 좋지 못했던 소명국은 의금부로 끌려갔다.

신경희와 성천공은 가까운 사이였다. 성천공은 소명국이 구금되자 그의 패륜적인 평소 소행을 소상히 아뢰고 절도안치絶島安置(외딴섬에 격리시키는 유배형)를 요구했다. 가까이 지내던 사람들로부터 치명타를 맞은 소명국은 예조판서 이이첨에게 줄을 댔다. 이 무렵 이이첨은 판서에 지나지 않았지만 정승을 능가하는 권력을 구사하고 있었다. 소명국은 이이첨의 측근에게 은밀하게 속삭였다.

"장령 윤길과 정언 양시진 · 전적 양시우 등이 전 중화부사 신경희와 짜고 몰래 역모를 꾀하여 능창군을 추대하려고 합니다."

능창군은 어려서부터 군왕의 자질을 타고 났다는 평을 받아왔다. 그 무렵, 새문동塞門洞(지금의 서울특별시 종로구 신문로 2가)에 왕기가 서렸다는 풍문이 있었다. 광해군의 이복동생인 정원군定遠君(선조의 5남)의 집이 그곳이었고, 정원군의 막내가 능창군이었다. 당시 능창군은 열세 살밖에 안 됐지만 집권세력에게는 그리 달가울 게 없는 존재였다.

신경희는 사촌누이가 능창군의 양아버지인 신성군의 부인이었다. 왕자의 처남뻘이었으므로 왕실의 가까운 척족인 셈이다. 대북파의 권신인 이이첨은 신경희와 가까이 지내기는 했지만 언젠가는 정리하리라고 작정하던 중이었다. 음관인데다가 한때 세자 자리를 놓고 광해군과 줄다리기를 했던 신성군의 처가붙이였기 때문이다. 공교롭게도 이때 이이첨과 소명국의 수작이 맞아떨어졌다.

그런데 이 고변에서 귀음공諱시진이 엮인 것은 좀 엉뚱하다. 귀음공과 소명국은 아무런 인연이 없었다. 귀음공은 성천공의 사촌동생으로, 성천공보다 열 살 아래지만 급제는 10년 정도 이르다. 그 만큼 정계 진출이 빨랐고, 성절사로 연경을 다녀올 만큼 역량을 인정받은 관료였다. 소명국은 자신의 불행이 성천공 때문이라고 믿었으므로 잘나가는 귀음공까지 함께 엮어버렸다. 귀음공은 사간정언, 사헌지평 등으로 있으면서 올곧은 언론을 폈고, 고변 당시만 해도 사간정언이라는 직책으로 내려갔다가 사헌지평으로 복귀한 지 얼마 안 된 때였다. 사헌부는 백관을 규찰하는 기관, 사간원은 임금에게 옳지 못하거나 잘못된 일을 고치도록 건의하거나 논박하는 부서다. 결코 임금이 가까이 두고 싶은 직무는 아니다. 당로자들로서는 정사를 맹렬하게 공박하는 귀음공이 달가울 까닭이 없었다. 소명국이 노린 것이 이 대목이었다.

모역죄로 걸리면 풀려날 길이 없다. 위기를 느낀 군주는 불안으로 속이 탄다. 역모 사건은 속전속결이다. 일단 용의자를 처단하고 본다. 진상 규명은 나중 문제다. 이번 역모사건에 연루된 관리들은 모진 형신을 받으면서도 자복하는 사람은 나오지 않았다. 고문을 못 견디면 진범이 돼 죽고, 혐의를 부인하면 자복할 때까지 형문에 시달리다가 숨이 떨어지게 돼 있다. 이런 사건은 늘 그렇게 마무리 된다. 뒷날 무고 사건으로 밝혀지더라도 수범이나 종범 몇 사람에게만 책임을 지우면 그만이다.

수많은 사람이 곤장을 맞고 두만강과 압록강 주변의 극변으로 쫓겨났다. 유배는 장 1백대가 기본이다. 귀음공은 종성鍾城, 성천공은 삼수三水 유배처분이 내렸다. 평상시의 정치범은 비교적 여유롭게 수행원까지 거느리고 유형지로 가지만 귀음공 같은 반국가사범에겐 삼엄하게 마련이었다. 집권자들은 밤낮을 가리지 말고 철령을 넘으라는 엄명을 내렸다. 귀음공은 누적된 장독杖毒과 노독路毒을 극복하지 못하고 덕산역에 이르러 세상을 뜨고 말았다. 이때 나이가 마흔셋이었다.

능창군은 강화도에 딸린 외딴섬 교동에 위리안치됐다. 교동은 왕족들의 단골 유배지였다. 고려 말기의 우왕과 뒷날 인조반정으로 쫓겨난 광해군 등은 일단 이곳에 위리안치됐다가 더 먼 곳으로 떠났고, 계유정난 때의 안평대군과 중종반정 후 연산군이 숨을 거둔 곳도 교동이다. 능창군의 형 능양군은 아우를 살리기 위해 모든 재산을 끌어 모아 이이첨 등에게 하소연했으나 헛수고일 뿐이었다. 능창군이 이곳에 온 지 얼마 안 돼, '어떤 사람'이 문과 창호를 모두 닫고 섶을 쌓아 아궁이에 불을 질렀다. 이때 열일곱 살밖에 안 됐던 능창군은 도저히 살아날 수 없음을 알고 올가미에 스스로 목을 걸었다. 능창군이 숨을 거두기 1년 전, 광해군은 여덟 살밖에 안 된 이복동생 영창대군을 역모로 몰아 교동에 안치했다가 강화부사를 시켜 증살蒸殺(뜨거운 증기로 쪄서 죽임)한 경력이 있었다. 그리고 능창군이 살았던 새문동에 다시는 왕기가 살아나지 못하도록 집을 헐고 경덕궁慶德宮을 지었다. 그러나 광해군 자신도 능창군이 간 지 8년 뒤에 왕위를 빼앗기고 교동으로 쫓겨났다.

귀음공의 생전 교유는 주로 서인이었다. 서인의 주축인 이귀 · 김상헌 · 차천로 · 장유 · 홍서봉 · 이수광 · 이명한 등 당대의 명사들이었다. 집권 세력인 대북파가 귀음공 숙청에 팔을 걷어붙인 것은 이 같은 교유와 무관하지 않다. 공이 눈을 감은 지 8년, 이귀 · 장유 · 김류 · 신경희의 사촌형 신경진 등의 주도로 능창군의 큰형 능양군을 추대한 정변이 성공했다. 이른바 인조반정이다. 대북당은 무너지고, 살 판났던 소명국은 반좌율로 처단됐다. 이 정변의 덕택으로 귀음공은 예전의 명예를 회복하고, 조정에서는 억울함을 호소한 공의 현손 諱학태學泰의 상소에 따라 1753년(영조 29) 이조참의를 증직했다. (◘ p.110 · 206)

나. 성천공의 을묘당화

신경희의 고발에 따라 의금부는 소명국을 중도부처中途付處(어느 곳을 지정하여 머물러 있게 하던 형벌)쯤으로 끝내려고 했다. 그러나 누구보다도 그의 비행을 잘 알고 있던 성천공은 그 정도로 그쳐서는 버르장머리를 고칠 수 없다고 판단했다. 그래서 익산의 유생들과 함께 소명국의 소행을 소상히 밝힌 정장呈狀을 사헌부에 제출했다.

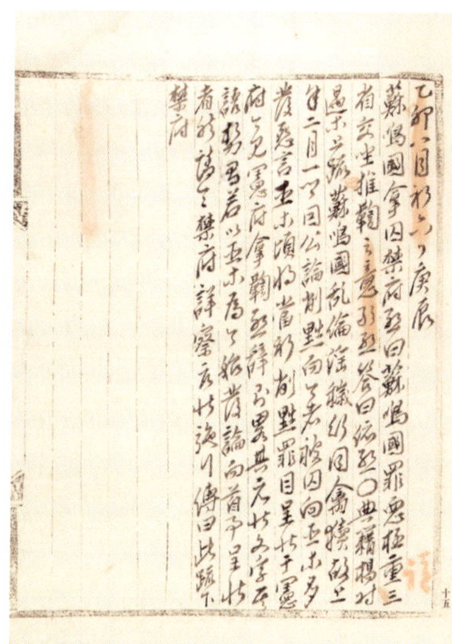

성천공의 상소문 | 광해군일기 중초본, 1615년(광해군 7) 8월 6일

사헌부는 시골로 내치기만 한다면 '연줄을 타고 흉모를 마음껏 꾸며서 국가에 화를 끼치는 변고가 반드시 없으리라 보장하기가 어렵다'라고 하면서, 화를 막기 위해 외딴섬에 정배絶島安置할 것을 상주했다. 이 제안은 가납되지 않았다. 성천공이 직접 상소문을 올렸다.

> "소명국은 윤리를 어지럽히고 음란한 짓을 하여 행동이 금수와 같으므로 지난해 2월에 온 고을의 공론으로 인하여 삭출했었습니다. 그런데 지금 수금되어서 신들을 향하여 원망스런 말을 많이 하고 있습니다. 신들이 지난번에 당초의 삭출하게 된 죄목을 가지고 헌부에 정장했는데, 지금 헌부가 잡아다가 국문하라고 올린 계사를 보니 원장元狀(처음 올린 상소문)의 문자들을 생략해버려 그 어세가 마치 신들이 지금 비로소 논의를 발하여 정장한 것처럼 말했습니다. 금부로 하여금 원장을 상세히 살펴서 시행하라고 명령하시오서."

_『광해군일기』 1615년(광해군 7) 8월 6일

소명국은 악에 받혔다. 그래서 자기를 나락에 빠트렸다고 생각되는 성천공과 귀음공, 신경희와 사헌부 장령으로 있던 신경희의 조카사위 윤길, 역시 신경희 조카사위인 신성군의 양자 능창군을 묶어 모역으로 몰아갔다. 성천공은 의금옥에 수개월 갇혔다가 쉰셋의 나이로 함경도 삼수로 떠났다.

성천공은 유배지에 도착하고 나서야 사촌동생인 귀음공의 부음을 들었다. 비극은 여기서 끝나지 않았다. 당신의 큰아드님諱여송이 아버지가 구금돼 있는 동안 음식도 제대로 챙기지 못한 채 의금옥 밖에 자리를 깔고 흐느끼다가 끝내 병을 얻어 일어나지 못하고 만 것이다. 아직 한창인 스물다섯 살 청년이었다.

유배지에서 8년을 보낸 성천공은 인조반정으로 자유의 몸이 됐다. 이 사건은 귀음공의 희생과 함께 남원양씨가 감당한 최초의 당화다.

다. 무송공의 정사상소

무송공諱몽거은 화양공諱여매의 넷째 아드님이자 능창군추대사건으로 희생된 귀음공의 손자다. 공의 생애는 인조반정으로 북인들이 소멸되고 정권을 잡은 서인과 약세였던 남인이 각축하던 시대였다. 주지하다시피 대부분의 남원양씨 어른들은 서인들과 교유했기 때문에 서인으로 지목됐다. 그런데 무송공은 철저한 남인 편이었다는 사실이 특이하다. 무송공이 어떤 환경에서 남인편에 섰는지 저간의 사정을 밝혀주는 자료는 없다. 다만 당시 남인 지도자였던 허목과 서신을 교환한 문헌이 남아있는 것으로 미뤄 남인 계열에 깊숙이 발을 들여놓았으리라는 짐작은 가능하다.

서인과 남인 대결의 정점은 이른바 예송禮訟이다. 현종 때 인조의 계비인 자의대비(장렬왕후)의 복상服喪 문제를 둘러싸고 남인과 서인이 두 차례에 걸쳐 대립한 사건을 말한다. 그것은 신권臣權 강화로 집권층 중심으로 질서를 다지려는 서인과, 왕권王權을 강화하여 새로운 권력을 구축하려는 남인의 이념적 충돌이기도 했다. 이 논쟁을 주도한 사람은 서인의 거두 송시열과 송준길, 남인의 허목과 윤휴였다.

인조에게는 소현세자 · 봉림대군 · 인평대군의 세 아들이 있었다. 소현세자에게도 석철 · 석린 · 석견의 세 아들이 있었다. 봉림대군은 뒤에 현종이 되는 아들 한 명이 있었다. 소현세자는 봉림대군과 함께 청나라에 끌려가 온갖 고초를 겪고 돌아온 지 석 달 만에 죽고 말았다. 당연히 원손이자 소현세자의 맏이인 석철이 세손으로 책봉되어 왕위를 잇는 것이 전통적인 종법이었다.

그러나 당시 사림의 반대에도 불구하고, 둘째 아들인 봉림대군이 주화파(최명길 등 청나라와의 전쟁을 피하고 화해하거나 평화롭게 지내자고 주장한 사람들)의 지원으로 세자에 책봉되고, 소현세자의 부인 강빈姜嬪은 시아버지인 인조를 독살하려 했다는 모함을 받아 사약을 마셨다. 소현세자의 세 아들은 연좌율로 제주도에 유배, 첫째와 둘째는 그곳에서 죽고 막내아들만 살아남았다. 이런 소용돌이 속에서 효종이 즉위해 주화파를 몰아내고 송시열 등 척화파(청나라를 치고 명나라와의 의리를 지켜야 한다고 주장한 사람들) 사림의 지지를 업고 북벌을 준비하다가 서른넷이라는 한창 나이로 갑자기 죽었다.

1차 예송은 1659년(효종 10)에 일어났다. 효종의 어머니 자의대비의 복상을 서인의 뜻에 따라 기년朞年(만 1년)으로 정했는데, 남인이 이의를 제기했다. 효종은 왕위를 계승했기 때문에 장자나 다름없으므로 3년복을 입어야 한다는 논리였다. 송시열 등 서인은 효종이 인조의 둘째왕자이므로 장자의 예는 안 된다고 반박, 결국 서인의 주장이 받아들여졌다.

2차 예송은 1674년(현종 15) 효종비 인선왕후가 죽자, 다시 자의대비의 복상 문제로 시비가 붙으면서 일어났다. 당시 집권층인 남인은 기년으로 정했는데, 이에 대해 서인은 대공설大功說(8개월)을 주장했으나 남인의 주장이 받아들여졌다. 이러한 논쟁은 단순히 복상 문제를 둘러싼 당파의 대립이 아니라, 왕권을 어떻게 자리매김할 것인가에 대한 정치적 입장의 근본적인 차이에서 비롯됐다. 즉, 효종이 둘째 아들이라서 장자의 예를 따를 수 없다는 서인의 견해는 왕권도 일반사대부와 동등하게 취급해야 한다는 주장이 반영된 것으로, 신권의 강화를 꾀하려는 입장이었다.

반면 비록 둘째 아들이지만 왕은 장자의 예를 따라야 한다는 남인의 견해는 왕권을 일반사대부의 예와 달리 취급하려는 의도가 반영된 것으로, 왕권강화를 통해 신권의 약화를 꾀하려는 입장이었다. 이러한 입장의 차이는 임진 · 병자 이후 중세 질서를 개편하는 과정에서, 대지주인 양반지배층을 중심으로 가야 한다는 입장과 지주층의 이익을 다소 덜어내면서 소농 중심으로 나아가야 한다는 사회개혁론과 연결된 것이다.

무송공이 정철의 관직을 회수해야 한다는 상소를 올린 때가 이 무렵이었다. 비록 남인이 집권하던 시절이긴 했으나 서인과의 긴장은 여전히 팽팽했고, 많은 세월이 흘렀다고는 하지만 정철은 한때 서인의 맹주였기 때문에 무송공의 상소는 그만큼 민감한 부분을 건드린 셈이었다.

이미 살펴본 것처럼 정철은 '정여립의 난'을 다스릴 때 위관으로 있었다. 이때 동인은 퇴계학파 중심의 남인과 화담 · 남명학파가 어울린 북인으로 갈려 상대진영을 은근히 견제했다. 정여립은 북인을 이끌던 이발과 가까웠고, 이발과 정철은 적대적 관계였다. '정여립의 난'은 이발과 그 주변을 제거하기 위한 정치적 사건이라는 연구가 있다. 실제로 임진왜란 직전에 전개된 이 사건은 이발 · 정여립의 친지와 친인척 1천여 명이 희생됐다는 사건이었다.

이 사화에서 위기를 극복한 북인들이 광해군 시대를 열었으나, 호시탐탐 기회를 노리던 서인들의 인조반정으로 끝내 와해되고 말았다. 이런 흐름 속에서도 조선 후기까지 생명력을 꿋꿋이 지켜낸 집단이 동인에서 갈려나온 남인이었다.

남인들은 '정여립의 난' 당시 서인 지도자였던 정철이 동인을 없애려는 무고로 수많은 사람을 죽였다고 증오했다. 이 옥사의 내면을 들여다보면 남인들의 시각이 그럴 듯하다고 여길 수 있는 대목이 여러 군데 있다. 여기에 활시위를 당긴 게 무송공의 상소다. 그 무렵, 마침 현종이 승하하고 열세 살의 어린 숙종이 왕위에 올랐다. 남인들은, 서인을 이끌고 있던 송시열 · 송준길 등이 예문禮文을 오용했다고 숙종에게 아뢰었다. 숙종은 정계에서 서인들의 힘을 빼려고 남인들을 대거 기용했다. 숙종이 즉위하자마자 끌어들인 영의정 권대운權大運 · 좌의정 민희閔熙 · 우의정 허목이 모두 남인이다.

남인들은 이 기회에, 묵은 숙제였던 정철의 관작 추탈문제를 해결하고자 했다. 그래서 지방 유생들로 하여금 상소를 올리게 하려는 계획을 세웠는데, 이때 적임자로 지목된 유생이 무송공이었다. 무송공은 진사에 오른 뒤 8여 년을 학문에만 전념, 명성이 온 나라에 자자했다. 1677년(숙종 3) 2월 18일, 나이 서른다섯에 지나지 않았던 무송공은 전라도를 중심으로 한 27개 군, 422명의 대표자 명의로 긴 상소문을 제출했다.

"삼가 아뢰니다. 신들이 삼가 생각하건대, 음양陰陽이 소장消長하는 이치와 현사賢邪가 진퇴하는 기틀이 실로 비태否泰*와 형색亨塞의 기관機關이 되는 것입니다. 그러므로 음도陰道가 우세하여 소인이 번성하면 비否가 되며 색塞이 되고, 양도陽道가 우세하여 군자가 성하면 태泰가 되고 형亨이 되니, 이것은 하늘과 사람이 반드시 그러한 이치입니다. 그러나 한 번 소멸하고 한 번 성장하는 데도 이치가 반드시 서로 따르는 것이며, 혹은 나아가고 혹은 물러나는 데에도 그 기틀이 일정한 형태가 없으므로 양도가 바야흐로 생기게 되는데 막는 것이 있으면 양도 또한 반드시 태泰하기를 얻기가 어렵고, 군자가 바야흐로 나아가야 되는데 나아가게 할 수 없으면 군자 또한 반드시 그 형통함을 얻기가 어렵습니다. 이것이 지일至日에 관문을 닫는 형상*이요, 『주역』에 나타난 소이이니 임금이 삼가지 않을 수 없는 바입니다. 삼가 살피건대, 오늘날 어질고 밝은 임금님이 위에 계시고 어진 신하들이 밑에 있으니 어두웠던 천리가 비로소 밝음을 얻고, 오랫동안 굽어졌던 인정人情이 비로소 펴짐을 얻게 되니, 이때가 바로 양도가 생겨나고 군자가 나아가려는 기회이므로 온 나라 백성들이 머리와 이마를 들고서 변화의 시기가 올 것을 바란지 오래됐습니다. 그런데 4년이나 끌어왔는데도 아직 그대로이며 옳고 그른 것이 다 밝혀지지 않으며, 베풀고 두는 것이 다 합당하지 못하여 나라 일이 이지러져 날로 더 심해갑니다. 임금의 마음이 비록 대궐의 일에 부지런하시나 두터운 은택이 오막살이집까지는 미치지 못해서 백성으로 하여금 크게 그 소망을 잃게 하니, 이것이 어찌 까닭 없이 그렇게 된 것이겠습니까. 신들은 전하의 양을 드날리고 음을 억누르는 도리에 혹 미진한 점이 있을까 두렵습니다. 이때 만약 전하께서 크게 진작하지 않으시면 형통하고 태평한 성세를 무엇으로 말미암아 이룰 수 있겠습니까. 형亨의 반대는 그 끝에 가서는 색이 되고 태의 반대는 그 끝에 가서는 비否가 되니 그 기세가 진실로 두려워할 만합니다. 전하께서는 무엇을 꺼리시어 아직도 진작하시지 않으십니까. 이른바 진작이라는 것은 다른 방법이 있는 것이 아니라, 다만 음흉한 것을 물리치고 죄를 밝히며 정기를 배양함에 있을 뿐입니다. 이에 신들은 한 가지 어리석은 생각을 올리니, 이로써 진작하는 방법으로 삼는 것이 어떨까 하옵니다. 신들이 들으니 고 상신 정철은 바탕이 단정하고 어질지 못하며, 성격이 본시 음침하고 가벼워서 거짓을 꾸미고 없는 일을 지어 내었는데도 선조의 은혜와 지우知遇를 지나치게 입었으며, 남을 시기하고 이기려는 성품을 억누르지 못하여 그 질투의 해독이 이에 번졌는데, 마침 기축년(1589)의 적신 정여립의 변란을 만나 그것을 기화로 삼아 드디어 어진 사람들을 일망타진하는 참극을 일으켰습니다. 당시의 모습들을 한 붓으로는 도저히 그릴 수 없으나 신들은 그중 한두 가지만 간단히 아뢰고자 합니다. 변란 보고가 처음 들어왔을 때 정철이 곧 은밀히 차자를 올려 역적들을 잡을 조처를 취했을 때는 충성이 있는 듯했습니다. 그러나 얼마 있다가 대각을 사주해서 대신들과 역적들의 교제가 두터웠다고 탄핵케 하고, 유생들을 사주해서 조신과 역적이 왕래가 밀접했다고 의논케 했으니* 정철의 사건을 날조함이 이에서 차차 싹트기 시작했습니다. 그러므로 임금께서 좌상 이산해에게 전교하시기를, "언관들이 역적들과 서로 사귄 사람들만을 논란하는 것은 옳은 일이라 하겠다. 다만 근래 드러난 모양을 살피니 점점 여파가 번지는 듯하니, 심히 내가 좋아하는 바가 아니로다. 만약 꼭 미치지 않아도 될 사람에게까지 여파가 미친다면 그 어찌 온당하겠는가. 경은 힘써 그것을 막을지어다." 하시었고, 유생 정암수의 상소(1589, 선조 22년 12월 14일)에 전지를 내리시기를, "역적의 변고를 틈타서 감히 함부로 모함할 계획을 꾸미니, 이것은 반드시 간사한 놈의 사주를 받은 것이 의심할 나위 없이 분명하다." 하시었고, 조헌과 양산숙의 상소(1589, 선조 22년 12월 15일)에는 전지를 내리시기를, "이 무리들은 소를 올려 조신들을 다 배척하고, 오직 우상右相 이하 몇 사람만 칭찬하여 스스로 바른 말이라고 하나, 도리어 그 편파적인 정상을 나타낸 것이니, 가소롭다." 하셨습니다. 당시의 우상은 정철이 아니었습니까. 이렇게 보면 선조께서 정철을 의심한 지도 벌써 오래였습니다. 그러나 정철은 오히려 감히 기회를 타서 입술을 놀림에 스스로 거리낌이 없어서 널리 어금니 같은 심복들을 배치하여 두며 그물을 많이 베풀어 놓고 몰래 응견鷹犬을 시켜 어지러이 오락가락하게 하여 모략을 모조리 스스로 벌여 놓고, 유생들의 상소문까지 혹 손수 초안하되 작은 원망이 있는 사람과 높은 명망이 있는 자를 가리지 않고 모두 죄를 얽어 죽을 곳에 처넣었습니다. 저 최영경 같은 이는 산림에 깊이 묻혔던 이로 당시에 추앙을 받았으나, 일찍이 정철을 성질 급한 소인이라 했고, 또 그 사람은 다만 좋은 벼슬을 했을 뿐이요, 정사를 세우고 밝힌 일은 없다고 했으므로, 정철이 그에 대해 원한을 품고, 그를 무고할 바를 생각했습니다. 처음에는 중추부에서, "영남의 명사名士 가운데 역적과 작당한 사람이 있다."는 말을 퍼트리고는 사람을 시켜 최영경과 원한이 있는 집에서 무고토록 하고 끝내는 뜬소문을 조작해서 최삼봉이란 말을 꾸며*, 홍천경 · 양천경 · 강현 등을 시켜 장계를 올려 옥사를 일으켰습니다. 임금께서 그 억울함을 살피시고 석방을 명령하시자 대간에 부탁하여 다시 국문할 것을 거듭 청하게 하여 드디어 말라 죽게 했던 것입니다. 이 일의 전말은 선조의 전지 가운데 다 갖추어 실려 있으므로, 신들의 자세한 말을 빌린 것도 없습니다. 저 정개청과 같은 이는 학문이 있고 몸을 공경하여 당시 추중을 받았는데, 일찍이 정철을 실상을 꾸미고 행동을 속이는 바르지 못한 사람이라 여겼고, 또 당시 사람들이 정철의 방탕함을 다투어 본받을까 근심하여 절의와 청담에 관한 설을 지어 주자의 유지遺志를 추술하여 경계시키니, 정철이 그것에 원한을 품고 함정에 빠뜨릴 바를 생각했으나, 그 구실을 얻지 못하다가 이에 정개청이 지은 「절의론」 위에 억지로 배排 자를 더해 죄목을 만들어 드디어 먼 변방으로 쫓아 죽게 했습니다. 이런 일들의 시말은 선 정신先正臣 유성룡의 장계와 윤선도의 상소 가운데 다 갖추어 있으니 신들이 시끄럽게 지껄일 필요가 없습니다. 이 밖에 또 조대중은 인격이 결백하고 기품이 높았으나 뜻을 얻지 못한 사람으로서 역적을 위해 눈물을 흘렸다고 무고를 당했고, 유몽정은 경개하고 강직한 사람으로서 곡식을 내어 적에게 주었다고 무고를 당했고, 이발 · 이길은 부모에 대한 효도와 형제간의 우애가 두텁고 청렴한 명망이 있는 사람이었으나 역적과 친하다고 모함당했고, 이황종은 악을 미워하는 굳센 마음을 가진 사람이었으나 또한 이발과 이길의 족당이라고 죽음을 당했습니다. 백유양 세 부자에 이르러서는 집이 뒤집히고 알이 깨지는 것을 면치 못했고*, 이발의 80 노모와 일곱 살 난 아들도 눌러 죽이고 아울러 무찔림을 당했습니다. 그 외에 정언신 · 정언지 등 위로는 이름 있는 대신들로부터 아래로는 초야에 있는 현자에 이르기까지 원한을 품고 해독을 입은 자가 무릇 수십 명이나 됐습니다. 이에 정철의 음흉한 계책과 잔인한 행위가 이르지 않는 곳이 없게 됐습니다. 예로부터 간특한 무리들이 어느 때인들 없으리요마는, 정철이 한 짓은 실로 앞서 듣지 못했던 것입니다. 일월日月이 위에 있고 귀신이 옆에 머무니, 정철이 비록 지극히 간교하나 어찌 감히 오래토록 어지럽게 할 수 있겠습니까. 일찍이 두 해가 못 되어 몸이 귀양가는 재앙을 입었고, 또 두 해가 되지 않아 뒤따라 탈직의 벌이 있었으니, 악이 쌓이면 화가 넘치는 것은 떳떳한 일인지라 진실로 이러쿵저러쿵 말할 것이 없습니다. 그러나 다만 임금의 마음에 뉘우치심이 여기까지 넘쳐 나와서 정철에게 그릇된 바가 됐음을 크게 깨달으시고 항상 정철을 독철毒澈 내지는 간철奸澈이라고 하시며, 그 아들을 가리켜 독종이라고 하시어 벼슬을 주지 못하게 하셨습니다. 정철이 파출될 때 이르기를, "대신을 파출시킬 때에 조정에 방시榜示하는 것은 죄상을 국인들의 이목에 밝힘으로써 후세를 징계하는 것이다. 지금 정철의 파직도 옛날 사례대로 조정에 방시하라." 하셨고, 그를 귀양 보낼 때 이르기를, "정철은 타고난 성품이 교활하고 간독하니, 배소에 이르러서도 잡인들과 왕래케 하면 무슨 죄상을 저지를지 모르니, 엄격하게 가시 울타리를 쳐두는 것이 좋을 것이다." 하셨습니다. 최영경의 죽음을 슬퍼하시며 이르시기를, "영경은 악독한 무리에게 해를 입은 것이 분명하다. 내가 놓아줄 것을 명령했으나, 끝내 방면되지 못하고 마침내 옥중에서 죽었는데 스스로 죽었다는 이름을 덮어 씌웠으니, 하늘과 땅 사이에 그 원한이 지극할 것이다. 그러므로 그 원한을 내가 있을 때 풀어 주어 죽은 뒤 돌아가 만나도 부끄러움이 없도록 하고 싶다." 했으며, 또 이르시기를, "정철의 일은 논하려면 입이 더러워질까 겁나니 내버려 둠이 옳겠다. 영경의 죽음에 대해서는 내가 마땅히 나라를 망친 것으로 책임져야겠다." 하셨습니다. 이런 따위는 일일이 다 말할 수도 없으니 성조聖祖께서 이 때문에 통분하신 것입니다. 말 속에 숨어있는 뜻이 어떻다고 하겠습니까. 여기서 정철의 죄는 하늘이 슬퍼하고 땅에 사무치며, 만세에 이르도록 풀 수 없음을 알겠습니다. 그러나 일이란 짐작할 수 없어, 정철이 죽은 뒤에도 남긴 술책이 걷히지 않아 처음에는 정철의 아들 종명宗溟이 거짓 장계를 올려 그 아버지를 신원했는데, 오로지 참된 사적들을 매몰시키고 터무니없는 소리를 수천여 마디나 지어냈으며, 끝내는 정철을 돕는 자들이 따라 답하여 이로써 구실을 삼아 사람의 귀를 현혹시켰으므로 인조께서 개옥改玉하실 때에 이르러서는 관작을 추복追復하시는 조처까지 하게 됐습니다. 그러나 이것은 즉위 초에 용서함을 힘쓰고 더러움을 씻어 주어 일시의 권도를 따르게 하는 것뿐이니, 진실로 신들이 감히 의논할 바는 못 됩니다. 그러나 다만 종명이 스스로 발명한 것은 온갖 거짓으로 꾸며 낸 것으로 지극히 신빙할 수 없습니다. 이러한 되속이는 사람들로서야 무엇을 겁내 못할 말이 없겠습니까. 그리하여 정철이 어탑 앞에서 최영경이 효우로 이름이 있는 것을 극구 아룀으로써 영경을 구하려 했다는 증거로 삼으려 했던 것입니다. 그렇다면 선조께서 어찌 "정철이 내 앞에서 효우로서 영경을 일컬었다는 것은 내 생각해 보아도 알 수 없는 일이로구나. 다만 윤해평이 그의 지극한 효도를 말했는데, 이것은 들었다." 하시었겠습니까. 또 영경이 국청에 있을 때, 정철은 실로 알지 못했다 하여 마치 애당초 알지 못하고 있었던 것처럼 속였습니다. 그렇다면 선조께서 어찌 "영경은 산림처사로 간신들이 원망을 품었다가 틈을 타서 모함을 꾸며 드디어 옥중에서 죽었다." 하시었겠으며, 또 어찌 이르시기를 "영경의 억울한 죽음은 천하에 이를 데 없는 원한이요, 정철의 악독한 짓은 만고에 드문 흉계일 것이다." 하셨겠습니까. 임금이 돌아가신 연대에는 비록 멀다고 하나, 인간에 있어서 일월(日月)과 같은 말씀은 마치 어제와 같으니, 간사하고 거짓된 말은 칠 것도 없이 저절로 깨어질 것입니다. 하물며, 양천경과 강현 등은 영경을 함정에 얽어 넣었던 자들인데 잡혀 와서 문초를 당할 때마다 정철이 시켰다고 공초했고, 복죄하고서 죽었습니다. 열 눈이 보는 바를 그 어찌 가릴 수 있겠습니까*. 종명도 여기 이르면 할 말이 없게 됐는데도 이에 감히 두 사람이 거짓으로 자복했다하니, 그 말이 궁하여 도피했음을 알 수 있겠습니다. 그 말에 또 이르기를, "정언신이 감옥에 있을 때 정철이 실로 힘써 구원했는데, 언신이 죽은 뒤에 그 아들이 시론에 몰려 정철을 여지없이 꺾었다."고 하니, 아! 인간 천하에 어찌 친히 아버지를 구해 준 사람을 보고서 아버지를 모함한 원수라고 일컫을 자가 있겠습니까. 그 말이 들어맞지 않음은 책망할 것도 없습니다. 또 말하기를, "이발의 노모와 어린 자식이 죽을 때 정철은 마침 위관에서 체직된 지 벌써 오래 됐고, 유성룡과 이양원이 서로 이어 대신했다고 해서 죄를 옮겨 씌우려고 했습니다." 하니, 아! 정철이 도로 위관이 된 것은 경인년 2월이었고, 이발의 어머니가 죽은 것은 경인년 5월

13일이었으며, 류성룡이 우상(右相)에 제수된 것은 같은 달 일이라 아직 위관이 되지는 않았습니다. 이것은 일기에 소상히 실려있는 바요, 국인이 다 아는 사실인데도 감히 속이기를 이와 같이 하니, 기타 애매한 일과 주워들은 말은 더욱 믿을 것이 못 됨이 명백합니다. 그 말은 비록 교묘하나 그 흔적은 더욱 드러나니, 만약 지금 다시 고찰하면 환히 밝혀질 것이니, 신들이 진실로 곡진하게 늘어놓을 필요조차 없습니다. 그러나 다만 인심이 격분해서 감정이 솟아남을 스스로 그치지 못함은 진실로 선조의 비답에 이르기를, "그 시비는 저절로 공론이 있을 것이니, 한 사람의 손으로 천하의 눈을 가리기는 어려울 것이다." 하셨는데, 아직 백년도 되지 않아 옥석이 서로 섞여 간사하고 악독한 몸에 죄명이 더해지지 않았으니, 구천에서 그는 반드시 달게 여기고, 세상이 속아 넘어가는 것을 비웃을 것입니다. 통탄스럽지 않습니까. 이래도 내버려 둔다면 군자는 무엇을 믿고 두려워하지 않겠으며, 소인은 무엇이 겁나 함부로 하지 않겠습니까. 신들은 반드시 정철을 벌 준 연후라야 이미 무너진 기강을 떨칠 수 있고 형통한 운수를 열 수가 있다고 생각합니다. 아! 죄악을 지은 자는 몸이 살았든 죽었든 고금을 가릴 것도 없이 모두 다스림을 받아 주륙을 당했는데, 어찌 지나간 일이라고 하여 논하지 않겠습니까. 이러므로 멀리는 <u>당 나라에서 이임보의 관을 쪼갰고</u>*, 가까이는 선조 때 남곤, 심정, 이기, 정순붕의 관직을 삭탈한 것이 다 죽은 뒤에 있은 일이니, 어찌 연수年數가 오래됨을 따지겠습니까. 옛날 일을 살펴보아도 이미 앞선 증거가 있고, 오늘날을 참작해 보아도 여러 사람들의 마음에 크게 부합될 것이니, 삼가 바라건대, 전하께서는 빨리 슬기로운 판단을 내리시고, 속히 국법을 베푸시어 정철의 벼슬을 추탈하여 소인들의 감계로 삼으시면, 양도가 바야흐로 살아나는 것이 「태泰」에 이를 수 있을 것이오. 군자가 바야흐로 나아감이 「형亨」에 이를 것이니, 정치와 교화가 차례에 따라 순조로이 이루어질 것입니다. 아! 호남에서 불행히 이런 액운이 있어 간신과 적신이 나란히 동시에 모여서 남긴 치욕을 가셔내지 못해 인정이 여전히 울적했는데 다행히 밝은 세상을 만났으니, 불가불 한 번 그 치욕을 거두어 치워야 하겠습니다. 그러므로 신들이 천리 길을 발을 싸매고 와서 감히 두렵고 간절한 마음을 털어놓으니, 비록 글 솜씨가 없고 말주변이 부족하여 만에 하나도 뜻을 드러낼 수 없으나, 그 아뢴 말씀은 실로 종묘와 사직에 도움이 있을 것이니, 행여 전하께서는 고루하고 촌스러운 말로만 돌리지 마시고 곡진히 참고하고 헤아려서 행하신다면, 장차 천하와 후세에 할 말이 있게 될 것입니다. 신들은 애타는 마음을 끌어안고 격절함을 이기지 못해 죽음을 무릅쓰고 아룁니다."

소수疏首 지평 양몽거楊夢擧

양석거楊碩擧 양여화楊汝華 양여표楊汝標 양민거楊敏擧 양해거楊海擧 양명거楊溟擧 양대춘楊大春 양대기楊大起 양운거楊雲擧 양대무楊大茂 양필거楊弼擧 양일거楊逸擧 양용거楊龍擧 외

_『己丑錄續』, 丁巳春生員楊夢擧等疏

* 비태否泰 : 비否는 건과 곤이 겹친 것으로 하늘과 땅이 사귀지 못함을 보이는 괘, 태泰는 곤과 건이 거듭된 괘로 하늘과 땅이 서로 사귐을 나타낸다.

* 지일至日에 관문을 닫는 형상 : 동지와 하지를 다 지일이라고 이른다. 『주역』 복復괘에 이르되, "번개가 땅속에 있는 것이 복이니, 선왕先王이 이로 인하여 지일에 관문을 닫는다." 했다. 동지에는 음陰이 회복하고, 하지에는 양陽이 회복된다.

* 대각臺閣을 사주해서 대신들과 역적들의 교제가 두터웠다고 탄핵케 하고, 유생들을 사주해서 조신과 역적이 왕래가 밀접했다고 의논케 했으니 : 동년 12월 2일 생원 양천회가 상소해서 정여립이 조정의 벼슬아치 누구누구와 가까이 지냈다고 논핵한 일을 말한다.
* 최영경과 원한이 있는 집에서 무고토록 하고 끝내는 뜬소문을 조작해서 최삼봉崔三峯이란 말을 꾸며 : 정여립의 참모로 알려진 길삼봉이 곧 최영경이라는 낭설을 말한다.
* 백유양白惟讓 삼부자에 이르러서는 집이 뒤집히고 알이 깨지는 것을 면치 못했고 : 백유양이 죽은 뒤, 그 아들 진민과 흥민이 공초하기를, "아버지가 모르는 일을 아들이 어떻게 알겠습니까. 엎어진 둥지 밑에 알만 어찌 성하겠습니까." 하고, 맞아 죽었다.
* 열 눈이 보는 바를 그 어찌 가릴 수 있겠습니까 : 증자의 말에, "열 눈이 보는 바요, 열 손이 가리키는 바니, 그 엄할진저." 했다. 『대학』
* 당唐 나라에서 이임보李林甫의 관을 쪼갰고 : 당 현종 때 간계로 정계에 암약한 재상인데, 죽은 후 양국충楊國忠이 돌궐 장수 아포사阿布思와 작당 반역하려 했다고 무고하여 관작이 추삭되고, 관을 쪼개 함주含珠와 금자金紫를 꺼내 버리고, 서민의 예로써 장사하게 했다.

"상소를 보고 여러 선비들의 말은 모두 알았다. 비록 일이 그리 됐다고는 하나 다시 따지지 말라. 일찍이 인조 때 참작하여 정한 일을 지금은 지난 지가 오래인데 고친다는 것은 옳지 않다. 너희들은 물러가 학업이나 지키라."

숙종은 가납하지 않겠다는 비답을 내렸다. 인조 때 이미 결정된 것이므로 받아들일 수 없다는 반응이었다. 2월 22일, 상소를 받아들이지 않자 무송공 등은 다시 상소를 올렸다. 1차 상소를 윤허해 달라고 촉구하는 내용이었다.

"너희들의 상소는 살펴봤다. 너무 지나치다. 지난 번 비답처럼 인조와 효종 때 밝히지 않았던 일을 50년이 지난 지금 어찌 번거롭게 하느냐. 해괴하다."

숙종은 또 거절했다. 두 차례 상소로 정철의 관작 회수에 실패하자 1691년(숙종 17)에는 나주에 사는 정무서鄭武瑞를 소수로 내세워 정철의 관작을 추탈하라고 요구했다. 1·2차 상소와 같은 내용이었다. 이 상소에도 우리 양씨 어른 19명이 연대 서명했다. 숙종은 "발본색원한다는 말은 매우 명쾌하나, 추삭하는 것은 너무 심하다."라는 반응이었다. 그러나 여론에 못 이긴 숙종은 며칠 후 정철의 관작을 추탈하라는 명령을 내렸다.

상소를 올린 뒤, 무송공은 남인 당로자의 추천으로 사헌부지평에 임용됐다. 언론기관의 중견 직임이다. 조선에서 현달한 관료는 거의 모두가 이 소임을 거쳤다.

1694년(숙종 20), 폐출된 인현왕후 민씨가 복위되고, 왕비로 있던 희빈 장씨가 통명전에서 경춘전 옆의 취선당으로 물러났다. 남인이 몰락하고 정권은 서인에게 넘어간 것이다. 이를 갑술환국이라고 한다. 무송공은 벼슬살이를 접고 낙향했다. 이래 무송공은 자연을 벗 삼아 소요하다가 일흔 살을 향년으로 영면했다. 성종 시대에 권신 한명회를 탄핵했던 집의공諱자유과 더불어 남원양씨의 기개를 떨친 언론인으로 기억할 만한 어른이었다. 공의 사후, 서인 세상과 부딪힌 공의 후손들은 그들의 보복을 받아 고단한 세월을 보낸 것으로 전한다.

라. 백수공의 당론

백수공諱응수은 정계에 발을 디딘 적이 없다. 사색당론과 직접적인 관련은 없다고 봐야 맞다. 그러나 당시는 학자든 정치가든 당론에서 자유롭지 못했으므로, 어느 쪽 인사와 종유從遊하게 되면 그쪽 당인으로 지목됐다. 더군다나 분당 초기의 당론은 정계에서 생산돼 산림으로 번졌으나 조선 후기의 당론은 산림에서 일어나 정계로 확산됐으므로 현실과 거리를 둔 학자라 할지라도 당론에 자기 의견을 개진하지 않을 수 없었다.

백수공의 학문은 기호학파畿湖學派 줄기다. 이이 → 김장생 → 송시열 → 김창협 → 이재 → 양응수로 이어지는 도통道統이다. 서인의 주류인 셈이다. 숙종 무렵에 송시열과 그 문하인 윤증이 소위 회니사생론으로 서인이 노론과 소론으로 갈라선 이래, 백수공은 노론과 어울렸다. 백수공이 당인으로 처신하지는 않았지만 노론으로 간주되는 이유다.

백수공뿐 아니라 당시 남원양씨의 대표적인 학자로 일컬어지는 삼성당諱회영 · 오졸재諱진우 · 안암공諱춘태도 노론과 사귀었기 때문에 노론으로 분류됐고, 돈와諱종해 · 경암諱종을 · 담재공諱득희은 골수 노론인 유언집 · 김원행의 문인이었으므로 투철한 노론이었다. 백수공의 연원이 이랬기 때문에 실제 당론에서는 철저한 노론 지지자로 남인을 배격했다.

이미 진술한 것처럼 백수공은 당론에 직접 간여한 적은 없다. 그러나 스승인 이재가 학문적 논쟁을 통해 학통을 세웠으므로 당론과 전혀 무관하다고 할 수도 없다. 학통도 하나의 당론이기 때문이다. 이이와 이황이 학문적 견해를 달리 했던 것처럼, 백수공 당시도 인물성동이론人物性同異論(사람과 짐승의 성품이 같은지 다른지를 따지는 이론)을 주제로 한 논쟁이 치열했다.

주자학을 달리 성리학이라고도 한다. 명종 · 선조 연간의 거유巨儒였던 이황과 이이는 이기설理氣說에 대한 견해가 달랐다. 학계에서는 이이의 기발이수설氣發理隨說을 지지하면 기호학파, 이황의 이발기승설理發氣乘說을 지지하면 영남학파라고 한다. 기호학파는 송시열로 이어져, 그 문하에 권상하 · 김창협 같은 거유가 나왔다. 권상하 문인에는 한원진韓元震과 이간李柬이 있었는데, 두 사람은 인물성동이론에 대한 의견이 달랐다. 한원진은 사람과 짐승은 타고난 성품이 본질적으로 다르다는 주장을 내세운 반면, 이간은 같다고 봤다. 사람들은 한원진이 호서에서 살았기 때문에 그의 주장을 '호론湖論', 서울에 살았던 이간의 논리를 '낙론洛論'이라 했다.

이 호락론쟁湖洛論爭은 송시열의 문인인 권상하의 호론을 한원진이 계승한 것이고, 이재는 스승 김창협에게 뿌리를 둔 낙론을 이어받아 대립하는 논쟁이다. 그러므로 이간은 스승 권상하의 주장을 반박하고, 김창협의 이론을 따른 셈이다. 그래서 호락논쟁을 한원진과 이간의 싸움이라고 했다. 이 싸움은 전국의 학계로 번져 호락논쟁에 가담하지 않은 사람이 없었다. 백수공은 이재를 계승했으므로 호론을 배격하고 낙론의 학통을 따랐다고 볼 수 있다.

제8장

창의 倡義

순창객사 | 춘계공에 항일 의지를 불태웠던 역사의 현장. 춘계공과 함께 의병활동을 전개했던 임병찬이 전주에서 파견된 시위대에 맞서 격전을 치렀던 곳이다. 최익현은 이곳을 의병본부로 이용하다가 일본군에게 붙잡혔다.

조선 전기의 군사 조직은 병란兵亂을 고을 수령이 책임지는 체제였다. 이 제도는 수령이 독자적으로 지휘하므로 이웃고을과 연대가 어려웠고, 대규모 전란에 부딪치면 금방 한계를 드러냈다. 그래서 을묘왜변(명종 10년에 전라남도 해남군에 있는 달량포에 왜선 60여 척이 쳐들어온 사건) 이후에는 수령이 자치적으로 방위군을 확보하고 있다가, 외침을 당하면 중앙에서 파견한 장수의 지휘를 받도록 하는 체제로 전환했다. 이 체제가 성공하려면 신속한 보고체계와 함께, 병력 집결과 기동력 제고를 위한 도로가 제대로 정비돼야 한다. 그러나 조선은 그렇지 못했다. 게다가 무관의 지휘를 받는 북변과 달리 남쪽은 대체로 문관이 장졸을 지휘했다. 문관들의 실전 능력은 말할 것 없고, 대비도 느슨했다. 임진 · 병자 양란에 속절없이 당한 이유이기도 하다.

1. 임진왜란의 창의

창의란 국난을 당했을 때 나라를 위하여 민간인이 의병을 일으켜 전투에 참가하는 것을 말한다. 의병이 없었다면 조선은 그나마의 국체도 보존하기 어려웠을 것이다. 남원양씨 어른들은 임진왜란과 병자호란에 분연히 일어섰고, 일제강점기에는 왜의 야욕 앞에 과감히 맞섰다.

전라도의 고경명, 경상도 곽재우, 충청도 조헌, 함경도 정문수는 국란을 맞아 분연히 떨치고 일어선 대표적 의병장들이다. 고경명은 60을 넘긴 고령으로 항왜의 선봉에 선 호남의 중추적 인물이었다. 그의 큰아들 종후從厚는 왜군의 호남 진출 길목인 진주성으로 창의사 김천일金千鎰과 함께 들어갔다가 김해부사 이종인 · 충청병사 황진 · 경상병사 최경회 등과 더불어 산화했다.

얼마 안 돼 고경명도 수천의 창의군을 이끌고 충청도 금산으로 진군, 둘째 아들 인후因厚와 함께 장렬하게 전사했다. 『호남절의록湖南節義錄』이 기록한 당시 의병장은 전주 최호崔虎 · 양몽열梁夢說 외 12명, 남원 양희적楊希迪 · 변사정邊士貞 외 42명, 임실 오성吳誠 · 김성진金聲振 외 4명, 순창 양사형 · 한응성 외 6명, 정읍 김제민金齊閔 · 송창宋昌 외 23명, 고창 서홍도徐弘度 · 김홍우金弘宇 외 21명, 부안 안충남安忠南 · 김태복金泰福 외 3명, 김제 안휘安徽 · 박석정朴石精 외 4명, 익산 송대창宋大昌 · 이서원李瑞遠 외 6명, 옥구 전용권田用權 등이다. 앞서 살핀 것처럼 이 절의록에 오른 남원양씨 어른은 어은공諱사형 · 모정공諱희적이시다. (➡ p.94 · 97)

모정공은 지금의 삼계면 세심리에 사셨는데 당시 행정구역으로는 남원도호부 속현이었기 때문에 남원 소속으로 돼 있다. 어은공과 함께 활약하다 전사한 한응성 장군은 생원공 諱순洵의 사위, 생원공 諱공이公儞의 손녀사위다. 생원공 諱순이 후사가 없어 처가 봉사를 했는데, 스승 조헌과 함께 금산전투에서 전사했다.

임진년(1592, 선조 25), 전국을 통일한 도요토미 히데요시는 중국으로 진출하겠다는 야망을 품고 20여만 명으로 대대적인 침공을 감행했다. 당시 조선 조정은 일본 사정에 눈을 감은데다가 명나라를 잘 섬기고, 좀도둑이나 다름없는 야만들이야 적당히 달래보다가 말을 안 들으면 응징한다는 사대교린으로 나갔다. 백성들도 오랜 기간 태평세월에 길들여져 전쟁이 무엇인지조차 모르는 형편이라 부산진에 상륙한 왜군은 불과 보름 만에 파죽지세로 한양에 진입하는 전과를 올렸다. 왜관의 무역상들이 등짐을 지고 서울에 도착하는 노정보다도 빠른 진격이었다.

전쟁 초기, 전라감사 이광은 장정 8천여 명을 이끌고 공주로 갔다가 선조가 도성을 빠져나갔다는 소식을 듣고 전주로 되돌아오고 말았다. 어은공諱사형은 서찰을 띄워 전쟁터에 가지도 않고 되돌아온 감사를 나무랐다. 이 같은 질책을 여러 번 접한 이광은 사죄하고 다시 북상할 것을 다짐했다. 그래서 이광은 2만여 군사를 이끌고 북상하여 적군을 만났으나 용인지구에서 속절없이 무너지고 말았다. 왜적을 만나 허겁지겁 끌어 모은 장정들은 오합지졸에 지나지 않았던 것이다.

한편, 어은공은 이광에게 질타하는 서면을 띄운 직후, 노구를 이끌고 두 아들과 함께 의병을 일으킨 고경명의 소식을 듣고 담양으로 달려갔다. 공은 그곳에서 이미 뜻을 같이한 사람들과 추성관秋城館(담양의 객사)에 제단을 마련하고 향을 피워 구국 일선에 신명을 바치기로 하늘에 맹세하며 희생물(천지신명 따위에 제사 지낼 때 제물로 바치는 산 짐승)의 선혈을 나눠 마셨다.

© 포충사褒忠祠, 광주광역시 남구 원산동

창의거병도倡義擧兵圖 | 1592년 5월 29일, 각지에서 창의한 6천여 명의 의병들이 고경명 장군을 의병장으로 추대하고, 유팽로·안영·양대박을 종사관으로, 양사형·양희적·최상중을 모량유사로 삼고 담양 추성관에서 백마 피를 마시며 왜적을 무지르기로 맹세하는 장면. 오승윤 그림

선조가 서대문을 빠져나가고 나서 1개월이나 지난 5월 29일이었다. 부서를 조직한 창의군은 고경명을 의병장으로 추대하고, 종사관으로는 학유 유팽로·학관 양대박·유학 안영, 직장 양사형·정자 최상중·유학 양희적은 모량관으로 삼았다.

창의군은 6월 11일 출정, 7월 1일 충청도 연산에서 옥천을 출발한 조헌의 의병과 합류했다. 7월 10일, 금산으로 진격하여 왜적과 조우한 고경명 창의군의 전세가 불리해지자, 종사관들은 잠시 후퇴하여 뒷날을 도모하자고 건의했다. 그러나 고경명은 결연히 거절하고 안

경명충렬敬命忠烈 | 임진왜란 때 의병장 고경명과 아들 고인후·유팽로·안영 등의 장렬한 죽음을 그린 그림이다. 광해군 때 편찬한 『동국신속삼강행실도』

영 · 유팽로 · 고인후 · 양대박 등 의병장들과 함께 치열한 항전 끝에 장렬한 죽음을 맞았다.

어은공 · 모정공은 모량관이었으므로 군량을 조달해 고경명의 진영까지 수송하는 것이 임무였다. 직접 전투에 참가하지는 않았다. 고경명 장군의 전사로 계획이 달라지자, 창의군은 전열을 정비하여 남원의 의병장 정염 등과 합류, 변사정을 대장으로 삼아 경기도 수원으로 출진했다. 그리고 어은공은 바로 여산을 경유해 선조가 몽진 중인 의주로 가서 이듬해 10월 환도할 때까지 호종했다. 서울에는 이미 모든 궁궐이 불타버렸으므로, 선조는 월산대군의 옛집(지금의 경운궁 자리)에 머무르는 수밖에 없었다. 1593년(선조 26), 황해도방어사 김경로의 종사관으로 있었던 어은공은 1597년(선조 30) 왜적이 다시 일어나자 조정의 부름으로 모량관 임무를 띠고 명나라 지원군의 급시給飼(식자재 공급)를 맡게 됐다.

정유재란 때 왜군은 호남 공략에 총력을 기울였다. 이 해 7월, 왜군은 남원성을 침공했다. 이때 모정공은 함양 박천정과 함께 남원에 주둔하고 있던 이언빈의 진중으로 군량을 보급했다. 그러나 남원성은 끝내 왜적에게 함락되고 1만여 장졸이 순절하고 말았다.

공은 직접 전투에 참가하지는 않았으나, 임진 · 정유왜란 때 두 번이나 운량장運糧將으로서 공을 세웠다. 왜적이 물러간 뒤 학봉 김성일은 모정공의 군량 조달은 호남에서 제일이었다는 장계를 올렸다고 한다. 그 공로로 내선시판관으로 불렀으나 공은 나아가지 않고 선산 아래에 집을 짓고 동구 밖으로 나오지 않았다. 아버지 돈재공諱사의 유택 아래서 부모를 기리려는 뜻이었다.

정조 때, 고을 선비들은 아계사를 세우고 모정공과 그의 증조부 매당공諱배을 함께 배향했다.

2. 병자호란의 창의

여진족은 오랑캐라는 이름으로 멸시를 받으며 만주 일대에 할거하던 민족이다. 고려시대에는 금金나라를 세워 만주를 지배했으나, 몽골침략으로 나라가 망하자 여러 부족으로 갈려 원나라에 복속했고, 원나라가 물러간 뒤에는 명나라의 지배를 받았다. 16세기말, 건주위 추장 누르하치奴兒哈赤가 흩어져 살던 여진족을 통일하고, 싱징興京을 거점으로 세력을 확장했다. 이것이 후금後金이다.

전국을 통일한 일본이 중원 진출의 야망을 품은 것처럼, 후금도 대륙을 점령하려는 꿈을 품었다. 그래서 명나라는 나날이 성장하는 후금을 진압하려고 조선에 지원군을 요청했고, 광해군은 강홍립姜弘立을 도원수로 삼아 1만 3천 명을 파병했으나 강홍립은 광해군의 밀교密敎에 따라 전황을 관망하다가 군사를 이끌고 후금에 투항했다.

강홍립이 후금에 머무르는 동안, 조선에서는 인조반정으로 정권이 바뀌었다. 이를 계기로 조선의 대외정책은 급선회했다. 서인은 실리보다는 명분을 중시했고, 신료들은 광해군의 중립외교 노선을 백지화하고 이전의 친명배금 정책으로 복귀했다. 그 사이 후금은 누르하치가 죽고 아들 홍타이지皇太極가 칸汗의 자리를 이어 받았다.

이 무렵 후금은 명과의 전쟁 탓에 교역로가 끊겨 물자 부족으로 허덕였다. 홍타이지는 이를 타개하기 위해 조선과의 통교로 후방을 안정시키려고 가도椵島에 주둔한 모문룡毛文龍을 격퇴하고, 후금에 적대적인 조선을 응징하고자 했다. 때마침 인조반정의 논공행상에 불만이 있던 이괄李适이 후금과 결탁했다. 그는 광해군이 부당하게 폐위됐다고 호소하고 변경 방비가 허술한 조선을 징치해달라고 종용했다.

1627년(인조 5년) 1월, 홍타이지는 광해군을 몰아낸 조선 조정을 혼내겠다면서 자신과 경쟁관계였던 다이샨代善 · 아민阿敏 등 형들에게 3만의 병력을 주어 조선을 정벌하도록 했다. 이것이 1차 침공, 이른바 정묘호란이다. 이괄의 난으로 북변의 군사 체계가 붕괴된 조선 조정은 화의론和議論이 대세였고, 홍타이지 군대도 장기간에 걸친 출병은 어려웠으므로 싸움을 오래 끌지 않고 출정한 지 약 두 달 만에 '형제지맹兄弟之盟'을 맺고 물러갔다.

이 후로 후금은 조선에 여러 가지를 요구했다. 식량 지원과 명 정벌에 사용할 병선兵船 제공은 그 일부였다. 1632년(인조 10)에는 형제 관계를 버리고 '신하의 예'를 갖추라고 요구했다. 그러자 조선은 주자학적 명분론에 입각하여, 화친하자는 논의에서 전쟁도 불사하겠다는 척화론斥和論으로 바꾸었다. 결국 두 나라 관계는 꼬이기 시작했다.

1636년(인조 14) 2월, 후금은 잉굴다이龍骨大와 마푸타馬福大 등을 조선에 보내 여진의 부족들이 맹세한 것처럼 홍타이지를 존숭하라고 압박했다. 척화론으로 기운 인조는 후금의 사신 접견은 물론 국서 접수도 거절했다. 조정에서는 최명길처럼 전쟁보다는 화해하여 평화롭게 지내자는 주화론을 편 관료도 있었지만, 대세는 척화선전斥和宣戰으로 기울어졌고, 그에 따라 인조는 팔도에 교서를 내려 방비를 굳게 하라는 등의 결전 의지를 드러냈다. 그해 음력 4월, 황제 칭호와 더불어 국호를 청淸, 연호를 '천총天聰'에서 '숭덕崇德'으로 고친 홍타이지는 뻣뻣한 조선을 꺾기 위해 원정을 서둘렀다.

1636년 12월, 홍타이지의 군대 약 10만이 압록강을 건너 남하했다. 의주부윤 임경업은 백마산성에서 적군의 진로를 차단하고 기세를 꺾어 놓을 만반의 준비를 마치고 기다렸으나 어리숙한 청군이 아니었다. 그들은 임경업의 기대와 달리 예상 통로를 우회했다. 청나라 군대가 대대적으로 압록강을 건너왔다는 전황이 한성에 알려진 것은 홍타이지가 이미 개성 근처에 육박했을 때였다. 그제야 인조와 조정은 강화도로 피난을 서둘렀으나 청군의 신속한 진군을 감당하지는 못했다. 1637년 12월 14일 밤, 조선 조정은 남한산성으로 피했다. 남한산성에 들어간 인조는 각 도에 근왕군勤王軍(임금의 친위부대)이 되어 분발하라는 전교를 내렸다.

전라도는 여산에 의병청을 설치하고 정홍명鄭弘溟(정철 아들)이 호소사號召使(의병 모집책)로 활동했다. 이에 각지 의병장은 군량과 군졸을 이끌고 의병청으로 모여들었다. 이렇게 의병청이 확보한 창의군은 5천 3백 70여 명, 군량은 5천 30여 석이었다. 전라도 순검사 이시방李時昉과 호소사 정홍명은 대오를 정비, 12월 27일 공주에서 합류한 충청도 의병과 함께 북상했다. 『병자창의록丙子倡義錄』에는 화양공諱여매 · 두 분 참의공諱여균·諱여장 · 선무랑공諱여숙 등 '여汝' 자 항렬 네 분이 의병장으로 나와 있다.(▶ p.138 · 142)

조선으로 진군한 청군은 한성과 인조仁祖만을 노린 전격전이었으므로 한성과 그 주변을 제외한 배후지에는 피해가 거의 없었고, 특히 삼남 지방은 아무렇지 않았다. 그래서 조정은 지방에서 올라온 근왕군으로 산성을 포위한 청군을 역포위하면 전세를 역전시킬 수 있다고 판단했다. 그러나 근왕군을 지휘할 도원수 김자점金自點은 양평에서 움직이지 않았고, 각 도에서 올라오던 근왕군은 접근도 하지 못한 채 청군의 별동대에게 각개격파 당했다. 남한산성은 더욱 고립됐다.

한편, 남한산성에서는 척화 · 주화의 양론이 격돌했으나 무력감에 빠진 인조는 송파 삼전도로 나와 홍타이지에게, 패배한 신하 나라의 예를 갖춰 이마에 흐르는 피를 무릅쓰면서 세 번 무릎을 꿇고 절할 때마다 세 번씩 머리를 조아리는 의식三拜九叩頭禮을 치렀다. 1637년(인조 15) 정월 30일이었다.

3. 한말韓末의 의병

항일의병운동의 씨앗은 동학농민운동이다. 이 움직임은 일본의 국권 침탈에 저항한 을미(1896) → 을사(1905) → 정미(1907)의병으로 이어졌고, 경술(1910)국치 이후 항일무장독립운동의 발판이 됐다.

을미의병운동은 1895년(고종 32)의 동학농민운동이 기폭제였다. 을미의병은 일본 낭인들이 저지른 명성왕후 시해 사건(을미사변)과 김홍집 내각의 단발령(성년 남자의 상투를 자르라는 명령)에 항거하여 일어난 저항운동이다. 유학자와 일반 농민들로 구성된 이때의 의병들은 지방의 주요 도시를 공략하여 친일 관리와 일본인을 처단했다.

을사의병운동이란 을사늑약이 맺어진 직후에 최익현 · 민종식 · 신돌석 등이 주축이 된 의거다. 이때는 평민 출신의 신돌석과 머슴 출신 안규홍 등 다양한 신분의 의병장이 등장해 을사늑약 파기와 친일 관료들의 축출을 주장했다. 을미의병에 비해 움직임은 거셌으나, 신무기로 무장한 일본군을 감당하기에는 너무 벅찼다.

정미의병은 고종의 강제 퇴위와 정미7조약(1907년 헤이그 밀사 사건 뒤에 일본의 강압에 의하여 우리나라와 일본이 맺은 조약. 전문 7조로 되어 있으며, 모든 행정 · 사법 사무를 통감부의 감독 아래에 둘 것을 내용으로 하고 있다.)의 강제 체결, 군대 해산 등을 계기로 1907년에서 1910년 사이 발생한 항일 구국적 근대 의병봉기다. 이 저항은 강제 해산된 대한제국 군인들이 가담했으므로 파급력이 대단했다. 의병총대장 이인영李麟榮은 13도의 의병을 통합한 서울 진공進攻 작전을 계획하고 각국 대사관에 국제 교전 단체로 인정해줄 것을 요구하기도 했다.

그러나 이 작전은 이인영이 부친상을 당해 낙향하는 바람에 물거품이 됐다. 그럼에도 불구하고, 1907년 대한제국 군대 해산 이후, 흩어진 군인들이 의병에 적극 동참함으로써 활동은 전국적으로 확산됐고, 이에 따라 1907년에서 1909년 전반기에 이르기까지 약 2년간은 가장 격렬한 투쟁이 전개됐다.

이 시기의 일본군을 타격한 전투횟수는 무려 약 2천 7백회, 의병만 해도 약 14만여 명을 헤아렸다. 이들 항일의병 투쟁은 전국적인 현상이었으나, 특히 전라도가 다른 지역보다 전투 횟수나 항일 의병들 수가 압도적일 만큼 저항이 격렬했다. 이 의거에 적극적인 활동을 전개한 분으로는 남원양씨 춘계공春溪, 字윤숙允淑, 諱춘영春泳을 비롯한 몇 분이 손꼽힌다.

춘계공은 1875년(고종 12), 구림면 국화리에서 절충장군 諱석민錫民의 큰아드님으로 태어나셨다. 어려서부터 용맹스러워 마을 주산인 회문산에서 무예를 익혔다고 전한다. 성인이 돼서는 군청에 주사主事로 취직해 행정 업무를 보기도 했다. 그러다가 을사늑약으로 통감부가 외교권을 가져가고, 얼마 뒤에는 군대까지 해산되자, 이에 분개한 춘계공은 주사 생활을 접었다.

17世	18	19	20	21	22	23	24	25	26	27	28	29
사민	**시익**	**여집**	**문거**	**정기**	**현**	**한원**	**세복**	**문희**	**재봉**	**석민**	**춘영**	**병창**

쌍매당공중산파(17~29) 춘계공 가계

그때, 정읍 태인에서 궐기했던 최익현崔益鉉이 내려와 임병찬林秉瓚과 함께 의병운동 계획을 세운다는 소식을 듣고 찾아갔다. 최익현·임병찬은 춘계공을 반가이 맞으며 곳곳의 포수를 포섭하라는 직책을 맡겼다. 1906년(광무 10) 4월 20일, 최익현이 순창을 거점으로 거사할 때, 공은 포섭한 포수 수십 명을 인솔해 여기에 동참했다. 이어 공은 최익현을 따라 남원으로 진출, 전투에 참가하여 일경日警과 맞섰으나 불행하게도 최익현이 체포되고 말았다. 앞길을 알 수 없게 되자 공은 뒷날을 기약하고 포수들과 순창으로 복귀했다. 압송된 최익현은 일본 대마도로 끌려갔고, 거기서 단식 투쟁을 하다가 그해 11월에 결국 절명하고 말았다.

이듬해, 공은 흩어진 의병을 모아 대오를 정비했다. 이로부터 공의 부대는 순창·임실·남원·정읍·담양·장성·고부군 일대를 무대로 일본 군경과 대결하여 심대한 타격을 입혔다. 세상에서는 공의 의병들은 '양윤숙부대'라고 일컬었고, 그 당당함에 감응한 주민들은 앞을 다퉈 협조했다.

전북동부보훈지청 자료에는 이 무렵의 활동 상황을 다음과 같이 기록하고 있다. 자료에 따라서는 양춘영이라는 본래 이름 말고 양인영楊寅泳, 양윤숙楊允淑으로도 나오는데 둘 다 춘계공의 다른 칭호다.

> ……
>
> 1907년 정미의병이 일어나자 이듬해 양윤숙은 순창군 구림면 국화촌의 뒷산인 화문산에서 의병을 조직했는데 그 부서는 다음과 같다.

도총독都總督 양윤숙 후군后軍 이국찬李國贊

좌선봉左先鋒 최화崔華 향관餉官 서기협徐基俠

우선봉右先鋒 임순호任恂鎬 교련관敎練官 한자선韓自善

중군中軍 최산흥崔山興

총인원 1천 2백여 명에 화승총 270정과 칼 30자루로 무장했으며, 기병과 동시에 다음과 같은 의격문을 발표했다.

의격문義檄文

가만히 생각해 보니 난신이 나라를 꾀하여 장차 5백 년 사직을 떨어뜨리려 할 뿐만 아니라 적장이 많은 무리를 거느리고 와서 누르니 누가 삼천리 강토를 일으킬 것인가. 민물民物은 금수의 지경에 혼륜渾淪했으며 의관은 오랑캐의 법과 구별하기 어려우며 임금의 법을 펴지 못하니 나라의 운명은 어려움이 많다. 개화의 제도는 선왕의 법도가 아니므로 척화는 큰 의리가 참다운 열사의 의리와 절개이다. 그 백성이 되어서는 마땅히 엎드려 죽을 마음을 가지고 오랑캐의 도적을 맞을진대 여러 사람이 소리를 질러 성토함만 같지 못하여 칼을 차고 길게 부르짖나니 뜻있는 선비의 눈물은 마르지 않을 것이며 방패를 어루만지며 통곡하도다. 원수들의 간을 씹으며 삶을 버리고 의리를 취함은 맹부자孟夫子가 뒷사람에게 가르친 바이며 죽음을 맹세하고 근본을 세운 것은 노중련魯仲連의 맑은 절개이다. 우주를 돌아다 바라보면 열사가 몇이며 고금을 내다보면 난적은 몇인가. 어리석게 난을 일으킨 요의 요는 천명을 거역하여 순임금을 세 번이나 귀양 보냈으며, 왕촉은 절사했고, 고을을 지키려다가 고경杲卿은 욕보고 죽었는데도 녹산祿山은 감히 할 말이 있었다. 오호 통재라. 내가 군사를 모아 선봉에 섰는데 한심하구나. 작은 개떼들이여, 전의 일을 거울삼아 부질없는 놀음은 하지 말라. 태조께서 적을 친 높은 공훈은 황산에서 금석으로 눌렀으며 선묘宣廟의 적을 무너뜨림이 성렬盛烈했음은 화양華陽의 일월로 새기었다. 형마刑馬는 한단漢壇에서 맹세했고, 집우執牛는 제구齊邱에서 맹세했다. 토벌대와 순사대는 마땅히 저자거리에서 벨 것이며, 경무관과 고문관은 장차 해외로 멀리 쫓을 것이며, 재무財務의 장이 만약 물러가지 않으면 비록 수장이 아닐지라도 그 집에서 죽일 것이며, 학교의 스승은 돌아가지 아니하여도 특별히 죄 주지 않겠지만, 마땅히 그 책을 불 사를 것이다. 서원의 무리는 새로운 문서를 만들어 교활한 아전에게 이로운 근원을 크게 열어주었으며, 세금을 받은 사람은 구세를 독촉하여 백성이 도탄에 빠져있음을 돌아보지 않고 있다. 가만히 생각하니 내가 비록 재주는 없으나 장차 앞장서서 나라의 원수를 다시 갚을 것이리라. 비록 군사가 날래지는 못하나 마땅히 후대를 만들어 백성의 원을 씻을 것이니 그것은 다행한 일이 되고, 의여義旅에 매우 다행한 일이 될 것이다. 무릇 수만 척으로 1결(쌀 240말 정도를 수확할 수 있는 토지)을 삼아서 1등이면 가감이 없고 2·3등부터 차차 등급이 있으니 이것은 모두가 91세이다. 그런데 지난 경자(1900, 광무 4)에 새로 측량할 사람을 보내어서 잰 바가 있었는데, 땅의 좋고 나쁜 것을 알지 못하고, 비록 밭을 6등급으로 나누어서 3·4등에 결을 맺었으니 그 전의 양보다 많아졌으니 백성의 뒷날의 폐가 이와 같이 심했으며, 서원으로 하여금 새로 맨 양을 고준하고 빚을 살피어 매 결마다 석 량씩 강제로 거두었으니 그 화가 파다

© 양완욱

항일의병장 춘계공의 묘 | 순창군 인계면 도사리

했다. 이것이 개화냐. 또한 결전結錢을 상납할 곳이 없는데 백성에게 세금만 독촉하여 왜놈의 관청에 납부했으니 일본에게는 충신이지만, 대한에게는 난적이니 그 죄는 마땅히 베어야 할 것이나 아직은 용서할 터이니 높이

© 양택규

무후선열제단無後先烈祭壇(국립서울현충원의 애국지사 묘역) | 춘계공의 막하에서 중군으로 활약했던 최산흥 장군의 위패를 봉안하고 있다.

날아 떠나거라. 그렇지 아니하면 목을 베어 여러 사람에게 보이어 경계할 것이니 이것을 깊이 생각하기 바라노라.

무신(1908) 11월 의병대장 양인영 중군 최산홍

이리하여 1909년 말 이른바 남한대토벌 작전에 의거 일군에게 폭도 괴수라 하여 체포되기까지 적을 수없이 공격하여 그 용명을 떨쳤다. 1908년 음 8월 향관 서기협으로 하여금 부하 22명을 인솔하여 순창군 구림면 화암리에서 일본군과 교전하게 하여 전과를 올렸으며, 1908년 음 9월에는 중군 최산홍이 40여 명을 인솔하고 구림면 국화촌에에서 남원수비대를 기습하기도 했다. 1909년 음 정월에 후군 이국찬이 12명의 병력으로 서면 죽전리의 순창수비대 10여 명을 공격했다. 1909년 음 2월에는 교련관 한자선이 병력 30명을 인솔하고 회문산 기슭 산내리에서 순창수비대 10여 명을 공격했다. 1908년 11월 22일에는 최산홍이 60명의 병력으로 임실군 강진면 갈담리의 왜군 기병대가 사용하고 있는 민가를 습격하여 소각하기도 했다. 이와 같이 양윤숙은 향리인 순창을 중심으로 의병항쟁을 계속했으며, 1909년 가을의 소위 일군의 대토벌로 거점을 상실하고 은신했다가 1909년 12월 23일경에 마침내 김제군 월산면 봉월리에서 김제수비대에 체포됐다. 체포 당시 경찰조서에 따르면 부하 의병에 대해서는 일체 함구했다고 하며 국가를 위해 죽을 따름이라고 소신을 밝혔으나 일제는 이를 왜곡 기록하고 있다. 왜냐하면 양윤숙에 대한 죄목이 소위 내란죄였으며 이에 방화죄를 추가하여 교수형을 내리고 있기 때문이었다. 양윤숙의 순국일자는 1910년 4월 14일 광주 감옥 전주분감에서였으니 내각총리대신 이완용의 내각고시 49호

(관보)가 이를 입증하고 있다. 정부에서는 고인의 공훈을 기리어 1980년에 건국훈장 독립장을 추서했다.

공은 죽음을 앞두고 옥중에서 이렇게 읊었다.

나는 봉황은 날개가 꺾였어도 봉황은 봉황이요	飛鳳折翼鳳爲鳳
엎드려있는 용은 여의주를 잃었어도 용은 용이다.	伏龍失珠龍爲龍
너의 나라의 큰 충성은	爾之國之大忠
오늘 성대한 일이 됐고	今日之盛事
내 불충은	我之國之不忠
오늘 눈물을 흘리네.	今日之落淚

_ 한국향토문화전자대전

공은 1910년 3월 9일 전주재판소에서 교수형을 받았다. 이때 나이 서른여섯, 아들도 없었다. 조국이 광복을 맞은 뒤에도 아무도 공을 기억하지 않았다. 공에게 건국훈장 독립장을 추서하게 된 것은 1980년 당시 대종회장 석포공石圃 諱상곤相坤과 사학자 현곡공玄谷 諱만정萬鼎이 춘계공의 기록을 추심, 포상을 신청한 결과다. 함께 활동한 공의 아우 諱윤택允澤에게는 대통령 표창이 내렸다. 종중에서는 1990년, 공의 유택을 구림면에서 인계면 도사리 국도변 선영으로 천장했다.

춘계공 휘하에서 활동한 이로 諱양춘범楊春凡이란 분이 있다. 1887년(고종 17), 구림면에서 태어나 농업에 종사하다 의병으로 참가했다.

1910년 4월 13일, 전주재판소에서 10년형을 선고받았다는 기록이 있다. 가족 관계는 알 수 없다.

諱양경삼楊敬三(1870, 고종 7~1908, 융희 2)은 임실군 관촌면 도봉리 출신으로 알려진 인물이다. 그는 1907년(융희 1) 구한국군 해산 당시에, 이석용李錫庸(1878, 고종 15~1914)이 주도한 호남의병창의동맹단湖南義兵倡義同盟團에 가담, 9월 진안 석전리에서 거사하여 진안과 장수를 일대로 세력을 키웠다. 이후 9월 5일 장수 배룡리, 9월 13일 진안읍 공격, 9월 16일 내원사 전투, 10월 8일 화암리 후방산 전투, 11월 17일 장수읍 공격, 12월 22일 두봉리 전투, 12월 25일 진안 무술촌 전투, 이듬해 1월 18일 사촌, 2월 18일 이방리, 3월 5일 진안 시동, 3월 14일 마근동, 3월 17일 수류산, 3월 21일 운현, 27일 관촌역, 4월 25일 노희산, 30일 가수리 등지에서 활약했다. 이렇게 쉴 새 없는 유격활동을 펼쳐나가던 그는 7월 장수에서 적과 교전 중에 순절했다. 공의 손자 세영世榮은 관촌면 도봉리에서 살다가 지금은 인천에서 거주하고 있다. 정부에서는 1968년 대통령표창에 이어 1991년 애국장을 추서했다.

이 밖에 순창군 구암면龜巖面(1935년 무림면茂林面과 통합해 구림면이 됐다) 창평리 출신 양치백楊致伯이 이영선李永先 등과 순창 지역에서 의병활동을 벌이다가 1908년 8월 16일 동지 28명과 함께 일본 순사대에 자수했다는 기록이 있다.

제9장

유현儒賢

만수탄의 물안개 | 만수탄과 적성강은 주변은 '걷고 싶은 아름다운 길'로 널리 알려져 탐방객들이 줄을 잇는다. 이 강의 상류에 귀암공과 매당공이 은거했다는 산인동이 있다.

이성계는 무혈혁명으로 조선의 태조가 됐다. 그의 참모들이 설계한 조선의 정신적 기조는 숭유억불이었다. 국교였던 불교가 결국 고려를 패망에 이르게 했다고 판단했기 때문이었다. 그래서 조선이 국시國是로 삼은 유교는 창업 이래 학문은 물론 백성의 일상생활에까지 두루 영향을 미쳤다.

유학은 중국 춘추시대의 노나라 사람 공자의 가르침에 기반을 둔 학문이다. 공자의 말은 자사 · 맹자 등 후학들이 체계를 세웠고, 송나라 주자 · 정자가 집대성했다. 특히 주자는 '성즉리性卽理(만물의 본성이 곧 이치다)'라는 철학적인 사변을 정치精緻하게 파고들었으므로 주자의 학문을 성리학이라고 일컬었다. 성리학을 우리나라에 들여온 이는 고려 말의 안향安珦이다.

종래의 훈고학이 주석註釋 위주인데 반해 성리학은 존양存養(본심을 잃지 않도록 착한 성품을 기름)과 궁리窮理(사물의 이치를 깊이 탐구함)를 지향한다. 정몽주 · 이색 · 길재가 계승한 고려의 성리학은 조선으로 넘어와 김숙자 · 김종직 부자로 이어지고, 김종직의 제자 김굉필에서 다시 조광조로, 조선 중엽에 이르러서는 이황 · 이이에 의해 더욱 정밀해졌다. 특히 이황과 이이의 학문적 성과는 중국에서 일어난 유학이 동방에서

[표8] 유현儒賢

순	휘	생졸	아버지	배향서원	비고
1	배培	~	자첨子瞻	지계사	장령 불취不就
2	돈墩	? ~1532	자유子由	아계사	진사
3	공말公㑌	1490~1558	돈墩		사산감역
4	사민士敏	1531~1589	홍洪	지계사	익위사 불취
5	사형士衡	1547~1599	홍洪	화산서원	문과, 증도승지
6	시우時遇	1563~1638	사헌士獻	화암서원	문과, 예안현감
7	여백汝栢	1578~1651	시성時省		익찬·현감 불취
8	정기鼎基	1644~1709	문거文擧	서룡사	증좌승지
9	회영會榮	1681~1767	이기履基	서룡사	진사, 동지중추부사
10	진우鎭禹	1686~1769	경기景基	서룡사	첨지중추부사
11	응수應秀	1700~1767	처기處基	지계사	익위사 익위부솔

결실을 맺었다고 일컬었을 정도였다.

그런데 두 거유는 주장이 달랐기 때문에 이황을 지지하는 사람들을 퇴계학파, 이이를 따르는 사람들을 율곡학파 또는 기호학파라고 했다. 퇴계학 계보로는 유성룡 · 김성일 · 정구 등이 유명하다. 이들의 붕당이 남인이다. 기호학파는 김장생 · 조헌으로부터 조선 후기에 송시열 · 송준길 · 권상하 · 한원진 · 김창협 · 이재 등으로 이어지는 학맥이다. 정치적으로는 서인 계열이다.

조선에 기라성 같은 유현儒賢이 많이 등장한 것처럼, 우리 남원양씨 문중에서도 많은 유현이 나왔다. 그러나 저명한 학자들을 수록한 『조선유현록朝鮮儒賢錄』에는 어은공諱사형과 백수공諱응수 두 분만 보인다. 수록 기준이 따로 마련된 것은 아니므로 굳이 따질 일은 아니다.

[표8]은 유현으로 부를 만한 어른들을 간추린 명단이다. 이 표가 제시한 어른들의 전기나 사적이 남아있는 경우도 있지만 병란이나 화재

따위로 된 소실된 것이 많아, 현존 문헌자료에 나타난 사실을 중심으로 소개하면 다음과 같다.

1 귀암공 諱배培
2 매당공 諱돈墩

참조 | 제3장 세계 (➡ p.73 · 75)

형제분의 행적을 알려주는 문헌으로 신경준의 「산인동기」, 황윤석의 「고 처사 귀암양공 진사 매당양공 합전」, 송병선宋秉璿의 「귀암정기龜巖亭記」, 기정진奇正鎭의 「광제정중건기光霽亭重建記」 그리고 김영한의 「매당공묘갈명」 등이 있다. 이중 신경준의 「산인동기」가 가장 오래 됐고, 그 다음이 황윤석의 「…합전」이다. 두 작품은 형제분이 돌아가신 때로부터 2백에서 3백 년 정도 지난 뒤 쓰인 글이라서 모두 구전을 토대로 작성했을 것이다.

> 순자강鶉子江(섬진강)이 큰 산을 좌우로 끼고 굽이굽이 수 백리를 흘러가 순창군 동쪽에 이르러 호수가 됐으니 지호紙湖(물결이 잔잔한 호수)이다. 호수 왼쪽에 골짜기가 있는데 이를 산인동이라 이르니 산인은 곧 군(여기서는 남원군을 가리킨다. 귀미는 조선 시대까지 남원부에 속해 있다가 1914년 지방제도 개편에 따라 순창군에 귀속됐다.) 사람 양씨이다. 양씨는 대대로 벼슬한 집안으로, 연산군이 크게 도를 잃음을 보고 아우 진사와 더불어 여기에 은거했는데, 여러 번 임금의 부름을 받았으나 나아가지 않았다. 강가에 큰 바위 두 개가 있는데, 길쭉하고 네모나며 꼭대기가 평평하여 앉을 만했다. 남쪽의 것을 배암培巖이라고 하고 북쪽의 것을 돈암墩巖이라고 했으니, 산인 형제의 낚시터로 그

이름을 배와 돈이라고 했다. 무릇 은거하는 선비는 그 산수를 사랑하여 반드시 아름다운 이름을 붙여 그 그윽한 생각과 한가로운 흥취를 기탁했다. 고운 최치원의 홍류동紅流洞 분옥폭噴玉瀑(옥을 뿜는 폭포)·음풍뢰吟風瀨(풍월을 읊는 여울)·차필암泚筆之岩(붓에 먹물을 먹인 바위)과 같은 것이 이것이다. 옛날부터 이와 같은 것이 매우 많았으니, 아는 사람은 이것을 자랑함으로 여기지 않고 이것을 거만함으로 여기지 않았으며 또한 그 숨은 덕을 해치지 않았다. 지금 산인은 곧 자기 이름으로써 바위를 이름 짓고, 장차 스스로를 천히 여겨 고기 잡고 나무하는 무리가 방자하게 부르는 것을 싫어하지 않으니, 이것은 그 뜻이 은미한 것보다 깊다. 추강 남효온秋江 南孝溫은 성품이 고고하여 사람이라고 할 만한 사람만 조금 인정했다. 김아무개(김영숙金榮叔)에게 감정기鑑亭記를 지어 주었는데, 산인의 재주를 칭송했으며, 김씨와 산인이 벗함을 치하했다. 산인의 재주는 반드시 남보다 크게 뛰어남이 있었으나, 산인 후손의 집을 방문하면 징험할 만한 문자가 하나도 없는 것은 어째서인가? 산인의 자손은 대대로 문헌이 있으니, 흩어져 잃어버려서 지킬 수 없었던 것이 아니고 아마 산인이 전하지 않은 것이리라. 이름이 이미 한 세상에 알려졌으나 반드시 혼연히 감추고자 했거늘, 더욱이 재주가 안에 쌓였음에랴. 그 자손도 오히려 전하지 못했거늘 더욱이 다른 사람에게 있어서랴. 아! 산인은 거의 장차 없어질 것인가? 공자께서 말씀하시기를, '일어나 은둔한 자 일곱 명이다.'라고 하셨는데, 일곱 명은 과연 어느 때 사람이며 그가 사는 곳은 과연 어느 곳이며 그 성명은 과연 누구인가? 그가 살던 때와 그가 사는 곳과 그 성명을 모두 상고할 수 없거늘 하물며 그 행적은 과연 어떠하겠는가? 그러나 후세에 훌륭함을 칭찬함에, 자취가 매우 자

© 양태호

귀암정 앞 만수탄 | 1868년 고종 5, 지계사가 서원철폐령에 의해 헐리자, 후손들은 이곳에 정자를 세워 귀암공의 고귀한 삶을 기리고 있다. 그림의 오른쪽이 귀암정 멀리 보이는 산이 용궐산. 이 산의 양쪽이 취암산과 무량산이다. 초로공이 아홉 채의 정자를 지어 풍류를 즐겼다는 곳이 여기서부터 용궐산에 이르는 만수탄 기슭이다. 이 기슭은 '걷고 싶은 아름다운 길'로 널리 알려져 탐방객들이 많이 찾는 곳이기도 하다.

세히 드러난 백이伯夷 · 우중虞仲 · 유하혜柳下惠 · 소련少連과 다름없이 하는 것은, 그 실상이 있기 때문이다. 산인의 재주와 행적을 그 하나나 둘도 얻지 못했지만, 사람들이 지금에 이르도록 그 골짜기를 가리켜 산인동이라고 하고, 그 바위를 가리켜 아무개 바위라고 말하여, 지나가는 사람이 반드시 그를 공경하고 흠모하니, 이것은 누가 시켜서 그런 것이겠는가? 산인의 실상을 여기에서 알 수 있으니, 이 바위가 갈라지지 않으면 산인의 이름도 장차 따라서 없어지지 않을 것이니, 산인이 숨은 것은 한 때이지만 그 숨지 못하는 것은 끝이 없으리라.

_『여암유고旅庵遺稿』 권4

이 인용은 신경준의 「산인동기」다. 다음은 황윤석의 「고 처사 귀암양공 진사 매당양공 합전」에서 형제분을 소개한 부분이다.

> …(전략)… 공은 어려서부터 아우와 더불어 가정의 가르침에 따르고 효제孝悌를 숭상하셨으며, 틈틈이 학문을 닦았다. 남효온이 「김영숙기감정」에 쓰기를 그 형제분이 재사임을 말하고 그와 같은 분과 벗 삼았음을 치하했다. 연산조의 무오 · 갑자 양대 사화가 일어나매 과환科宦을 단념하시고 시사를 강개하시며 마을 서쪽에 있는 종호鍾湖 위의 일동一洞에 소요하시면서 형제분이 다 같이 산인散人이라 스스로 칭했다. 이곳에 동서로 두 바위가 있는데, 형은 동쪽, 아우는 서쪽 바위에서 낚시하기를 즐겼으므로 동쪽 바위를 배암培巖, 서쪽 바위를 돈암墩巖이라고 부르게 됐다. 이곳에서 형제는 고기를 낚고, 짐승을 잡으며 살았다. 이 사실이 가승이나 군지淳昌郡誌에 수록돼 있는데 안타깝게도 생졸년까지는 전하지 못하고 있다. …(중략)… 무신년 1788, 정조 12에 형제분을 서룡사에 배향했다. …(후략)…
>
> _『이재유고頤齋遺藁』 권24

귀암공을 배향했던 지계사가 철폐된 뒤, 귀미 앞 만수탄萬水灘 기슭에 귀암정을 창건했다. 이때 송병선이 정기亭記를 썼다. 편액 휘호는 그의 아우 송병순의 솜씨다. 이 같은 당대 최고의 지식인 작품을 새겨 정자에 걸 수 있었던 것은 성암공星岩 諱원영瑗永이 송병선의 문하였기 때문에 가능했다. 「귀암정기」는 정자의 주인공을 이렇게 소개했다.

…(전략)… 연산조에 일어난 무오사화로 당시 명류名流가 모두 비참한 죽음을 당한 것을 양공께서 보시고 아우이신 매당공과 더불어 강호에 몸을 의탁하여 조정에서 누차 불러도 나가시지 않았다. 산인동이라 부르는 강가에 큰 바위 두 개가 있는데, 그 바위에서 형제분이 낚시질을 했으므로 형제의 이름을 따서 배암 · 돈암이라고 불렀다. 오래된 일이라 문헌이 전하지 못하여 그 유적을 소상히 알 수 없으나 사람들이 지금까지 그렇게 부르고 있는 것으로 보아 공이 어떤 분인가를 짐작할 수 있다.

이 기록들로 짐작컨대, 귀암공은 연산조에 있었던 무오 · 갑자사화의 참화로, 세상에 대한 뜻을 접고 아우 매당공과 더불어 은거생활에 들어갔고, 그 명성이 세상에 알려져 누차에 걸친 조정의 부름에도 끝내 나아가지 않은 채 일생을 마쳤으며, 아울러 저작著作도 일부러 전하지 않았을 것으로 추정된다는 것이다.

이 같은 은둔의 동기는 첫째, 혼탁한 환경, 특히 학자를 무참히 죽인 무오 · 갑자사화를 겪은 터라 관직에 들어서면 그런 화를 자초하기 쉽다고 판단했기 때문일 것이다. 둘째는 일이 잘못 풀려 이씨할머니가 입향하신 이래 어렵사리 이어온 가계家系가 공의 대代에서 끊어지고 만다면 그런 불효가 없으리라는 일념도 없지는 않았을 것이다. 이유야 어떻든 공의 이 같은 은거 덕분에 오늘날의 우리가 있는지도 모른다.

…(전략)… 숙부 집의공 자유子由가 아들이 없어 매당공으로 그 뒤를 이었

는데, 어려서부터 형님을 따라 가훈을 지키고 남은 시간은 학문에 힘써, 추강 남효온은 이를 찬양한 바 있다. 연산 정란政亂에 뜻을 끊고 강산을 즐겨 종호의 산인동에서 형제분이 함께 고기를 낚고 은거생활을 했다. 중종반정 후인 중종 정묘(1507, 중종 2)에 진사에 올랐으나 장차 사류에 화가 있을 것을 예견하고 다시 은거에 들어갔다. 만년에 남원의 아산(조선 시대 임실현 아산방은 남원도호부 속현이었다)으로 옮겨 살았는데 이것은 집의공의 뒤를 이었기 때문이다. 아산의 강 하류에 광제정이란 정자를 지었는데, 문정 김인후 · 사촌 장경세 등 제현의 시가 기록돼 일세에 떨쳤다. 아깝게도 공의 생년은 실전됐다. 임진(1532, 중종 27)에 감은산 남쪽에 장葬했다. …(중략)… 무신년(1788, 정조 12)에 형님과 함께 서룡사에 배향됐다. 내가 어릴 때 이미 양씨 형제분의 아름다운 명덕名德을 들었는데 자란 뒤에 그 집의 가승과 군지를 읽고 일문에 거룩한 유현이 그렇게 많이 배출됐는가 하고 더욱 탄복했다. …(후략)…

_『이재유고』 권 24

매당공을 소개한 황윤석의 「…합전」 뒷부분이다.

3 반선정공 諱공말公休 참조 | 제3장 세계 (p.78) |

공은 당대 명유名儒들과 어깨를 나란히 한 도학자였다. 그러나 공의 유집이 전화戰禍로 소실돼 행적이 알려져 있지 않다. 황윤석의 「고사산감역반선정양공전故四山監役伴仙亭楊公傳」이 전해오는 것은 그나마 다행이다. 다음은 공의 학덕을 어렴풋이 짐작할 수 있는 황윤석의 전기문 일부다.

…(전략)… 공은 매당공의 둘째 아드님으로 연산 임술(1502, 연산 8)에 태어나시고, 명종 경신(1560, 명종 15)에 향년 쉰아홉으로 돌아가셨다. 만년에 아산리(지금의 세심리)에서 순창 화산으로 옮기시어 적성강 가에 반선정을 짓고 낚시를 즐겼다. 그곳에서 공이 읊으신 시에 문정 김인후가 화답한 것이 있다.

백운거사의* 적성 시 운자를 따서 짓다	次白雲居士赤城韻
이야기를 들으니, 강변의 호사가 노인이	聞說江邊好事翁
'백운'을 시제로 읊어 배 안에 걸었다네.	白雲*題詠揭船中
다만 지금은 모래톱에 달빛만 찬란할 뿐	只今爛却沙頭月
꿈속의 푸른 물결은 눈을 드니 비었네.	夢裡滄波擧眼空

* 5편으로 연작시의 서사다. 이 절구는 하서 김인후가 썼다. 『남원양씨대동보』「세적편」에는 「次伴仙亭韻」으로 나와 있다.

* 白雲 : '백운'은 반선정공의 아호이기도 함. 중의적 의미를 띤 시어이다.

이외에도 석천 임억령, 찬성 소세양, 기봉 백광홍, 지평 정희렴, 관해 임회 제현과 종유해 그들과 지은 시가 전하고 있다.(➡ p.354) 공은 음덕蔭德으로 사산감역에 천거됐으나 나가시지 않았다. 군수가 조정에 향의鄕議로 추천하고자 했으나 공은 완강하게 사양하면서 "내 운명은 정해져 있다. 어찌 분수 밖의 일을 하랴." 하니 군수도 또한 다시 말하지 않았다. 황윤석이 말하기를 "양씨 집안에는 어찌 문헌도 많고, 또 교유의 연원淵源이 그리 성한가." 만약 공께서 조문정趙文正('문정'은 조광조 시호), 김문경金文敬('문경'은 김안국 시호)과 종유從遊가 있었다면 다른 명현들과 서로 겨룰 만한 인물이었는데, 산수에 숨어서 그 이름을 감췄으니 어찌 애석하다 아니 하겠는가.

_『이재유고』 권 23

4 쌍매당공雙梅堂公 諱사민士敏 참조 | 제3장 세계(➡ p.89)

부정공 양호재諱홍의 둘째 아드님이다. 어려서부터 효우를 실천하여 부모 봉양과 형제간의 우의가 남달랐다. 부친이 공의 나이 서른넷에 세상을 뜨셨는데, 바로 아래 동생인 스물다섯 살의 진사공諱사헌이 이미 아버지 말씀을 따라 익산으로 분가한 터라 막내아우 어은공諱사형 교회敎誨(잘 가르치고 타일러서 지난날의 잘못을 깨우치게 함)는 공의 책임으로 돌아왔다. 마흔세 살밖에 안 됐던 맏형 돈암공諱사선도 부친과 같은 시기에 세상을 등졌기 때문이었다. 이런 환경에서도 공은 독서를 게을리 않고 유희춘·노진의 문하로 들어가 뛰어난 제자가 됐다. 공의 학문은 과거에는 뜻을 두지 않았고 오로지 격물치지格物致知(실제 사물의 이치를 연구하여 지식을 완전하게 함)·심신치도心身治道(심신을 다스리는 도리나 방법)에만 정진했다.

공의 교회는 아우 어은공뿐만 아니라 아드님들과 조카에게도 두루 미쳐, 공의 슬하에서 사홍팔백四紅八白이 나왔다. 어은공·사예공諱시정·귀음공諱시진·성천공諱시우 네 분이 대과 급제로 올라 홍패를 받고, 익산진사공諱사헌·어은공·창주공諱시성·사예공·중산진사공諱시익·성천공·귀음공諱시진·낙하정공諱시면 등 여덟 분이 사마방으로 백패를 받았던 것이다. 사홍四紅에는 아드님과 조카가 한 분씩이고, 팔홍八白에는 아우 두 분, 아드님과 조카가 세 분이다.

공은 뜰에 매화나무 두 그루를 손수 심고 가꾸면서 스스로를 쌍매당이라고 했다. 영의정을 지낸 지헌 유언호는 「장사랑쌍매당공묘갈명」을 이렇게 새겼다.

> 호남의 순창에 지계사가 있다. 고을의 어진 이를 모신 사당이다.[湖南之淳昌有芝溪祠祀一鄕之賢者] 그 중에 양씨 3세(귀암 · 쌍매당 · 백수공)를 함께 제사 지내는 곳이다. 그 중 한 분이 쌍매당 휘 사민, 자字는 중눌이시다. …(중략)… 공은 사람됨이 단아하고 정성스러웠다. 성품이 대쪽같이 강직했고 학식이 높아서 예가 아니면 움직이지 않았다. 평생에 힘을 기울인 것이 제사와 일상생활에 있어서 예절이었다. …(중략)… 부정공께서 15년간을 홀로 지내시며 비첩을 얻지 않으시어, 모시는 사람이 이를 권하면 말씀하시기를 "내 아들이 있어 효를 행하여 침식이 평안하고 제사 받드는 일과 손님 접대에 내 뜻과 같지 않은 일이 없으니 내게는 첩이 필요하지 않다." 하시었다. …(중략)… 두 아우가 스승을 따라 학문을 닦는 데 지행知行과 의욕意慾의 분수를 깊이 아는가를 살펴보시고 마음으로 이것을 실천하도록 하셨다. …(후략)…

이 묘갈은 8세손인 담재공諱득희이 칠백 리 길을 걸어서 유언호에게서 받아온 글이다. 이 글로 미뤄봐 공은 스스로의 영달을 도모하지 않고 인륜의 상도常道만을 몸소 실천하신, 진실한 유현이라 할 수 있다. 공은 조정에서 여러 차례 불렀으나 끝내 나아가지 않았다.

공을 지계사의 설립 연대는 1808년(순조 8), 구체적으로 알려주는 기록은 없으나 유언호가 묘갈명을 써주기 이전이다. 유언호의 졸년은 1796년(영조 20)이므로 쌍매당공이 지계사에 배향되기 12년 전이다. 따라서 첫머리의 '湖南之淳昌有芝溪祠祀一鄕之賢者'라는 표현은 있을 수 없는 문구다. 이로 추정컨대 묘갈문을 받은 시기는 1791년(정조 15) 아니면 그 다음 해임이 분명하다.

담재공이 묘갈문을 받으러 갈 때 돈와공諱종해이 유언호에게 소개하는 서찰을 주셨는데, 그 사실이 돈와공 문집에 전해진다. 그 서찰에 연월일은 나와 있지 않으나 '어머님께서 70 고령이신데 환후 중이라서 걱정'이라는 대목이 있다. 돈와공의 모부인이신 흥성장씨께서는 1792년(정조 16), 향년 일흔한 살을 일기로 돌아가셨으므로 이 서찰은 돈와공이 어머니가 눈을 감기 직전에 썼다는 것을 쉽사리 짐작할 수 있다. 그렇다면 쌍매당공을 배향했던 서룡사가 훼철되기 전이다. 서룡사는 1788년(정조 13)에 건립해 5년 후에 훼철됐다. 따라서 인용문 속의 지계사는 서룡사라고 해야 맞다. '호남의 순창에 있는 서룡사는 고을의 어진 이를 모신 사당이다.'라야 한다는 것이다. 그래야 하는 것을 뒷날 비석을 교체하면서 현실에 맞추느라고 '서룡'을 '지계'로 바꿨다는 추리가 성립한다. 기록이란 추호라도 어긋남이 있으면 후세 사람들로부터 신뢰성에 의심을 받게 된다. 쌍매당공 묘비문의 오류를 굳이 따지는 것도 그 같은 이유에서다.

5 어은공漁隱公 諱사형士衡

참조 | 제3장 세계 (▶ p.94) | 제8장 창의 (▶ p.120)

6 성천공聖泉公 諱시우時遇

참조 | 제4장 과거 / 문과 (▶ p.115) | 제7장 성천공의 을묘당화 (▶ p.211)

7 참봉공參奉公 諱여백汝栢 참조 | 제4장 과거 / 사마 (▶ p.138)

8 최락당공最樂堂公 諱정기鼎基

字정지定之 號최락당最樂堂 1644(인조 21)~1709(숙종 35) 중산종파

최락당공은 승지공 諱문거와 숙부인淑夫人 제주양梁씨의 큰아드님으로 인계면 중산리에서 태어나셨다. 어려서부터 노성하여 과거보다는 도학에 정진하여 대성大成의 경지에 이르렀다. 다음은 송환기의 「증좌승지최락당공묘갈명」이다.

> 양씨의 본적은 남원이다. 순창 귀미에서 15~16세世를 살아왔다. 양군 정희貞熙가 고조인 최락당의 행록 1통을 가지고 와서 내게 보이며 묘문墓文을 청하면서, 또한 읍지에 실린 공의 유적을 외면서 말하기를 효우와 행의가 사림의 추중推重한 바 됐는데 학문을 즐기는 성의는 늙어서도 책 읽는 것을 게을리 하지 않았으며 선행 실천을 가장 즐겁게 여긴다는 의미를 담아서 최락당이라는 당호를 지었다고 한다. 읍지는 한 고을에서 공정하게 닦아 엮은 것이니 어찌 그름이 있을 것인가. …(중략)… 공은 숭정 갑신에 태어났는데 성품이 말이 없으며 어른과 같은 문장력으로 시도 짓고 글도 지으니 사람들이 모두 감탄했다. 할아버지 사의공諱여집께서 이를 보시고

더욱 사랑하셨다. 성장하면서 더욱 학문을 익히고, 뜻을 세워 부모 섬기기에 정성을 다하셨다. 형제간에는 우애가 지극하셨고, 집안을 거느림에 조금도 어긋남이 없었다. 무오(1678, 숙종 4)에 승지공께서 돌아가시매 슬픈 나머지 미음으로 3년을 지내셨으며, 중문中門 안으로는 들어서지 않았다. 신사(1701, 숙종 27)에 어머니께서 돌아가시매 집례를 전과 똑같이 했다. 제삿날이 되면 매우 슬퍼하시고 다른 행동을 멈추었다. 평소에는 경사經史 읽는 것을 즐겨 정좌해서 학문만 골몰했다. 뜻 있는 선비가 공을 많이 따랐는데 한 자리에 모아놓고 강을 하며 즐거움을 얻었다. 기축(1709, 숙종 35)에 예순여섯 살을 일기로 돌아가시어 갑동에 모셨다. 장사 때는 많은 사람들이 모여 슬퍼했다. 뒤에 증좌승지의 은전이 내렸다. 초배는 나주나씨로 선무랑 위천緯天의 따님이며, 계배는 함안조씨 세벽世壁의 따님이다. 네 아들이 있는데, 장남은 옥鈺 증참판이고, 차남은 전銓, 다음은 현鋧으로 나씨 소생이고, 막내 일鎰은 조씨가 낳았다. …(후략)…

이 글로 짐작컨대, 공은 학문이 심오하고 행의가 남달랐던 것 같다. 당시 호남의 석유碩儒로 명성을 날린 김시서金時瑞와 교분이 두터웠다. 공이 서룡사에 배향된 배경은 이런 교유와 무관하지 않다. 공의 손자 諱한준漢儁이 수직으로 동지중추부사가 되자 3대추증의 관례에 따라 좌승지 겸 경연참찬관의 증직을 받았다.

9 삼성당공 諱회영會榮 참조 | 제4장 과거 / 사마 (▶ p.146)

10 오졸재공 諱진우鎭禹 참조 | 제5장 음사 / 수직 (▶ p.186)

11 백수공 諱응수應秀 참조 | 제5장 음사 → 천거(▶ p.174)

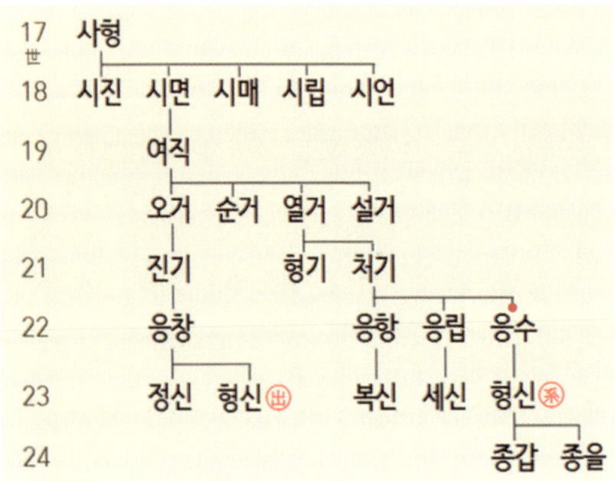

어은공파(17~24세) 백수공 가계

백수공은 승의랑공諱처기과 강화최씨의 막내아드님으로 적성면 괴정리 서림부락에서 태어나셨다.

세 살이 되자 눈이 새벽별처럼 반짝였으므로 사람들이 기이하게 여겼다고 한다. 일곱 살에 처음 글을 읽고, 여덟 살에 『증사曾史』(원나라 증선지曾先之가 지은 『십팔사략十八史略』) 3권을 통달하는 등 문리가 일취월장했다. 아홉 살 때 아버지를, 열두 살에 어머니를 여의었다. 당시 큰형諱응항應恒은 스물한 살, 둘째 형諱응립應立은 열여덟 살로 세 형제가 가난으로 허덕였다.

그러나 두 형은 막내의 재질을 아껴서 공이 열세 살이 되던 해에 권집 문하로 보내, 공이 학문을 닦을 수 있도록 했다. 아버지 승의랑공이 세상을 떠나면서 절친했던 권집에게 막내 교육을 간곡하게 부탁했던 것이다. 공은 이렇게 당대의 석학인 스승의 각별한 지도로 학문의 기초를 닦았다.

물은 앞 시내 여울에서 목메고	水咽前溪灘
서리가 내리니 밤 달이 차갑네.	霜降夜月寒

쓸쓸한 창밖의 대나무가	蕭蕭窓外竹
그림자를 옮겨 난간에 오르네.	移影上欄干

_『백수집』 백수선생 연보

백수공이 열여섯 살 때 읊었다는 운이다. 이 글을 본 사람들은 시재에 한결같이 탄복했다고 한다. 그러나 권집 문하가 된 지 겨우 5년 만에, 스승도 세상을 등지고 말았다. 그래서 별 수 없이 자습의 길을 걸었다. 그런데 집으로 돌아온 그에게 또 다른 슬픔이 찾아왔다. 공을 어머니처럼 돌봐주던 맏형수 남양홍씨(1689~1719)가 눈을 감은 것이

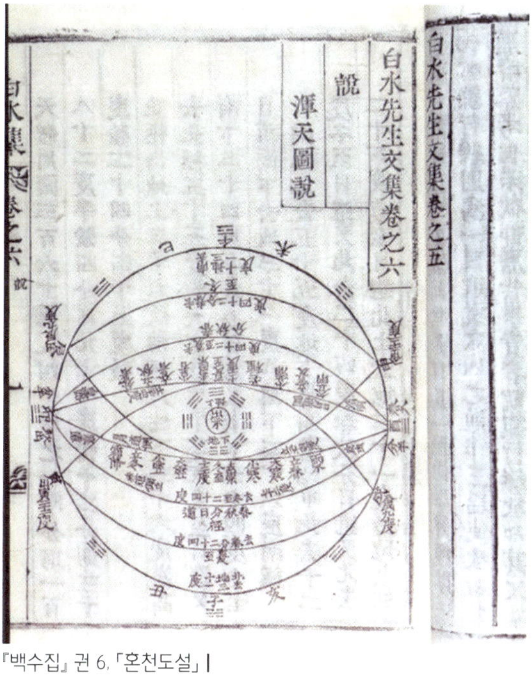

『백수집』 권 6, 「혼천도설」 |

© 한국학중앙연구원

『백수집』 | 1928년 후손 석승이 편집, 간행했다. 30권 17책. 목활자본. 규장각 도서·국립중앙도서관·연세대학교 도서관 등에 있다.

다. 스물여덟 살 되던 해에는 부모와 다름없이 걱정하고 바로잡아주시던 큰아버지 여암공諱형기마저 별세했다.

이로써 공은 두 형을 제외하고는 근친이 아무도 없는, 가정적으로 매우 고단한 처지가 됐다. 더욱이 가난귀신을 물리치지 못해 스물여덟의 나이에도 결혼하지 못했다. 그런 환경 속에서도 공은 독서를 게을리 하지 않고, 후진 지도에 정성을 쏟았다. 공의 명성이 이웃에 퍼지자 수십을 헤아리는, 향학열에 불타는 젊은이들이 찾아와 가르침을 요청했던 것이다.

나이 스물아홉에 이르러서야 비로소 배우자를 맞았다. 장성에 살고 있던 고령신씨 신선흡申善潝의 따님으로 신말주의 후예다. 성혼 당시 신씨는 스무 살이었다. 신씨는 공과 38년을 해로하면서 어려운 살림을 말없이 꾸렸을 뿐만 아니라 공이 학문에 정진할 수 있도록 내조하는 부덕을 보여줬다.

서른한 살 때 아드님 諱순신純臣을 낳았다. 그러나 겨우 열다섯 살로 요절했는데 이 후로는 영영 혈손이 끊어졌다. 그래서 재종질인 의암공諱오거의 손자이자 도사공諱정신의 아우 諱형신馨臣을 입계했다. 서른네 살에 서림에서 풍산면 행가리로 거처를 옮겼다. 그 근처의 제자들이 주선하여 집을 마련하고 생활이 어려운 스승을 모셔간 것이었다.

서른여덟 살이 되자 용인 한천으로 이재를 찾아가 제자의 예를 갖췄다. 이것이 공이 일세의 대학자로 성취하게 된 계기였다. 이재는 당시 조선 제일의 유현으로 숭앙돼 전국에서 몰려오는 학도가 수천을 헤아릴 정도였다. 문하에서 여러 명의 정승과 다수의 대유현을 배출했을 만큼 그는 대교육자였다. 그는 스물세 살에 문과로 급제한 이래 이조판서까지 올랐으나 관직에는 소극적이었고, 오로지 학문에만 매진하면서 조광조와 이이의 도통을 잇고자 했다. 용인으로 올라오기 전, 백수공은 제자 서후장徐後長에게 들은 이재의 문로門路 규범을 살핀 뒤 직접 용인으로 찾아간 것이다.

이재는 공을 만나자 깊고 진중한 학문에 기뻐하며 아들처럼 대우해 다른 문도들의 부러움을 샀다. 그때 이재는 공보다 20년 연상이었다. 그로부터 꼭 10년 동안, 백수공은 이재의 안내를 받으며 학문에 매진함으로써 마침내 대유의 반열에 오르게 됐다. 이재는 학문적 스승일 뿐만 아니라 양씨 문중 일에도 적극적인 도움을 줬다. 이씨할머니의 전기, 어은공과 낙하정공의 묘갈문을 썼고, 농소 투장 문제를 해결하는 데 힘써 준 것도 이재였다.

마흔두 살이 됐을 때 백수공은 행가리에 정사를 지어 후진 교육의 전당으로 삼았다. 이재는 이때도 '백수정와白水精窩'란 휘호를 내려줬다. 마흔일곱 살 되던 해 10월에 이재가 세상을 떴다. 공은 스승을 시묘하면서 그의 글들을 수집해 『도암집陶菴集』을 편수했다. 공은 이때 문집을 정리하면서 『축장일기築場日記』를 남겼다. (1746년 스승을 잃은 백수공은 1년 동안 심상心喪을 입었다. 심상이란 상복을 입지는 않았으나 상제와 같은 마음으로 말과 행동을 삼가고 조심하는 일을 말한다. 『축장일기』는 1746년 12월 20일부터 1747년 12월 1일까지의 심상 과정을 기록한 일기로서 장례 절차, 각종 제례의 설행과 조문 내용, 스승 저술의 교정 등을 내용을 담고 있다. 『백수집』 17권에 전한다.) 시묘를 마치고 돌아올 때 스승의 영부인이 평소 고인이 애용했던 남바우와 토시를 줬다고 한다. 그 무렵에는 스승이 자기 학통을 계승할 제자에게 유품을 내리는 미덕이 있었다. 이로 보면 생전의 이재가 백수공을 자기 후계자로 삼았으리라는 것을 짐작할 수 있다.

마흔아홉 살 되던 해에 큰형이 쉰여덟을 일기로, 4년 후에는 둘째형이 쉰아홉을 일기로 세상을 떴다. 쉰여섯 살 때 건원릉참봉, 이어 세자익위사부솔에 임명됐으나 백수공은 이에 응하지 않았다. 쉰아홉 살이던 1758년(영조 34), 천태암에 강좌를 열고 제자를 가르쳤다. 이 강의에는 동문수학한 순창군수 이휘지李徽之가 동참했다. 천태암은 어은공 · 귀음공 · 낙하정공 등이 대대로 공부한 곳으로, 남원양씨로서는 유서 깊은 배움의 전당이다.

1767년(영조 42), 풍산면 옥출산에서 제자를 가르치던 중 풍습병을 이기지 못하고 향년 예순여덟 살로 세상을 마쳤다. 임종 때 문인 안암공諱춘태, 윤치화尹致和 · 강익주姜翊周 등이 남길 말을 물었다. '농소의 투장을 완전히 파내지 못해 지하에서 이씨할머님을 뵐 면목이 없다'는 말씀이 나왔다. 눈을 감고 나서 78일 만인 옥출산 동쪽 등성이에 유택을 마련했다. 이 치상에는 전라감사 원인손元仁孫 · 남원부사 김이金履 · 순창군수 신경조申景祖 등이 적극 지원했다. 지금의 묘소는 적성면 농소리 이씨할머니 묘소 아래로 1990년 천장한 것이다. 백수공의 유택 턱 밑에는 공이 그렇게도 한스러워 했던 투장묘 1기가 아직도 버티고 있다.

제10장

유행儒行

선비의 방 | 선비가 글을 읽거나 손님과 담소하는 사랑방이다. 이런 곳에는 문갑과 서안, 문방사우를 넣는 연상이 있다.

유행儒行은 과거 급제를 겨냥한 명리적 태도를 버리고, 오로지 몸과 마음을 닦으면서 사물의 이치를 궁구함으로써 유교의 이상적인 인간상을 추구하는 삶을 가리킨다. 이런 학문적 태도는 현실을 외면하고 이상에 매몰된 것으로 생각할 수도 있지만, 긍정적인 시각으로 보면 사회 정의와 인륜도덕의 지침을 제시함으로써 보다 가치 있는 삶을 추구하는, 치열한 탐구 정신의 지향이라고 할 수도 있다. 이 같은 경향은 사화나 당쟁으로 오염된 현실을 정화하기 위해서는 벼슬살이에서 한 걸음 뒤로 물러나 있어야 한다는 자각도 하나의 계기로 작용했다. 우리 선조 어른들께서는 이런 자세로 일생동안 관직에서 눈을 떼고 학문에 매진한 분이 많다.

1 매은공梅隱公 諱시간時幹

字자장子長 號매은梅隱 1577(선조 10)~1650(효종 1)

매은공은 화은공諱사수의 큰아드님이다. 공은 뜻이 높고 의義에 강했다고 전한다. 황윤석의 「고사산감역반선정양공전」에 공의 행적이 나온다.

…(전략)… 사수士秀(반선정의 손자)는 충순위다. 명종 을묘(1555)에 낳아 화은

[표9] 유행儒行

순	휘	생졸	아버지	덕목	비고
1	시간時幹	1577~1650	사수士秀	행의	한림중파
2	우기禹基	1664~1713	효거孝擧	학식	돈암공파
3	춘태春泰	1702~1782	대현大顯	행의	어은문학공파
4	응조應組	1692~1750	명기命基	효행	어은낙하정공파
5	학태學泰	1705~1755	대의大義	행의	어은문학공파
6	진호鎭豪	1718~1788	대기大基	행의	통덕랑공파
7	진갑鎭甲	1727~1787	언기彦基	행의	통덕랑공파
8	제신濟臣	1706~1785	응태應台	학식	어은낙하정공파
9	치근致根	1770~1815	덕항德恒	행의	돈암공파
10	종갑宗甲	1735~1782	형신馨臣	학식	어은낙하정공파
11	종을宗乙	1747~1816	형신馨臣	학식	어은낙하정공파
12	득희得熙	1756~1809	세후世垕	학식	쌍매당중산중파
13	규환奎煥	1771~1827	우근宇根	행의	쌍매당종파
14	재홍在鴻	1837~1892	수영守榮	행의	돈암공파
15	석종錫宗	1819~1877	재호在灝	행의	쌍매당중산계파
16	석규錫奎	1825~1893	재화在華	행실	쌍매당중파
17	석원錫源	1831~1884	학계學桂	학문	한림계파
18	석모錫謨	1848~1918	집하楫河	학문	한림계파
19	석우錫遇	1852~1913	재영在榮	행실	쌍매당중파
20	주영周泳	1836~1909	재영在榮	행의	쌍매당중파
21	종린鍾麟	1838~1893	재보在輔	행의	돈암공파
22	기영璣永	1843~1878	석규錫奎	학식	쌍매당중파
23	찬영瓚泳	1858~1951	석규錫奎	효행	쌍매당중파
24	원영瑗永	1861~1938	석규錫奎	학식	쌍매당중파
25	헌영憲泳	1849~1929	석기錫奇	행실	쌍매당중파
26	찬수贊壽	1861~1943	석형錫馨	행실	쌍매당중파
27	병용秉鎔	1856~1918	좌영佐泳	학식	쌍매당중산중파
28	병기秉錡	1861~1928	좌영佐泳	학식	쌍매당중산중파
29	병현秉鉉	1875~1946	좌영佐泳	학식	쌍매당중산중파
30	병운秉雲	1879~1951	계영桂泳	학예	쌍매당도사파

이라 호號했다. 사람들이 모두 존경했는데, 또한 과거시험을 폐하고 사불출思不出(분에 넘치는 생각을 안 함)이라는 옛말을 문 옆에 써 붙이고 되뇌었다.

(할아버지가 지은) 반선정을 보수하여 여러 선현의 시를 다시 걸었다. …(중략)… 네 아들이 있는데 맏아들 시간은 선조 정축에 낳았다. 언제나 깨끗하고 문행文行을 갖췄다. 여러 사람이 모인 자리에서는 시사를 논하면서 강개했다. 그 말이 우뚝 솟아 듣는 사람이 모두 숙연했다. 여러 차례 과거에 나갔으나 아깝게도 성공하지 못했다. 그러다 광해 신유(1621, 광해 13)에 서울에 응시하러 갔을 때다. 복시를 치르는데 대북의 삼창三昌의 한 떼가 뇌물을 요구하는 것을 보고 과거 답안지를 제출하지 않고 돌아와 세매헌世梅軒(반선정공 때부터 이어온 서재)을 지키고 살면서 호를 매은이라 했다.

_『이재유고』 권 23

증조 반선정공諱공말의 전기 안에 있는 공의 행적이다. 공은 마흔다섯 되던 1612년(광해군 4) 식년시 초시를 통과하여 복시 응시차 서울에 갔다가 삼창三昌의 무리에게 뇌물로 청탁하는 것을 목격하고 과거를 포기하고 돌아왔다. 삼창이란 광해군 때 세도가였던 광창부원군 이이첨 · 밀창부원군 박승종 · 문창부원군 유희분 세 사람을 이르는 말이다. 이들의 봉호封號에 모두 창昌자가 들어갔기 때문에 그 무리를 '삼창'이라고 했다. 당시에도 과거 시험에는 부정행위가 적지 않았는데, 대리 시험자巨擘를 내세우는가 하면, 밖에서 작성한 모범답안이 수험생에게 건네지기도 하고, 수진본袖珍本(소매 속에 넣고 다닐 수 있게 만든 작은 책)을 소매 안에 숨기거나, 협서挾書라는 커닝페이퍼를 붓대롱 또는 콧구멍에 숨겼다가 슬쩍 꺼내보는 따위가 그것이었다.

배위는 김제조씨 장사랑 조경연趙景淵의 따님으로 6남 4녀를 뒀다.

諱여익汝榏·여격汝格·여근汝根·여오汝梧·여의汝椅·여술汝述은 아드님이고, 사위는 설원귀薛元龜·이동영李東榮·임휴林休·설신귀薛信龜다. 묘는 남원군 대산면 풍촌리 선영의 임피공 옆이다.

2 계은공溪隱公 諱우기禹基

字규중圭仲 號계은溪隱 1664(현종 5)~1713(숙종 39)

諱효거孝擧와 해주오씨 오언길吳彦吉 따님 사이의 3남이다. 어려서부터 재덕이 뛰어나다는 평을 얻었다. 돈암공諱사선의 고손으로 일찍부터 실학에 뜻을 두고 정진했다. 권집과 백수공諱응수을 학우로 삼고 더불어 강론했다. 공의 묘갈을 보면 백수공이 '계은은 우리 종중의 으뜸가는 유자일 뿐만 아니라 일세의 사표가 될 만하다'라고 늘 자랑했다고 나온다. 백수공 같은 유현의 칭송으로 미뤄 공의 학문적 수준을 짐작할 만하다.

배위는 초계최씨 최치구崔致九의 따님으로 諱도태淘汰·복태覆泰 2남을 뒀다. 후손 귀정공龜汀 諱일수日洙이 최병심崔秉心에게 받아온 「계은공묘갈명」에는 '천성이 순수하고 재능을 겸비했다. 일찍부터 성리학에 힘써 권집·양응수와 더불어 정진해 대성했다.'라고 새겨져 있다.

3 안암공鞍岩公 諱춘태春泰

字인숙仁淑 號안암鞍岩 1702(숙종 28)~1782(정조 6)

귀음공諱시진의 고손으로 諱대현大顯의 3남 2녀 중 둘째이다. 다음 인용문은 공의 사위 양제신梁濟身이 지은 「안암공행장」이다.

©양대우

종가에 있던 사당 | 1930년대 이전의 사당. 지금은 소실되어 흔적이 없다.

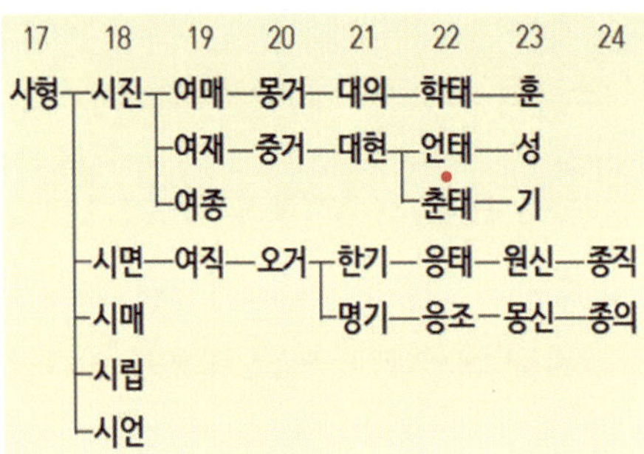

어은공파(17~24세) 안암공 가계

공의 성은 양, 휘는 춘태이고 자는 인숙, 안암은 호다. 언제나 강학이 끝난 뒤, 날이 따뜻하면 동지들과 안암 위에 가서 글이나 짓고 놀자고 했으므로 그런 아호로 불렸다. 아버지의 휘는 대현, 어머니는 평택임씨 단檀의 따님으로 좌찬성 임성미의 후손이다. 숙종 임오 6월 10일에 태어나셨다. 사람됨이 곧고 무거워 어려서부터 말을 함부로 하지 않았다. 백수諱응수선생 섬기기를 친부모처럼 했는데 언제나 그 가난을 염려하여 동문들과 같이 계를 짜서 땅을 사고 곡식을 모아 도와드렸으나 그 고단함을 해소하지는 못했다. 또 말하기를 이씨할머니의 효열은 하늘이 감동한 바 있는데, 후손된 자가 할머니의 유지를 지키지 못해 묘소는 사라지고 제사를 모실 땅조차 없으니 할머니께서 자손이 있다는 것을 좋아하시겠느냐. 할머니께서 일찍이 할아버님 봉사奉祀할 땅을 마련하여 집을 지으려고 하셨으니 할아버님 모실 제단을 만들어 1년에 한 번씩 제사를 모심이 어찌 할머니 뜻이 아니며 할아버님의 혼령을 대하는 도리가 아니겠느냐 하시며 귀미 녹갈암 아래 종가의 사당 옛터에 단壇을 만들어 선조 받드는 일을 다 했으며 또한 오래도록 시행할 규약을 만들었다.

백수 선생에게 종유자는 몇이고 학문을 즐기는 사람은 누구냐고 물으면 공의 이름을 내세워 대답했다. 그 어짊과 윗사람 공경이 이와 같았다. 농소 산송山訟으로 수개월 동안 옥중 생활을 했는데 한더위에도 정좌하여『대학』을 불철주야 읽으니 옥리가 감동하여 칼枷을 풀어주려고 했다. 그러자 공은 정색하며 "관의 명령이냐? 나는 관의 명령으로 칼을 썼으니 관령이 없으면 벗지 않겠다. 어찌 네 마음대로 풀려 하느냐."하며 거절했다. 감옥 안에는 남녀 죄수가 같이 수감됐는데, 그 중에 행실을 잃은 처녀 하나는 공의 위의에 눌려 서리 내린 아침이나 추운 겨울 저녁에도 반드시 문 밖에 나가 있었으므로 다른 죄수가 그 까닭을 물으니 "저 책 읽는 양반이 두려워 피하는 거라오. 저 양반은 언제쯤 나간답니까." 하고 말했다. 이것은 의리의 분分과 선악의 기岐를 마음대로 빼앗을 수 없다는 것을 보아 알았고, 그 용의容儀와 말에서 착한 이는 사랑하여 따르고 착하지 못한 자는 공경하고 두려워함을 보았다고 말할 수 있는 것이다.

하도 오래되고, 보존 상태도 좋지 않아 제대로 판독하기는 힘들지만 대강 해독한 이 행장으로 미뤄 공의 성품이나 업적을 짐작하기엔 충분하다. 공은 일찍이 백수공에게 사사하다가 그와 함께 이재의 문인으로 들어갔다. 그러므로 공은 학자로서도 당대에 이름을 떨쳤지만 종중을 위해 일생을 바친 유공자이기도 하다.

행장에 나타난 것처럼, 공은 대제학공과 직제학공의 제사를 받들지 못해 늘 안타깝게 여기다가 기어이 종가의 녹갈암 아래 제단을 만들어 제사를 모셨다. 대제학공 부자분의 제사가 시작된 때는 이때부터다. 그 후, 화재로 제단이 소실되자 이씨할머니를 모신 적성면 농소리로 초혼해서 모시다가 마침내 이곳에 제단을 조성했다.

또 하나의 공로는 산송으로 옥중 생활까지 감당하는 고초를 겪으면서 농소의 투장을 파내는데 백수공과 함께 전력을 쏟은 일이다. 그 일 말고도 어은공 묘비 건립, 귀미 앞의 이씨할머니 정려각을 세운 일 등 당시 종중의 큰일에 공의 정성이 미치지 않은 곳이 없다. 이런 일화는 문헌 자료가 없어 그 동안 모르고 지냈다가 1911년, 그 후손 諱우영禹泳 집에서 안암공의 행장이 발견됨으로써 위선사爲先事(조상을 위한 일)가 일부나마 세상에 알려졌다. 아쉽게도 어렵사리 모습을 드러낸 공의 행장은 오랜 동안 쥐와 벌레가 침노한 탓으로 만족스런 해독이 불가능하다.

공은 천수를 누려 일흔한 살을 일기로 영면했다. 배위는 고령신씨 신검申檢의 따님으로 2남 3녀를 뒀다. 묘는 산인동 서율정西栗亭 뒤 등성에 있다.

4 태은공台隱公 諱응조應組

字누승累承 號태은台隱 · 묵와默窩 · 장계藏溪 1692(숙종 18)~1750(영조 26)

통덕랑諱명기命基의 큰아드님이다. 할아버지는 곤양군수를 지낸 의암공諱오거, 고조는 절의로 이름을 떨친 진사 諱시면이시다.

> 성품이 온후하고 단정했으며 위엄이 있었다. 평소 말씀이 적어 슬프고 기쁜 것을 나타내지 않았다. 부모 봉양에는 정성과 공경이 지극했다. 남의 집에서 보기 드문 과실이라도 얻으면 반드시 옷소매에 넣었다가 부모님에게 올렸다 한다. 자질을 가르칠 때는 반드시 예법을 실천하도록 했으며 모든 행의行誼는 예禮로 일관했다. 학문은 당대의 거유 화산권집에게 배워 당시 우리 집안의 학자로 백수諱응수 선생을 비롯, 삼성당諱회영 · 오졸재諱진우 · 안암공諱춘태 그리고 공을 쳤다.

삼성당공諱회영이 지은 「태은공행장」의 한 대목이다. 후손이 유고집을 간수하고 있으나 아직 간행에 이르지는 못했다. 배위는 나주김씨 김구정金九挺의 따님이다. 아드님 諱몽신夢臣 · 득신得臣 · 긍櫃, 그리고 사위 이징정李徵井이 있다. 묘는 남원시 대강면 평촌리 고정산 발치에 있다.

5 처사공處士公 諱학태學泰

字사첨士瞻 1705(숙종 31)~1755(영조 31)

무송공諱몽거의 손자이자 諱대의大義의 4남이다. 백수공 문하에서 학문을 닦아 당대 우리 문중의 석학이었던 우계공諱선태 · 안암공諱춘태과 더불어 옥산과 천태산에서 강학講學했다. 공의 행적 중 두드러진 공으로는 능창군추대사건으로 억울하게 희생되신 고조 귀음공諱시진을 신원하기 위해 1753년(영조 29) 진상을 상소로 알렸다는 점이다. 그 결과 조정에서는 귀음공에게 이조판서를 증직했다.

또 조부이신 무송공諱몽거은 남인의 관점에서 '정여립의 난' 때 위관이었던 정철의 관작을 추탈해야 한다는 상소의 소두로 활약했으나 처사공은 당론에 초연했다. 이는 갑술환국 이후 남인이 몰락하고 서인이 실권을 장악하면서 서인들은 무송공의 후손들을 핍박했다는 사실과 관련이 있을 것이다. (➡ p.213)

원배는 안동권씨 통덕랑 권상언權相彦의 따님으로 무육인 채 서른한 살로 돌아가셨고, 계배는 흥양이씨 생원 이의李嶷의 따님으로, 1남 현埍을 뒀다.

6 돈재공遯齋公 諱 진호鎭豪

字 문보文甫 號 돈재遯齋 1718(숙종 44)~1788(정조 12)

7 묵재공默齋公 諱 진갑鎭甲

字 준보俊甫 號 묵재默齋 1727(영조 3)~1787(정조 11)

돈재공과 묵재공은 각각 諱대기大基와 諱언기彦基의 큰아드님이다. 청계공聽溪 諱수흥守興을 할아버지로 둔 두 분은 재종간이다. 두 재종형제는 인계면 선암산 아래에 집을 짓고 모두가 '세상에 숨어 말이 없다遯世默默'는 뜻으로 돈재와 묵재를 호로 삼았다.

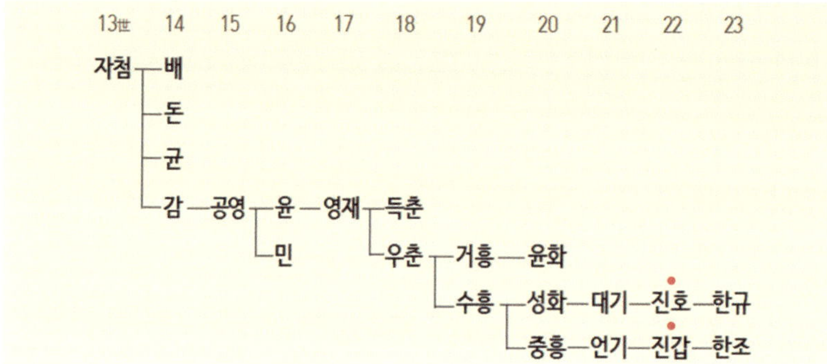

통덕랑공파(14~23세) 돈재공과 묵재공 가계

이들은 이곳에서 강론도 베풀면서 임실의 좌랑 전헌구全憲球, 순창의 진사 한치명 · 승지 신경준 · 진사 한종악韓宗岳 등 당대의 명사들과 교유했다. 두 분은 이처럼 당대의 석학으로 명성을 떨쳤는데 지금도 이들과 화답한 시문 30여 편이 문집과 함께 전한다.

두 분은 이 같이 나란히 학문의 길을 걷다가 한 해를 사이로 세상을 떴다. 동생인 묵재공은 향년 일흔한 살을 일기로 타계하여 인계면 정산 기슭에 모셨고, 돈재공은 여든한 살의 천수를 누리시고 타계하여 인계면 오양재 아래로 가셨다. 두 분의 사후에 사림과 유생들이 사우祠宇를 세워 추모하자는 통문을 돌렸으나 실현되지는 않았다.

돈재공의 배위는 진주강씨 강명후姜命厚의 따님인데 외아들 한규漢奎를, 묵재공 배위는 안동권씨 권연년權延年 따님으로 한조漢祖 · 한우漢佑 · 한석漢碩 · 한백漢栢 등 네 아드님과 사위 정효달丁孝達을 뒀다.

8 사평재공四平齋公 諱제신濟臣

字순팔舜八 號사평재四平齋 1706(숙종 32)~1785(정조 9)

사평재공은 諱응태應台의 큰아드님이다. 어머니는 밀양박씨 박후기朴厚基의 따님이자 증이조판서 박명전朴明傳의 증손녀다. 공은 권집과 백수공 양문兩門에서 배워 당대의 석학으로 명성을 떨쳤다. 온후한 성품이었던 공은 명리에 얽매이지 않고 평생을 학문에 매진했다고 전한다.

원배는 홍주송씨 송사영宋思泳의 따님인데 자녀가 없고, 계배는 전주최씨 최석붕崔碩鵬의 따님이다. 3남 1녀를 두셨는데 종직宗直 · 종주宗宙 · 종수宗秀는 아드님이고, 조진각趙鎭珏은 사위다. 묘는 적성면 대산리 서당동 동쪽 기슭에 있다. 문장과 학식이 당시 제현과 겨뤘으나 아쉽게도 전해오는 문헌이 없다.

9 귀산공龜山公 諱치근致根

字성행成行 號귀산龜山 1770(영조 46)~1815(순조 15)

諱덕항德恒의 큰아드님으로 귀미에서 태어나셨다. 공은 자질이 온후하고 어린 시절부터 어버이 곁을 떠나지 않았다고 한다. 모부인 안동권씨를 치상할 때는 집례의 예문禮文을 따라 빈소를 떠나지 않았다. 종족과는 화목을 다했고, 친구끼리는 공근恭謹했으며, 혹 바깥출입이라도 할 때면 어린이 · 어른 할 것 없이 길에서 비껴 섰다고 한다.

선사爲先事의 크고 작은 일 중 공이 주선하지 않은 일이 없었으므로 멀고 가까운 이웃들이 마음으로부터 우러렀다. 임종 때에는 아우 후근厚根 · 형근炯根 · 대근大根 세 분을 불러 "일찍이 부모 섬기는 예를 다 하지 못했다. 또 두 아들에게 혼인의 예를 가르치지 못 해 내가 죽은 뒤에 이 두 죄를 면치 못 했으니 어찌 눈을 제대로 감겠느냐. 너희들은 내가 못한 이 일을 꼭 지키기 바란다."라고 당부했다. 이때 나이 마흔여섯이었다. 귀미 서당터 서쪽에 유택을 마련했다.

원배는 안동권씨 권세원權世元의 따님인데 자녀가 없고, 계배는 완산이씨 이재규李在奎의 따님으로 우영佑榮 · 수영守榮 두 아드님과 사위 이중연李重淵을 뒀다.

10 귀은공龜隱公 諱종갑宗甲

字회원會元 號귀은龜隱 1735(영조 11)~1782(영조 6)

백수공의 계자系子 諱형신의 큰아드님으로 태어나셨다. 생가로는 諱응창이 조부, 諱진기가 증조다. 어려서부터 할아버지 백수공 밑에서 공부하다가 백수공이 돌아가신 뒤에는 그 유지를 받들어 동생諱종을과 함께 유언집 문하로 들어감으로써 형제가 함께 당대의 대유로 발전했다.

공은 특히 서울에 머물면서 함평공諱사보의 묘갈명을 유언호에게 받아내는 한편, 아우 경암공諱종을과 더불어 대제학공과 직제학공의 묘를 찾으려고 온갖 정성을 쏟았으나 뜻을 이루지는 못했다. 영조 기축년에 마흔여덟 아까운 나이로 세상을 등졌다. 배위는 영천이씨 이언좌李彦佐의 따님, 諱일수一壽 · 인수仁壽 · 덕수德壽 · 억수億壽 등 네 아드님을 뒀다. 묘는 풍산면 옥출산에 있다.

11 경암공敬庵公 [諱]종을宗乙

[字]경천敬天 [號]경암敬庵 1747(영조 23)~1816(순조 16)

[諱]형신의 둘째 아드님으로 귀은공[諱]종갑의 동생이다. 형과 함께 백수공에게 배우다가 유언집의 제자가 됐다. 형과 함께 대제학공 묘를 찾기 위해 애쓴 것은 앞에서 진술한 대로다.

공의 저술로 「삼경지지발三經之旨發」과 「호락지변湖洛之辨」이 있었으나 불행히도 지금은 전하지 않는다. 「호락지변」이란 당시 학계에서 주장이 달랐던 인물성동이론人物性同異論, 즉 사람과 물건은 본바탕이 같은가 다른가 여부에 대한 논쟁으로 이름을 떨쳐 호남 유학의 종장으로 추앙됐다. 공이 배출한 대표적 인재로는 진사 노석승이 유명하다.

공은 종사에도 남다른 관심을 쏟아 이씨할머니 정려를 세운 일이나, 함평공 묘비 건립, 지계사 설립 등 직간접으로 관여한 업적이 한둘이 아니다. 순조 병자년에 일흔 살을 일기로 영면했다.

배위는 경주김씨 가선대부 동지중추부사 김락대金樂大의 따님이다. [諱]만수萬壽는 아드님이고, 황영黃欞 · 참봉 최규환崔奎煥 · 정병보鄭秉輔 · 행行병조참판 김한익金漢益은 사위다. 족질 [諱]규환奎煥이 행장을 지었다. 묘는 유등면 화혼 상촌 백호白虎에 있다.

12 담재공澹齋公 [諱]득희得熙

[字]달지達之 [號]담재澹齋 1756영조 32)~1809(순조 9)

[諱]세후世垕의 큰아드님으로 인계면 중산리에서 태어나셨다. 할아버지는 [諱]한정漢挺, 증조는 삼성당공[諱]회영이다. 아홉 살에 아버지가 돌아

가셔서 증조 슬하에서 자랐으나 이마저도 열두 살 때 여의고 말았다. 어머니 양천허씨와 할머니 반남박씨를 봉양하는 어려움 속에서 독서에 전념하던 중 김원행 문하를 출입했다. 성리학에 조예가 깊어 당대 거유인 송환기 · 유언집 · 이재 · 황윤석 등과 도의의 교분을 맺었다.

공은 위선 사업에 진력, 많은 족적을 남겼는데, 대표적인 업적으로는 귀암공諱배 · 쌍매당공諱사민 · 백수공諱응수 그리고 이유겸 등 4현을 모신 지계사를 건립한 일이다. 이 사우 건립은 오로지 담재공의 공력이며, 쌍매당공의 묘갈을 받기 위해 천리 먼 길을 무릅쓰고 좌의정 유언호 집을 왕래한 것은 조상을 위한 정성이 얼마나 지극했는지를 단적으로 보여주는 일화이다.

1798년(정조 22), 마흔세 살 때 과거에 응시하여 시와 표表가 모두 뽑혔으나 은상恩賞은 입지 못했다. 배위는 청도김씨 김옥金沃의 따님이다. 諱지문志文 · 지옥志玉 · 지하志夏 등 세 아드님과 사위 설명국薛命國이 있다. 묘는 인계면 중산리 향촌 뒤 성암봉에 있다.

13 체와공棣窩公 諱규환奎煥

字화옥華玉 號체와棣窩 1771(영조 47)~1827(순조 27)

남원시 대강면 풍산리 양촌마을에서 태어나셨다. 아버지 홍은공鴻隱 諱우근宇根은 귀미에서 비홍재 아래 양촌으로 이거했으므로, 비홍飛鴻으로 숨었다 해서 '홍은'을 아호로 삼았다. 후진 교육에 힘써서 주위로부터 추앙을 받았다.

체와공은 일곱 살 되던 해 아버지가 별세하셔서 어머니 남원양梁씨,

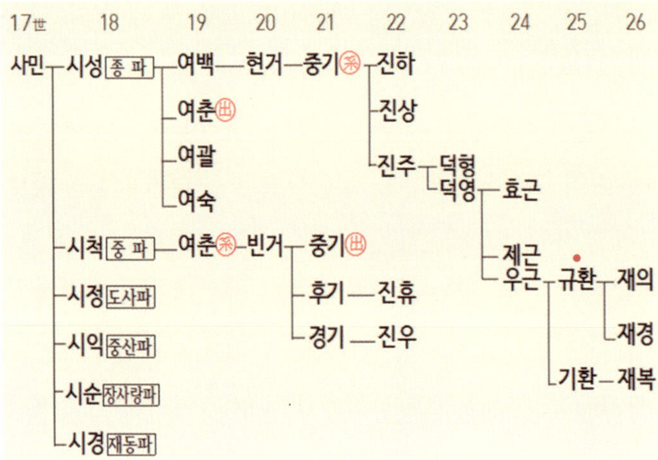

쌍매당종파(17~26세) 체와공 가계

한 살밖에 안 된 아우諱기환箕煥와 함께 생활해야 했다. 홍은공은 27세 때 원배 경주김씨가 자녀 없이 돌아가셨으므로 공보다 일곱 살 연하인 양씨를 배필로 맞아들여 딸로만 이어지다가 나이 마흔넷에 이르러 체와공을 봤다고 한다. 어려서부터 글 읽기를 즐겨 책을 손에서 떼지 않았고, 자라서는 족숙 경암공諱종을의 문하로 들어가 정진했다.

공은 지극한 효성으로 주목을 받았다. 어린 나이에 아버지 치상때는 집상하는 법도가 선현의 가르침에서 조금도 어긋나지 않았고, 어머니가 편찮을 때는 손가락을 잘라 그 피로 가료한 일이 한두 번이 아니어서 고을에서는 수차에 걸쳐 조정에 효행을 아뢰기도 했다. 만년에는 원근을 가리지 않고 앙모하는 사람들이 찾아와 제자의 예를 갖췄는데, 공 또한 이들을 맞아들이는 것을 낙으로 삼았다.

원배 천안전씨는 자녀 없이 돌아가셨고, 계배 경주김씨 사이에 2남

2녀를 뒀다. 諱재의在義 · 재경在敬은 아드님, 사위는 송진화宋晉華 · 권경심權京心이다. 묘는 귀미 장수재에 있다.

14 율계공栗溪公 諱재홍在鴻

字순모順毛 號율계栗溪 1837(헌종 3)~1892(고종 29)

諱수영守榮의 큰아드님으로 귀미에서 태어나셨다. 천성이 인후하고 학구열이 남달라 대유가 됐다. 일찍이 서울로 진출해 공경대부와 사귀었는데, 문과로 급제하여 규장각 직각直閣을 지낸 박두양朴斗陽도 공에게 수학한 적이 있다. 박두양은 이 인연을 잊지 않으려고 이 사실을 기록하여 두 집안에서 보관하기로 했는데 지금도 이 문서가 전한 다고 한다. 공은 종사에 대한 열정도 남에게 뒤지지 않아 여산 선영을 되찾은 것은 그 노고의 일단이다.

고종 초년, 여산 선영이 당시 세도가였던 풍양조씨 조철영趙喆永 판서 집안에 불법으로 넘어간 일이 있었다.(➡ p.412) 이때 온 종중이 나서서 선영을 찾으려고 제소하기도 하고 직접 협상을 시도하기도 했는데, 마침 율계공과 팔암공八岩 諱종린鍾麟이 서울 조씨가家를 찾아가 교섭을 벌였다. 그때 조판서는 이미 죽은 뒤였으므로 교섭단의 사연을 들은 조판서의 자부가 우리 문중의 선영이 있는 산山 문서를 되돌려줬다.

배위는 분성김씨 김치주金致珠 따님으로 외아들 암재공菴齋 諱종헌鍾憲을 뒀다. 공의 삼종손 귀정공諱일수이 가장家狀을 지었다.

15 만촌공晩村公 諱석종錫宗

字학민學敏 號만촌晩村 1819(순조 19)~1877(고종 14)

諱재호在灝와 남평문씨 문희경文希敬의 따님 사이에서 큰아드님으로 태어나셨다. 인계면 중산에서 느재晩峙로 이거했기 때문에 호를 '만촌'이라 했다. 성암공諱원영은 만촌공의 행장에 '공은 태어날 때부터 바탕이 남달라 재기가 뛰어나고, 효제충신이 하늘에서 나왔다. 하는 일마다 법도에 맞았으며, 종족이나 붕우에게는 언제나 따뜻했다'라고 칭송했다.

일찍이 문예의 성취로 명성을 떨쳤으나 중년 이후로는 과거에 뜻을 접고 시주를 벗 삼았다.고 한다. 「학생만촌공행장」은 말한다. '멀리서 바라보면 엄숙한 기운이 있어서 저절로 장숙莊肅해지고 가까이 보면 따스하고 실로 너그러웠으며, 서울의 사대부가 고을의 원으로 내

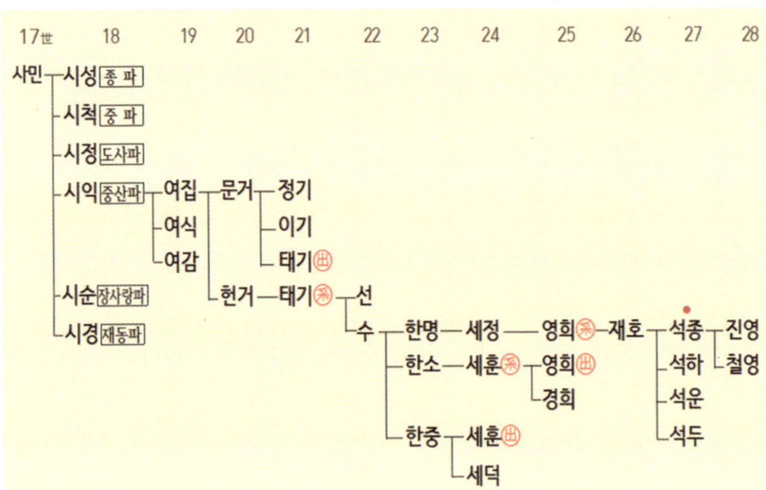

쌍매당중산파(17~28세) 만촌공 가계

려오게 되면 반드시 수레에서 내려 공을 찾았다. 또한 고을에 큰 일이 있으면 모름지기 공에게 의견을 물어서 처리했다', '공은 늠름한 풍채에 기상이 괴걸魁傑할 뿐만 아니라 변론이 첨민하고 기국이 커서 아무리 어려운 일이라도 공 앞에서는 누구나 열복悅服했다.' 공의 감화력과 덕기德氣가 어떠했는지를 쉽사리 짐작하게 하는 찬사다.

배위는 수원백씨 백경수白慶洙 따님이며, 큰아드님 진영進永은 재행이 있어 기대가 컸으나 요절했고, 둘째 아드님은 철영喆永, 홍재석洪在奭은 사위다. 묘는 느재 안산에 있다.

16 조은공釣隱公 諱석규錫奎

字송현宋賢 號조은釣隱 1825(순조 25)~1893(고종 30)

귀미에서 諱재화在華의 둘째 아드님으로 태어나셨다. '어려서부터 보통사람과 달리 총명했고, 부모 섬기는 도리를 알았다. 일곱 살에 부친상을 당했는데 형님諱석기錫奇을 따라 어른처럼 집상했다.' 송병순이 지은 「처사조은공묘갈명」에 나오는 말이다. 형님이 일찍 돌아가시자 어머니 풍산심씨를 정성껏 모시고 어린 조카를 도와 큰집 일을 모두 보살폈다.

일찍이 과거를 단념하고 『성리대전性理大典』·『근사심경近思心經』 등을 읽어 옛 사람의 격언이나 선행을 써 붙이고 좌우명으로 삼았다. 자질子姪에 잘못이 있으면 반드시 정색으로 엄히 꾸짖어 심복하게 했다. 예학으로 이름을 떨친 공은 평생 비리의 말을 입 밖으로 내지 말라고 후진들에게 경계했으며, 농사는 삶의 근본이므로 부지런하지 못하면 어떤 일도 이룰 수 없다고 타일렀다.

배위는 고경진高慶鎭의 따님으로 3남 3녀를 뒀다. 청파공青坡 諱기영璣永 · 만포공晩圃 諱찬영瓚永 · 성암공諱원영 등 세 아드님은 모두 문행이 있었다. 고제욱高濟郁 · 정대진丁大振 · 강찬희姜鑽熙는 사위다. 묘는 담양군 금성면 문암리 뒷산에 있으며, 묘갈은 송병순의 글이다.

17 귀봉공龜峰公 諱석원錫源

字백행百行 號귀봉龜峰 1831(순조 31)~1884(고종 21)

諱학춘學春의 큰아드님으로 태어나 큰아버지 諱학계學桂에게 입계했다. 천성이 온화하고 의용이 장엄했으며 가난한 가운데서도 학문을 즐겼다. 공의 유집이나 문헌이 없어 자세한 행적은 알 수 없으나 경서나 예서, 사서는 물론 성리서性理書에 이르기까지 통하지 못하는 분야가 없었다고 전한다. 명리에 눈길을 주지 않고 오직 후진 교육에만 전념해 문하에서 많은 제자가 나왔다.

배위는 경주정씨 정문욱鄭文郁의 따님으로 2남 2녀를 뒀다. 諱대영大永은 큰아드님이고, 둘째 諱필영弼永은 중부仲父 諱석인錫仁에게 입계했다.

공의 고조는 무과에 급제해 의금부도사를 역임한 도사공諱정신, 7대조는 무과급제 후 곤양군수를 지낸 의암공諱오거이다. 이처럼 공은 환가宦家(벼슬하는 가문)의 후예로 태어나 그 가업을 더욱 빛나게 하기 위해 학문에 힘썼기 때문에 당대 고을의 석학으로 추앙을 받았다. 묘는 남원시 대강면 평촌리 방론산 선친 묘 오른쪽에 있다.

18 심주공心洲公 諱석모錫謨

字성윤聖允 號심주心洲 · 재시당在是堂 1848(헌종 14)~1918(일제강점기)

삼계면 세심리에서 증조봉대부 동몽교관 취계공諱집하의 셋째 아드님으로 태어나셨다. 할아버지는 증동몽교관 추원재공追遠齋 諱천수天壽, 증조는 증사복시정 만축공晩築 諱종언宗彦이며, 회와공諱공신은 12세조, 매당공諱돈은 13세조이다.

공의 집안은 집의공諱자유 이래 4백여 년 동안 세심리에서 세거하면서 대대로 문필이 떠나지 않았다. 부친 취계공은 효행과 학문으로 이름이 났는데, 유집 2권과 기우만奇宇萬의 묘갈이 전한다. 건원릉참봉은 지낸 계은공諱석원은 공의 형님이다. 이런 가정환경에서 성장해서 인지 어려서부터 독서에 힘썼고, 자라서는 송병선 · 기정진의 문하로 들어가 대성했다. 안소安塑가 지은 「심주공묘갈명」에 따르면 '일곱 살에 『증사曾史』(원나라 증선지曾先之가 지은 십팔사략十八史略』)를 통독해 다른 학동의 추종을 불허하는 총명을 자랑했다.'고 한다. 흥선대원군의 서원철폐령으로 지계사가 헐리자 옛날 매당공이 지었던 광제정을 중건하자고 형님에게 제의해 이를 실현했다.

호남의 한 선비가 서울에 이르니	斗南一士到京城
가까운 데는 밝게 빛나고 먼 데서는 소리가 난다.	近有輝光遠有聲

_『옥수선생집玉垂先生集』 권 24, 「화남원양상일和南原楊相一」

서울에 갔을 때 서예가로 이름 높았던 조면호趙冕鎬가 공을 만나고 나서 그 인품이 느꺼워 읊었다는 시구다. 1910년, 경술국치 이후로는 초가집을 지어 '천산재天山齋'라 이르고, 거기서 우리나라 역사서 『국로항추菊露抗秋』를 저술했다. 뒷날 이 유고는 손자 諱병창秉暢이 추보하여 『근조선사近朝鮮史』란 이름으로 발간했다. 사계斯界에서는 더없이 공정하고 사실에 충실한 저술로 평가하고 있다. 공은 만년에 후진 교육에 전념해 많은 인재를 배출했다.

배위는 김해김씨로 1남 3녀를 뒀다. 유집 5권을 남겼고, 행장은 제자 김한주金漢柱가 썼다. 묘는 임실군 덕치면 사곡리 국수봉에 있다.

19 귀하공龜下公 諱석우錫愚

字백우伯愚 號귀하龜下 1852(철종 3)~1913(일제강점기)

가감역공諱재영의 4남으로 금과면 고례리에서 태어나셨다. 공은 용모가 수미秀美하고 재기才器가 총명해 겉으로는 지극히 온화해 보였으나 속마음은 매우 장중했다. 평소 문장과 의행이 뛰어나 고을 사람이 모두 우러렀다. 예학은 물론이고 제자백가로부터 지학곡예地學曲藝(풍수·연예)에 이르기까지 이르지 않은 분야가 없었다. 시문에 뛰어나 시고詩稿 1권이 전한다.

배위는 전의이씨 이봉기李鳳基의 따님으로 2남 1녀를 뒀다. 박학博學한 큰아드님 경재공敬齋 諱철수哲洙은 종중 일에 발 벗고 나섰으며, 특히 문집 『백수집』을 간행할 때는 중부仲父이신 만오공諱석승의 말씀에 따라 경향 각지를 돌며 백수공諱응수의 묘갈명 등을 손수 수집했다. 諱명수命洙는 둘째 아드님, 정태현丁泰鉉은 사위다.

20 연파공蓮坡公 諱주영周泳

字문여文汝 號연파蓮坡 1836(헌종 2)~1909(융희 3)

호은공諱석룡의 둘째 아드님이다. 어려서부터 천성이 순후하고, 뛰어나게 총명하다는 말을 들었다. 일찍이 과장科場에 나아가 諱하영·은영 등 두 형님과 더불어 초시에 합격했으나 복시에는 연이어 실패함으로써 과업을 단념하고 향리인 귀미에서 후진 양성에 전념했다.

고종 초년에 서원철폐령으로 지계사가 훼철되자, 1898년(광무 2) 귀암공諱배의 높은 도행을 기리기 위해 종중과 협의하여 만수탄 기슭에 귀암정을 창건했다. 이 정자에는 공이 지은 창건운이 지금도 걸려 있다.

귀암정창건운 龜巖亭創建韻

속세 밖에 쌍대가 물가에 우뚝 빼어났으니	物表雙臺迥出汀
옛날에 우리 선조가 여기에 머물렀네.	昔年吾祖此居停
학이 새벽 언덕에서 나니 편지가 부질없이 이르고	鶴飛曉隴書空赴
물고기가 가을 강에서 먹으니 먹이가 절로 향기롭네.	魚食秋江餌自馨
오래된 지계사* 옛 서원을 생각하며	百歲芝溪思舊院
한 아침에 연꽃 포구에서 새로운 문을 여네.	一朝荷浦啓新扃
산인동* 속에 남아 있는 풍류와 운치는	散人洞裏餘風韻
또한 사람들이 빈 난간에서 영원히 들으리라.	也人虛欄萬古聽

* 지계사 : 1808년(순조 8) 귀암공·쌍매당공·백수공 등을 배향하기 위해 적성면 지북리에 세운 사우. 건립 60년만인 1869년(고종 6) 서원철폐령으로 문을 닫았다.

* 산인동 : 귀암공과 매당공 형제가 은거했다는 취암산 골짜기. 배바위·돈바위로 알려진 형제암이 있는 강기슭에 있다. 산인散人이란 세상일을 멀리하고 한가하게 사는 사람이란 뜻이다.

원배는 함평박씨 박우모朴佑模의 따님인데 자녀 없이 일찍 세상을 등졌다. 계배는 연안김씨 김병연金秉淵의 따님으로 1남 3녀를 뒀다. 외아드님 諱병화秉華는 시로 이름을 날렸다. 이학기李學器 · 이백녕李百寧 · 노숙현盧淑鉉은 사위다. 묘는 동계면 귀미 덕고개에 있다.

21 팔암공八岩公 諱종린鍾麟

字태서泰瑞 號팔암八岩 1838(헌종 4)~1893(고종 30)

농암공聾岩 諱재보在輔의 큰아드님으로 귀미에서 태어나셨다. 타고난 자품이 온화하며 기개와 도량이 맑고 고결하다는 말을 들었다. 의지가 굳고 독서에 부지런했으므로 친구 같은 선비들이 거리를 따지지 않고 매일 끊임없이 찾아들었다. 그리하여 일취월장한 학문으로 고을의 거유로 자리매김했다. 공은 세상 경영의 뜻을 세우고 서울로 올라가 대과 초시에 든 후, 계속 학문에 매진하면서 저명한 석학들과 교유했으나 등과에는 실패했다.

과운科運이 따르지 않았으나 종중에 끼친 공의 공적은 많다. 그 중 하나가 여산의 선영을 회복한 일이다. 앞에서 언급했던 것처럼, 공은 족숙 율계공諱재홍과 함께 조철영 판서댁을 찾아가 선산 반환교섭을 벌여 문서를 되찾는 일을 성공적으로 마무리했던 것이다. 귀정공諱일수이 남긴 「여산산장추심문礪山山庄推尋文」에 덧붙인 글에는 '율계공과 팔암공 두 분이 산 문서를 되돌려 받아 돌아왔으므로 종중에서는 그 노고를 칭송하며 그 보답으로 선산 소나무를 발매해 사용하게 하려고 결의했으나 사절했다'는 기사가 보인다.

배위는 장수황씨 황요黃橈의 따님이다. 슬하에 諱조영朝永 · 회수會洙 두 아드님과 두 따님을 뒀다.

22 청파공靑坡公 諱기영璣永

字순칠順七 號청파靑坡 1843(헌종 9)~1878(고종 15)

조은공諱석규의 큰아드님이다. 어머니 장흥고씨의 임신 중에 신이 내려와 은비녀 세 개를 주는 태몽이 나타났다고 한다. 공은 나면서부터 골상이 청수하고 용모가 단정했다. 일찍이 문리를 얻어 동문수학이나 어른들이 큰 그릇으로 기대했다. 장성해서는 어질고 너그러운 도량과 재능이 성숙해져 예학이나 경전 등에서 어느 것 하나 막히는 것이 없었다고 한다.

공은 저녁이면 틈을 내서 어머니를 즐겁게 해드렸는데, 옛날의 어진 부인이나 나라의 사적 등을 아뢰어 웃음으로 한때를 모셨다. 위선 사업에도 정성을 기울여 백수공諱응수의 글이 사방으로 흩어져 인멸될 것을 염려한 나머지 후손 집에서 초본을 찾아 「강설講說」 2권, 「원편原編」 16권을 교열하고, 마멸된 부분은 보완해 출간 준비를 하던 중 졸지에 세상을 뜨고 말았다.

일찍이 향교에서 향음주례를 베풀 때였다. 때에 공이 헌관으로 임석했는데 봉사 예법이 고례古禮에서 한 치도 어긋나지 않은 것을 본 늙은 향리가 "우리 향교가 생긴 이래 이런 향음례는 처음이다."라면서 찬탄했다고 한다.

공은 벗을 공경의 예로 대했고, 집안 노복들에게도 항상 따뜻했다.

그래서 사람들은 '참으로 군자'라며 진심으로 우러렀다. 그러나 안타깝게도 서른 여섯의 젊은 나이로 세상을 떴다. 공이 이 세상에 머문 세월은 짧았지만 끼친 족적은 뚜렷했다. 그 하나가 남긴 가도家道다. 공은 두 아우 만포공諱찬영 · 성암공諱원영의 바탕을 미리 알고 각각 나아갈 방향을 일렀고, 집안의 법도法度를 마련, 이때부터 오늘날까지 시행되고 있다.

배위는 한양조씨 조종팔趙鍾八의 따님으로 諱병춘秉春 · 병하秉夏 두 아드님과 사위 신중구申重求가 있다. 묘는 인계면 세룡리 선영으로 묘갈은 김균金畇이 썼다.

23 만포공晩圃公 諱찬영瓚泳

字치옥穉玉 號만포晩圃 1858(철종 9)~1951

조은공諱석규의 둘째 아드님으로 귀미에서 태어나셨다. 어릴 때부터 총기가 남달라 열 살 무렵에 이미 문리를 터득했다고 한다. 20세에 못 미쳐 과장에서 이름을 떨쳐 '양씨 가문에 삼봉三鳳이 나왔다'는 말이 돌았다. 재기가 뛰어난 청파공諱기영 · 성암공諱원영 등을 아우르는 감탄이었다.

하늘이 낸 공의 효성은 혼정신성昏定晨省(밤에는 부모의 잠자리를 보아 드리고 이른 아침에는 부모의 밤새 안부를 묻는다는 뜻으로, 부모를 잘 섬기고 효성을 다함을 이르는 말)을 하루도 거른 날이 없었다. 작은어머니가 편찮은 일이 있을 때도 친부모처럼 간호하며 병석을 떠나지 않았다. 일찍이 형님이신 청파공은 동생들 앞에서 "너는 과업을 목표로 공부해서 가문을 빛내고, 막내諱원영는 스승을 찾아 이 땅에 도를 심으라. 나는 산 좋고 물 맑은 곳에 집이나 지어 책을 읽으면서 마음을 닦으련다."라고 다짐을 놓았다. 그러나 청파공이 일찍 불행하게 됨으로써 공은 과거를 포기하고 명리와는 등을 돌린 채 뜰에 황화黃花를 심고 스스로 '만포'라고 불렀다.

만년에는 자연과 더불어 소요하며 운韻 수십 편을 남겼다. 춘추 아흔넷의 천운을 누렸지만 임종할 때까지 잠자리 들기 전에는 한 번도 눕지 않고 정좌하여 묵상했다.

배위 하동정씨는 따님 하나만 남긴 채 돌아가셨고, 계배 평택임씨는 2남 3녀를 길렀다. 諱병극秉極 · 병현秉炫은 아드님, 양회인梁會寅 · 최성인崔成人 · 노원로盧源魯는 사위다. 유집 2권이 전한다. 묘는 귀미 안산의 칠성바위 아래에 있는데 묘갈은 김균金畇이 썼다.

24 성암공星岩公 諱원영瑗永

字치경致瓊 · 원옥爰玉 號성암星岩 1861(철종 12)~1938(일제강점기)

조은공諱석규의 셋째로 귀미에서 출생했다. 귀미 종가의 뒷산에 별바위가 있어 '성암'으로 아호를 삼았다. 어려서부터 총명이 남달라 모든 경서에 통달했고, 장년기에는 옥천沃川으로 송병선을 찾아가 성리학을 익혔다. 1905년 을사늑약으로 스승이 순절하자 스승의 아우인 송병순 아래서 학업을 이었다. 경술국치에 강개한 성암공의 스승 송병순은 높은 산 위로 올라가 투신하려 하자 제자가 껴안음으로써 실패로 돌아갔으나, 시로 시름을 달래다가 1912년, 결국 독약을 마시고 순절했다. 망국으로 두 스승을 잃은 성암공은 을사늑약 이후 민영환·송병선·최익현 등 순절한 지사들의 장거를 존모尊慕하는 추모시를 올리고 향리에서 후진 양성에 전념했다. 다음은 순절한 한말 지사 아홉 분에게 올리는 헌사獻詞다. 서사를 포함해 모두 10수다.

느끼어 절구 10수를 읊다 感詠十絕*

하늘도 또한 무심하여 우리나라를 돌보지 않아	天亦無心眷我東
태평한 왕업이 하루아침에 없어졌네.	偏安王業一朝空
자신을 신중히 다스려 오히려 기자*의 처지 됐구나.	自靖猶爲罔僕*地
애오라지 시구로 여러 공의 순절에 통곡하네.	聊將詩句哭諸公

* 전체 글의 서사序詞이다.

* 망복罔僕 : 두 임금을 섬기지 않음. 기자箕子는 은나라가 망하더라도 자신은 남의 신하가 되지 않겠다고 했다 함.

연재 송병선의 자결 宋淵齋 自決

수풀처럼 에워싸여 기차에 실렸으나	電車詒載擁如林
마음은 밝은 해가 비추듯 분명했네.	心事分明白日臨
도를 근심하여 남긴 글 뜻 깊고 또한 간절하니	憂道遺書深且切
사람들이 받들어 읽고 눈물이 옷깃에 가득하네.	使人擎讀淚盈襟

충정공 민영환의 자결 閔輔國 自決

대대로 녹 받는 신하는 슬픔과 즐거움을 나라와 함께해야 하는데

世祿端宜同戚休

오조약으로 이에 나라가 망하는 때로구나.	五條約是國亡秋
한 칼로 인을 구하려다 이루지 못함을 탄식하고	一劍求仁嗟不及
부질없이 혈죽에 유구한 한을 남겼네.	空留血竹*恨悠悠

* 혈죽血竹 : 충정공 민영환이 자결한 뒤에 그의 피 묻은 옷을 뚫고 나왔다는 대나무.

면암 최익현의 옥사 崔勉庵 獄死

삶을 도모하지 않고 의병의 깃발을 남쪽으로 향하여	義旗南指不圖存
다른 나라 땅의 넋이 되어 천년의 한을 남겼네.	遺恨千秋異域魂
평생 동안 수고로움을 지극히 하고 이제 끝났는데	一生盡瘁今焉已
이 의거에 어찌 성공과 실패를 논하리오.	此擧何須成敗論

매천 황현의 자결에 붙임 黃梅泉 自決

매천 황현은 한 서생인데	黃梅泉是一書生
우리나라 문장으로 자부하는 이름이다.	左海文章自負名
아름답게 길러준 은택을 선왕에게 보답하니	爲報先生休養澤
선비들이 빛을 더하고 또 놀라워 하네.	士林增色亦堪警

정언 정재건의 자결 鄭小松* 自決

송강鄭澈의 옛 집에서 어진 후손을 이야기하니	松翁古宅說賢孫
이십 년 전의 한 정언이로다.	二十年前一正言
나라와 임금이 망하여 갈 수 있는 곳이 없고	國破君亡無可往
태연히 굳센 혼에 짧은 칼의 흔적이로다.	從容毅魂短刀痕

* 소송小松은 정재건鄭在健의 호

참판 장태수의 자결 張泰秀 自決

공의 절의는 정정당당하여	槩公節義正堂堂
은사금*을 꾸짖어 물리침이 서릿발 같았네.	叱退賜金凜雪霜
왕망*의 조정에서 먹지 않는 이가 어느 남자인가?	莽朝不食何男子
한 곡조 '채미가' 저 수양산에서 들리네.	一曲薇歌彼首陽

* 은사금恩賜金 : 임금이나 상전이 은혜롭게 하사한 돈.

* 왕망王莽 : 중국 역사상 최초로 선양의 형식으로 왕위를 양도받는 역성혁명을 일으킴.

* 채미가采薇歌 : 고사리 캐는 노래라는 뜻으로, 절의지사의 노래를 이르는 말. 옛날 중국 고죽국孤竹國의 왕자 백이와 숙제가 지조를 지켜 주나라의 양식을 먹지 않고, 수양산首陽山에 들어가 고사리[薇]로 배를 채우면서 굶주려 죽기 전에 불렀다는 노래.

금산군수 홍범식의 자결 洪範植 自決

삼백여섯 고을 여러 수령 중에서	三百六州諸大夫
관복을 던지고 용감하게 몸을 버린 사람 없네.	無人投紱敢捐軀
유독 금산군수가 능히 의를 취했고	獨有錦山能取義
임금을 뒤로 한 무리는 오히려 부끄러움과 한을 견디네.	猶堪愧恨後君徒

안중근의 사형 安重根 死刑

권총 한 번 쏘니 만인이 놀라고	短砲一發萬人警
머리에서 홍건하게 피 흘러 차 밑을 가로지르네.	血顆淋漓車下横
이 마음먹은 일 마치고 난 지금 심정은	伊今了意心中事
나이 먹어 학교를 졸업한 학생 같으리.	學校增年卒業生

병정兵丁 김봉학의 자결 金鳳學 自決

이름을 군적에 기록하여 스스로 더욱 수고했는데 名編軍籍自賢勞

나라를 팔아 제명대로 살기를 어찌 기약하랴. 賣國其何約己年

후한 녹봉을 받는 여러 고관들은 어찌 부끄럽지 않겠는가. 厚祿諸公寧不愧

병영 문의 차가운 달 아래 예리한 칼이 떨어졌거늘 營門寒月落霜刀

이 시편들은 당시 유림층의 국가관과 애국정신을 짐작할 수 있는 사료적 가치를 지닌 운韻들이다. 스승 송병순의 아들 송증헌宋曾憲은 공의 「성암공원영묘표」에 이렇게 썼다.

나의 아버지 형제분께서 옥천 산중에서 도를 강론할 때 사방의 학자가 모여들었다. 순창 귀미에 사는 양공 휘 원영도 그 중 한 분이다. 공의 처음의 자는 치경致瓊인데, 고쳐서 애옥爱玉이라 했다. 공은 철종 신유 11월 10일에 태어나 자질이 준수하고 용모가 단정하고 엄숙하며 효우가 또래 중에서 뛰어났다. 가정에서 공부할 때 하루에 수천 마디를 암송했다. 20이 넘어서는 학문이 더욱 깊어져서 성리 예학이 뛰어나니 호남에서 망望(벼슬 후보자)이 높았다. 이때부터 두 선생의 가르침을 받게 됐다. 아버지이신 조은공께서 독서를 즐기셨는데 『근사록近思錄』과 송나라의 『군신록君臣錄』에서 의문이 생기면 반드시 표시해 뒀다가 저녁과 새벽의 혼정신성을 할 틈에 아뢰는데 게을리 하지 않았고, 또 어머니가 계신 안으로 들어가게 되면 옛날의 어진 여자 일화나 나라의 충신 · 현인의 사적을 진지하게 말씀 드려 즐겁게 해 드렸다. 두 스승께서 순도殉道하신 뒤로는 애통을 이기지 못했다. 무인년 3월 5일에 돌아가시니 향년 일흔여덟 살이었다.

공의 인품과 행의를 잘 드러낸 글이다. 공은 국운이 기울어가는 조선 말기에 태어나 큰 뜻을 품고 송병선 · 송병순의 문을 두드려 수학했으나 이미 나라는 기울어 벼슬에 대한 희망을 접고 일생을 야인으로 보내기로 결심했다. 그래서 만년에는 후진 양성을 낙으로 삼고 여생을 보냈다.

종중에 끼친 공의 정성도 간과할 수 없다. 두드러진 것으로는 귀암정을 창건한 일이다. 고종 초기에 지계사가 훼철되자, 귀암공諱배의 사적을 기리기 위해 정자라도 짓자는 종의宗議에 따라 공사가 진행될 때 공은 직접 옥천으로 가서 스승 송병선에게 정기亭記를 부탁했고, 송병순에게서는 편액 휘호를 받았다. 지금 귀암정에 걸린 현판이 이때 작품이다. 또 하나는 흩어져 있던 우리 양씨의 문헌을 정리해 『세적편世蹟編』이라 이름 붙이고, 후손들이 조상들의 업적에 용이하게 접근할 수 있도록 정리한 점이다.

공의 학문적 연원은 송병선 · 송병순 두 형제분에게 있으므로 기호학파의 정통이다. 그러므로 백수공諱응수의 도통과도 합치된다. 아직 출간하지 못한 유집 『성암유고星岩遺稿』가 전해온다. 김택술金擇述의 「성암공행장行狀」이 있다.

원배는 장연변邊씨인데 자녀를 기르지 못했고, 계배 청주한씨는 공과 동갑으로 3남 1녀를 뒀다. 아드님 우석공愚石 諱병철秉哲 · 귀운공龜雲 諱병익秉益은 공을 이어 문행文行으로 고을에 이름을 떨쳤고, 막내아드님은 諱병직秉直인데 형제분들의 후예는 모두 부안에 거주하고 있다.

25 회암공晦岩公 諱헌영憲泳

字경장敬章 號회암晦岩 1849(헌종 15)~1929(일제강점기)

귀미에서 諱석기錫基의 외아드님으로 태어나셨다. 세 살 때 아버지를 여의었다. 이때 어머니 남양홍씨가 남편을 따라 순절하려 했으나 아들 앞날을 위해 결심을 바꿨다고 한다. 공은 종형 청파공諱기영을 좇아 독서에 정진하여 일취월장했다. 그러나 청파공도 일직 세상을 떠남으로써 일시 학업을 중단했다. 서른 살 이후에는 집안 다스리는 일에 전념하여, 먼저 가신 어른들이 시작했던 가업을 받들려고 노력했다. 만년에는 손님 접대와 풍월을 즐겼다.

배위는 전의이씨 이봉기李鳳基 따님으로 2남 1녀를 두었다. 諱병식秉植·병조秉祚는 아드님, 사위는 고광호高光昊다. 묘는 귀미 안산에 있다.

26 후청공後靑公 諱찬수贊壽

字치양致襄 號후청後靑 1861(철종 12)~1943(일제강점기)

금과면 고례에서 회산공諱석형의 큰아드님으로 태어나셨다. 온화한 성품에 몸가짐이 가지런했다. 사람을 예로써 대했고 희로애락을 겉으로 드러내지 않았다. 성리학이나 예학 등의 학문이 심오했으며, 시문학적 소양이 남달랐다. 개인적 영달에 초연하여 세상에 나아가는 데 뜻을 두지 않고 오로지 시작詩作을 즐거움으로 삼았다.

배위는 남양홍씨 홍재태洪在泰의 따님인데, 諱상훈相勳·상화相華 諱

보산寶山는 아드님, 허형許炯은 사위다. 둘째 아드님 諱상화는 남원양씨로서는 최초로 학교교육을 받았다. 그는 오랫동안 금과면장으로 있다가 대한민국 정부가 수립된 뒤에는 행정계에 투신했는데, 익산군 내무과장 재직 중 6·25 동란 때 희생됐다.

27 회산공晦山公 諱병용秉鎔

字경호敬浩 號회산晦山 1856(철종 7)~1918(일제강점기)

지산공芝山 諱좌영佐泳의 큰아드님으로 인계면 중산리에서 태어나셨다. 어려서부터 총명해서 8, 9세에 사서를 읽어 시비득실을 잘 헤아렸으므로 스승이나 어른들이 모두 경탄했다. 공의 할아버지는 그의 재주를 매우 사랑하여 '이 아이는 모름지기 우리 집을 빛낼 것'이라고 기대했다. 가난 속에 성장하면서 책을 손에서 놓지 않았는데, 과거에 여러 번 응시했으나 성공하지는 못했다. 그러나 당시 과거가 모두 금전거래로 부정하게 이뤄지는 것을 알고 나서 다시는 그쪽에 눈을 돌리지 않았다.

경술국치 이후에는 두문불출하면서 '회산'이란 자호를 썼다. 독서하는 틈틈이 대유현의 문헌을 주석해 『심경총람心經總攬』이란 저술을 남겼다. 경성존양警省存養의 자료로 활용하려는 것이었다. 배위는 전주이씨 이원백李元白의 따님으로 자녀가 없어 조카 諱만익萬翊을 입계했다. 묘는 구림면 만일사 뒤쪽에 있다. 『심경총람』 외에 시집 1권이 전한다.

28 인재공忍齋公 諱병기秉錡

字경한敬漢 號인재忍齋 1861(철종 12)~1928(일제강점기)

지산공諱좌영의 둘째이자 회산공諱병용의 아우다. 뜻이 높아 명리를 구하지 않았다. 어리석음은 참지 못하는 데서 나오는 것이라 하여 '인忍' 자를 좌우명으로 삼고 자신의 호를 '인재'라고 했다. 어버이를 섬김에 있어 형님 회산공과 동생 정재공靜齋 諱병현秉鉉 등 삼형제가 한결같이 혼정신성을 이었다.

인재공의 학문은 성리학을 심도 있게 탐구하여 삼형제가 함께 성리설·예설禮說 등에 의심나는 부분이 있으면 종일토록 서로 묻고 대답하는 것을 즐거움으로 알았다. 시를 읊을 때는 바른 성정에 기초했는데, '말을 삼가라. 말 많은 데서 시비가 일어난다勿多言 多言招是非'라는 구절로 스스로를 경계했다.

배위는 청주한씨 진사 한규성韓圭成의 따님으로 4남 5녀를 뒀다. 諱만익은 큰아버지 회산공에게 입계했고, 諱만원萬源·만진萬進·만지萬芝는 아드님, 허양許楊·김사홍金思洪·이학래李鶴來·권렬權烈·유영기柳榮基는 사위다. 묘는 구림면 치천 뒤에 있다.

29 정재공靜齋公 諱병현秉鉉

字경옥敬玉 號정재靜齋 1875(고종 12)~1946(해방공간)

지산공諱좌영의 셋째 아드님이자, 회산공諱병용의 아우다. 천성이 강직하고 지조가 특이했으며 모든 일은 공평하게 처리하는 것을 근본으로 삼았다. 두 분 형님과 더불어 효성이 지극해서 혼정신성을 하루도 거르는 일이 없었다. 공의 학문은 성리설과 예설禮說을 깊이 파고들어 두 형님에게 묻고 배워서 새로운 경지로 나아가는 탐구적 태도가 한결같았다. 만년에는 종중 일에 깊은 관심을 쏟았다.

배위는 경주김씨 김란기金蘭淇의 따님인데 諱만림萬林 · 만전萬塡은 아드님이고, 윤주섭尹周燮 · 이병도李秉燾 · 정용택鄭溶澤은 사위다. 묘소는 순창군 인계면 노동리 동촌에 있다.

30 지곡공芝谷公 諱병운秉雲

字성우成雨 號지곡芝谷 1879(고종 16)~1951

諱계영桂泳의 둘째 아드님으로 인계면 중산리에서 태어나셨다. 어려서부터 얼굴이 청수했던 공은 일곱 살 때 이웃에 놀러가서 글자 20자를 암송했다고 한다. 이를 기특하게 여긴 할아버지가 최국사崔菊史에게 제자로 받아들여달라고 부탁했다. 1년 정도 지나자 『사략史略』과 『통감通鑑』을 어김없이 외웠다. 국사는 이를 보고 장차 큰 그릇이 되겠다고 감탄했다고 한다.

열다섯 살에 황현黃玹에게 배웠다. 열여섯 살 때 조선조 마지막 과거가 실시됐다. 공이 이에 응시하려다가 어린 몸으로 멀리 가는 것을 염려한 할아버지諱석룡錫瓏의 만류로 그만 뒀다. 그 후로는 주로 시문詩文에 재미를 붙여 1천여 수를 읊었다. 최병심이 쓴 「지곡처사묘갈명」에는 "장령 최영년崔永年이 「춘초시春草詩」의 '鸚鵡洲空煙漢漢 鷓鴣臺占雨昏昏(앵무새가 물가에서 날아가 텅 비었는데 연기는 넓고 넓고 오래된 자고새 둥지는 비었는데 비로 어둑어둑하더라.)'이라는 시구를 보고 극구 감탄했다는 글

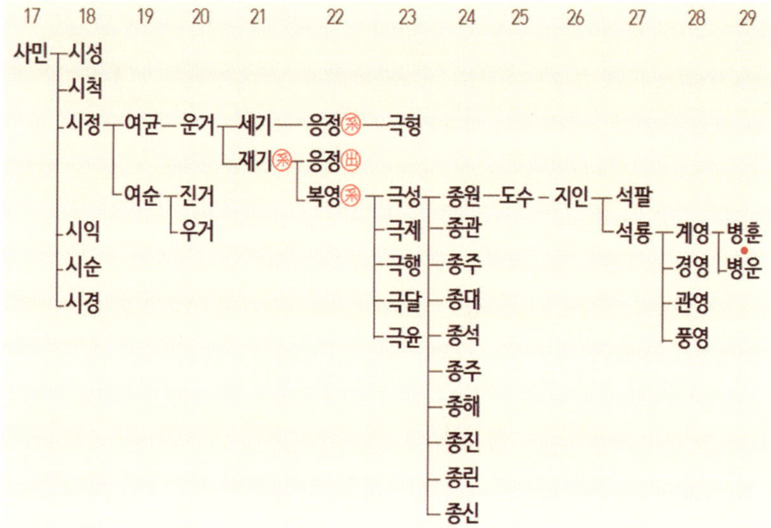

쌍매당도사공파(17~29세) 지곡공 가계

월이 있다. 계해癸亥·갑자甲子 연간(1923~1924)에 월담月潭 김재석가金載碩家에서 『전간재집田艮齋集』을 열람하고 일찍이 전간재(조선 후기의 유학자 전우田愚를 가리킴)가 살아있을 때 스승으로 섬기지 못했으니 오늘에야 반평생을 헛되이 보냈음을 깨달았다."라는 대목이 나온다. 이는 공의 학문적 경지의 일면을 보여주는 일화다.

이처럼 문재가 뛰어난 재사였지만 시대가 바뀌어 개화문명이 밀물처럼 밀려오던 세월이라 공의 학식은 이미 구시대의 유물로 치부됐고, 공의 재예는 세상에 드러나지 못한 채 영영 묻히고 말았다.

배위는 전주최씨 최종현崔鍾鉉의 따님이다. 만간萬幹은 외아드님이고, 방환갑房煥甲·박규덕朴奎德·박태주朴台柱·노원장盧源長은 사위다. 묘소는 순창군 인계면 중산리 은행촌 뒷산에 있다.

제11장

서원과 사우祠宇

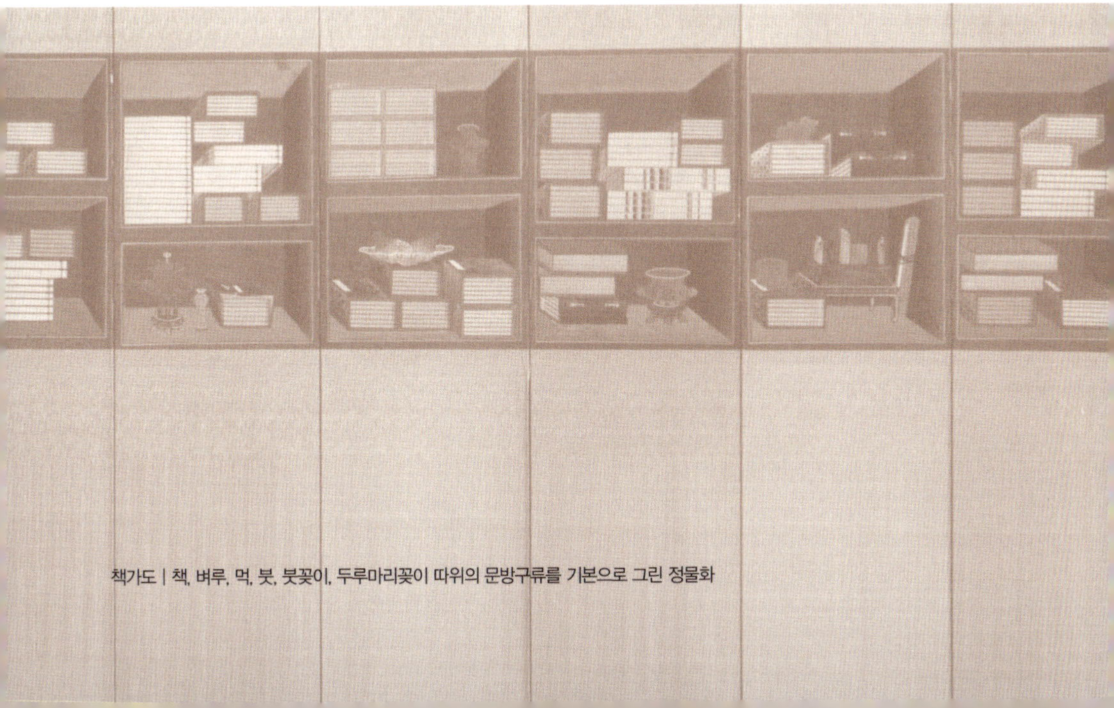

책가도 | 책, 벼루, 먹, 붓, 붓꽂이, 두루마리꽂이 따위의 문방구류를 기본으로 그린 정물화

서원은 송나라의 주자가 도학 연마의 도장으로 장시성江西省 싱쯔현星子縣 북쪽의 여산오로봉廬山五老峯에 열었던 백록동서원白鹿洞書院이 효시다. 이후 서원은 남송南宋 → 원元 → 명明을 거치면서 성행했는데, 우리나라에서는 1543년(중종 38) 풍기군수 주세붕周世鵬이 고려 말 학자 안향을 배향하고 유생을 가르치기 위하여 경상도 순흥에 백운동서원白雲洞書院을 창건한 것이 시초이다.

조선의 서원은 그 성립과정에서 중국의 영향을 받기는 했으나 기능과 성격 등에 있어서 상당한 차이가 있다. 즉, 중국의 서원이 관료 양성을 위한 학교의 성격을 고수한 데 비해 조선의 서원은 도학 연마의 공간이자 향촌 사림의 집회 공간 역할을 하면서 정치적 · 사회적 기구로서의 성격을 강하게 지니고 있었다.

조선 시대의 서원은 흔히 서재書齋 · 사우祠宇 등과 혼칭되고, 성격도 비슷한 것으로 알려졌지만, 엄밀히 따지면 차이가 있다. 서원은 민영 교육기관의 성격이 강한 곳으로 그 지방의 훌륭한 선현에게 제사를 지내는 일방, 후진양성과 학문을 탐구하는 곳이다.

사우는 사당, 곧 조상의 신주를 모셔놓은 집이다. 사대부 집의 사당처럼 서원에서도 명현의 사우를 마련하고 제사를 지냈다. 사우에 모신 훌륭한 조상을 본받아서 열심히 공부를 하라는 동기유발 차원에서 명현제사를 지냈던 것이다.

조정에서는 서원에 배향한 명현의 명망에 따라 임금이 편액을 내리기도 했는데 이를 사액서원賜額書院이라고 한다. 그리고 사액했을 경우는 서원이라 했고, 그렇지 않으면 사우로 차별화했다.

한편, 각지에서 우후죽순처럼 서원 설립이 성행하자 조정에서는 예조로 하여금 엄격한 심사를 거쳐 자격 여부를 따지도록 규제했다. 그럼에도 불구하고 조선 후기로 접어들면서 그 수는 계속 증가했다. 이에 따른 부작용도 만만치 않아 조정의 큰 두통거리의 하나로 등장했다. 사법권의 남발과 서원 재산의 비대화가 부작용의 주조였다.

예조에서는 서원을 건립하려는 사대부의 양식을 믿고, 서민 교화를 위해 삼강과 오륜 등 강상에 대한 범법자를 징치할 수 있는 권한을 부여했었다. 그런데 서원에서는 이를 빌미로 서민에게 여차하면 묵패墨牌를 드밀며 부역을 강요하고, 재산을 탈취하는 등 사법권을 남용했다. 묵패란 조선 후기의 서원에서 상민들을 호출하거나 잡부금을 모금할 때 발송하던 문서를 가리킨다. 당시 서원에서는 자신들의 특권을 관아에서 발행한 백패의 붉은 도장과 차별화하기 위해 인주印朱 대신 먹으로 날인한 문서를 내밀면서 묵패라고 불렀던 까닭에 이런 폐단이 생겼다.

충청북도 괴산군 청천면의 화양서원 묵패는 산천초목도 떨 만큼 위세가 대단했다고 한다. 화양서원에는 만동묘萬東廟가 있다. 임진왜란 때 우리나라를 도와준 중국 명나라의 의종과 신종을 제사 하기 위하여 노론 지도자 송시열의 유명遺命으로 1704년(숙종 30)에 세웠다는 사당이다.

이 만동묘와 흥선대원군이 관련된 흥미로운 이야기가 떠돈다. 이른바 '대원군 구타사건'이다. 집권하기 전, 어려운 생활을 하고 있던 흥선군이 만동묘로 들어가려다가 하인들에게 '몰매를 맞으며' 참기 어려운 수모를 당했다는 것이다. 야사지만, 당시 서원의 위세가 어느 정도였는지 짐작할 만하다. 물론 이런 행패는 중앙 집권 세력을 등에 업은 일부 특권층이나 부릴 수 있었을 것이다.

고종이 즉위하고, 섭정에 들어간 대원군은 만동묘를 당파싸움의 온상으로 지목해 철퇴를 내렸다. 그는 이것으로 끝내지 않았다. 민원의 대상이었던 전국의 670여 개 서원을 정리하기 시작하여 1868년(고종 5)에는 전국에 47개만 남겨놓고 모든 서원을 철폐하라는 명령을 내렸다.

서원, 곧 사우에 배향된 우리 선조 어른은 5개 시설에 모두 열 분이었다. 이 서원들은 대원군의 철폐령으로 모두 훼철됐다. 선조 어른들을 배향한 서원은 강학적 요소보다는 제향적 색채가 짙은 시설이었다.

1. 화산서원花山書院

1607년(선조 40) 순창 유림의 공의公義로 유등면 화탄 앞에 건립한 서원이다. 이 서원에 배향된 인물 중에는 이미 다른 사액서원에 모셔진 분

[표10] 화산서원 배향 인물

순	휘	(호)	관직	시 기		시호	비고
1	신말주申末舟	(歸來亭)	대사간	1429~1503	(세조)	·	단종하야 후 순창에 거주
2	김 정金淨	(沖庵)	형조판서	1486~1521	(중종)	문간文簡	기묘명현
3	김인후金麟厚	(河西)	贈영의정	1510~1560	(명종)	문정文正	문묘 배향
4	고경명高敬命	(霽峰)	贈좌찬성	1533~1592	(선조)	충렬忠烈	임진왜란 창의, 순절
5	김천일金千鎰	(健齋)	贈좌찬성	1537~1593	(선조)	문열文烈	임진왜란 창의, 순절
6	박 상朴祥	(訥齋)	贈이조판서	1474~1530	(중종)	문간文簡	신씨 복위 상소
7	유 옥柳沃	(石軒)	홍문관전한	1487~1519	(중종)	정간靖簡	신씨 복위 상소
8	신공제申公濟	(伊溪)	이조판서	1469~1536	(중종)	정민貞敏	신말주후예
9	양사형楊士衡	(漁隱)	贈도승지	1547~1599	(선조)	·	임진왜란 창의, 호종
10	김시서金時瑞	(自然堂)	薦찰방	1652~1707	(숙종)	·	김인후 후예

* 연번 1~5까지는 초기부터 배향했고, 6~10은 정조 이후 추배했다.
* 김정, 박상, 유옥 : 단경왕후 복위 상소를 올리기로 삼인대에서 결의한 인물들이다.

이 있어서 제향 때가 되면 사액서원과 같은 대우를 받았다. 사액서원은 봄·가을에 이뤄지는 제향에 제수 일체를 조정에서 지원했다. 사액서원이 아닌 사우에는 인물의 비중에 따라 지원에 후박厚薄의 차이를 뒀다. 화산서원이 조정으로부터 사액서원과 같은 대우를 받았다는 것은 그만큼 비중 높은 인물을 배향했기 때문이었다.

[표10]의 10위 중 신말주·김정·김인후·고경명·김천일 등 5위는 처음부터 배향했고, 나머지는 1백 80년 뒤인 1788년(정조 3)부터 추배한 분들이다. 이들을 여기에 배향한 이유는 첫째, 신공제·어은공諱사형·김시서처럼 순창 태생이거나 둘째, 신말주·김인후처럼 순창에 이거한 분, 셋째 김정·고경명·김천일처럼 순창군수였거나 박상朴祥·유옥처럼 순창과 인연을 맺었기 때문이다.

신공제는 순창읍 남산대, 어은공은 동계면 귀미리, 김시서는 복흥

© 한국향토문화전자대전

삼인대 | 1510년(중종 5) 순창군수 김정 · 담양부사 박상 · 무안현감 유옥 등 세 사람이 비밀리에 이곳 강천산 계곡에 모여서 억울하게 폐위된 신씨를 복위시켜야 옳다고 믿어, 상소를 올리기로 결의한 곳이다.

면 사창 태생이고, 신말주는 서울에서 순창읍 남산대로, 김인후는 장성에서 복흥면 사창으로 이거했으며, 김정金淨은 1515년(중종 10), 김천일은 1582(선조 15), 고경명은 1586년(선조 19)에 순창군수로 도임했다. 박상과 유옥은 순창군수 김정과 함께 강천사에서 중종의 원비 신씨(단경왕후)복위상소를 도모해 정계에 큰 파란을 일으킨 분들이다.

화산서원은 논 86두락, 밭 10두락 등 농지 96두락의 기본 재산과, 상당량의 서책 및 제기祭器를 구비하고 있었다. 임원은 원장 1, 원이院貳 2, 전곡典穀 2, 고직庫直 약간 명이었다. 화산서원은 건립된 지 2백60년 만인 1868년(고종 5) 홍선대원군 서원철폐령으로 훼철됐다.

2. 서룡사瑞龍祠

서룡사는 1788년(정조 3)에 인계면 세룡리 쌍매당공 묘소 옆에 세워졌다. 팔덕면의 무이서원武夷書院 건립과 같은 시기다. 지금 전하는 남원양씨 문헌에서는 서룡사에 관한 기록을 찾을 수 없다. 다만 대동보의 오졸재공諱진우 행적에 '사우를 세우자는 의론이 나와 세룡마을에 건립했는데 간사한 무리가 훼방을 부려 시론에 패했다. 어찌 슬프고 통탄스러운 일이 아니겠는가'라는 탄식이 있고, 최락당공諱정기 행적에는 '여러 사람이 통문을 돌려 사우를 세우자는 논의를 했다는 기사가『옥천지』에 있다', 삼성당공諱회영 행적에도 '후학이 사우를 세우자는 의론이 있었으나 보류되어 이뤄지지 않았으니 사림에서 슬프고 안타까워했다'라는 대목이 보인다.

이 기사들 중, 오졸재공의 행적에 나타난 기록이 가장 구체적인 편이고, 다른 두 기사는 '사우에 모시자는 의론이 있었으나 성취하지는 못 했다'라는 정도다. 그러나 황윤석의『이재유고頤齋遺藁』에는「서룡사 상량문」,「서룡사봉안문」등 상세한 자료가 실려 있다. 황윤석은 흥덕군(고창군 흥덕면 일원의 조선 후기 지명) 성내면 출신인데, 백수공 문하였다가 백수공이 돌아가신 뒤에는 김원행 문하에서 공부했다. 천거로 세

[표11] 서룡사 배향 인물

순	휘	(호)	관직	시 기	비고
1	양 배楊培	(龜岩)	薦사헌부장령不就	? (연산)	무오사화 이후 은거
2	양 돈楊墩	(梅堂)	증동부승지	1461~1532 (연산)	무오사화 이후 은거
3	양사민楊士敏	(双梅堂)	薦익위사익위	1531~1589 (선조)	유희춘 · 노진의 문인
4	박 순朴淳	(思庵)	영의정	1523~1589 (선조)	諡문충文忠
5	임 회林檜	(觀海)	순창군수 · 광주목사	1562~1624 (선조)	김인후와 교유
6	이유겸李有謙	(晩悔)	순창군수 · 대사헌	1586~1663 (인조)	이재의 증조
7	양정기楊鼎基	(最樂堂)	贈좌승지	1644~1709 (숙종)	김시서와 교유
8	양회영楊會榮	(三省堂)	贈동지중추부사	1681~1767 (영조)	경학으로 사림들의 추앙
9	양진우楊鎭禹	(迂拙齋)	贈첨지중추부사	1686~1769 (영조)	경학으로 사림들의 추앙

* 서룡사 배향한 유현 9위 중 6위가 남원양씨다.

자익위사익찬에 오를 만큼 경학으로 이름이 높았던 그는 남원양씨의 조상 받드는 일에 각별한 정성을 보여줬다. 황윤석은 「서룡사봉안문」에서 이렇게 찬양했다.

> 엎드려 옛 제법을 상고하니 모두가 송전宋傳에 적혀 있네. 멀고 가까움 없이 성현의 가르침 오늘에 이어졌는데 넓고도 크도다. 고을에서나 나라에서나, 백성에게나 재상에게나 스승으로 계시니 후학은 공경하네. 그 누가 아니다 하리오, 아름다운 덕을 좋아한 것을. 이것이 날로 교화되어 고을은 더욱 빛나네. 화산은 높고도 아름다우며 적성강은 넓고도 깊도다. 그 속에서 인재를 길러 문치를 이룩하니 가사家史와 군지郡誌에 태산처럼 높여 존경했네. 학문이 높은 귀암이 있어 세상을 밝히니 추강秋江(남효온)이 그 재예를 칭송했고, 산인동에 소리 있었네. 한 집의 어진 아우 매당도 기록하여 광제정의 정자 이름 높았으며 도학에 밝고도 통달했네. 사암思庵(박순)은 남쪽에서 일어났는데 물에 비친 달과 같이 청아하고 송죽과 같이 곧아 우리를 바르게 일으켰고, 후인을 바르게 이끌었네. 귀암으로부터 삼전三傳하여 또 쌍매당이 있었는데, 효도와 우애가 높고도 두터웠으며 배움에 나아가서는 문채를 이룩했네. 높고도 빛나는 관해觀海(임회)는 고향에 있는 한 뜰의 봉우리와 이었으니 어찌 숙부 금호에게 부끄러움이 있으리오. 만회晩悔(이유겸)는 송덕비가 있으니 또한 장강과 같이 영원하리라. 도암의 근원을 열었으니 사계의 한 가닥은 더욱 오래 전하리라. 쌍매당의 현손 최락당諱은 그 거룩한 재예를 정자에 펴서 고을에 그 행실이 가득히 전해오고 있네. 거룩한 삼성당諱회영은 곧 그의 조카인데, 고향에서는 효를 다 했고, 서울에

서는 황단첨배의 우두머리 됐네. 조상에서 학덕을 이어받은 오졸재諱진우는 깊이 살핀 공이 있어 도에 구차함이 없다. 하늘에서는 여섯 분을 들쳐 낳았고, 땅에서는 세 벼슬한 분을 대접했는데, 때는 선후가 있고, 자취는 굽힘과 폄이 다르지만, 그 마음에 얻은 바는 하나요 둘이 아니다. 어찌 가늘고 큼을 말하리오. 경위는 서로 가하여 백성은 이미 이것을 길양했으니 사기는 더욱 힘입었다. 높이고 높여 길이 갚으며, 이 밖에도 창성함을 구한다. 오로지 재계하고 기리며 세 번 머금고 외친다. 사우는 흙으로 만들어 잘 지었으며, 나이와 시대순이요, 벼슬의 차이는 아니네. 좋은 날을 가리어 욕의를 거행하네. 서생은 옷깃을 여미고 바삐 모이며, 관원은 비단띠를 두르고 다다르네. 제기는 크고 넓은 바다와 땅에서 나온 것 아닌 것 없네. 이 땅에 나온 것으로 제수를 삼고, 이 밝은 때를 돕네. 산이 높으면 물이 기니, 어찌 잊을 수가 있겠는가. 나는 곡식과 고기의 제수로 흠향하기를 깊이 바란다.

서룡사에 배향된 유현 9위 중 6위가 우리 문중 어른이다. 타성他姓 3현은 이들 모두가 순창군수를 역임했기 때문에 양씨의 서원으로 모셔서 대우한 것이다. 그러나 서룡사는 건립 5년 만인 1792년(정조 16) 훼철되고 말았다. 우리 대동보에는 기록이 보이지 않으나 이면에는 다음과 같은 곡절이 숨어있다.

모두가 알고 있듯이 숙종 때부터 영조 연간에는 많은 서원(사우 포함)이 우후죽순처럼 등장했다. 그래서 조정은 이를 조절하기 위해 재심에 들어갔다. 서룡사 훼철은 위패 문제로 남원양씨와 충주박씨 사이의 갈등이 사달이었다. 박씨들은 서룡사 주벽主壁(주장이 되는 위패)을 박순으로 삼아야 한다고 주장했다. 우리 측은 위차를 연령순으로 잡기로 의견을 모으고 맨 위에 귀암공을 모셨다. 그런데 박씨들은 평택임씨들과 짜고 강경하게 나왔다. 우리 집안에서는 동쪽과 서쪽에 각각 주벽을 모시되 서쪽은 귀암공, 동쪽은 박순으로 하자는 절충안을 제시했다. 박씨들은 이것마저 거부했다. 그리고는 서룡사에는 박순을 모시지 않겠다면서 위패를 가져가 버렸다.

당시는 서인들이 위세가 대단했던 세월이었다. 충주박씨들은 당로자에게 서룡사를 철거해야 한다는 압력을 넣었다. 그렇지 않아도 서원을 줄이는 방향으로 나아가려던 시국이었다. 우리 어른들은 어떻게든 막아보려고 백방으로 노력했으나 수고로울 뿐이었다. 당시 일선에서 움직였던 돈와공諱종해 문집에 이런 곡절을 추정할 수 있는 서찰이 전한다.

3. 지계사芝溪祠

지금의 적성면 지북리에 있었던 사우다. 앞서 소개한 서룡사가 훼철된 지 16년 후인 1808년(순조 8)에 건립해 네 분의 유현을 봉안했다.

지계사를 지북리에 세운 이유 중의 하나는 초로공諱운거의 유적과 관련이 있으리라고 추정된다. 서룡사 옛터에 사우 재건은 불가능했을 테고, 초로공이 이 세상에 안 계신다고는 하나 지북리에는 초로공이

[표12] 지계사 배향 인물

순	휘	(호)	관직	시기		비고
1	양 배楊培	(龜岩)	증동부승지 · 사헌장령	1461~1532	(연산)	무오사화 이후 은거
2	양사민楊士敏	(双梅堂)	薦익위사익위	1531~1589	(선조)	유희춘 · 노진의 문인
3	이유겸李有謙	(晩悔)	순창군수 · 대사헌	1586~1663	(인조)	이재의 증조
4	양응수楊應秀	(白水)	薦익위사익위부솔	1700~1767	(영조)	이재의 문인

국부國富로 이름을 떨친 흔적, 곧 건축자재나 주초, 집터 등이 남아 있었으므로 이곳을 최적지로 삼았을 것이다.

지계사에 배향된 어른들에 대해서는 살피고 넘어가야 할 부분이 몇 군데 있다. 하나는 귀암공의 관직이다. 사헌부장령으로 알려져 있는데, 남원양씨 문헌에는 확인할 자료가 없다. 묘비에는 충순위로 나와 있다. 그런데 귀암공은 당시 시국에 실망한 나머지 은둔에 들어간 뒤, 조정에서 여러 차례 불렀으나 나아가지 않았다[累徵不起]고 했다. 만일 조정에서 불렀다면 모름지기 관직을 부여했을 법한데 그 관직을 알 수가 없다. 공의 관직이 사헌부장령으로 알려진 것은 지계사에 모시려고 사림들에게 돌린 통문에 그렇게 기재됐기 때문이다.

쌍매당공 배향 시기도 궁금하다. 홍석주의 「지계사상량문」에는 귀암공 · 만회공(이유겸) · 백수공 등 3현으로 나와 있다. 「돈와유고遯窩遺稿」에도 '순조 무신(1808)에 3현을 지계사에 봉안하게 됐다'는 기록이 있다. 그런데 조종영趙鍾永의 「지계사봉안문」에는 4현으로 나와 있다.

백수현白水賢은 한천寒泉(도암 이재가 강학하던 곳)의 고제로 깊이 살피어 학문을 쌓아 홀로 깊은 조예를 이루었네. 거나하면 경사를 말하고, 흰 수염을

휘날리며 시를 읊었네. 마음으로 얻음을 즐기니 선생은 이를 칭찬했네. 공은 높은 산에 올라 주자의 학문을 강하고 혹은 향사를 하며, 예를 행하여 오르내렸네. 학자들 구름같이 모여들어 달을 두고 어려움을 물으며 간간히 시문도 익혀 벌단伐檀(『시경詩經』「위풍衛風」의 편명篇名. 관리가 하는 일 없이 녹만 축내는 것을 꾸짖는 내용이다.)을 도왔네. 맑은 향기 거품 되지 않아 남쪽 고을에서 이를 빌렸네. 아, 여기 네 어진 학자 아름다운 덕이 같아 세상에서 함께 벌려 제사 모시네. 우리 감탄하여 오래 전부터 그 말 새기었네. 마음다운 마을에 사우 있는데, 병인년에 세웠네. 무너진 터를 다시 일으켜 제사 모시네. 신사의 도리에 어긋남이 없고, 제례는 매우 밝네. 살진 고기와 조촐한 술은 향기로우나 무덤은 쓸쓸하네. 술과 언덕은 그대로인데 거문고 노래도 어제와 같네. 참으로 아름다운 은혜를 무릅써서 후학의 가르침을 도왔네. 금패를 만들어 학자를 공경하네. 나는 세상에 끼친 것이 없으니 신령이시어 흠향하소서.

성암공諱원형 『세적편』에도 4현으로 돼 있다. 여기에는 백수공의 봉안 사항만 기록돼 있으므로 『세적편』만으로는 확실한 내막을 알 수 없다. 짐작컨대 쌍매당공은 처음에는 빠졌다가 뒷날 추배한 듯하다. 그 시기 또한 짐작할 만한 기록이 발견되지 않는다.

세 번째 의문은 이유겸의 배향 사항이다. 애당초 서룡사 봉안에는 박순 · 임회 · 이유겸 등 3위분의 타성이 있었는데, 이미 진술한 것처럼, 박씨와 임씨들이 합세해 위차문제를 시비함으로써 결국 훼철되는 지경으로 발전했다. 그러나 이유겸의 후예들은 아무런 이의를 달지 않았으므로 지계사에 봉안하게 됐다. 위차는 시대순으로 귀암 → 쌍매당 → 이유겸 → 백수공 순이다. 이렇게 운영되던 지계사는 건립 60년 만인 1869년(고종 6) 서원철폐령으로 문을 닫았다.

4. 아계사阿溪祠

서룡사를 세웠던 1788년(정조 3), 한림공파의 세거지인 삼계면 세심리에 세운 서원이다. 매당공 · 모정공 양위분과 한정오韓正吾를 배향했다. 타성인 한정오를 배향하게 된 배경이나, 그의 행적에 대해서는 알려진 것이 없다. 봉안문이나 상량문은 발견되지 않고 한용귀韓用龜가 매당공 · 모정공에게 올린 상향문常享文만 두 편 전한다.

한용귀는 스물여섯 살에 등과하여 말단인 주서로부터 출발, 대사헌 · 이조판서, 의정당상과 영의정을 지냈다. 순조 때는 '홍경래의 난'을 평정했다. 필명 높은 문장가로도 이름을 떨쳤다. 아계사도 세워진 지 80년 만에 지계사와 함께 훼철됐다.

[표13] 아계사 배향 인물

순	휘	(호/자)	관직	시 기		비고
1	양 돈楊墩	(梅堂)	증동부승지	1461~1532	(연산)	무오사화 이후 은거
2	양희적楊希迪	(慕亭)	薦익내선시판관不就	1555~1601	(선조)	임진왜란 창의군 모량관
3	한정오韓正吾	(汝中)	생원	1619~ ?	(인조)	

5. 화암서원華岩書院

익산시 금마면 기양리에 있는 서원이다. 1552년(명종 7)경 지방유림의 공의로 이공수李公遂 등의 학문과 덕행을 추모하기 위해 창건했다. 원래 이공수의 아호를 따서 남촌서원南村書院이라 했던 것을 1623년(인조 1) 화암서원華岩書院으로 개칭하고, 소세량·소세양·이약해李若海를, 1719년(숙종 45)에 소동도蘇東道·소영복蘇永福·소광진蘇光震·성천공諱시우을 추가 배향했으며 선현 배향과 함께 지방교육의 일익을 담당해 왔다.

이 서원의 8현 중 5현은 소씨다. 이 가운데 소영복·소광진은 성천공과 동년배이자 1615년(광해군 7)에 성천공과 귀음공諱시진이 광해군을 몰아내고 능창군을 추대하려 했다고 모함한 소명국의 가까운 친척이기도 하다. 성천공이 어떤 연유로 이 서원에 배향됐는지는 자세히 알 수 없다. 소명국으로 인한 피화被禍와는 관계없이 익산 고을에서 추앙됐기 때문에 더불어 추배된 것으로 짐작된다. 1869년(고종 6) 서원철폐

[표14] 화암서원 배향 인물

순	휘	(호)	관직	시기		비고
1	이공수李公遂	(南村)	찬성사贊成事	1308~1366	(공민)	공민왕 묘정에 배향
2	소세량蘇世良	(困庵)	대사간	1476~1528	(중종)	귀암공의 사위
3	소세양蘇世讓	(陽谷)	양관대제학	1486~1562	(명종)	소세량 아우
4	이약해李若海	(首巖)	직제학	1498~1546	(중종)	을사사화 때 피살
5	소동도蘇東道	(眠窩)	황해도관찰사	1592~1671	(현종)	소세공 증손
6	소영복蘇永福	(四隱)	(임진왜란 창의)	1555~ 미상	(선조)	소세량 증손, 소명국 숙부
7	소광진蘇光震	(後泉)	사헌부장령	1566~1611	(선조)	소세양 증손
8	양시우楊時遇	(聖泉)	병조정랑	1563~1638	(인조)	소명국 모함으로 유배 생활

령으로 훼철되어 서원의 전답은 익산향교로 귀속됐다가, 1977년 군내유림에 의하여 복원됐다. 경내의 건물로는 3칸의 사우, 3칸 강당이 있다. 이 서원에서는 매년 2월과 8월 중정中丁(음력으로 그달의 중순에 드는 정일丁日)에 향사를 지내고 있다. 재산으로는 대지와 전답 1천 2백여 평 등이 있다.

제12장

문화재와 전설

영승문 | 종가로 들어가는 소슬대문. 들어서면 종가 사랑채인 양호재와 종중문서 보호각인 귀문각이 나타난다.

문화재는 조상들의 삶의 지혜를 간직하고 있어 우리가 살아온 역사를 보여 주는 귀중한 유산이다. 유형에 따라 유형 문화재 · 무형 문화재 · 기념물 · 민속자료 등으로 나뉘고, 지정 여부에 따라 지정 문화재와 비지정 문화재로 구분한다. 지정문화재는 국가지정과 시도지정이 있다. 국가지정문화재는 문화재청장이 문화재위원회의 심의를 거쳐 지정한 중요문화재로서, 국보 · 보물 · 중요무형문화재 · 사적 및 명승 · 천연기념물 및 중요민속자료 등의 유형이 있다.

국가지정문화재로 지정되지 않은 문화재 중 향토 문화의 보존상 필요하다고 인정하여 각 시나 도에서 지정하고 관리 · 보호하는 문화재가 있다. 이 같은 지방문화재는 시 · 도지정문화재 보호조례에 의거 문화재위원회의 심의를 거쳐 시 · 도지사가 지정한 문화재로서 유형문화재 · 무형문화재 · 기념물 및 민속자료 등으로 구분한다. 이 밖의 것은 비지정문화재가 된다. 남원양씨가 보유한 문화재는 국가보물과 전라북도 유형문화재 및 그 밖에 많은 비지정문화재가 있다.

1. 문헌

남원양씨 집안에서 대대로 보유한 지정문화재는 국가보물 제725호와 전라북도 유형문화재 제125호가 있다.

가. 국가보물

1981년 7월 지정된 국가보물 제725호는 홍패 2점, 교지 5점으로 공식명칭은 「남원양씨 종중 문서」이다. 이 문서의 소유자는 종손이지만 국립전주박물관(전주시 완산구 쑥고개로 249)에서 관리하고 있다. 귀미 종가의 귀문각龜文閣에 있는 자료는 모사품이다.

홍패는 문·무과 합격자에게 주는 붉은 용지로 된 문서, 백패는 생원·진사시 합격자에게 주는 흰 종이로 된 문서다. 고려와 조선의 홍패는 문서 양식에 약간의 차이가 있다. 고려 말에는 예부시에서 합격자에게 '왕명준사王命准賜'라는 문구로 시작하는 홍패를 발급했다. 이 홍패는 관사官司가 왕명을 받들어 관인官印을 날인해 발급한 것이고, 해당 문서에는 시험을 관장한 지공거知貢擧(과거를 관장하던 주 시험관)와 동지공거同知貢擧(지공거 아래 위차)의 서명이 있다. 이에 반해 조선 초에는 문·무과 합격자에게 '왕지王旨' 또는 '교지敎旨'라는 명의의 홍패를 발급했고, 고려 말의 홍패와는 달리 왕명을 직접 기재하여 보인寶印을 찍었다.

백패는 조선 초에 제도화됐다. 조선에 들어와 생원·진사시 제도가 정립됐고, 1438년(세종 20)에 이르러 생원·진사시 합격자에게도 문서를 발급해야 한다는 논의에 따라 백패를 줬다. 여말선초의 홍패와 백패는 문서 양식의 변화뿐만 아니라 당시의 과거제도와 정치적 변화를 살펴볼 수 있는 중요한 사료적 가치를 지닌 것으로 평가한다. 조선의 과거 합격증에도 교지라는 용어가 붙지만, 임금이 4품 이상의 관리에게 주던 사령辭令도 교지라는 이름으로 발급된다. 원래는 '왕지王旨'라고 했으나 1425년(세종 7년)에 '교지'로 바꿨다.

1) 대제학공과 직제학공 홍패

고려 공민왕 때의 대제학공諱이시과 우왕 때의 직제학공諱수생 부자가 받은 홍패 두 점이다. 대제학공은 1353년(공민왕 2년)에 생원과에 장원 급제하고, 1355년(공민왕 4) 문과의 동진사同進士(고려는 갑과가 없고, 을과 ·

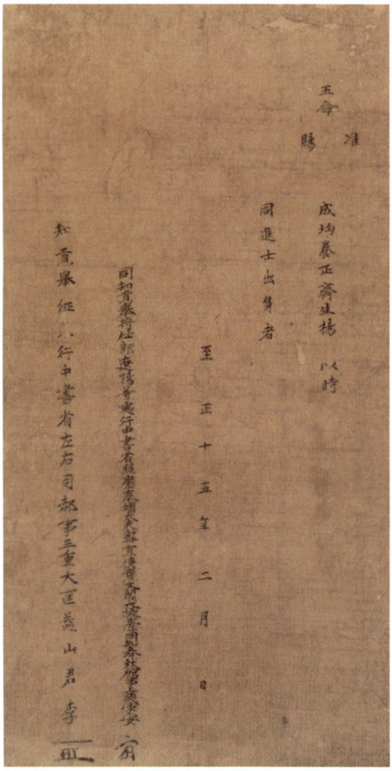

© 양대우

准
王命 成均養正齋生楊 以時
賜 同進士出身者
至正十五年二月日
同知貢擧將仕郎遼陽等處行中書省照磨奉翊大夫密直使寶文閣大提學同知春秋館事安서명
知貢擧征東行中書省左右司都使三重大匡益山君李서명

대제학공 홍패(1355, 고려 공민왕 4) | 고려 후기 문서인 이 홍패는 조선 전기의 홍·백패 연구에 중요한 자료이다. 이 홍패는 조선 시대의 합격증서에 '교지'라 쓴 것과는 달리 '왕명'으로 되어 있는데다가 시험관의 관직·성명 등을 소상히 밝히고 있어 문서의 형식 및 고려시대 과거제도 연구에 귀중한 자료로 평가한다.

병과 · 동진사로 나뉘었다) 10위로 급제했다.

이 합격증은 조선 시대의 교지(임금이 신하에게 명을 전달할 때나 어떤 인물을 임명할 때 전달하는 문서)와 달리 '왕명王命'으로 돼 있다. 이 홍패는 적색의 두꺼운 순한지에 묵필, 가로 34cm, 세로 64cm로 조선 시대의 교지에 비하여 규격이 약간 작다.

직제학공의 홍패는 1376년(우왕 2년)에 종사랑장복직장으로 있던 공께서 문과을방에 2등으로 합격, 왕명으로 받은 합격증이다. 적색 한지에 묵필로 쓴 것으로 가로 34cm, 세로 65cm이다.

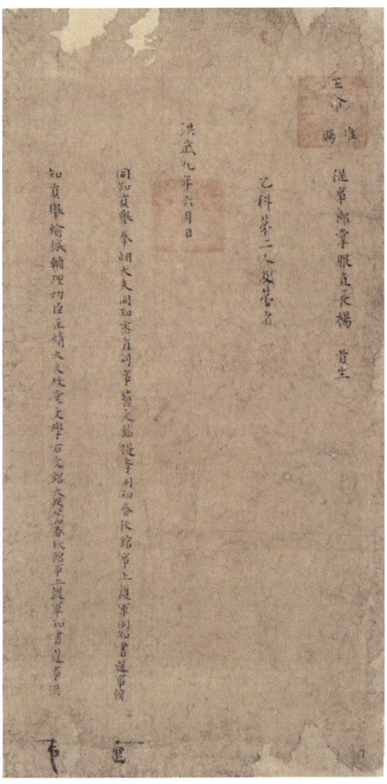

© 양대우

准
王命
賜
從仕郎掌服直長楊 首生
乙科二人 及第者
洪武九年 六月 日
同知貢擧奉翊大夫同知密直司使藝文館提學同知春秋館事上護軍同知書筵事韓 서명
知貢擧輸誠輔理功臣匡靖大夫政堂文學右文館大提學知春秋館事上護軍知書筵事洪 서명

직제학공 홍패(1376, 고려 우왕 2) |

지금 우리나라에 전하는 고려의 홍패는 울진장씨 장양수張良守, 인동장씨 장계張桂, 진보이씨 이자수李自脩, 그리고 최근 발견된 전주최씨 최광지崔匡之 등 6점뿐이다. 이중 장양수 홍패만 국보 제181호로 관리되고 나머지는 보물이다. 물론 국보를 위로 치지만, 그렇다고 국보가 보물보다 유별난 것은 아니다. 관리 구분이 다를 뿐 국보와 보물은 특별한 기준에 의한 판정을 거친, 엄격한 차별성을 둔 것이 아니기 때문이다.

국보는 제작 연대가 오래돼 그 시대의 표준이 될 수 있는 것이나 제작 기술이 특별하고 우수하여 비슷한 예를 찾아볼 수 없는 것, 역사적으로 매우 저명한 인물이 제작했거나 유서가 깊은 것 등이 지정 대상이다. 우리 종중의 홍패는 고려 말기에 획득한 것이므로, 1205년(희종 1)에 급제한 장양수에게 시기적으로 밀린 것에 지나지 않는다.

2) 좌랑공과 부정공 홍패

남원양씨는 조선조에 문과 여덟, 무과 열 분을 배출했으나 귀문각에서 볼 수 있는 조선조의 홍패는 2점뿐이다. 좌랑공諱공준이 남원양씨로는 집의공諱자유에 이어 두 번째로 1520년(중종 15) 경진별시에 받은 홍패와 1540년(중종 35) 생원시에 이어 같은 해에 별시 문과 병과 7위로 급제했을 때의 부정공諱홍이 받은 홍패다. 이 밖에 좌랑공이 받은 교지로는 1507년(중종 2) 진사시 백패, 부정공의 교지로 통훈대부 청도군수 사령장이 있다.

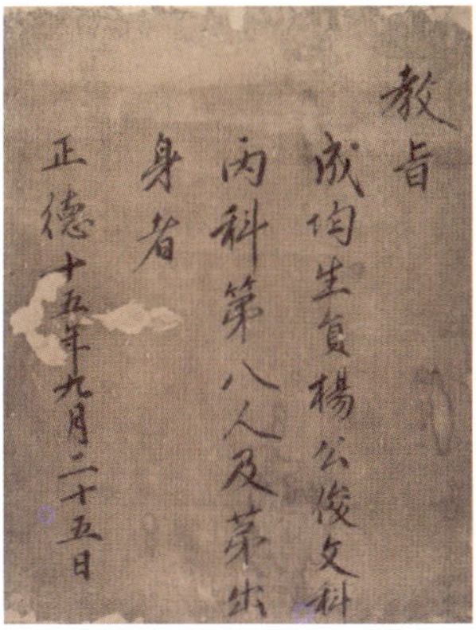
教旨
成均生員楊公俊文科
丙科第八人及第出
身者
正德十五年九月二十五日

좌랑공 홍패
(1520, 중종 15)

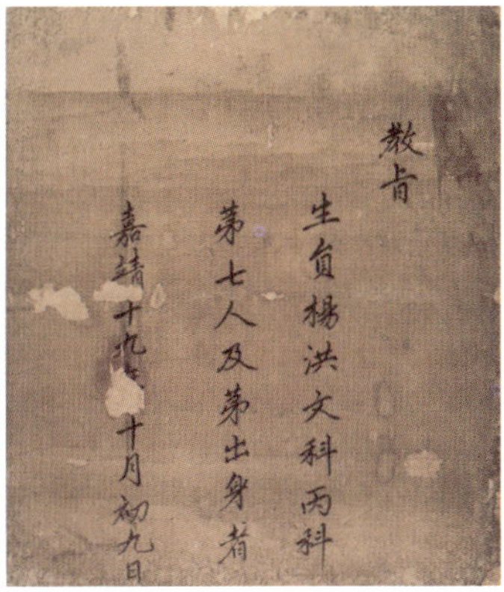
教旨
生員楊洪文科丙科
第七人及第出身者
嘉靖十九年十月初九日

부정공 홍패
(1540, 종종 35)

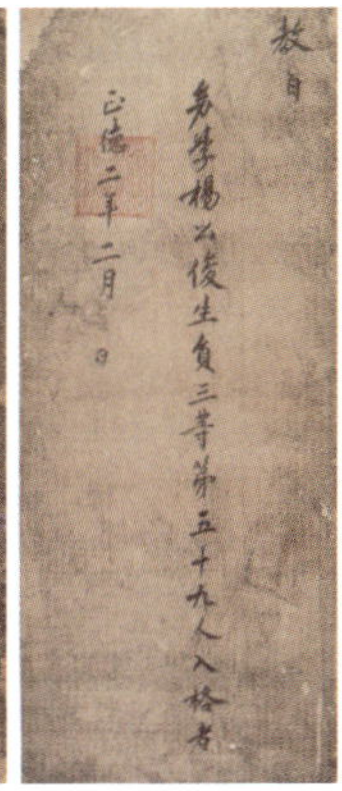
教旨
幼學楊公俊生員三等第五十九人入格者
正德二年二月 日

좌랑공 백패
(1507, 중종 2)

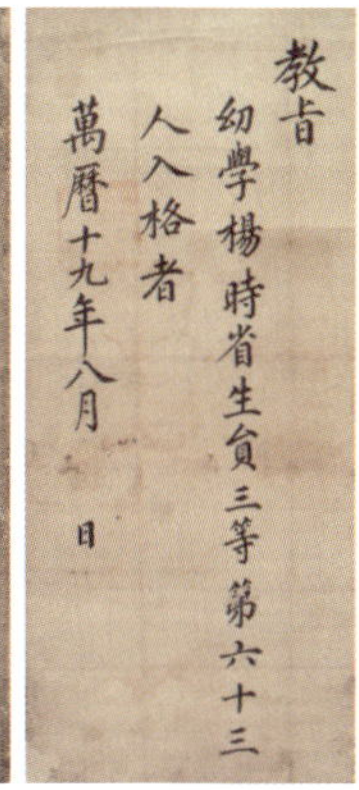
教旨
幼學楊時省生員三等第六十三
人入格者
萬曆十九年八月 日

창주공 백패
(1591, 선조 24)

3) 좌랑공과 창주공 백패

좌랑공이 1507(중종 2)의 생원시와 창주공諱시성이 1591년(선조 24) 생원시에서 받은 백패다. 이 백패 말고, 보물로 지정되지는 않았으나, 1603년(선조 38)에 진사에 오른 참봉공諱여백과 1756년(영조 32) 역시 진사시에 합격한 우계공諱춘태의 교지가 전한다. 조선의 사마시에 입격한 우리 집안 어른은 모두 서른 분이다.

4) 부정공 교지

이 교지는 부정공이 청도군수로 나가시던 1559년(명종 14)에 받은 사령장이다.

앞에 소개한 보물 중, 고려 홍패

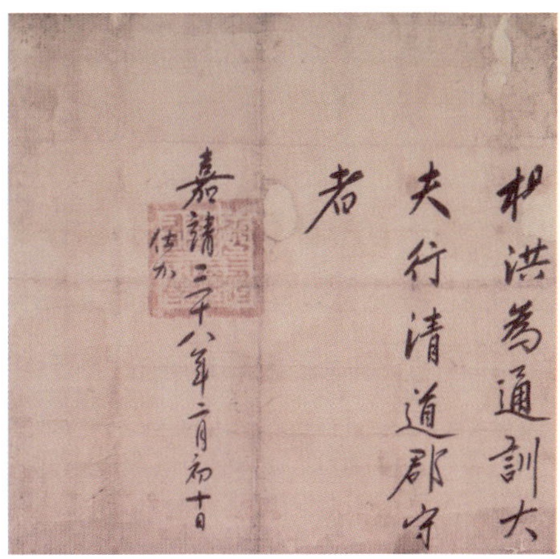
楊洪為通訓大
夫行清道郡守
者
嘉靖三十八年二月初十日

© 양대우

부정공 청도군수 임명 교지(1559, 명종 14)

의 가치는 말할 것 없고, 나머지 5점은 임진왜란 이전의 홍패 · 백배와 교지인데, 현전하는 다른 집안의 조선 전기 홍패와 백패들이 대개가 병화로 소실돼 희소가치가 매우 높은 것으로 평가되고 있다.

나. 전라북도 유형문화재

남원양씨 종중에 전해오는 교지와 교첩敎牒 10점 · 소지所志 87건 · 백패 1매 · 책자 1건 등 4종 99건이 전라북도 유형문화재 152호로 지정돼 있다. 이 중에서도 선산의 투장과 도벌盜伐에 대한 소지가 87건으로 가장 많다. 이 소지에는 적성면 농소리에 있는 이씨할머니 묘역 근처에 살고 있는 초계정鄭씨들이 투장하는 일이 잦아 그 묘를 파내도록 해 달라는 내용이 적혀 있다. 관련 소송은 1720년(숙종 46)에서 1905년까지 185년간 계속되었다. 그 밖의 소지도 모두 선산과 관계된 것이다.

선무(임진왜란에서 왜군 정벌에 공을 세운 장수와 명군의 접반사로 활약한 관리들에게 지급된 훈공)원종공신2등 공신록은 어은공에게 내린 녹훈록이다. 어은공은 임진왜란이 발발하자 삼종제 모정공과 함께 창의군대장 고경명 장군을 지원하는 모량관으로 활약했다. 어은공은 고경명 장군이 금산전투에서 순절한 뒤 선조가 몽진 중이던 의주로 달려가 환도할 때까지 호종했다. 이 공신록은 어은공이 세상을 뜬 지 16년 뒤인 1614년(광해 6)에 녹훈했다.

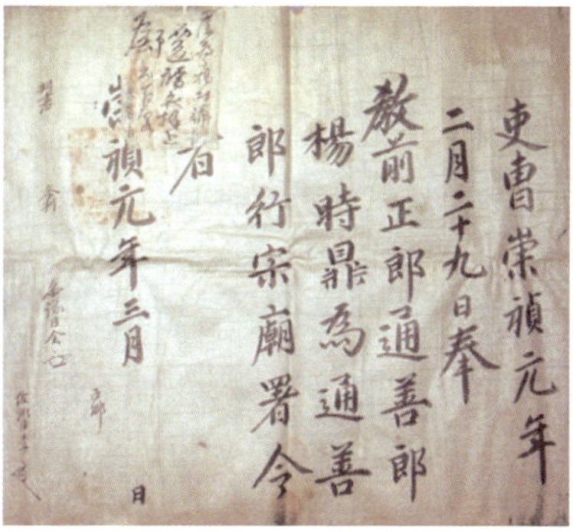

© 남원양씨 종중문서

사예공이 받은 종묘서령 교지(1628, 인조 6)

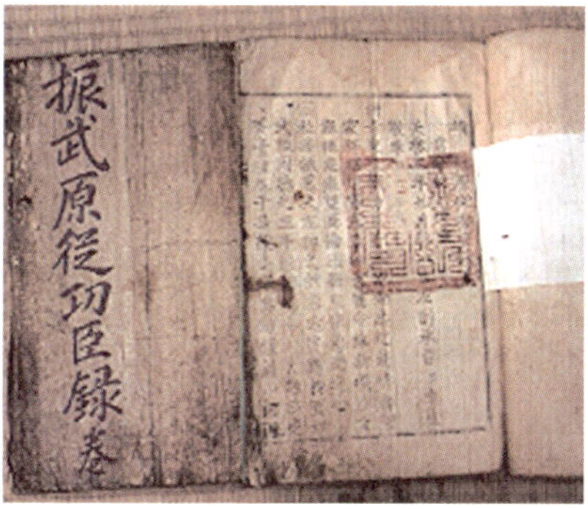

© 문화재청

어은공의 선무원종2등공신 녹훈록(1614, 광해 6)

교첩과 교지는 대부분 사예공諱시정이 1624년(인조 2) 문과에 급제하여 관직에 나갈 때 받은 것이다. 이 외에 사예공의 5대손인 사성공諱몽인이 1735년(영조 11) 생원시에 합격하여 그의 성명 · 주소 및 사조四祖(아버지 · 할아버지 · 증조할아버지 · 외할아버지)를 기록한 사마방목 등이 있다. 이 종중문서는 조선 중기의 사회상 등을 알 수 있는 귀중한 자료다.

2. 유적 · 건물

가. 정려

정려란 미풍양속을 장려하기 위해 충신 · 효자 · 열녀 등이 살던 동네에 붉은 칠을 한 정문을 세워 표창하던 일을 이른다. 조선은 삼강과 오륜을 바탕으로 한 유교적 풍속 교화를 위하여 충효열의 행적이 있는 사람에게 사회적 신분의 고하 · 귀천 · 남녀를 막론하고 국가에서 적극적으로 정표했다. 그래서 역대 왕들은 즉위하면 표창할 만한 사례를 각 지방에서 발굴해 반드시 보고하도록 하여 그 대상자는 문려門閭를 세워 정표하고 그 집의 요역徭役을 면제해 줬으며, 일부는 행적에 따라 상직賞職 혹은 상물賞物을 주기도 했다.

그래서 사족士族들은 이런 정려를 가문의 더없는 명예로 기렸으며, 공사천은 면천시켜 신분 상승의 기회를 부여하는 등 실제 생활에 혜택을 베풂으로써 후손들이 본받도록 했다. 남원양씨에도 열녀와 효자 정려가 상당수 있다. 여기서는 가문을 대표하는 이씨할머니와 귀음공

© 한국향토문화전자대전

고려직제학 양수생의처열부이씨려 | 비석은 높이 130cm, 너비 58cm, 두께 22cm로 재질은 화강암이다. 정면 1칸(주간 280cm), 측면 1칸(주간 190cm), 팔작지붕

諱시진의 배위인 도강김씨의 정려를 중심으로 소개한다.

1) 고려직제학양수생처열부이씨려高麗直提學楊首生妻烈婦李氏閭

동계면 귀미리 앞 국도 21호선 연변에 있다. 처음에는 종가 뒤에 마련했던 옆에 세웠으나 1774년(영조 50)에 지금의 위치에 모셨다. 전라북도문화재자료 제172호로 지정된 이 정려는 우리나라 열녀를 표창한 현존 기념물로는 가장 역사가 깊다. 심주공諱석모이 저술한『근조선사』에는 이 정려가 1467년(세조 13)에「고려직제학양수생지처열부숙인지려高麗直提學楊首生之妻烈婦淑人之閭」라는 홍판紅板과 함께 내린 것으로 돼 있다. 당시 집안에서는 조정에서 공급한 자재로 여閭(동네의 어귀에 세운 문)를 세워, 그 안에 홍판을 걸었다. 지금으로부터 5백 50여 년 전이다. 그 이전에는 열녀 정려가 없었다. 고려는 개가가 상례였기 때문에 열행烈行을 기대하기 어려운 시대였다.

이씨할머니와 같이 낙향했다고 전해오는 연산김씨 집안의 허씨 부인은 효종조에 신독재 김집金集의 상소로, 회덕송씨 집안의 유씨 부인은 효종조에 동춘 송준길의 상소로 정려가 내려 왔다. 이씨할머니보다 2백여 년 뒤다.(➡ p.53)

정려각 안에 비석을 세우고 할머니의 행적을 새긴 것은 정려를 종가에서 마을 앞으로 옮겼을 때다. 이 비석의 전면碑表에는「고려직제학양수생처열부지려高麗直提學楊首生妻烈婦之閭」, 뒷면碑陰에는「열부숙인이씨전」을 새겼다. 이 전기는 이재가 짓고, 글씨는 유언호의 솜씨다. 그런데 비음기 때문에 황씨 집안과 논쟁이 일었다.

이미 소개했듯이 이재의 전기가 나오기 전에 우리 문중에는 이미 중산진사공諱시익의 외손자 황신구가 1678년(숙종 4)에 지은 「숙인이씨정려비음기」가 있었다. 글자 그대로 정려비에 새길 목적으로 마련해 둔 전기였다. 이와 달리 또 70년 정도 뒤에 백수공諱응수의 부탁을 받은 이재가 또 전기문을 썼고, 우리 집안에서는 이를 비에 새겼던 것이다. 당연히 황씨 후손들의 지적이 따랐다. 글을 지은 의도가 비음기이므로 황신구의 글을 새겼어야 한다는 것이었다. 우리 문중 기록에는 무슨 연유로 황신구의 비음기를 제치고 이재의 전기를 선택했는지에 대해서는 설명이 없다. 다만 황씨들의 항의에 대해 해명하는 돈와공諱종해의 서찰만 전해온다.

다음은 황신구의 「숙인이씨정려비음기」다.

> 양씨 선조에 열부인烈婦人이 있다. 고려 직제학 휘 수생의 배위 이씨가 그분이다. 이씨는 임신 중에 직제학공이 돌아가셨으므로 그 집의 문을 닫게 됐는데 그녀가 일찍 홀로됨을 불쌍하게 여겨 개가를 권했다. 이씨는 그 청을 뿌리치기가 매우 어려움을 알고, "부모 말씀을 어찌 딸이 어길 수 있겠습니까. 그러나 양씨 일맥이 내 뱃속에 있으니, 다행히 사내아이를 낳는다면 양씨의 제사가 그치지 않을 테니, 이 아이를 낳은 뒤에 개가해도 늦지 않습니다."라고 말했다. 부모는 그 말을 믿고 더 이상 꺼내지 않았다. 그 뒤에 아이를 낳으니 부모는 다시 강요했다. 이씨는 말했다. "유복의 아이가 사내이니 하늘의 뜻입니다. 그런데 젖도 떨어지지 않은 아이를 떼어놓으면 제대로 자라리라고 어떻게 믿겠습니까. 그렇게 되면 남의 뒤는 영영 끊어

지지 않겠습니까. 조금만 더 자랄 때까지 기다려도 늦지 않을 겁니다."

이렇게 해서 어린 아이는 밥을 먹을 수 있고, 말을 할 수 있게 되니, 이씨는 죽음을 무릅쓰고 "충신은 두 임금을 섬기지 않고, 열녀는 두 남편을 섬기지 않는다 했습니다. 저 산이 옮겨갈지라도 제 마음은 흔들리지 않습니다."라고 말했다. 그러나 그 부모는 받아들이지 않았다. 이씨 부인은 스스로 목숨을 끊으려고 하다가 아이가 아직 어려서 제대로 자라리라는 보장을 할 수 없었으므로 몇 명의 노복을 데리고 양씨의 고향인 남원으로 내려왔다. 천릿길을 내려오면서 발은 부르트고 피를 흘리면서 고생한 끝에 겨우 내려와 교룡산 아래 자리 잡고 살았다.

얼마 뒤 왜적 아지발도阿只拔都의 난을 비홍산에서 피했는데 거기서 순창의 귀악龜岳을 바라보고 저 산 아래가 살 만한 곳이라고 여겼다. 그래서 그곳으로 가 조그만 집을 마련해서 살게 됐다. 아이가 자라기는 했으나 공부는 하지 않고 이웃 아이들과 어울려 산과 밭을 뛰어다니면서 사냥놀이에 빠졌다. 이씨 부인이 이를 말렸으나 듣지 않았다. 이씨는 낙심한 나머지 식음을 뿌리치고 자리에 누워있었다. 아이가 돌아와서 이 모습을 보고 물었다. "어머님, 어디가 편찮으십니까." 이씨가 대답했다. "아픈 게 아니다. 나는 네가 책을 읽고 몸을 닦아 아버지와 할아버지의 빛나는 업적을 이어주기를 바랐으나, 너 하는 일로 보아 희망이 없을 것 같다. 그래서 죽고 싶을 뿐이다." 아이는 울면서 죄를 빌었다. 이씨는 "김주서金注書(김광을)가 멀지 않은 곳에 사니 네가 거기를 찾아서 지금까지의 버릇을 버리고 오로지 공부만 열심히 한다는 말을 김씨로부터 듣는다면 나는 다시 밥을 먹고 죽지 않겠다." 하고 말했다.

아이는 드디어 사냥도구를 불사르고 스승을 따라 공부를 해 마침내 큰 재목이 돼 입신하고 만년에는 전성의 양專城之養을 했으니 이 이가 곧 함평 현감 휘 사보다. 이씨가 세상을 뜨자 농소막 뒤, 순창군 동쪽 20리 되는 곳에 장葬했는데 지금도 봉석封石이 완연하다. 그런데 이곳은 이씨가 스스로 정한 자리라고 전한다.

세조는 그 정절을 가상히 여겨 정문려를 내렸다. 옛날부터 여자로나 며느리로서의 의義나 어머니로서의 현賢으로 어질고 맑은 이가 많이 있었지만, 이와 같이 두 일을 겸한 여자는 다른 데서 볼 수 없었다. 양씨의 기업基業을 다시 세운 공은 백세토록 잊지 못할 것이다. 후손 모모 등이 정문에 비음을 새기려고 나를 찾아와 글을 청하기에 12대 외후손 전 별제 황신구는 숭정 기원 후 무오(1678년, 숙종 4) 3월 을유에 쓴다.

이런 유래를 담은 정려는 지금도 귀미리 가운데, 마을 앞에서 후예들의 수호신으로 양씨의 역사와 함께 영원히 후손들을 지켜보실 것이다. 현재의 정려각은 1850년(철종 1)에 중건한 것으로 1774년의 망와望瓦(지붕 마루 끝에 세우는 암막새)가 남아 있다. 정려각은 정면 1칸, 측면 1칸의 겹처마에 팔작지붕, 공포는 이익공으로 매우 화려하며, 대들보 위에 선자서까래扇子椽를 건 가구架構가 특이하다. 건물의 규모는 크지 않으나, 19세기 후반의 건축 기법을 잘 보여주는 건축물이다.

2) 양시진처 도강김씨정려楊時晉妻道康金氏旌閭

귀음공諱시진의 배위 도강김씨의 충절을 기리는 정려다. 도강김씨께서는 1577년(선조 10) 9월 4일에 지금의 정읍시 칠보면에서 김대립의 따님으로 태어나셨다. 김대립은 문행으로 천거되어 선무랑 사포서 별제를 지냈는데, 임진왜란이 발발하자 의병으로 활약했던 분이다.

도강김씨께서는 총명이 특출하여, 어린 시절부터 시문에 능했다고 한다. 귀음공과 결혼한 뒤에는 시부모어은공 諱사형를 극진히 모셨다. 1615년(광해 7) 지평으로 있을 때 귀음공은 사촌동생 성천공諱시우 등과 함께 익산의 진사 소명국의 무고로 능창군추대사건에 연루돼 장형을 받고, 함경도 종성으로 귀양 가던 중에 세상을 떴다.

부군이 비명에 가자 도강김씨께서는 3년 동안 하늘과 해를 보지 않고, 울음을 그치지 않았으며, 염시鹽豉(간이 밴 음식)나 어육을 입에 대지 않았다고 한다. 이때 당신께서는 39살 한창 나이, 3남 4녀의 어머니였다. 인조반정 뒤에 귀음공이 신원 · 복관되고, 무고했던 소명국이 복주되자 「하청송」을 지어 불렀다는 것은 유명한 일화다.

도강김씨께서 춘추 일흔셋 되던 1649년, 26년 동안 보위에 있었던 인조가 승하했다. 이때도 도강김씨께서는 부군의 명예를 회복시켜 준 인조의 은혜를 생각하여 귀음공이 돌아가셨을 때처럼 간이 밴 음식을 들지 않았는데, 3년을 채우지 못하고 향년 일흔넷을 일기로 세상을 떴다. 조정에서는 이 같은 충절을 기려 1653년(효종 3) 정려를 내렸다. 지금으로부터 3백 60여 년 전의 일이다. 정려가 내려오고 1백여 년이 지난 뒤 이 정려를 중수重修했다. 그때 귀음공의 현손 백수공諱응수이 1761년(영조 37)에 쓴 「증숙부인김씨정려중수기贈淑夫人金氏旌閭重修記」가 전한다.

ⓒ양태호

양시진처 도강김씨정려 | 정면 1칸, 측면 1칸, 맞배지붕. 효종 때 내려온 정려 홍판이 비각 안에 있다. 정려 오른쪽 어은정이 있다.

나의 친족 고조부이신 증 이조참의공은 광해군 을묘년에 정언을 역임하셨는데, 흉악한 무리에게 무고를 당하여 관직에서 해임되고 북도로 귀양 가는 도중에 돌아가셨다. 그의 배위이신 증 숙부인 김씨는 3년 동안 피눈물을 흘리며 슬피 울면서 하늘과 해를 보지 않고 소금에 담근 음식을 먹지 않으시며, 그 뒤로도 생선과 육류를 들지 않으셨다.

인조반정으로 참의공은 억울함을 풀고 관직을 회복하고, 무고한 자는 형벌을 받아 죽으니, 김씨는 「하청송」을 지어 이를 칭송했는데, 그 가사에 이르기를, '황하가 맑으니 성군이 나왔으며, 사람의 원한을 풀어주니 천지가 활달하다.'라고 했으며, 인조가 승하하시니 김씨는 또 소금에 담근 음식을 끊더니 삼년상을 마치지 못하고 돌아가셨다.

효종 계사년(1653)에 정려가 내려졌으며, 지금 임금 계유년(1753)에 공에게 증직이 내려지니 김씨도 이에 따라 정문이 내려졌다. 세월이 오래되어 정려가 쓰러지려 하니, 신사년(1761)에 여러 자손들이 다시 고치기로 협의하여 현손 춘태春泰가 나에게 중수기를 요청하므로 살펴보니, 예로부터 열부라고 일컬어지는 사람은 참으로 많았으나 김씨처럼 충성심과 절의가 아울러 드러난 사람은 이전에 들은 적이 없다. 그는 어려서부터 남다른 성품이 있었으니, 일찍이 외갓집에서 자랄 적에 일곱 살 되던 해에 외할머니가 돌아가시어 3년 동안 음식을 검소하게 했는데, 비록 병이 있을지라도 영양분 많고 맛있는 음식을 먹으라는 것을 듣지 않았다. 시집가서는 부모에게 정성을 다하되 평생을 하루같이 하여 지극히 효성스러웠다. 효성이 지극했기 때문에 그것을 미루어 충절 또한 이와 같았으리라 방증할 수 있으며, 아마도 자신의 본성에 근본 한 바가 있을 것이다. 무릇 한 몸으로써 삼강의 중한 것을 온전히 하고 여자로서 세상의 아름다움을 나란히 했으니 예와 지금의 세상에 한 사람이 있을 뿐이다. 이와 같이 그 배위가 남편을 본받았고 나란히 기리어 선사받은 은전을 누렸으니 그 보답을 받은 것이 또한 성대하다고 이를 만하며 조정에서 널리 권장함도 또한 지극하다고 이를 만하다.

내가 이로 인하여 가만히 세상의 덕에 느낌이 더해지는 것이 있으니, 옛적에 우리 선조비 이씨께서는 고려 말에 재가하지 않고 절개를 지키시며 유복자를 업고 남으로 오셔서 남방(남원을 이름)에 우리 양씨를 열었고, 대대로 벼슬을 물려받아 8세世에 이르러 김씨가 일어나 열부의 가문에서 다시

열부가 나오니 붉은 해가 이어서 문 난간을 비추게 됐다. 무릇 근원이 깊으면 흐름이 길고 그 뿌리를 북돋우면 가지가 무성한 것이니 의열을 행함에 있어서 이씨가 이미 위에서 세웠고 김씨가 또 아래에서 계승하니, 이씨의 절개는 김씨를 얻어 더욱 드러났고, 김씨의 절개는 선조비 검증으로 더욱 밝혀졌으니 이러한 선조가 있었으매 마땅히 이러한 자손이 있음의 근원이라 아니하겠는가?

지금 이 정문을 다시 지어 오래도록 전하게 함은 자손의 책임이요 효도라고 이를 만하나 오래 전하는 이치는 다만 정문에만 있는 것이 아니고 바로 이전의 절개를 추모하는 데 있으니, 이것은 김씨에게 효도하고 이씨를 오래 전하는 것이다. 무릇 김씨의 자손된 자는 또 반드시 김씨의 마음을 (각자 자기의) 마음으로 삼아서 아들로서는 효도하고 신하로서는 충성하며, 아내로서는 절개를 지켜, 김씨의 이전의 아름다움을 계승하고 후손에게 전하는 것을 잊지 말고, 또한 장차 김씨의 정렬을 전함이 정문 세우기가 더뎌지더라도 더욱 드러날 것이니, 자손이 효도하게 하는 것을 여러 종인이 어찌 마땅히 힘써야 할 일이 아니겠는가? 내가 비록 문장력이 부족하나 김씨에게 친족 현손이 되니 도리 상 사양할 수가 없고 또 선조비에게서 느낀 것이 깊어 이에 중수기를 쓴다.

_『백수집』 권 13, 기記

백수공이 이 글을 쓴 영조 37년 이래 이 정려는 오랜 세월 풍우에 시달린 나머지 너무 퇴락해 1994년 후손들이 정성을 모아 울타리를 조성하고 단청을 다시 입혔다.

앞의 두 정려 말고도 우리 양씨 효열 기념비로는 적성면 우계리 마을 앞의 諱재수在綉(1844~1902)의 처 수원최씨(1866~1892) 열녀비와 귀미리 당산 앞의 초산공樵山(諱재익在益, 1845~1920)의 효자비가 있다. 먼저 최병심의 「열부수원최씨비음기」를 소개한다. 죽음의 과정이 격렬하다.

무릇 세상에서 열부라고 일컬음에는 남편의 죽음에 따라 죽는 것이 있고, 죽지 않고 수절한 것이 있으며, 또한 난을 당하여 자기를 죽이고 남편을 구하는 것이 있으니 이것은 더욱 어려운 일인데, 순창의 적성면 우계 최열부가 곧 그 사람이다. 열부는 참봉 수원 태현太鉉의 딸이며 남원 양공 재수의 처이다. 그 남편이 일찍이 부상負商 황가黃哥와 더불어 싸운 일이 있었는데, 황은 뒤에 병사하고는 곧 피살됐다고 거짓으로 말하니 사방의 부상들이 일시에 모여 그 집을 에워싸고 그 남편을 결박하여 주먹과 몽둥이가 비가 쏟아지듯 떨어지니 최씨는 남편의 목숨이 경각에 달려 있음을 알고 구출할 힘이 없어 곧 말하기를 차라리 남편을 위하여 죽을지언정 어찌 남편의 죽는 것을 보겠는가 하고 드디어 칼을 끌어引刀 스스로 목을 찔러 죽으니 곧 홍묘洪廟 임진(1892, 고종 29) 7월 2일이며 최씨는 그때 나이 25세였다. 여기에서 그들은 놀랍고 두려워서 물이나 구름이 흩어지듯 도망하고 남편은 풀려서 겨우 위경에서 다시 살아났다. 대개 그때 팔도 부상은 하나로 뭉쳐서 기세가 팽창하여 제멋대로 살상을 했으나 관에서도 금하지 못했다. 만약 최씨의 죽음이 아니면 그 남편이 어떻게 생을 이었겠는가. …(후략)…

다음은 비문에 새긴 이재현李載現의 초산공 효행이다.

…(전략)… 아버지는 언엽彦燁, 어머니는 신평송씨 송환宋煥의 딸이다. (공의 어머니 송씨는) 시부모를 효로 섬기고 부군을 예로 받들었다. (송씨는) 부군이 병이 나자 산에 제사하고 하늘에 빌었으며 드디어 임종하자 바로 따라 죽으려 했으나 이루지 못하고 뜻을 고쳐 어린 아이를 기르는 것이 의리라 생각했다. 이때 공은 아홉 살밖에 안 된 어린 나이였는데 어른과 같이 집상하니 고을에서 모두 흠탄했다. 홀어머니를 모시기 50여 년에 그 뜻과 몸을 봉양함에 모자람이 없었다. 나이 예순이 넘어서도 늘 어린아이와 같이 재롱을 부렸으며 어머니께서 돌아가시자 슬픔을 다하고 예로써 마을 앞에 장하고는 하루에 세 번씩 묘에 가서 슬피 울고는 꿇어 엎드려 아뢰기를 "아들 재익이가 왔습니다." 하고 새로 나온 과일이며 맛있는 먹을 것이 있으면 반드시 품고 와서 묘 앞에 올렸다. 이처럼 한결같이 살아계신 부모를 섬기듯 했는데, 비록 추운 겨울이나 더운 여름이나, 비나 눈이 내려도 한 번도 빼놓은 일이 없었으며, 삼년상을 마친 뒤에도 죽을 때까지 행했으니, 이는 하늘이 내놓은 정성이 아니겠는가. …(후략)…

© 양병완

초산양공효행비 | 귀미리 용동 마을 앞

나. 누정樓亭

남원양씨 문중이 소유한 정자로는 전라북도 문화재 자료로 지정된 귀암정 · 어은정 · 광제정이 있다. 우리 문중에서 세운 것 말고 귀미에서 장군목 유원지로 넘어가는 지경의 종호 옆에 최근에 지역 개발 사업의 일환으로 세운 '육로정'이라는 정자가 있긴 하다. 순창군 문화관광과가 관리하는 시설이다. 육로정은 초로공諱운거이 시인묵객들과 노닐었던 장소를 기념하고, 탐방객들에게 우리 조상들의 풍류와 멋을 선양하기 위한 관광 차원의 정자이다.

1) 귀암정龜巖亭

귀암정은 후손들이 귀암공諱배 · 매당공諱돈 형제를 기리기 위해 1901년(광무 5)에 세운 정자다. 동계면 귀미리 서남쪽 섬진강 만수탄에서 올려다 뵈는 자리에 있다. 이 정자는 원래 귀암공의 학덕을 추모하려고 순창 유림과 후손들이 적성면 지북리에 지계사를 세우고 주벽主壁으로 모셨으나 1868년(고종 5) 서원철폐령으로 헐리자 선조의 유사를 잊지 않기 위해 종의宗議에 따라 세운 것이다. 정면 3칸, 측면 2칸이며, 정자 중앙에 방을 마련하고 사방에 2쪽 분합문을 달아 개폐를 도모했다. 방을 둘러싼 4면은 우물마루(마룻귀틀을 짜서 세로 방향에 짧은 널을 깔고 가로 방향에 긴 널을 깔아서 '井' 자 모양으로 짠 마루)를 깔았다. 뒤쪽은 1단을 높인 마루를 깔아, 다른 정자에서는 보기 드물게 특이한 구조를 보여주는 전라북도 문화재 자료 제131호이다.

© 양병완

귀암정 | 정자를 가운데에 앉히고 만수탄과 접한 면(오른쪽)을 제외한 3면은 토석담을 둘렀다. 정면 3칸, 측면 2칸의 팔작지붕. 출입문은 맞배지붕에 2쪽 여닫이판문. 출입문 앞에는 탐방객을 위한 주차장, 화장실, 등나무덩굴을 올린 그늘막과 급수 시설이 마련돼 있고, 만수탄 기슭에는 탐방객의 물놀이를 위해 안전하게 내려갈 수 있도록 데크 계단을 설치했다.

정기亭記는 성암공의 스승 송병선이 짓고, 편액은 그의 동생인 송병순의 휘호다. 세워진 지 1백여 년의 풍상으로 많이 훼손됐으나 행정기관의 지원으로 지붕을 새로 얹고 주변을 정화했다. 바깥 종토는 농지로 이용하다가 정화 사업의 일환으로 관광객을 위한 주차장을 마련하고, 그늘막으로 파고라와 의자 · 세면대 · 화장실 등을 구비했다.

귀암정 앞은 가파른 기슭이다. 여름철이면 배롱나무의 붉은 꽃이 흐드러지는 곳으로 이름이 높은 절경이다. 귀암정에서 만수탄으로 내려가는, 가파른 기슭에는 데크 계단을 설비했다. 귀암정 마당과 주차장 주변의 바위는 고인돌로 판정돼 보호받고 있다. 다음 기사는 송병선의 「귀암정기」이다.

옥천의 동쪽 삼십 리에 있는 귀악은 방박磅礴 완연하고 지호는 함홍 위이紙湖涵泓逶迤하여 만수탄을 이루었다, 만수의 위에 세 봉우리가 특출했는데 큰 새가 마치 읍을 하고 있는 것 같다. 그 아래에 바위가 있으니 이름하여 약반타藥盤沱라 부르는데 가히 백 명은 앉을 만하다. 하포 청사荷浦晴沙와 옥봉 명월은 영롱하여 사람의 눈을 부시게 하며 수십 수의 백일홍 나무는 여름과 가을 사이에 피어 비단 냄새와 같이 몇 십 리를 풍긴다. 정자가 있는데 무술(1898) 봄에 시작하여 경자(1900) 가을에 마쳤다. 그 아래 나루에서는 나무꾼과 낚시꾼이 오가면서 바라볼 수 있으며 마치 구름이 낀 것 같아서 여러 향기가 가득하니 가히 영경이다. 무릇 산수가 아름다우면 정자가 세워져서 참으로 좋은 것이지만 어찌 옛날에는 없었던 것이 이제 세워졌느냐. 옛날 연산의 무오(1498)에 양공 배는 이름 있는 선비가 모두 참혹하게 쓰러지는 것을 보고 아우 돈과 함께 강호에 숨어서 여러 차례의 부름을 받았으나 나아가지 아니하고 산인이라 일컬었다. 강가의 남북에 바위가 있는데, 형제가 서로 바라보며 그 바위에서 낚았으므로 각기 그 이름을 따서 바위 이름으로 삼았으니 이른바 형제암이다. 세월이 오래 흘러서 문헌이 전하지 않아 비록 그 상세한 자취는 알 수 없으나 그 이름으로 땅이름을 삼은 것으로 보아 공이 어떤 사람인가를 가히 짐작할 수 있을 것인데, 여기에서 이를 옛 사람과 비교하여 보면 서유자徐孺子와 곽임종郭林宗의 무리와 서로 비슷하다고 볼 수 있지 아니하냐. 이로써 향인이 지계사에 배향했는데, 이것이 뜯기게 되니 양씨의 제족이 서로 상의하여 이 정자를 짓고 귀암정이라 불렀다. 이것은 그 마을 입구에 하나의 돌이 있는데 거북이와 같이 생겨서 공이 이를 따서 호로 삼았으므로 그 호가 정자 이름이 된 것이다. 나에게 이 글을 청한 사람은 원영과 필영인데, 때는 신축(1901) 칠월 하순이다.

2) 광제정光霽亭

전라북도 문화재 자료 제130호로 관리되고 있는 광제정은 임실군 삼계면 세심정 마을 개울 기슭에 자리 잡은 정자다. 원래 매당공諱돈이 후사가 없던 집의공諱자유에게 입계돼, 이 마을로 들어오면서 정자를 짓고 정자 이름을 따서 자신의 아호로도 삼았다. 그래서 '광제정'은 매당공의 또 다른 별호이면서 동네를 상징하는 건축물이 돼 '광제정마을'이라고도 했다. 지금의 정자는 매당공이 세운 정자가 아니다. 처음에 세운 정자는 언제 사라졌는지 알 수 없다.

매당공은 1498년(성종 9) 사마시에 합격했으나 무오사화로 귀암공과 함께 낙향해, 은둔에 들어갔다. 당시 공의 형제는 문장과 덕행이 뛰어나 존경을 받았고, 생육신으로 알려진 남효온의 추천을 받아 조정에서 벼슬을 내렸으나 이를 거부하고 조용히 지냈다. 1788년(정조 13), 고을 사람들은 학덕을 추모하여 이곳에 아계사를 세워 공을 주벽으로 모시고 증손 모정공諱희적과 함께 배향했다. 그러나 아계사 역시 축대의 지계사처럼 훼철되자 그 후손들이 1872년(고종 9) 아계사 터에 다시 옮겨 지은 건물이 지금의 광제정이다.

광제정은 앞면 3칸 · 옆면 2칸이며, 귀암정처럼 정자 한 가운데에 온돌방이 있는 점이 특징이다. 계단식 축대 위에 서 있으며, 한 가운데에 계단식 오르막이 있다. 정자 안쪽에는 '매당梅堂'이라는 현판과 함께 하서 김인후의 운과 기정진의 「광제정중건기光霽亭重建記」 등이 걸려 있다. 다음은 기정진의 「광제정중건기」이다.

> 광제는 고 진사 매당 양공 휘 돈의 정호이다. 삼가 그 유사를 살펴보니 공은 일찍부터 뛰어났다는 소리를 들었으나 세상이 어지러워 끝내 숨어서 일생을 마쳤기 때문에 이룬 일이 빛난 것이 없었지만 그 집을 매당梅堂이라

© 양태호

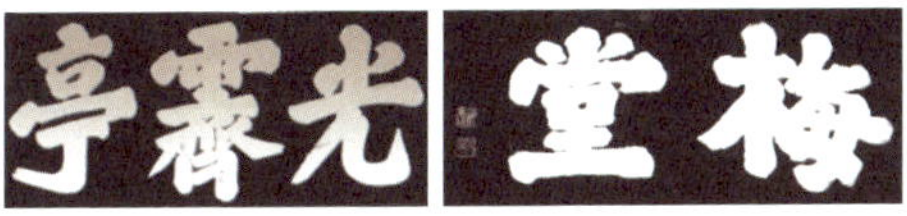

두 개의 편액을 건 광제정 | 원래 후천리에 있었으나 아계사가 훼철된 뒤, 그 터에 새로 지은 정자다. 정자 안에 매당공의 원래 아호를 새긴 편액이 하나 더 있다.

하고 그 정자를 광제라 했으니 아름다움을 숭상하는 데에 구차하지 않았던 한 끝을 가히 징험할 수 있다. 추강秋江같은 높은 선비가 영숙榮叔을 축하함에 공의 인품을 따서 말함에 이르렀고 하서河西와 같은 대현이 일세가 지났으나 그때를 생각하여 읊는다고 하며 시를 지었으니 어질지 않고서는 어찌 이와 같은 일이 있겠느냐. 또한 듣건대 정자는 이미 헐어서 그 옆에는 마을이 있고, 동구 밖의 길 위에는 가게가 있는데 이제 이르러서도 모두를 광제정이라 이름 하여 부르고 있다. 무릇 사람이 숨어 살던 정자 이름이 땅이름으로 변한 것은 엄릉뢰嚴陵瀨(후한의 엄광嚴光이라는 은둔지사의 부춘강富春江 낚시터) 외에는 듣지 못했으니 어진 덕이 있지 않고서는 될 수 없는 일이다. 신미(1871)고종에 공의 후손이 방내의 감은산 아래 옛터에서 십 리쯤 떨어진 곳에 정자를 다시 세웠는데, 정자가 세워진 뒤에 더러는 그 지명으로 정자 이름을 바꾸기도 하나, 어떤 일로 고향을 벗어나 산골짜기 옛 빈터로 갔지만 그 이름을 바꾸기를 좋아하지 않은 것은 무슨 뜻이냐. 정진正鎭은 처음 이 말을 듣고 여기에 무덤이 있기 때문인가 했는데 그렇지가 않았다. 본래 이 정자의 이름은 땅에서 얻었느냐, 사람에게서 얻었느냐. 만약 땅에서 얻었다면 염옹濂翁의 옛집에 광풍제월정이 먼저부터 있었으니 이 땅과는 관계없이 정자가 있었던 것이다. 이제 한 사람이 있어 진실로 도서圖書에 마음을 두고 그 뜻을 다 하지 못했다면 어느 땅이건 말할 것 없이 지난날의 광제주인이라고 하면 무방할 것이다. 공은 이미 이 땅의 주인으로 사후에도 감은산甘隱山에 몸을 의탁한 지 삼백여 년이니 정자도 이에 따라 옮긴 것이다. 누가 실지로 있는 땅 이름과 다르다고 말하리오. 이름은 옮김에 따라 바꾸느냐, 안 바꾸느냐를 어찌 말할 것인가. 하서의 옛시가 이미 신판新板에 있으니 어찌 다른 문자를 쓰리오. 다만 그 중건의 전말만을 아니 쓸 수 가 없다.

_『노사선생문집蘆沙先生文集』 권 22, 기記

3) 어은정漁隱亭

적성면 평남리 구남마을 서쪽 적성강 상류의 강변에 있는 정자다. 남원양씨 관련 정자로는 가장 유서 깊은 건축으로, 1580년대 선조시기에 어은공諱사형이 귀미에서 분가해 오신 뒤에 지었으므로 4백 50여 년 가까운 연륜을 지녔다. 전라북도문화재자료 제132호다.

『순창군지淳昌郡誌』에 '천태산 아래에 영하정暎霞亭이 있다. 정랑 양사형이 짓고 여기서 공부했다. 지금은 어은정이라 한다'라는 기사가 있다. 어은공이 귀미에서 이곳으로 온 것은 21살 때로 선조가 즉위하던 1567년이었다. 정자가 세워진 것은 그 언저리일 것이다. 문헌을 보면, 이 무렵에 조선의 한학4대가의 하나로 이름 높은 신흠을 비롯해 뒷날 의병장으로 금산전투에서 장렬하게 순절한 의병장 고경명 등 명사들이 찾아와 시를 읊었던 곳이 바로 영하정이었다. 신흠 · 고경명 등이 어은공과 더불어 영하정에서 읊었던 시가 지금까지 전한다.

영하정에 쓰다 題映霞亭

작은 동네를 찾아 갔는데	如尋小有洞
바로 가장 높은 하늘의 세계로 들어갔네.	直入大羅天
물 흐르고 대숲 우거진 곳에는 한가로운 사람이 은거하고	水竹閒人藏
연무 끼고 노을 물든 곳에는 조용한 사람이 권세 부리네.	煙霞靜者權

©양병완

어은정 | 앞면 3칸, 옆면 2칸의 당당한 팔작지붕이다. 오른쪽에 어은공의 며느님인 도강김씨 정려각, 왼쪽 뒤에는 옛날 측간 모습을 간직한 시설이 있다.

땔나무를 주워서 돌을 굽는데	拾薪仍煮石*
평화로운 달이 다시 배로 옮겨가네.	和月更移船
스스로 창랑곡을 읊고	自咏滄浪曲
도리어 이름이 전해지는 것을 싫어하네.	翻嫌姓字傳

* 煮石 : 옛날 백석白石이란 선인이 벽곡辟穀을 하면서 항상 흰 돌을 구워 양식으로 삼은 데서 온 말. 벽곡이란 신선이 되는 수련 과정의 하나로, 곡식을 먹지 않고, 솔잎 · 대추 · 밤 같은 것만을 먹으며 도를 닦는 일. 또는 익힌 음식을 피하고 생식生食

하는 것을 지칭하기도 한다.

신흠의 오언율이다. 영하정의 풍치가 생동감 있게 살아 움직이는 노래다. 세월이 지나면서 영하정은 퇴락하여 그 자취를 감췄다. 그 후 후손들에 의해 여러 차례 중건을 거듭하다가 19세기에 들어와 지금의 자리에 '어은정'이란 이름으로 다시 세웠다.

정자 자리는 적성강 상류, 섬진강과 오수천이 합류하는 지점으로 풍광이 뛰어난 곳이다. 여기서 귀암정을 거쳐 만수탄을 상류를 따라 거슬러 올라가다 보면 초로공諱운거이 시인·묵객들과 노닐었다는 종호와 육로암에 이른다. 이 강변길은 '한국에서 걷고 싶은 가장 아름다운 옛길 100'에 선정될 정도로 풍광이 뛰어나 지금도 탐방객들의 발길이 끊이지 않는다.

어은정 뒤는 천태산으로 어은공이 젊은 시절에 강학講學했던 천태암天台菴 유적이 있다. 지금은 '어은 양선생이 독서하던 곳漁隱楊先生讀書菴'이라고 새긴 바위와 함께 '어은양선생강학지소漁隱楊先生講學之所'라는 조촐한 표지석만 서 있을 뿐이지만 옛날 이곳에서는 어은공을 비롯해 귀음공諱시진·낙하정공諱시면·화양공諱여매·생원공諱해거·무송공諱몽거·곤양공諱오거·승의랑공諱처기·여암공諱형기 등 쟁쟁한 어른들의 학문 연마로 열기가 뜨거웠던 곳이었다.

© 양태호

책여산에서 바라 본 적성강 | 우리 선조들은 이 강 주변에 창주정 · 어은정 · 반선정 · 낙하정 · 찬하정 등 숱한 정자를 세우고 호남의 명사들과 풍류를 즐겼다. 지금은 섬진강 댐으로 수원이 막혀 강줄기가 빈약하지만 옛날에는 물줄기가 도도했다. 멀리 앞쪽 오른편으로부터 뒤로 보이는 산은 천태산 → 무량산 → 용궐산이다.

4) 사라진 정자들

반선정伴仙亭 |

적성강변, 화산 아래 있었던 정자다. 반선정은 정자 이름이자 백운공諱공말의 또 다른 별호이다. 공은 매당공諱돈의 둘째 아드님인데 학행으로 천거돼 사산감역에 제수됐다. 만년에 삼계면 세심리에서 이곳으로 옮겨와 이 정자를 짓고 유유자적했다. 당시 반선정에는 공과 깊이 교유했던 김인후 · 소세양 · 임억령 등 당대 거유들의 시가 걸려 있었다 한다. 반선정이 언제 없어졌는지에 관해서는 알려지지 않았다.

반선정 시 운자를 따서 짓다 次伴仙亭韻

이야기를 들으니, 강변의 호사가 노인이	聞說江邊好事翁
'백운'을 시제로 읊어 배 안에 걸었다네.	白雲題咏揭船中
다만 지금은 모래톱에 달빛만 찬란할 뿐	只今爛郤沙頭月
꿈속의 푸른 물결은 눈을 드니 비었네.	夢裡蒼波擧眼空

* 이 절구는 5편으로 이뤄진 '次伴仙亭韻'의 서사다. 하서 김인후가 썼다. 이 시는 『남원양씨대동보』「세적편」에 실려 있다. 서사만 제시한 황윤석의 「고사산감역반선정양공전」에는 시제를 「次白雲居士赤城韻」이라고 소개했다.

아름답게 우뚝 솟은 층층의 성이 하늘 밖에 떠있으니	玉矗層城天外浮
강 머리에 나그네의 말이 얼마나 오래 머물렀을까?	江頭客馬幾遲
구름이 걷히고 해가 뜨니 세 개의 산이 가깝고	雲開日出三山近
누각에 멀리서 불어오는 바람이 맑아 오월이 가을 같네.	樓迥風淸五月秋
학은 꿈에 인연이 있어서 적벽에서 노는데*	鶴夢有緣遊赤壁
호랑이는 무슨 일로 창주에 그치는고.	平生空抱煙霞想
평생 부질없이 연무와 노을 생각을 품은 것이	虎頭何事畵滄洲
동쪽 화산을 향해 달리는 밤배에서 부끄럽도다.	走向東華愧夜舟

_ 하서 김인후 河西 金麟厚

* 학과 호랑이 : 소동파의 후적벽부에 나오는 내용임. 김인후의 운은 서사와 함께 2수이다.

가파른 벼랑이 위태롭게 얽혀 공중에 떠있으니	懸崖危搆半空浮
먼지 한 점 머무르는 것을 어찌 용납하리오.	埃壒寧容一點留
누르스름한 문발은 안개 낀 밤에 달을 길이 간직하고	緗箔霧宵長貯月

대자리는 해를 두려워하여 가을을 흠씬 머금네.	桃笙畏日剩含秋
학의 등에 타고 세 개의 섬을 지나는 것에 비길 만하고.	擬騎鶴背凌三島
운오 악기를 연주하며 열 개의 섬에 노는 것과 같네.	如按雲璈戲十洲
동굴에서 흘러나오는 낙화를 보내지 말게.	莫遣落花流出洞
근원을 찾아가면 아마도 무릉도원의 배가 있을 걸세.	尋源疑有武陵舟

_ 양곡 소세양 陽谷 蘇世讓

누각에 있으니 사람이 은하수에 떠있는 것 같고	彷佛樓居人漢浮
신선을 초빙하여 익숙해지도록 함께 머무르네.	招邀羽客慣相留
모든 숲 따뜻하면 복사꽃 비 오듯 뿌리고	千林煖灑桃花雨
수많은 골짜기 서늘하면 가을 쇠피리 소리 나네.	萬壑涼生鐵笛秋
현포에 구름이 깊어 석실을 찾지 못하고	玄圃雲深迷石室
적성에 노을이 일어 창주에 비치네.	赤城霞起暎滄洲
탁영가가 끝나서 보이는 사람 없고	濯纓歌罷無人見
배에 달빛 가득 싣고 노저어 돌아오네.	放棹歸來月滿舟

_ 기봉 백광홍 岐峰 白光弘

첩첩이 쌓인 돌이 성과 같아 호기가 떠있으니	疊石如城灝氣*浮
뭇 신선들이 날아 내려와 여기에 오래 머무르네.	群仙飛下此淹留
운우지락은 양왕의 꿈이요	雲情雨思襄王*夢
달빛과 바람소리는 적벽의 가을이로다.	月色風聲赤壁秋
노을 밖 산사에는 경쇠 소리 맑고	霞外磬淸山有寺
모래 가에 물이 굽어진 곳에는 갈매기 머무르네.	沙邊鷗定水灣洲

넓고 넓은 곳에 누워 쉬는 그대를 보니 看君偃息恢恢地
절반은 정자 속이고 절반은 배일세. 一半亭中一半舟

_ 관해 임회 觀海 林檜

* 호기灝氣 : 천상의 맑은 기운.
* 양왕襄王 : 춘추전국시대 초나라의 왕으로 '운우지락雲雨之樂'의 고사를 남김.

정자는 허공을 능가하여 땅에서 뜨려고 하고 亭子凌虛地欲浮
적성이라는 아름다운 이름은 지금까지 남았네. 赤城嘉號至今留
외로운 학은 거의 사흘 밤을 소리를 전하고 聲傳獨鶴將三夜
차가운 달은 또 한가을에 빛을 내쏘네. 色放寒蟾又一秋
넓은 낭떠러지를 헤아려 가리키니 땀이 넘치고 擬指洪崖超汗漫
완연히 선도에 의지하여 창주를 흘겨보네. 宛憑仙島睨滄洲
화산의 높은 손바닥을 어느 해에 나누었는가? 華山高掌何年擘
물결에 노를 저으며 그때 태을주에 오르네. 浪楫時登太乙舟*

_ 지군 정희렴 知郡 鄭希濂

* 태을주太乙舟 : 천신인 태을신에게 제사 지낼 때 등불을 걸어 두는 배.

찬하정餐霞亭

적성강변, 화산 중턱에 있었던 정자다. 백운공의 아드님諱항이 짓고 정호亭號 '찬하정'을 아호로 삼았다. 과거를 단념하고 성리학에만 몰두했던 찬하정공은 선조 때 천거로 세마에 제수됐으나 나아가지 않고 여기서 소요하면서 여생을 보냈다.

낙하정落霞亭 |

어은공 둘째 아드님인 諱시면의 정자다. 위치는 천태산을 배경으로 삼은 적성강변이었다. 공은 광해조에 사마에 올라 성균관에서 공부하시다 인목대비 서궁 유폐사건과 능창군추대사건이라는 정국의 혼란상을 목격하고 귀향하여 낙하정을 짓고, 이곳에서 여생을 보냈다. 낙향할 때 광해군 주변에서 나대는 간신들을 풍자한「장안곡」이라는 풍자시는 여러 사람의 입에 오르내릴 정도로 유명했다.

호호정皞皞亭 |

지금의 풍산면 행가리에 있었던 정자다. 백수공諱응수은 적성면 서림부락에서 이곳으로 이거한 후, '백수정와'를 짓고 제자를 가르쳤다. 이 학당은 뒤에 '호호정'이라고 바꿔 부르게 됐는데 행가리는 백수공 때로부터 약 1백여 년간은 서울에서 온 관원의 출입이 빈번했던, 순창 유림의 집합소 역할을 했던 곳이기도 하다.

창주정滄洲亭 |

귀미 서남쪽, 지금의 귀암정보다 약간 아래에 창주공諱시성이 지은 정자가 있었다고 전한다. 창주공의 손자인 통덕랑諱빈거 세대까지는 존속했을 것으로 추정되지만 언제 없어졌는지는 알 수 없다.

그 밖에 초로공諱운거이 귀미로부터 거주지인 지북리까지 약 6km 사이에 12채의 정자를 지었다는 말이 있고, 종호로부터 지북리까지 9채의 정자가 있었다고도 하나 구체적인 내용은 확인할 수 없다.

다. 건축

남원양씨 종가는 동계면 귀미리 귀주마을에 있다. 종가는 일반적으로 풍수적인 조건을 잘 갖춘 곳에 자리를 잡는다. 입향조가 심사숙고하여 자리를 잡았기 때문이다. 전통마을을 둘러보면 한결같이 마을 중심에 종가가 있다. 남원양씨 종가도 이씨할머니께서 여러 조건을 잘 헤아려서 터를 잡은 것으로 알려져 있다. 종가 뒤로 주산인 무량산(586.4m)이 우뚝 솟았는데, 본래 이름은 '귀악龜岳', 곧 거북산이었다고 한다.

이 마을은 금귀예미형金龜曳尾形으로, 영험스러운 거북이가 꼬리를 끌면서 진흙으로 들어가는 형국의 명당이라는 말이 전한다. 그래서 마을 이름이 귀미리龜尾里가 됐다. 남원양씨 종가는 터를 잡은 이래 6백 50여 년간 이 자리를 지켰다. 지금도 31세世 종부가 조상을 받들고 있다.

동계면 귀미리 귀주마을의 종가에는 주목할 만한 건물이 두 채 있다. 남쪽에 자리한 '양호재養浩齋'라는 종가 사랑채와 종가 안채 들머리에 단청을 입힌 종중문서 보존시설 귀문각龜文閣이 그것이다.

양호재養浩齋 |

양호재는 종가 사랑채다. 왼쪽으로부터 1칸은 아랫방, 가운데 2칸은 큰사랑방, 오른쪽 1칸은 우물마루를 깐 대청 구조다. 왼쪽 뒤편의 1칸과 큰사랑방 뒤편의 1칸은 아궁이, 그 위로 달아낸 부분은 다락으로 이용했는데, 가로창살로 환기창을 냈다. 대청 앞면은 네 짝 분합문, 큰사랑방은 분합문 두 짝을 달았다. 작은사랑방 뒷면에는 안채와 통하는 외짝문이 있다. 건물은 자연석과 더듬은 돌을 섞은 기단에 가공한 주초를 놓고, 그 위에 정교한 기둥을 세웠다. 기둥머리柱頭는 보이지 않으며 창방昌榜(한옥의 기둥을 가로지른 부재)과 평방平枋(기둥과 기둥 사이의 공간 위로 놓이는 사각형 부재)을 그대로 결구했다.

다음 인용문은 회봉공晦峰 諱인영이 쓴 「양호재중수기養浩齋重修記」이다. 지금 우리가 볼 수 있는 양호재의 역사를 이해할 수 있는 소중한 자료다.

> 생각건대 우리 선조비 숙인 이씨께서 여기에 처음으로 자리를 잡으시고 6전六傳하여 부정공에 이르러서 재齋에 있는 정침 앞의 한거한 방에 양호라 걸었으며 한 방을 나누어서 아들의 방을 삼으니 곧 쌍매당공께서 배우고 익히신 곳이다. 또 13전 하여 병렬秉烈에 이르러서 옛집의 방과 담장, 문,

© 양병완

양호재 |

양호재 전경 |

칸 등을 더 늘려 참으로 깨끗하게 중수했다. 오직 처마 앞에 예전과 같이 거는 것이 어떠냐고 나에게 묻기에 나는 오래 생각하다가 훨씬 뒤

양호재 가구架構 I

에야 말하기를 집은 새로 지었으나 우리 선조 양세兩世의 특징이 전에는 이 양편兩扁에서 홀로 빛나지 않았느냐. 옛날의 정자를 상고해 보니昔考亭 주자는 일찍이 여염에 살 때 자양紫陽의 집을 썼는데 이것은 그 선세에 살았던 곳을 잊지 않기 위해서였다. 더욱이 세세로 이어온 한 터전을 어리석은 생각으로는 예와 같이 만들어서 거처하면서 이름을 돌아보고 의리를 생각함에 선조에 더러움이 없다면 자손의 도리를 다함이 아니냐. 다시 도를 아는 군자에게 증험할지어다. 12대손 인영이 덧붙여 쓰다.

© 양완욱

영승문永承門 I 종가로 들어가는 정문이다. 영승문 안쪽에 보이는 지붕은 귀문각.

© 양태호

귀문각 | 남원양씨 종중문서 보호시설이다.

지금의 건물은 오랜 풍상으로 퇴락한 집을, 일본에 살고 있던 후암공諱병렬의 조카인 만동萬東 종친의 출연금으로 1992년 다시 보수한 것이다. 이 사랑채는 사홍팔백四紅八白(홍패 4매, 백패 8매)이 나왔다 해서 유명해진 곳이다. 쌍매당諱사민이 스스로는 벼슬을 외면하고 뜰에 매화 두 그루는 심고 자질들을 교육하면서 종통을 이었다고 한다. 사랑채 협문을 나가면 중가仲家집 터다.

귀문각龜文閣 |

국가지정보물 725호인 남원양씨 종중문서를 관리하기 위해 1988년 10월에 상량한 건물이다. 보물 725호 원본은 국립전주박물관에 있고, 귀문각에 전시된 전적은 모사품이다. 정면 3칸, 측면 1칸에 단청을 입혔다. 귀문각 입구는 영승문永承門이다. 솟을대문으로 종가의 대문이기도 하다.

라. 자연 유산

무량산無量山 |

종가의 주산이다. 전통지리학자들은 기세가 강한 석산石山으로 이루어져 강한 기운을 내뿜는다고 말한다. 정상 부분의 험한 바위에서 내뿜는 사나운 기운을 털어내기 위해 무량산의 중심맥은 귀미리 쪽을 향해 여러 차례 일어나고 엎드리는 변화를 거듭 낮아지는데 그때마다 산이 조금씩 순해진다고 한다. 암석으로 이뤄진 험한 바위산이 아래로 내려오면서 풍화작용 등 자연현상으로 인해 단정하고 순해지는 박

ⓒ양태호

남원양씨의 본향인 귀미리를 안고 있는 무량산 |

©양동아

무량산 서당터 | 귀미리 종가의 뒤에서 곧장 올라간 무량산 중턱이다. 4홍8백이 나왔다 해서 유명해진 서당터이다. 이곳은 어은공과 그 후예가 정진한 천태암과 쌍벽을 이룰 만큼 남원양씨의 자랑스러운 독서처였다. 지금은 대나무가 무성하여 옛날 모습을 추정하기 어렵다.

환剝換의 형상이라는 것이다. 이렇게 박환의 변화를 겪은 뒤라야 고귀한 용이 된다는 것이 풍수학의 속설이다.

무량산은 임실 노산蘆山에서 뻗어나와 용궐산龍闕山(원래 지명은 용골산龍骨山이었다. 그러나 이 이름이 '용의 뼈다귀'라는 죽은 의미를 갖고 있다 해서 생동감 넘치는 명기를 제대로 발휘하도록 하자는 여론에 따라 정부는 중앙지명위원회를 열어 2009년 4월 용궐산으로 개칭했다.)과 함께 이 부근의 주봉을 이룬다. 옛 이름은 귀악인데, 어린 시절 사냥을 즐겼던 함평공諱사보이 멧돼지를 잡아 배를 갈랐더니 '無量'이라는 두 글자가 나왔기 때문에 그 뒤로부터 '무량산'이라고 했다는 전설이 있다. 무량산 중턱에는 함평공이 공부했다는 독서암讀書庵, 속칭 '서당터'가 있다. 이 독서암은 남원양씨 어른들이 대대로 학습했던 유서 깊은 곳인데, 조선 말기에 뜯긴 뒤 지금은 흔적만 남아 있는 우물 주위엔 대나무만 무성하다.

거북바위龜岩 |

거북바위는 귀미리 앞 제21번 국도를 따라 귀암정 쪽으로 가다보면 동네 들머리의 안산 발치와 만나는 지점에 있다. 길이 130cm · 너비 90cm 규모의 자연석인데 마치 살아있는 거북이와 같다 해서 이름이

'거북바위'이다. 동네 이름을 귀미라고 한 이유는 이 바위에 거북이 머리부분이 없기 때문이라는 속설도 있다. 이와 관련해서 다음과 같은 전설이 『옥천군지』에 전한다.

무량산 건너편에 취암산이 있다. 이 취암산에는 취암사鷲岩寺라는 큰 절이 있었다. 이 절에는 은혈암, 백련암, 성재암, 극락암, 팔상암 등 다섯 암자가 있었다. 오래 전부터 거북바위 꼬리가 마을 쪽을 가리키면 마을이 아무 재앙 없이 성하고 절 쪽을 가리키면 절이 성한다는 말이 있었다. 중들은 이 전설을 믿고 거북꼬리를 절 쪽으로 돌리려고 늘 마을 사람들과 다투었다. 그러나 중들이 마을 사람에게 지게 되자 분에 이기지 못하여 하루 저

ⓒ NAVERCAFE

거북바위 | 남원양씨의 상징물이자 귀암공 아호의 유래가 된 바위다. 예전에는 반석에 얹어져 그런대로 모양새가 있었으나 지금은 국도 21호 공사로 밀려나 눈에 잘 안 들어 온다.

녁에는 몰래 거북의 머리를 떼어서 만수탄 깊은 물에 던져 버렸다. 절은 이로부터 재변이 끊어지지 않았다. 절의 정문은 금강문金剛門, 그 문 앞에는 만수탄이 흘렀고, 옆에는 큰 바위들이 많아 출입에 지장이 있으므로 절 문을 고쳐서 다른 곳으로 옮기고, 옛 절 문의 썩은 나무는 바위 위에 쌓아 놓고 불을 질렀다. 이때 바위가 열을 받았는데 바위 속에서 송아지가 젖을 먹는 소리가 들렸다. 그 뒤부터 절은 재변이 계속 되어 더 버티지 못하고 지금은 폐사가 됐다.

_『옥천군지』 1760년(영조 34)

귀미에는 귀암공諱배과 관련된 유적이 많다. 거북바위도 그 중의 하나다. '귀암'이란 공의 아호는 이 바위에서 연유한 것이다. 거북바위 옆 국도를 따라 조금만 나아가면 귀암정이 나온다.

거북바위 옆 동네 들머리에는 두 개의 기둥이 서 있다. 전통마을 동네 입구에서 흔히 볼 수 있는 선돌 유적이다. 마을 사람들은 '남성男性바위'라고 부른다. 자손의 번성을 바라는 원시 신앙의 흔적으로 볼 수도 있다. 거북바위 쪽에서 동네를 바라볼 때 왼쪽 선돌은 높이 230cm · 둘레 130cm, 오른쪽 선돌은 높이 170cm · 둘레 100cm 규모로 재질은 화강암이다.

녹갈암鹿渴岩 |

귀미리 종가 뒤란 대나무 숲에 있는 바위다. 1379년 고려 우왕 때, 이씨할머니가 왜구의 침탈을 피해 살 집터를 잡기 위하여 비홍재에서 바라보시다가 귀악龜岳의 산줄기가 너무 빼어나 나무로 만든 매鷹 세 마리를 띄웠더니 그 매가 맨 처음 내려앉았다는 전설이 깃든 바위이다. 또 한 마리는 이씨할머니 묏자리가 된 농소에 앉았고, 나머지 한 마리는 관전리에 앉았다는 전설이 전하는데 지금의 함평공의 묘소 자리가 그곳이다.

일설에 귀미가 마치 목마른 사슴이 물을 마신 형국渴鹿飮水形이라는 말도 있었는데, 이 바위가 목마른 사슴에 해당된다 해서 붙여진 이름이라고 한다. 이 바위 가까이에는 사슴이 마셨다고 전해지는, 이씨할머니 때부터 이용한 속칭 '귀미의 큰샘大母井'이 있다. 이 우물의 물을 마시면 어떤 병도 퇴치할 수 있는 영험이 있다고 전해진다.

조선 후기 숙종조까지만 해도 남원양씨는 대제학공 내외분과 직제학공 등 3위분에게 제사를 올리지 못했다. 이를 안타깝게 여긴 안암공諱춘태은 3위분의 제사를 받들기 위해 제단을 마련하고 그때부터 향

© 데일리안

대모정 | '귀미의 큰샘'으로 알려진 대모정. 종가에서 대대로 이용했던 우물이다.

© 블로그 heeeunkong97

녹갈암 | 종가 뒤, 무성한 대나무밭 속에 숨어있다.

화를 이었다. 그 제단을 마련한 곳이 바로 이 녹갈암 앞이다. 지금은 농소의 이씨할머니 묘 옆에 만든 제단에서 묘제를 봉행하고 있다.

형제암兄弟岩

연산군의 혼정에 낙담해 낙향한 귀암공諱배과 매당공諱돈 형제가 낚시로 세월을 낚으며 은거했다는 전설적 바위다. 어느 날 해 떨어지는 줄 모르고 낚시하던 형제는 갑자기 나타난 호랑이 두 마리가 권하는 대로 각각 호랑이 등에 올라탔다. 그랬더니 쏜살같이 달려서 집 앞에 내려주기를 반복했다. 그때부터 사람들이 '양씨 형제만 본받아라.'라고 칭송하고 형이 앉아서 낚시하던 동쪽 바위를 '배암(배바위)', 매당공

© 양태호

형제 바위와 산인동 | ❶ 배바위(배암), ❷ 돈바위(돈암), ❸ 산인동, ❹ 종호 부근

이 있던 서쪽 바위를 '돈암(돈바위)'으로 불렀다고 한다.

귀미에서 용궐산 방향으로 가다보면 섬진강이 내려다보이는 지점에 배정培亭이라는, 우람한 느티나무를 만나게 된다. 만수탄 상류에 있다. 배정은 옛날부터 귀암공 후손들에게 좋은 휴식처였다. 여기서 조금만 발품을 들이면 형제바위가 나타난다. 건너편 기슭이 이 분들이 은거했다는 산인동이다. 산기슭으로 조금만 올라가면 석벽에 '散人洞'이라고 크게 음각한 돌벼랑이 있다. 이 일대는 그윽한데다가 풍광이 뛰어나다. 여기서 다시 약간만 거슬러 올라가면 초로공諱운거이 친구들과 풍류를 즐겼다는 육로암六老岩이다. 순창에서 강천산 다음으로 유명한 장군목유원지가 시작되는 유역이다.

종호鍾湖 |

적성면과 동계면의 경계를 이루고 있는, 취암산 건너편 소沼의 이름이다. 섬진강을 따라 무량산 기슭은 걷다 보면 용궐산에 닿기 전에 있다. 소 옆에는 '鍾湖'라고 크게 새긴 석벽이 있다. 종호란 '시객들의 흥겨운 노랫소리가 종소리처럼 메아리친다'는 뜻이라고 한다. 조선 인조 · 효종 연간에 국부로 알려진 초로공이 정자를 짓고 시주詩酒를 즐겼다는 곳으로 초로공이 직접 이름을 붙였다.

이 석벽에는 시인들의 음풍농월과 이곳에서 노닐던 옛 사람들이 새긴 낙서가 낭자하다. 석벽 앞은 종호가 출렁이고 있고, 유역流域으로 들어가면 놀기 좋은 반석들이 마당처럼 펼쳐진다. 이곳이 육로암六老岩이다. '여섯 노인들이 노닌 바위'라는 뜻이다. 육로암 한 쪽에는 호

리병처럼 곱게 패인 바위 항아리가 있다. 초로공이 조그마한 주전자 대신 술을 바위 항아리에 채워 놓고 그 위에 잔을 띄우면, 둘러앉은 시객詩客들이 목이 마를 때 한잔 듬뿍 떠서 목을 축이고는 시를 짓고, 돌아가며 시창詩唱을 했다고 한다. 이곳에서 시객들은 벽돌림으로 술을 마시며 시를 읊는 등 자못 흥겹게 놀았다는 것이다.

초로공과 같이 어울렸던 노인들은 병자호란 때 창의하고 경행으로 천거돼 좌랑을 지냈던 최휘지, 그의 아우로 문과에 급제해 사헌부집의를 지낸 최유지, 유현으로 천거돼 감역監役에 제수됐던 유동연과 진사 유동유, 병자호란에 창의했던 하만리, 그리고 이들을 이자리에 초대하는 초로공 등 여섯 분이다.

초로공을 뺀 나머지 분들은 모두 남원사람들이다. 이중 최휘지 · 유지 형제는 노봉서원에 배향됐다. 유동연 · 동유 형제는 초로공의 외숙들로 또래 동무들이기도 하다. 최유지는 아들 생원공諱세기의 장인이 됐으므로 초로공과는 사돈 관계다. 이런 인연으로 초로공은 만년에 유동연과 최유지를 지북리로 불러들여 함께 살았다. 얼마 전까지만 해도 여섯 '신선'들의 후예들은 선조들의 우의를 잊지 않겠다면서 '종호계鍾湖契'를 맺고 매년 모임을 가졌다고 한다.

종호를 내려다 뵈는 가슴에 종호정鍾湖亭 · 탁영정濯纓亭이라는 정자가 있었다고 하나 지금은 '석문石門'이라는 글자만이 바위에 남아 있다. 초로공이 귀미에서 거주하던 지북리에 이르기까지 섬진강 연변에 정자 9채를 지어놓고 놀았다는 기록으로 보아 그 정자들은 귀미에서부터가 아니라 종호로부터 헤아린 정자가 아닐까 싶다. 그런 정자

© 양상희

종호 주변의 육로정과 육로암 | 육로정은 최근에 세운 정자다. 바로 앞 바위벽에는 '鍾湖'라는 음각이 선명하다. 마주 보이는 바위들이 육로암이다. 그림은 이 바위들이 정자에 닿은 것처럼 보이지만 실제는 수면에 떠 있는 바위들 섬이다.

석벽의 음각 | 육로정 앞을 가로지른 아래쪽 길가의 석벽에 새긴 무수한 음각의 일부분. '鍾湖'라는 음각 아래에 光武乙巳 二月에 새겼다는 양씨들의 '鍾湖 花樹稧' 계원 명단이 보인다.

가 어디에 있었는지는 모르나, 섬진강 가의 '가정', '배정'이라는 지명과 연관 있을 것으로 생각된다. 추상적이긴 하나 당시 선비들의 풍류와 호연지기를 짐작할 뿐이다. 다만, 종호정이 있었으리라고 짐작되는 언저리에 순창군에서 세운 '육로정'이 있다. 여섯 노인들이 신선처럼 노닐며 읊었다는 「종호팔경운」이 전한다. 서사序詞를 포함해 9수로 구성돼 있다.

종호팔경 시 운자를 따서 짓다 次宗湖八景韻

호수 안의 돌 섬 湖中石嶼

땅은 종호를 숨겨두고 주인을 기다리는데	地秘鍾湖待主人
하늘이 돌섬을 만들어 놓으니 낚싯줄 드리우기 좋네.	天成石嶼好垂綸
그대는 육로암에 새겨진 글자를 보았는가.	君看六老巖鐫字
물이 넘실거려 모래로 갈아도 물에 갈리지 않네.	水蕩沙磨水不磷

바위 위의 웅덩이 술통 巖上窪樽

하늘이 기이한 바위를 쪼아 술통을 만들었으니	天琢奇巖作酒樽
병 같기도 하고 사발 같기도 하고 또 동이 같기도 하네.	如罌如碗復如盆
다만 아홉 웅덩이로 하여금 길이 마르지 않게 한다면	但使九窪長不竭
남들 비록 다음 산으로 갈지라도 나는 홀로 남아 있겠네.	次山雖去我獨存

향로봉의 아침 해 香爐朝日

동쪽 봉우리에 아침 햇살이 구름 사이를 통과하니 東峰初日透雲間
따뜻한 기운이 왕성하여 큰 산과 같네. 煖氣氳氳似博山
주인은 술에 취해 아침잠을 편히 자고 主人中酒朝眠穩
늦게 일어나 아이 불러 낚싯대를 드리우네. 晏起呼童理釣竿

영취봉의 돌아가는 구름 靈鷲歸雲

집 뒤에는 취봉이 우뚝 솟아 있고 屋後岧嶢聳鷲峰
하늘가를 돌아보니 푸른 연꽃이 피었네. 回看天際碧芙蓉
구름은 와 장맛비 된다 한들 상관 않는 雲來不管成霖雨
무심한 듯 태연한 네 모습을 사랑하노라. 愛爾無心自在容

돌문의 낙엽 石門落葉

산길 험한 곳에 돌로 문을 만들었고 山徑崎嶇石作門
늙은 회화나무는 구불구불 몇 년 된 뿌리인가? 老槐蟠屈幾年根
가을바람에 잎이 떨어져 다니는 자취를 덮으니 秋風葉落掩行跡
물의 근원을 다시 찾을 적에 헤맬까 미리 염려하네. 預恐重尋迷水源

갓끈 씻는 여울에 졸고 있는 오리 纓灘睡鴨

넘실대는 푸른 물결 바닥까지 맑고 灩灩滄浪徹底淸
강에 임하여 바로 적합한 곳이면 내 갓끈을 씻으리. 臨流正合濯吾纓
아이에게 크게 노래하지 말라고 말을 전하는 것은 寄言孺子休高唱

물가 모래톱에서 자는 오리 놀랄까 두렵기 때문일세. 爲恐沙汀睡鴨驚

앞들의 목동 피리소리 前郊牧笛

비 온 뒤에 강물 흐르는 교외에는 작은 풀이 푸르고 雨後江郊細草靑
목동의 피리는 새로운 소리를 연주하네. 牧童橫笛弄新聲
말의 등이 소 등의 편안함만 못하니 馬背不如牛背穩
은거하는 선인이 도를 깨달으면 이러한 한가한 심정이리. 癯仙解道此閑情

옛 절의 새벽 종소리 古寺晨鐘

절은 아득히 푸른 하늘에 가깝고 招提*縹緲逼靑空
만 길 낭떠러지라 길이 통하지 못하네. 萬丈懸崖路不通
늙은 스님 참선에 들었으니 누가 보리오. 老僧入定人誰見
맑은 새벽에 오직 예불 종소리만 들리누나. 淸曉惟聞禮佛鍾

_ 오주 최휘지 鼇洲 崔徽之

* 초제招提 : 관청에서 이름을 지어 액자를 내린 절.

한없이 너른 푸른 강가의 한 줄기 연기는 滄波萬頃一條煙
희미한 강길 언덕 가에 버들이로다. 江路依微柳岸邊
진귀한 주인은 나그네가 이르는 것을 알고 珍重主人知客至
작은 배를 낚시터 앞에 미리 대네. 扁舟預艤釣臺前

_ 간호 최유지 艮湖 崔攸之*

* 최휘지 · 유지 형제분의 작품외에는 지은이를 알 수 없다. 최유지의 작품 원문에는 시제詩題가 없다.

천태암天台菴 |

'…호남 좌도 남원부는 옛날 대방국이라 했것다. 동으로 지리산, 서로 적성강, 남북강성하고, 북통운암하니 곳곳이 승지요, 산수 정기 어리어 춘향이가 삼겨났다…'

판소리 『춘향가』 중 절세가인 성춘향의 출생 배경을 늘어놓는 대목이다. 『춘향가』에는 신관 사또 변학도가 적성강에서 낭자하게 술판을 벌

© 최훈

천태암 옛터 | 바위 앞에 어은공이 강의한 장소임을 알려주는 조촐한 표지석 漁隱楊先生講學之所가 있다. 바위 전면에도 "漁隱楊先生讀書菴'이라는 음각이 선명하다.

이는 장면도 있다. 그만큼 적성강은 예로부터 풍광 좋기로 유명했다.

천태산(184.2m)은 적성면 평남리 구남마을과 동계면 귀미리의 경계에 있는 산이다. 이 산에서 적성강의 아름다운 경치를 한눈에 바라볼 수 있는 곳이 천태암 위치이다. 산기슭에 있는 천태암은 공부하는 사람들이 과거에 급제를 많이 하면서 유명해졌다. 그래서 천태암에서 공부하는 선비나 부모들이 과거 합격을 고대하며 산에 올라 하늘을 향해 소원을 풀어달라고 빌었다 한다.

천태암은 어은공諱사형이 귀미에서 구남으로 분가한 뒤 지은 암자로, 공은 물론이고 대대로 이곳에서 공부해서 등과한 분들이 많았다. 영조 때에는 풍산면 행가리의 호호정에서 강론하던 백수공諱응수이 문중의 인재를 육성하기 위해 수시로 이곳에 머물면서 강의를 베풀기도 했다. 순창군수 이휘지가 「천태암기」를 쓴 것도 이 무렵이다. '어은 양선생이 독서하던 곳漁隱楊先生讀書菴'이라는 사실을 알리는 바위가 이 자리를 지키고 있다.

개미바위蟻岩 |

적성강 상류 구남마을 앞에 있는 바위다. 바위 모습이 개미 같다 해서 붙인 이름이다. 조선 숙종 때 의암공諱오거이 낙안 · 곤양군수를 마치고 귀향해서 이 바위를 중심으로 자연과 벗하면서 아호를 '의암蟻岩(개미바위)'이라고 했다 한다.

마. 전설

1) 이씨할머니가 처음 터를 잡으신 날

먼 옛날, 동계면 귀미마을 찾아 온 어떤 부인이 있었다.

그 부인은 아들 하나를 데리고 종 몇 명과 함께 살 집터를 찾다가 비홍재에서 짐을 내려놓고 잠깐 쉬던 중이었다. 무량산을 바라보던 부인은 갑자기 무엇인가 결심이라도 한 듯이 두 주먹을 꼭 쥐었다. 그곳이 분명 터를 잡아 살 만한 곳임을 직감했던 것이다.

부인이 아들과 종들을 데리고 무량산 밑에 도착했을 때는 이미 어떤 사람이 집을 짓고 살고 있었다. 한발 늦었다는 생각이 들었다. 그러나 어떤 일이 있어도 이곳을 포기할 수는 없다는 생각에 그 집 주인에게 하소연했다.

"연약한 여자의 몸으로 멀리 개성에서 여기까지 왔습니다. 방 한 칸이라도 좋으니 빌려주시면 감사하겠습니다."

주인은 사정이 딱 하다는 표정이었으나, "형편은 잘 알겠으나 보시다시피 빈방이 없습니다." 하고 거절했다. 부인은 헛간이라도 좋다고 사정했다.

"이 집은 주인이 따로 있습니다. 빈방이든 헛간이든 빌려 줄 수가 없습니다. 저는 이 집주인이 나타날 때까지 집을 지키고 있을 뿐입니다."

"그렇다면 주인은 어디 계시며 누구이신지요?"

"부인께서는 아셔도 소용이 없을 것입니다. 저도 이 집주인을 잘 모르니까요. 다만 양씨 성을 가진 사람이라는 것만 알 뿐입니다."

부인은 깜짝 놀랐다. 자기의 아들이 양씨 자손이었기 때문이었다.

"이 아이는 고려에서 직제학 벼슬을 하신 양수생이라는 어른의 아들입니다."

주인은 그때서야 예의를 갖추어 말했다.

"그렇습니까? 진즉 몰라 뵈어 죄송합니다. 이 집은 부인께서 사실 집이 분명합니다."

주인은 몇 번이고 절을 하고는 금방 사라져 버렸다. 양수생은 평생 불도佛道에 많은 시주와 함께 정성을 쏟았으므로 죽어서도 불은佛恩을 입어 도승道僧으로 하여금 여기에 집을 짓고 그의 부인이 나타날 때까지 기다리게 한 것이다. 그 뒤로 부인은 불은을 잊지 않고 불공을 게을리 하지 않았다.

며칠이 지났다. 어떤 사람이 나타나서 말했다.

"이 터는 일찍이 내가 많은 돈을 주고 산 곳이니 내놓으시오."

부인은 그럴 리 없다고 딱 잡아뗐다. 그러나 그 사람은 포기하지 않고 부인을 따라다니며 "이 집은 내가 샀소. 그러니 내게 넘겨주고 딴 곳으로 떠나시오."라고 떼를 썼다. 부인은 그가 어떤 압박을 해도 대꾸를 하지 않았다. 그 사람은 부인이 이 집으로 이사 오기 전에도 몇 차례 찾아와 이 집을 팔 것을 요구했으나 도승이 집 주인이 아니라고 거절하자 돌아갔다가, 그 도승은 사라지고 알 수 없는 여자가 차지하고 있으므로 자기 집이나 되는 것처럼 윽박질렀던 것이다. 그 사람은 며칠 후 다시 찾아왔다. 내기를 해서 이기는 사람이 이 집을 차지하자는 것이었다.

얼마 동안 생각에 잠겼던 부인은 제의를 받아들였다. 내기는 달걀 쌓기였다. 졸부는 순식간에 달걀을 쌓아 천장까지 닿았다. 부인은 금방 천장까지 쌓아 놓은 달걀을 헐어 거꾸로 쌓아 방바닥에 닿게 했다. 졸부는 금방 풀이 죽어 말 한 마디도 못하고 도망치듯이 달아나 버렸다.

그 부인은 다름 아닌 우리 선조비先祖妣이신 이씨할머니였다. 이씨할머니는 그렇게도 바라던 집에서 여생을 보내셨다. 그 뒤 자손들이 6백 5십여 년간을 이 집에서 가문을 이어 왔으며, 그 집터에서만 수십 명의 자손들이 과거에 급제하는 기적을 낳기도 했다.

이 마을에서 조금 떨어진 곳에는 거북과 같은 바위가 하나 있다. 부인이 이 마을에 온 날 집을 지켰던 도승은 그 곳을 떠나면서 그 거북바위의 꼬리를 이 마을 쪽으로 돌려놓았는데 그 거북바위의 꼬리가 마을 쪽으로 향하고 있다 하여 이 마을 이름을 귀미龜尾로 삼았다는 호사가들의 말이 전한다.

2) 무량산의 멧돼지

무량산은 동계면의 주산이다.

지금으로부터 약 6백 5십여 년 전, 그러니까 고려 말기부터 조선 왕조 초기 무렵의 일이다. 고려의 명문 남원양씨 중 양수생이라는 사람은 벼슬이 직제학에 이르렀으나 불행히도 세상을 일찍 하직했다. 그러자 그의 부인이 유복자를 데리고 이곳으로 와 터를 잡았다.

그 아들이 개구쟁이였을 때의 일이다. 그 아이는 용모가 자못 비범한데다가 어릴 때부터 공부보다 산을 헤매고 들을 달리며 말 타고 사냥하는 것을 더 즐겼다. 그래서 이를 말리는 어머니의 눈을 피해 자주 사냥을 즐기다가 어머니로부터 엄중한 꾸지람을 듣고 마음을 고쳐먹었다.

그가 한참 사냥에 빠져 헤매던 어느 날, 어마어마하게 큰 멧돼지를 발견했다. "내가 사냥한지 1년이 됐는데 너 같은 멧돼지는 처음이다. 어디 내 활 솜씨를 보아라." 그는 힘껏 활시위를 당겼다. 그러자 화살은 번개처럼 날아가 멧돼지의 정수리에 꽂혔다. 멧돼지는 정신을 잃고 몸을 빙빙 돌더니 이리 비틀 저리 비틀 나무에 머리를 부딪치고 바위를 들이받더니 마침내 쓰러지고 말았다. 아이는 꼬꾸라진 멧돼지를 흐뭇하게 바라보더니 자기도 모르게 손뼉을 치면서 쾌재를 불렀다. 멧돼지를 잡기는 했으나 자기 힘만으로 끌고 갈 수가 없었다. 그는 마을로 내려가 힘이 센 장정을 동원하여 돼지를 마을로 끌고 왔다.

마을 사람들은 집채만 한 멧돼지를 보고 혀를 내둘렀다. 그들은 환성을 지르며 소년을 개선장군처럼 치켜세우면서 동네 잔치판을 벌이려고 돼지를 잡기 시작했다.

그런데 이게 웬일인가. 배를 갈라 밥통을 헤쳐 보니 '無量'이라는 글자가 또렷이 드러났던 것이다. 생각건대 '무량'이란 무한대로 크다는 뜻이니, 이때 잡은 산돼지가 그렇게 컸음을 상징하는 것이 아니겠는가. 이로 인해 멧돼지가 살았던 산을 '무량산'이라 부르게 됐다.

이 소년이 바로 남원양씨 입향조 함평공諱사보이시다. 그는 어머니의 준엄한 교훈에 따라 활을 버렸다. 그리고 학문에 매진하면서 몸을 닦아 뒷날 함평현감을 지냈는데 그 후손은 오늘날까지도 동계 귀미, 적성을 중심으로 순창군의 여러 곳에 번창하여 대 씨족을 이루어 살고 있다.

3) 천태암의 영험

천태산은 무량산 남쪽 적성면에 있는 산이다. 산의 정상에는 남원 양씨의 분묘가 있다. 정상에서 바라보면 동서 남방으로는 적성 평야가 굽어보이고 북쪽은 산악이 겹겹해서 경치가 매우 아름답다. 그래서 산을 좋아하는 등산객들은 지금도 이곳을 '호남의 절경'이라며 감탄한다.

이곳에 천태암이라는 암자가 있었다. 산의 규모나 암자는 그리 대단하지 않지만 이 절에서 공부한 사람 중에 과거에 급제한 이가 많다는 소문이 파다했다.

암자 둘레에는 소나무 숲이 우거졌는데 그 중에도 유난히도 큰 소나무한 그루가 하늘을 찌를 듯 했다. 이 소나무는 암자 뜰에서 약 2백여 미터 앞에 있었는데, 과거를 보러 가면서 돌을 던져 이 소나무를 맞추면 과거에 합격하고 맞추지 못하면 낙방한다고 믿어 과거를 보러 가는 이는 누구나 한 번씩 나무를 향해 돌을 던졌다. 나무는 하도 돌을 많이 맞은 터라 암자 쪽으로 움푹 패여 구부러질 정도였다고 한다.

암자 동쪽에 계곡이 있었다. 전해오는 말로 골짜기 물을 뛰어 넘으면 급제하고 그렇지 못하면 낙방한다 해서 열자十尺 폭 넓은 골짜기 물을 열 걸음 밖에서 달려와 뛰어 넘기를 하곤 했다. 이곳도 공부를 하던 청년들이 하도 뛰어 넘기를 해서 땅이 움푹 패일 정도였다고 한다.

또 넓적한 나뭇잎 한 장을 골짜기 물에 흘려보내기도 했는데, 이 나뭇잎이 장애물에 걸려 떠내려가지 않으면 낙방이라 하고, 막힘없이 잘 흘러가면 틀림없이 과거에 붙는다 하여 누구나 시험했기 때문에 나뭇잎조차 제대로 견디어 낼 수가 없었다고 한다.

또 부처님이 문서나 책을 주는 꿈을 꾸면 틀림없이 과거에 붙는다 해서 이런 꿈을 꾸려고 조석으로 불공드리는 풍습도 있었다. 그뿐만 아니라 바람소리, 바람의 방향, 날씨의 흐리고 갬, 과거보러 떠나는 날 아침의 새소리와 벌레소리, 아침 일찍 무엇을 제일 먼저 보았나 등, 과거에 붙을 것인가 떨어질 것인가를 점치는 일을 일일이 말하자면 한이 없다. 그럼에도 불구하고 '천태암에서 공부하면 누구나 과거에 붙는다'는 전설에 따라 멀리서 책을 등에 지고 몰려드는 선비들이 사뭇 많았다 한다.

4) 초로공의 부富와 가화家禍

초로공諱운거은 지금의 적성면 지북리 갓데부락에 살면서 국부로 불릴 만큼 부호였다. 병자호란에 창의하셨던 호조참의공諱여균의 맏아드님이자 성균관사예와 충청도도사를 역임하신 사예공諱시정의 큰손자다. 공이 얼마만큼 부를 이루셨는지는 기록이 없어 알 길이 없으나, 전설이나 종호의 육로암 유적, 지북리에서 귀미까지 아홉 채의 정자를 지으셨다는 전설, 지북리에 널린 주춧돌을 비롯한 여러 유물로 미뤄봐 가히 국부라고 일컬을 만한 부호였음은 말할 나위없다.

그러나 불행하게도 자손 복이 없었다. 독자였던 아드님諱세기이 생원에 오르신 뒤, 문과에 응시하기 위해 상경했다가 병을 얻어 서른넷의 젊은 나이로 돌아가시고 만 것이 첫 불행이었다. 그래서 팔촌동생인 의암공諱오거의 둘째 아들 諱재기를 후사로 삼았다. 경우로 따지면 당신의 후사가 아니라 돌아가신 아드님 생원공의 후계로 삼아야 마땅했다. 그러나 당시 형편으로는 많은 가산을 관리해야 할 필요성 때문에 부득이 초로공 후사로 입계시켰던 것이다. 재산을 관리할 분을 입계하기는 했으나 불행이 겹쳐 초로공도 아드님이 세상을 등진 지 5년만인 1672년(현종 13)에 60세를 일기로 눈을 감고 말았다.

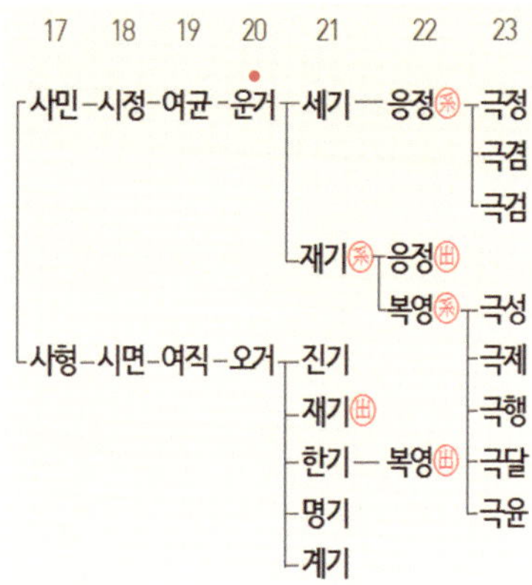

쌍매당·어은공파(17~23세) 초로공 가계

그때 입계했던 양자諱재기는 스물한 살 청년이었다. 다시 불행이 찾아왔다. 諱재기께서 아들 諱응정應井을 낳으시고 스물여덟의 나이로 눈을 감았던 것이다. 초로공 가족은 공이 돌아가신 지 7년 만에 갓 난 손자 말고는 여자들만 남은 집이 됐다. 그리하여 초로공의 유명遺命으로 諱응정을 생원공諱세기 앞으로 입계시키니, 諱재기께서는 무후가 돼버린 셈이었으므로, 다시 생가 조카였던 諱복영福榮을 후사로 맞이했는데, 이는 諱재기께서 돌아가신 뒤다.

이런 연유로 초로공의 가산은 손자 대에 이르러서는 諱응정과 諱복영 두 집으로 나눠진 셈인데 그래도 가산은 유지됐다. 그런데 諱복영이 돌아가실 무렵에 가화를 입어 모든 재산이 도궤倒潰되고 말았다(원인을 구체적으로 알려주는 문헌이 없다). 초로공이 지북리로 이주한 뒤로 전 재산이 없어질 때까지는 대체로 1630년대로부터 1745년경까지 약 1백여 년간에 걸쳤다. 가화에 얽힌 원인에 대한 전설이 다음과 같이 전한다.

조선 숙종 연간에 명재상으로 알려진 전의이씨 이상진李尙眞(1614~1690)이란 이가 있었다. 전주 사람으로 호가 만암晩庵이었으므로 사람들은 그를 만암 정승이라 했다. 사헌지평과 사간정언 · 대사성 · 대사헌 · 관찰사를 거쳐 이조판서 · 우의정 · 판중추부사까지 이른 사람으로 당론은 소론을 따랐다. 고향이 전주였으므로 선산은 전주 부근이었을 것이다. 그가 자기의 위선爲先을 하기 위해 순창 근처에 묘를 쓰고, 그 위토를 마련하려고 사람을 시켜 물색했다. 그런데 그의 산지기가 적당한 땅을 골라서 매입하려고 주인을 찾아보면 어김없이 초로공의 논이었다고 한다. 그래서 산지기는 초로공이 땅을 내놓지 않으리라는 것을 짐작하면서도 교섭이나 해보려고 사유를 말했다. 물론 거절됐다. 산지기는 위토답 확보가 어렵다고 만암에게 아뢰었다. 만암은 하릴없이 이장했다. 그런데 그곳에서 위토답을 구하려 하니 그곳 전답도 모두 양초로 소유였다. 산지기가 위토답 매입 교섭에 실패하자 만암이 직접 나섰다. 그러나 그도 성공하지 못했다. 만암의 처지로 보면 한 나라의 재상으로서 자기 친산親山의 위토답 하나 구하지 못한다는 모욕을 당한 셈이었다. 그렇다고 초로공을 불러 치죄할 일도 아니었다. 분함이 뼈에 사무친 그는 언젠가 반드시 복수하고 말리라고 이를 악물었다.

세월이 흘러 초로공도, 만암도 타계하고 말았다. 가산의 유지는 후손의 숙제로 넘어갔다. 만암의 후손도 원한이 조금도 사그라지지 않았다. 공교롭게도 諱복영의 둘째아들 諱극제克濟가 뜻하지 않게 가노 한 사람을 과실치사한 사건이 발생했다. 확실한 시기는 알 수 없으나 諱복영께서 돌아가시기 얼마 전인 듯하다. 1744년(영조 20) 쯤일 텐데, 이 사건으로 모든 가문에 화가 미쳐 당사자인 諱극제와 諱종원宗元은 한때 수감생활을 한 듯 하고, 그 외 형제 · 사촌 · 재종까지도 모두 그곳에 살지 못하고 각지로 흩어지지 않으면 안 됐다. 그 결과, 큰집 諱응정의 장손인 諱우화는 흥덕으로 이사했다. 이런 사연으로 호은공諱석룡도 흥덕에서 태어난 것이다. 호은공은 諱우화의 증손이므로 약 4대에 걸쳐 그곳에서 살았고, 지금도 후손 일부는 흥덕에 거주하고 있다. 諱복영의 장손 諱종원은 전남 강진까지 이사를 했다가 고향으로 돌아와 인계면 중산에 터를 잡았다.

_『남원 양씨 세적집요』

이것은 어디까지나 전설에 지나지 않지만, 그렇다고 허황하다고만 할 수는 없다.

이상진은 1690년(숙종 16)에 타계한 것으로 돼 있다. 그러므로 이 사건은 그가 죽은 뒤 50여 년 뒤이므로 이상진의 후손이 그랬다고 하기에는 어딘가 미심쩍은 데가 있다. 또 초로공이, 아무리 남이라지만, 조상 받드는 일에 그토록 매정했을까 하는 점도 수긍이 안 간다. 초로공은 한낱 부호에 그친 분이 아니다. 경행으로 천거까지 받으신 학자이고, 교유한 분들이 당대의 쟁쟁한 명사들이었을 뿐만 아니라, 현종조에는 흉년으로 백성들이 굶주리자 구휼미 수백 석을 헌납했다는

『현종실록』 및 『숙종실록』의 기록으로 미뤄 봐도 남에게 그토록 매정하게 굴었다는 것은 도저히 납득이 안 간다.

이 일에 대한 문헌적 기록은 아직 발견되지 않았으나, 삼성당공 諱회영의 『삼성당유고』에 諱복영이 돌아가셨을 때 지으신 제문 가운데 '…둘째 아들과 장손이 풀려나오기는 했으나 가사는 크게 몰락했다.…'라는 언급이 있다. 이로 추측컨대, 그 무렵에 가화가 크게 있었다는 것만은 짐작할 수 있다. 경위야 어떻든 그토록 방대한 가산이 무너지고, 삶의 터전을 떠나 흩어져 살지 않으면 안 될 지경이었다는 사실이 안타까울 뿐이다.

5) 지사地師 박상희朴相熙의 영험

광해~인조 무렵에 영험하다고 이름난 박상희라는 지사(묏자리를 보는 지관)가 있었다. 전남 장성 출신으로 땅을 보는 눈이 환해 전국의 산천 중 안 본 곳이 없고, 그가 잡아줬다는 묘소가 방방곡곡에 널려 있다 할 만큼 허다한 전설을 남긴 사람이다.

임진왜란 때 명나라 지원군 총병관總兵官 이여송李如松은 우리나라로 들어와 누구에게도 허리를 굽혀본 일이 없는 장수였는데, 박상희만은 예외였다. 그는 박상희를 스승으로 받들고 이 땅에서 물러갈 때까지 그의 지시대로 싸움터를 골랐다고 한다. 사실 여부야 어떻든, 지세를 살피는 안목이 남달랐다는 사실을 강조하는 말일 것이다. 이런 박상희가 우리 집안 묏자리 세 군데를 잡아줬다는 일화가 있다.

창주진사공諱시성을 모신 적성 구남마을의 한산동, 중산진사공諱여직을 모신 인계 도사리의 사이봉, 낙하정공諱시면의 아드님 통덕랑공諱여직을 모신 남원시 대강면 평촌리 선산이 그곳이다. 결론부터 말하자면, 중산파는 사이봉 묘 음덕으로 삼성당공의 생원방 입격과 비록 수직이기는 하지만 3대추증으로 당상관 이상의 관직을 누린 여러 어른이 나왔고, 그 후에도 인물과 문필이 끊이지 않았다.

낙하정공파에서는 백수공 같은 대유현에다가 유일遺逸까지 배출한 것을 비롯해 여암진사공諱형기 · 호은진사공諱석룡의 사마, 의암공諱오거 · 도사공諱정신의 무과와 관직, 태은공諱응조과 귀은공諱종갑 · 경암공諱종을 등의 대학자가 나왔다.

그런데 유독 창주공 후예만은 그렇지를 못하고 진사 한 장 누리지 못했다. 거기에는 딱한 사연이 있다. 창주공의 큰아드님인 참봉공諱여백께서 위선하면서 박상희를 초빙하여 창주공을 한산동에 모시게 됐다. 박상희는 대혈大穴을 잡았다면서 톡톡한 대가를 요구했다. 제사를 올리고 천광을 팔 때 참봉공에게 현금 3천량을 내놓든가, 아니면 벗을 트자는 것이었다. 참봉공은 대답 대신 미소로 응수했다.

마음이 언짢아진 박상희는 정색을 하고는 일을 마치고 돌아가면서 "세 언청이와 세 육손이가 나오면 발복을 다한 줄 알라"고 말했다. 요구를 거절한 것으로 안 박상희가 그 보복으로 홍패 석 장과 백패 석 장 대신 세 언청이와 세 육손이가 나오는 좌향으로 방향을 틀었다는 것이다. 과연 그랬는지는 모르지만 창주공 후예 중에 세 언청이와 세 육손이가 나왔다는 말이 있기는 하다.

제13장

선영과 산송

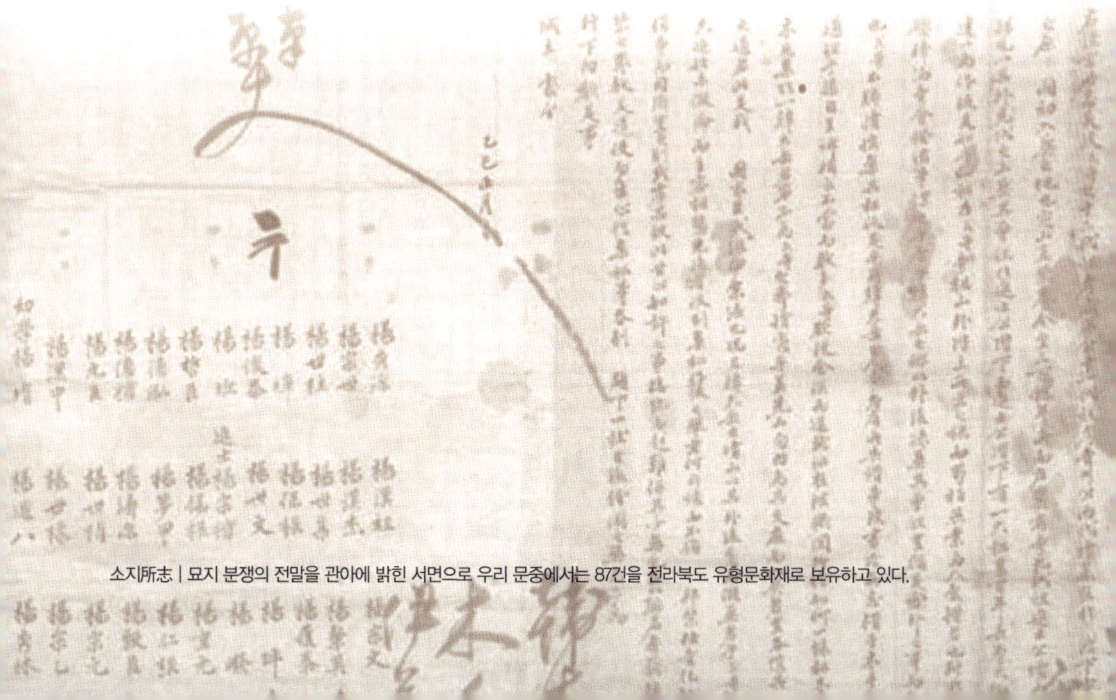

소지所志 | 묘지 분쟁의 전말을 관아에 밝힌 서면으로 우리 문중에서는 87건을 전라북도 유형문화재로 보유하고 있다.

우리나라는 예부터 좋은 땅을 가려서 선조를 모시고자 했다. 영구靈柩를 좋은 곳, 곧 명당에 모시면 자손이 발복한다는 믿음의 역사는 깊다. 이러한 장묘葬墓 인식은 삼국통일 무렵에 풍수지리설이 들어오면서 왕가로부터 일반 서민들의 의식까지 지배함으로써 옛 어른들은 조상을 좋은 자리에 모시려고 온갖 정성을 바쳤다.

고려시대의 민간인 무덤이 사라진 것은 왕권이 이태조에게 넘어갈 때부터다. 조선을 창업한 이태조는 즉위하자마자 매장한 지 70년이 넘은 민간인 분묘를 모두 없애라는 명령을 내렸다. 왕가나 널리 알려진 인물의 묘 말고는 1320년 무렵 이전의 무덤이 없는 것은 이런 곡절 때문이다. 그러나 장묘에 대한 고정관념은 쉽사리 사라지지 않았다.

조선은 효가 모든 가치의 근본이었고, 돌아가신 분의 유택을 좋은 자리에 마련해 드리는 것이야말로 자식의 지엄한 사명이자 후손의 발복을 기대하는 자의 열망이기도 했다. 그래서 집안마다 좋은 터를 선영으로 선정하여 무덤을 썼는데, 이로 인해 산소와 관련된 다툼이 끊이지 않았다. 심할 경우에는 남의 무덤을 파내고, 그 자리에 자기 조상의 유해를 몰래 묻는 경우까지 생길 정도로 산소와 관련된 문제는

[표15] 선영일람

순	선영명	위치	모신 어른	설묘
1	농소막	순창 적성 농소마을	이씨할머니 · 제단	조선 초
2	관전	순창 동계 관전	함평공 · 판관공 · 돈암공	조선 초
3	대곡(대실)	남원 대산 풍촌	임피공 · 통덕랑공諱감	연산군
4	여산	익산 여산 원수	귀암공 · 좌랑공 · 부정공 · 진사공	중중조
5	세심	임실 삼계 세심	집의공 · 매당공	중종조
6	세룡	순창 인계 세룡	쌍매당공과 후예	선조조
7	구선동	남원 사매 계수	어은공과 후예	선조조
8	법고동	임실 삼계 감은산	회와공과 후예	선조조
9	한산동	순창 적성 구남마을	창주공諱시성 · 선무랑공諱여춘	선조조
10	입석(선돌)	순창 적성 입석마을	종사랑공諱시척과 후예	광해조
11	양도산	임실 운암면 쌍암리	사예공과 후예	인조조
12	도사리	순창 인계 도사	진사공諱시익과 후예	인조조
13	장발군	순창 쌍치 장발군	장사랑공諱시순과 후예	인조조
14	내적성	순창 적성 내적성	귀음공과 후예	인조조
15	천태산	순창 적성 구남마을	낙하정공과 후예	인조조
16	모과정	임실 삼계 덕계리	모정공과 후예	인조조
17	무수리	순창 유등 무수리	찬하정공과 후예	광해조
…	…	…	…	…

심각했다. 조상들의 무덤이 있는 곳을 선영 또는 선산이라고 이르며, 묘지 쓰는 일로 벌이는 시비를 산송이라고 한다.

1. 선영先塋

우리 가문은 이씨할머니가 낙향하시기 전의 전, 곧 직제학 이상의 10세에 걸친 어른들의 선영은 알 수 없다. 그래서 대제학공 내외분과 직제학공 등 3위분 만은 적성면 농소리에 있는 이씨할머니 묘역에 제단을 조성해 묘사를 받들고 있다.

이씨할머니께서 입향하신 이래 우리 문중의 선영은 인계 · 적성 · 동계면에 주로 분포해 있으며, 타향으로는 남원 · 임실 · 익산 등에도 산재하고 있다. 분포 지역을 간추리면 [표15]와 같다. 대표적인 선영 몇 곳만 소개한다.

가. 농소 이씨할머니 묘

농소 선영은 이씨할머니께서 스스로 잡으신 자리라고 전한다. 모신 연대는 분명하지 않으나 1467년(세조 13)에 정려와 함께 내려온 묘의

© 양택규

농소리 묘역 | 대제학공(맨 위)·직제학공(아래 왼쪽) 제단과 이씨할머니 묘(아래 오른쪽)

봉석封石이 지금도 뚜렷하다. 따라서 이곳에 모신 지는 최소한 5백년은 넘었으리라고 추정된다. 후손들이 묘를 수호하기 위해 위토를 마련하고 제각을 지어 묘사를 모시게 된 유래는 다음과 같다.

『백수집』이나 『삼성당유고』에는 이 어른들이 생존하셨던 숙종조까지는 산지기 · 위토답 · 묘비도 없이 묘사만 모신 것으로 나와 있다. 그래서 묘비를 세울 계획으로 판서 권성에게 「열부숙인이씨묘비음기」를

© 양대우

© 양규근

농소리 묘제의 어제와 오늘 | 2017년 4월 추원재 묘제. 이날 우천 관계로 실내(제각 추원재)에서 봉행했다.

받았다.

오호라, 순창 동쪽에 있는 열부 이씨의 묘에 오랫동안 글씨를 새기지 않았다. 내가 군수가 된 다음 해에 성묘를 올리니, 양씨 여러 사람이 모여 비를 세워 그 열행烈行을 기록하여 후세에 가르치고자 내게 묘명墓銘을 부탁하니 어찌 사양하랴. 삼가 보첩을 살펴보니 고려 직제학 양공의 배위 이씨 임신 중에 직제학공이 돌아가셨다. 부모는 일찍 홀로 된 것을 가엾이 여겨 개가를 권했다. 그때의 고려 풍속은 이것을 의롭지 않은 것으로 여기지 않았다. 이씨는 "다행히 아들을 낳으면 양씨의 제사를 가히 이을 수 있으니 해산한 뒤라도 늦지 않지 않습니까."라고 말했다. 얼마 후, 아들을 낳았다. 부모는 다시 강권했다. 이씨는 "포대기에서 면할 때까지만 기다려 주십시오."라고 했다. 아이가 능히 먹고 말하게 되자 이씨는 죽을 각오를 했다. 그러나 부모는 강박을 그치지 않았으므로, 아이를 업고 남쪽으로 내려가서 양씨의 용성 별업別業에 살았다. 얼마 후에 '흑치黑齒의 난'이 일어나매, 비

추원재追遠齋 | 1930년대의 농소리 제각

© 양대우

홍재에 올라 순창의 귀악을 바라보고 그곳으로 가서 살았다. 아이는 자라서 사냥을 즐기고 학업에 힘쓰지 않았다. 이씨가 밥을 먹지 않고 누워서 꾸짖으매 아이는 크게 깨달아 학업에 힘써 대유가 되고, 마침내 전성의 업을 누리게 됐으니 함평공이 이분이다. 현감의 자손은 문과 급제자가 여덟이나 나왔고, 외손 또한 많으며, 자손이 창대하여 명족이 됐다고 들었다. 이씨의 정조와 학덕이 이 같은 결실을 맺은 것이다. 세조께서는 그 정절을 치하하여 정려를 명하니, 그 홍판을 걸었던 옛터가 지금도 남아있다. 묘는 농소막 뒤에 모셨는데, 나라에서 봉한 돌이 지금도 완연하다. 이 또한 이씨가 정한 자리라 한다. 화산 동쪽의 재와 강물은 서쪽의 네 척[四尺] 높이 열부의 묘에 절하고 산과 강과 더불어 열렬한 이름도 만고에 사라지지 않으리라. 판서 권성 씀.

『순창군지』를 보면 권성은 1760년(영조 36)에 순창군수에 취임한 것으로 나와 있다. 문헌에는 그가 순창군수로 온 다음 해에 성묘를 올렸다고 나와 있으므로 1761년(영조 37)에 이 글을 쓴 셈이다. 권성은 충청도 태생으로, 귀암공諱배의 사위인 소세량의 증손 백복百福의 사위가 권성의 조부 권전權佺이다. 권성은 부임한 뒤, 선외가先外家의 선산을 찾아서 성묘를 올렸던 모양이다. 이렇게 해서 영조 연간에 이씨할머니의 묘비를 세웠는데 이 비석이 풍우에 헐어서, 지금 묘비는 금과면 고례리의 참봉공諱석승이 혼자 부담으로, 당시 명필이었던 윤용구에게 글씨를 받아 1920년경에 다시 세운 것이다.

한편, 전에는 귀미 종가에 마련한 제단에서 제사를 모시다가 얼마 후 이곳으로 옮겨 밤에 초혼을 하여 대제학공과 직제학공 묘제를 봉행했는데, 1968년에 종원들의 성금으로 제각을 개수하고 제단을 조성해 낮 묘제를 올리게 됐다. 이때 출연한 자손의 방명록은 농소리 제각 추원재追遠齋의 기념비에서 확인할 수 있다.

나. 관전 선영

관전 선영은 함평공諱사보·판관공諱연 부자분과 돈암공諱사선, 오졸재공諱진우을 모신 곳이다. 이곳도 처음에는 농소리처럼 제각이나 산지기 없이 오랫동안 묘제만 올리다가 농소리에 비석을 세울 때 위토답과 아울러 마련했다.

함평공 묘갈명은 이씨할머니 정려 글씨를 쓴 유언호에게서 백수공諱응수의 손자 귀은공諱종갑이 1785년(정조 9)에 받아온 것이다. 농소리의 묘비음기보다 20여 년 늦은 셈이다. 이미 그때는 백수공이나 삼성당공諱희영, 오졸재공이 모두 세상을 뜨시고, 그 뒤를 이은 귀은공·경암공諱종을 형제분과 돈와공諱종해, 담재공諱득희이 종사를 주도하실 때였다.

관전의 제각은 그보다 늦은 1838년(헌종 4)에 지었다. 상량문은 진사 노석승 글이다(무인보戊寅譜1998『세적편』에 자세하다). 노진사는 당시 관전에 거주하던 석학이었다. 이때 세운 제각은 그 뒤 다시 중수하여 지금에 이르고 있다. 농소나 관전의 선영 모두가 이씨할머니가 풍수지리설에 따라 잡으신 명당이라고 일컫는다.

© 양병로

© 양상윤

효사재孝思齋 **|**
순창군 동계면 관전리 제각

© 양병로

© 양상윤

위로부터
함평공 내외분 묘 |
판관공 내외분 묘 |
돈암공 내외분 묘 |

다. 대곡(대실) 선영

대실 선영은 원래 임피공諱자첨의 막내며느님이신 남원진晉씨 친정 소유였는데, 친정에서 이 산을 상속받은 임피공 막내며느님께서 시부모님을 모시고, 당신 내외분 곧 통덕랑공諱감 내외분의 유택도 이곳에 마련됨으로써 우리 선산이 됐다.

전설에 따르면 우리 집안이 한창 번성하여 어른들의 등과가 끊이지 않자, 이를 시기하는 사람이 있었다고 한다(이 무렵 '시時'자 항렬만 문과 급제자 세 분, 사마에 오른 어른이 여덟 분이었다). 선조 무렵이다. 시샘을 한 사람은 양씨가 번성한 것은 틀림없이 대실 묏자리 때문이라 여기고 그 기운을 꺾어버릴 궁리를 짰다. 마침 한 도사가 그것을 알고 묘 앞에 있는 북바위鼓巖를 무너뜨리면 성공할 것이라고 일러줬다. 그는 도사 말대로 바위를 무너뜨렸다.

이 일이 있고 나서 귀음공諱시진과 성천공諱시우이 능창군을 추대하려

© 양상윤

대실 선영의 묘역 | 위쪽 정상에서 시계 반대 방향으로 임피공 → 통덕랑공 → 생원공의 묘

했다는 익산의 진사 소명국의 무고에 얽혀 참화를 당했고, 그 뒤로 급제가 적어졌다는 전설이다. 북바위란 묘소 앞의 괴석을 가리킨다. 우리 양씨 중에 급제자가 나오면 그 바위가 어김없이 북 치는 소리를 냈다 해서 붙여진 이름이다. 지금도 이곳에 가면 여기저기 깔려있는 바위들을 볼 수 있다. 한낱 전설일 뿐이지만 이 묘소가 큰 명당이라는 것을 강조하는 이야기일 것이다.

© 양상윤

▲ **통덕랑공 내외분 묘역** | 상하 쌍분으로 임피공 묘역의 왼쪽 아래이다.

◀ **격사재**格思齋 | 대산면 풍촌리 제각

라. 여산 선영

익산시 여산면 신양리에 있는 선영이다. 귀암공諱배 장인인 직장공諱박중우의 후사가 없어 당시 관례에 따라 외손봉사로 잇게 되면서 귀암공이 전 재산을 물려받았다. 원래 직장공의 아버지 난계공蘭溪(아악공신 박연)은 충청도 영동 사람으로 그 둘째 아드님이신 직장공이 여산의 황복골로 분가하여 여기서 부를 누리며 살았다. 이로 인해 여산의 지금 선산은 원래 직장공 소유였으나 귀암공이 제사를 받들면서 우리에게 넘어왔다. 이 선산은 우리 누대累代 선산 가운데 가장 넓다. 귀암공 · 좌랑공諱공준 · 부정공諱홍 · 익산진사공諱사헌 · 성천공諱시우으로 이어지는 5대 말고도 많은 어른들을 이곳에 모셨다.

직장공 묘소도 원래 여기인데, 그동안 우리 집안에서 내내 봉사해 왔다. 그러다가 1920년경, 경상남도 창원에 산다는 직장공의 혈손이 찾아와 묘소 이장과 함께 제사권을 인수해 갔다. 그들의 보첩에는 직

© 양택규

여산 선영의 묘역 | 위로부터 귀암공 → 좌랑공 → 부정공, 맨 아래는 진사공 내외분 묘소

© 양택규

© 양상윤

신양재新陽齋 | 여산 신양리 선영 제각

© 양상윤

© 양상윤

위로부터
귀암공 내외분 묘소 |
좌랑공 내외분 묘소 |
부정공 내외분 묘소 |

장공의 사위 귀암공 및 외손 좌랑공과 부정공 3대 휘자諱字가 분명했으나 직장공의 묘소가 실전失傳으로 기록돼 그렇게 알고 안타까워했다 한다. 『성암유고星岩遺稿』(1983년에 간행한 성암공 諱원영의 문집)가운데 '창원박씨에게 보내는 서한'을 보면 직장공을 우리가 봉사하게 된 경위와 박씨 집안에서 봉사를 원한다면 기꺼이 인계하겠다는 내용의 문서가 있다.

여산 묘제 행사行祀는 몇 가지 특징이 있다.

우선 당초부터 유건儒巾을 쓰고 진행했다는 점이다. 유건의 유래는 성종조의 명관이었던 좌찬성 윤효손尹孝孫(1431~1503)이 과거를 치르는 선비에게 갓 대신 쓰게 하려고 만든 데서 비롯했다고 한다. 갓의 대용품이지만 성균관이나 집 안에서만 썼고, 거리에서는 쓰지 않았다. 얼마 전까지만 해도 유건을 쓰고 행사하는 집안이 많지 않았지만, 지금은 갓이 없어졌으므로 경향의 명가는 갓 대신 유건을 쓰고 진행한다. 우리도 마찬가지다.

둘째, 여산에서는 묘제의 필수 제수인 병餠을 설기떡 한 가지로만 모신다는 점이다. 물론 묘제의 병이 어떠해야 한다는 성문 규정은 없다. 그러나 기호畿湖의 명가에서는 대개가 단병單餠을 사용하는데, 그것도 설기떡이다. 순수한 떡 그대로 올린다는 것이다. 이 풍습을 받아 우리 집안에서도 여산에서만은 단병으로 모셨다. 이를 목격한 충청도 어떤 명가에서 '전라도 사람 중에 단병으로 묘제를 지낸 사람이 있다니 제법이다.'라고 전라도 풍습을 빈정거렸다고 한다.

이곳 묘비는 임진왜란 이전에 이미 수립竪立됐는데, 병화로 훼멸되자 사예공諱시정이 충청도사 재임 중에 다시 세운 것이 지금의 묘비다.

마. 세심 선영

임실군 삼계면 세심리 사오랑 뒷산과 세심리 감음산 두 곳이다. 사오랑 뒷산에는 집의공諱자유, 감음산에는 집의공의 아드님인 매당공 부자諱돈 · 諱공말의 묘가 있다. 아산 선영은 좌리원종2등공신이었던 집의공이 성종으로부터 사패지로 받은 토지일 것으로 추정된다.

이 일대의 선산에는 한림공 후예의 묘가 많다. 한림공(한림공이란 집의공諱자유의 또 다른 지칭이다. 집의공의 후예를 한림공파로 부르기 때문에 집의공을 일

© 양원기

집의공 묘역과 제각 사오재紗五齋 |

© 양원기

매당공 묘역과 제각 추선재追善齋 |

부러 한림공이라고 바꿔 표현했다. 집의공은 문과 급제 후 예문관 검열로 계시면서 『세조실록』과 『예종실록』 편수관으로 활약했다. 한림은 예문관 검열의 예스런 이름이다.)

과 매당공 부자분의 묘비는 1985~1986년에 개수改竪한 것이다.

바. 세룡 선영

순창군 인계면 세룡리 어귀에 있다. 원래 우리 소유가 아니었으나, 좋은 묏자리라고 해서 이 땅을 사서 선산으로 삼았다. 여기에서 멀지 않은 곳에 조선8명당의 하나로 꼽히는 광산김씨 선산이 있다. 그래서 광산김씨 선산을 '큰말', 우리 선산을 '작은말'로 견주기도 한다. 오늘날 쌍매당공諱사민 후손이 가장 번성한 것은 이 명당의 음덕이라는 말이 있다.

쌍매당공 묘역 | 상하쌍분으로 위쪽은 배위이신 광산김씨 묘. 계배 남원 양梁씨 묘는 유등면 창신리 대동산 건좌乾坐

© 양완욱

사. 구선동 선영

© 양완욱

제각 보사재報思齋와 묘비중수기실비墓碑重竪紀實碑 |

어은공諱사형을 모신 곳으로, 남원시 사매면 계수리 구슬마을 입구에 있다. 이곳은 원래 진주하河씨 선산이었다. 어은공을 이곳에 모신 것은 하씨가 최항崔恒의 손자 최수웅崔秀雄과 혼인한 데서 비롯한다. 최수웅이 일찍 죽자, 그 부인은 친정살이를 하러 이곳으로 내려왔다. 오늘날 삭녕최씨가 이 일대에 번성하게 된 계기다. 어은공은 증승지 최영의 사위이다. 이런 인연으로 어은공이 돌아가시자 처가의 선산에 모시게 된 것이다. 그러므로 이 선영은 하씨 · 최씨 · 양씨 등 세 성씨를 함께 모신 선산인 셈이다.

© 양상윤

© 양증호

어은공 묘역 | 제각 이로재履露齋

2. 산송山訟

우리 선산의 산송은 여러 건이다. 그 중 대표적인 두 산송만 살펴보자.

가. 농소막 선영의 투장偸葬 산송

숙종 무렵, 이씨할머니 묘소 아래 살던 정가鄭家에서 몰래 묘를 썼다. 이 산송은 백수공諱응수을 비롯해 안암공諱춘태 · 죽계공竹溪 諱대발大發 · 삼성당공諱회영 · 오졸재공諱진우 등이 앞장서서 약 50년간에 걸친 송사로 겨우 마무리된 사건이다. 그 진상은 문헌으로 남아 있다. 대표적인 문헌으로는 백수공의 「재상에게 올리는 글上宰相書」과 「명원록鳴寃錄」이 있다. 「명원록」은 누가 지었는지는 분명하지는 않다. 우리 대동보는 영조 때 농소의 투장을 파내기 위해 관에 올린 글이라고만 밝히고 있다. 다음은 「명원록」에 나타난 진상과 송사 과정이다.

> 순창에 살았던 양씨의 입향조 어머니 열부 이씨는 고려 직제학 수생공의 부인이시자 대제학 양이시공의 자부이시다. 그 묘는 순창의 적성면에 있는데, 생전의 이씨께서 스스로 정하신 곳이다. 우리나라에서 그 정렬을 포상하여 봉석을 내렸는데, 이 사실은 『옥천지』에 기록돼 있고 도암 이선생이 전기를 썼다. 60~70년 전에 묘 아래에 정석주鄭碩冑 · 계주啓宙 · 세태世泰 등이 살았는데, 각기 그 조부모의 무덤을 한꺼번에 이씨 묘 아래에 투장

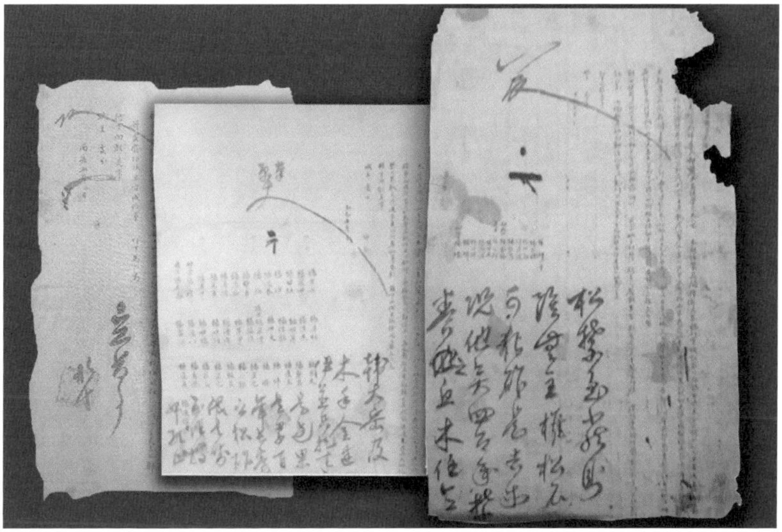

© 남원양씨 종증문서

농소리 산송 소지 | 백수공 · 안암공 등 종중 어른들이 정씨 집안과 무덤 분쟁의 전말을 밝혀 관아에 제출한 문서이다.

해서 여러 개의 무덤이 여기저기 널려 있으니 마치 정가鄭家네 세장世葬 같았다. 석주와 계주의 할아비를 묻은 곳은 내계內階를 헐어 썼고, 세태의 할아비를 묻은 곳은 바로 외계外階다. 양가楊家에서 소송을 일으키니 여러 정가들은 도피했고, 양가 어른이나 이 일을 본 분들에게 불행이 겹쳐 그럭저럭 수십 년이 지나고 말았다. 무오 연간(1738, 영조 14)에 양부솔諱응수이 다시 소송을 일으키니 송관이 항상 해가 오래 되고, 무덤이 여러 개이므로 이를 파내기가 어렵다 하여 미결인 채로 지내왔다. 병인 연간(1746, 영조 22)에 당국에 다시 제소하여 정묘(1747, 영조 23) 봄에 정석주의 조부모 무덤을 파냈으며 무인(1758, 영조 34)에는 조정에 아뢰니 기묘(1759, 영조 15) 봄에 다시 정계주의 두 무덤을 파냈는데, 홀로 정세태의 두 무덤은 외계에 있어서 내계를 범하지 않았다는 이유를 들어 송관은 급하지 않다 혹은 여러 개의 무덤을 일시에 파내기가 어렵다고도 하며 미룬 탓으로 파내지를 못했다. 직제학공의 부인은 천고에 뛰어난 정렬이 있었는데, 그 영역塋域을 수십 보도 확보하지 못하고 다른 사람과 함께 한 자리에서 코를 골게 하는 일이 세상에 어찌 있을 수 있단 말인가. 양가에서 수호를 잘 못해 이런 변이 생겼으니 어찌 그 죄를 면하리오. 이러한 송사가 있은 뒤에 이 일을 알게 된 사람들은 모두가 한심한 일이라고 한탄하면서, 세상에는 절의를 높이고 풍속을 기르는 도가 있는데 이 같은 일은 도를 일시에 무너뜨리는 일이라 아니할 수 없다 했다. 특히 해가 오래 됐으니 파내도록 하기가 어렵다든지 혹은 무덤이 여럿이므로 파내기 곤란하다는 이유로 더 기다릴 수가 있겠는가. 세태 할아비 무덤이 내계를 범하지 않았다 했는데, 걸음 수로 따지면 무덤 꼭대기에서부터 그 무덤 꼭대기까지가 스물네 걸음이고, 이것을 직선으로 재면 열 걸음이 조금 넘는다. 그런데도 불구하고 그같이 말한 소견은 해괴하지 않은가. 이는 오십보백보인 것이다. 또한, 세태의 무덤은 두 정가의 무덤 아래에 있다고 하지만, 두 정가의 무덤을 파낼 때 보니 아주 가까운 것은 바로 그 옆에 있었다고 하며, 햇수로 말하면 세 무덤이 서로 같고 걸음으로 멀고 가까움을 따져보면 세 무덤이 모두 열 걸음 안에 있어서 파낸 것도 있고, 그대로 있는 것도 있으니 어느 것이 박薄하고 후厚하고가 있을 수 없다. 또한 이 세 무덤이 한 집안 계세繼世의 장葬이라고 한다면 여러 대의 한꺼번에 파내기가 어렵다고 할 수도 있겠으나 이 세 사람은 촌외寸外의 동성인 자로서 각기 그 조부모를 이 무덤에 묻었으니, 이 무덤들은 서로 8촌 형제나 또는 7촌 · 9촌 숙질간인데 석주의 무덤을 팔 때 계주와 세태는 아무 걱정도 안

했고, 계주의 무덤을 팔 때도 세태는 아무 걱정을 안 했다 하니 모두들 다 파내기가 어렵지 않겠는가. 세태의 무덤만 남은 것을, 근래에 있었던 일의 예를 들어 말하면, 영광의 한가韓家와 의령남씨宜寧南氏가 용궁현가龍宮玄家의 선산을 자손이 지키지 못한 틈을 타서 그곳 무덤을 점한 지 백 년이 지났으나 모두 파 옮기게 했는데, 어찌 홀로 양가만이 백 년도 못 된 투장을 파내지 못한단 말인가. 당초에 파내지 못한 까닭은 그 연수가 오래 돼 모두 썩어서 없어졌으리라 여겨 걱정했기 때문이다. 먼저 파낸 것을 본 사람이 말하기를, 그 관이 완연하더라고 하니 이는 틀림없는 일인데 저들은 거짓으로 이런 소리를 한 것으로 어찌 어려움이 있다고 하겠는가. 햇수가 오래지 않았고, 관곽은 완연함이 뚜렷한, 즉 세태의 무덤이 그 때는 파냄을 면했으나 다음의 아침 아니면 저녁에는 파내게 된 것을 볼 수 있을 것이라고 만인이 한 말로 전하면서 모두가 개장을 권했다고 한다. 그러므로 세태는 관官의 독촉을 기다리지 않고 반드시 스스로 파낼 것이라고 했는데 지금까지 아무 움직임이 없으므로 이 글을 올린다. 바라건대 착한 것을 즐기는 군자는 악을 다스리는 정사를 베풂으로써 이 무덤을 파 옮겨서 그 열부의 혼을 위안하게 되면 천만 다행으로 여기겠다.

이 글 내용으로 미뤄보건대, 정가에서 투장한 시기는, 이 글을 쓸 때의 60~70년 전이라 했으므로 아마 1680~1690(숙종 연간)년 무렵으로 추정된다. 처음 소송은 실패했으나, 백수공은 무오(1738, 영조 14)에서 기묘년(1759, 영조 35)까지 약 20년간에 걸쳐 이 투장을 파내는 데 전력을 기울였다. 당시 정가는 영남의 동종同宗들이 왕성하게 일어날 때

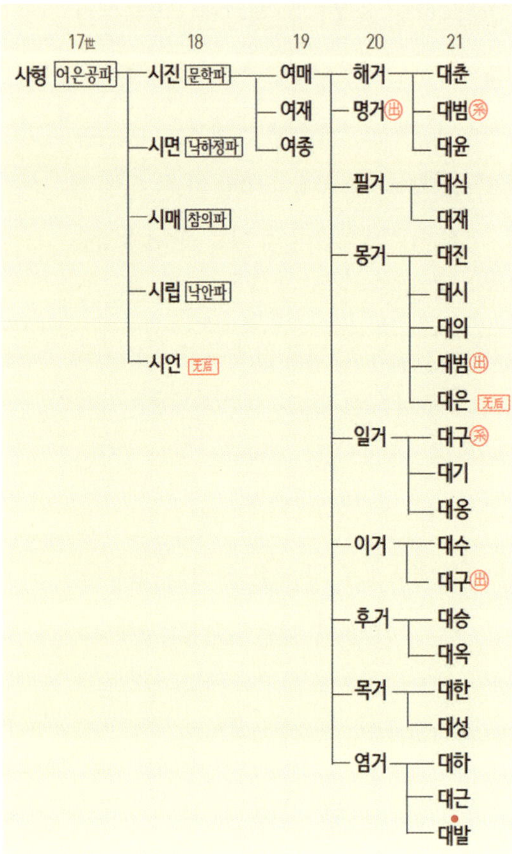

어은문학공파(17~21세) 죽계공 가계

여서 그 그늘로 중앙의 배경이 튼튼했다. 이 초계草溪정씨의 대표적 인물이 정희량鄭希亮이다. 그는 동계桐溪 정온鄭蘊의 손자로 재상의 지위까지 올랐다가 이인좌李麟佐와 결탁한 무신혁명(이인좌의 난)이 실패함으로써 1728년(영조 4)에 처단된 인물이다.

농소막에 투장한 정가가 정희량의 힘을 직접 받았는지는 알 수 없으나 그들의 동종이 드세던 시절이라 그 영향이 여기까지 미쳤으리라는 것은 부정하기 어렵다. 1747년에 정석주의 무덤을 파낼 때, 안암공과 죽계공 두 분께서는 옥고까지 치렀다. 정석주 등 무덤 두 기를 파내라는 관의 판결에 따라 무덤을 파헤쳐 보니 2구가 아니라 8구의 유해가 엉켜있었다. 두 분께서는 모두 들어내야 한다고 주장했다. 그러나 정가에서는 관아의 명령대로 2구만 파내면 된다면서 억지를 부렸고, 안암공과 죽계공은 굽히지 않고

8구 모두를 파냈다. 그들은 관명을 어긴 두 어른의 죄를 물어달라고 진정서를 올렸다. 이렇게 해서 두 분은 관아로 끌려가 구금됐다. 안암공은 앞에서 소개했으므로 죽계공에 대해서만 알아보기로 하자.

죽계공은 증통정대부 승정원좌승지겸 경연참찬관 승지공諱염거의 아드님으로 1685년(숙종 11) 태어나셨다. 증장악원정 · 진사이자 문장으로 이름을 떨친 화양공諱여매은 조부, 증이조참의이시며 능창군추대사건으로 참화를 당하신 행사헌지평 · 세자시강원문학을 역임한 귀음공諱시진은 증조부이다.

공은 지기가 장대하고 작은 일에는 구애받지 않은 호방한 기질을 지녔다고 전한다.

남계南溪에 대나무를 심어 스스로 '죽계竹溪'라는 별호를 삼고 거문고와 시를 즐겼다. 농소막 산송 때 공은 환갑을 넘긴 고령인데도 불구하고 정가들과 정면으로 맞서면서 투장한 여러 구의 유해를 파냈다. 이로 인해 옥고를 치렀는데, 옥에 갇혀 설을 맞았을 때 다음과 같이 읊었다.

여관의 차가운 등불에 홀로 술잔을 옮기며	旅館寒燈獨轉巵
또 새해를 맞으니 슬픔을 이길 수 없네.	又逢新歲不勝悲
임금의 은택 내리기를 기다리노니	留待皇天恩澤下
오는 봄 어느 날이 돌아갈 때인가?	明春何日是歸時

공은 옥고를 치르고 나서도 조금도 굽히지 않고 투장 제거에 전력을

기울였다.

한편, 「명원록」에 나타난 것처럼 백수공은 생전에 정석주와 정계주 투장만 해결하고 정세태 투장은 파내지 못했는데, 죽계공은 「명원록」으로 다시 제소, 마침내 이 문제를 해결해냈다. 물론 워낙 은밀하게 진행된 투장이라 어느 구석에 또 다른 유해가 더 묻혀 있을지는 확답할 수는 없다. 이런 상태로 또 1백여 년이 흘렀다.

1860년 무렵, 대원군이 집권하면서 고총古冢에 대한 새로운 명령이 내려왔다. 오래된 무덤이라 할지라도 후예가 있는 무덤은 봉분을 만들어 수호하라는 것이었다. 이 명령에 따라 정가에서는 이씨할머니 묘 아래에 자기들의 고총이 있다면서 봉분을 조성했다. 용납할 사안이 아니었다. 다시 지었다 헐어내는 등 지루하게 다투다가 일제강점기를 맞았다. 그러자 정가는 다시 그 무덤을 묵인해달라면서 권세가를 등에 업고 나왔다. 농소막의 백수공 무덤 아래 지금도 버티고 있는 정가의 무덤이 바로 그것이다. 이씨할머니 유택을 제대로 수호하지 못한 우리의 아물지 않은 상처다. 햇수로 따져 3백여 년 전에 시작한 투장 사건이 2백여 년의 산송을 감당하면서도 끝내 해결하지 못한 과제다. 언젠가는 반드시 들어내야 할 무덤이다.

나. 여산 선영의 산송

여산 선영은 조선 말기에 풍양조씨 집안으로 매각됐다. 그러나 그 사실을 소상하게 밝혀주는 문헌은 없다. 다음과 같이 전할 뿐이다.

풍양조씨는 안동김씨와 함께 조선 말기를 주름잡은 세도 가문이었다. 조씨 집안은 헌종의 외조부 풍은부원군 영돈영부사 조만영趙萬永(1776~1846)을 비롯해 그의 아우인 영의정 조인영趙寅永(1782~1850), 그리고 이조판서를 지낸 조병현趙秉鉉(1791~1849) 등을 배출했다. 철종이 승하했을 때 왕권과는 거리가 먼 종실의 한 사람일 뿐인 흥선군의 둘째아들을 보위(조선 26대 왕인 고종을 가리킴. 아명은 이명복李命福.)에 오르게 한 조대비趙大妃 (헌종의 모후인 신정왕후)가 조만영의 딸이다.

이때 같은 집안으로, 판서를 지낸 조철영趙喆永이란 사람이 있었다. 그는 우리 집안의 여산 선영을 탐내, 선산 관리인에게 이를 팔라고 유혹했다. 당시 선산 관리인은 진사공파의 한 종인宗人이었다. 그는 변변치 못한 사람으로 분별력이 모자랐다. 그 종원은 권문세도로부터 매각하라는 강박을 느낀데다가 재물에 대한 탐욕이 발동, 누구와도 상의하지 않고 제멋대로 계약서를 작성했다. 당시는 오늘날처럼 등기제도가 있지도 않았으므로 간단한 계약서 하나로 매매가 성립했다.

아무리 그렇다지만, 종중 선산이 일개 종원의 뜻대로 처분될 수 없다는 것쯤이야 모를 그들이 아니었다. 그들은 세상을 뒤흔들 만한 집안의 세도만 믿고 불초한 자를 꼬드겨 산을 빼앗아간 것이나 다름없었다. 돈에 정신을 판 종원이 어느 정도 대금을 움켜쥐었지는 알려진 바가 없다. 선산을 억지로 얻어낸 조씨는 우리 제각을 헐고 묘를 파내라고 요구했다.

조선 초기인 15세기부터 4백여 년을 지켜온 선산은 하루아침에 남의 손에 넘어가고, 제각이 헐리고 선조의 유택까지 파내야만 하는, 황당한 광경이란 제 정신이 박힌 사람으로서는 견딜 수 없는 수모가 아닐 수 없는 일이었다. 늦게나마 저간의 사정을 파악한 종중에서는 숙의를 거듭하여 대표를 선정하고 해약 교섭에 들어갔다. 우리의 뜻대로 호락호락 넘어올 그들이 아니었다. 종중에서는 마지막 방법으로 법에 호소할 길밖에 없다고 판단했고, 종중 대표로 예암공諱재영이 원고가 돼 전라감사에게 소송을 제기했다.

소장을 접수한 전라감사는 서울로 사령을 파견하여 피고 조철영을 끌어오도록 했다. 조철영은 당대 판서까지 역임한 대감이었다. 그는 자기 대신 아들을 내려 보냈다. 그런데 전라감사는 그때까지도 피고가 세도가문의 조대감인 줄은 꿈에도 생각지 못했다. 조철영의 아들은 사인교를 타고 전주로 행차했다. 감영에 도착한 그는 화가 하늘까지 뻗혔다. 가마에서 내리자마자 '네가 누구이기에 감히 나를 오라 가라 하느냐'라면서 감사에게 호통쳤다.

감사는 그제서야 그가 조대감의 아들, 조대비와 당내간인 궁도령임을 알아채고 혼비백산했다. 자기의 실수를 극구 사죄한 감사의 화풀이가 우리 문중으로 되돌아 왔다. 감사는 한낱 향반에 지나지 않은 처지에 물색도 모르고 왕가의 외척을 상대로 소장을 제기한 것은 불경죄라면서 예암공을 구속했다. 적반하장이었다. 멀쩡한 집안의 선산을 불법 점유한 자는 손도 못 대고, 선산을 찾겠다는 백성을 격려하기는커녕 불경죄로 몰아 치죄하려는 처사는 아무리해도 당착이었다. 그러나 사필귀정이었다. 이 일이 있은 지 얼마 안 돼 조철영이 죽고 사인교를 타고 내려와 감사를 호통 치면서 거들먹대던 조철영의 아들도 세상을 뜸으로써 그 집에도 망조가 들었다.

이 무렵, 서울에 머물고 있던 율계공諱재홍과 팔암공諱종린은 그 집 소식을 접하고 찾아가서 조대감의 자부에게 여산 선영이 조씨 집안으로 넘어간 전후 사정을 밝히고 반환을 요청했다. 사건의 전말을 소상히 들은 그 자부는 자식이나마 제대로 자라게 하려면 지금이라도 전비前非를 사죄하는 게 좋겠다는 뜻에서 산문서를 되돌려 줘야겠다고 판단했다. 그녀는 자기의 어린 아들 인하麟夏를 시켜서 율계공과 팔암공에게 산도山圖(묏자리를 표시한 그림)와 함께 추심문을 건넸다.

여산산장추심문

전라도 여산 서면 생양동에 있는 본래 산의 형국이 죽림 기슭에서 절반으로 나뉘어 위로는 대강로로부터 아래로는 진노곡까지 물을 따라 경계로 삼아 구산舊山 모든 기슭을 양씨문중에 도로 내어 주니, 대대로 금지하고 잘 보호하여 두 집안의 옛 정의情誼를 지켜나가면 매우 다행이겠습니다. 신미년 4월 일. 조인하 직접 씀. [礪山山庄推尋文 全羅道 礪山 西面 生陽洞 本山局 自竹林麓分半上 至大岡路下 自震怒谷 隨爲水爲界 舊山諸麓 還爲出給于楊氏諸門中 世世禁護 以守兩家舊誼 幸甚 辛未 四月 日 手記 趙麟夏]

이 글로 미뤄볼 때 여산 선산이 조씨가에 넘어간 연대는 1860년(철종 11년)이나 그 다음 해쯤으로 추정된다. 되찾게 된 시기는 1871년(고종 8)이다. 돈암공파 파보에는 이때의 경위를 밝힌 귀정공諱일수의 글이 실려 있다.

…(전략)… (삼종조인 율계공과 족숙 팔암공이) 귀향하여 여러 일가들에게 추심문과 산도를 보이니 모두들 그 노고를 치하했다. 그리고 노고에 대한 보상으로 이 산의 목재를 한 차례 벌채해 그 금액을 갖도록 했다. 문중 사람 모두가 이 조치를 기꺼이 찬동했으나 성품이 담박하고 재리에 동요하지 않은 두 분은 끝내 응하지 않으니 어찌 두 분을 존경하고 그 행실에 탄복하지 않겠는가. 문중 회의에서는 산도 한 통은 문중에 보관하되, 나중에 일어날지도 모를 분쟁을 막기 위해 추심문 한 통을 복사하여 조씨에게 되돌려 주기로 했다. 그리하여 (그 문서가) 지금까지 완전하게 전해오고 있다. 나는 본디 무위도식하는 사람이나 이 두 분의 행적을 어른들에게서 듣고 글에서 보아 감동한 바 있었다. 이 같은 선대의 아름다운 행실과 훌륭한 전통을 영원히 없어지지 않도록 하는 것이 오늘날 마땅히 행해야 할 일이 아니겠는가. 그래서 추심문을 책 끝에 싣고 조상을 추모하는 마음을 대략 서술한다. 바라건대, 후세의 자손들로서 조상을 추모하는 사람은 열심히 노력하고 이를 본받을지어다. 계사년(1953) 섣달 상순, 후손 일수가 피눈물을 흘리며 기록한다.

제14장

혼맥婚脈

장가 가는 날 | 김홍도 풍속화

우리나라 혼인제도는 시대에 따라 약간씩 다르다. 삼국시대는 동성끼리도 혼인이 가능했으나 고려조는 달랐다. 왕족만 순수 혈통을 보존한다는 이유로 4촌 · 5촌 사이에서도 이뤄졌을 뿐이다. 조선조에서는 동성동본 혼인이 철저하게 금지했고, 연척간일지라도 8촌까지는 금기였다.

혼사는 예나 지금이나 변함없이 비슷한 가문끼리 연결됐다. 옛날에는 신분제도가 엄존했으므로 혼인이 같은 계층끼리 성립한 것은 당연했다. 지역적으로는 별로 구애를 받지 않았으나 교통 문제로 인근 혼인이 흔했다. 후기에는 당론이 혼사에까지 영향을 미쳤다. 색목色目이 다르면 혼사는 물론이고 제사법도 차별을 둬서 자기 가문의 우월성을 강조했다. 그러나 남원양씨는 몇 건의 예외 말고는 당론과는 멀었기 때문에 꺼리는 집이 별로 없었다. 남원양씨 혼인 관계를 선외가와 외손으로 분석해 봤다. 분석 대상은 '환煥(25세)' 자 항렬까지이다.

1. 선외가先外家

선외가는 족보에 따라 성관姓貫과 조상은 알 수 있으나 생거지가 안 나타나는 결함이 있다. 우리 선외가를 성관별로 따져보면 다음과 같다.

[표16] 성관별 선외가 일람표 ※ 본관이 밝혀지지 않은 경우는 집계에서 제외

姓	貫(숫자는 인원)	계	姓	貫(숫자는 인원)	계
金	경주 75 광산 51 김해 24 언양 17 도강 16 연안 13 부안 13 안동 9 울산 6 분성 5 의성 4 순천 4 금산 3 선산 3 남해 2 천안 1 고려 1 나주 1 당악 1 영광 1 강릉 1 충주 1 미상 12	23본 264위	李	전주 73 연안 33 경주 27 성주 19 함풍 10 전의 9 흥양 9 덕수 7 광산 5 영천 5 홍주 4 협천 4 양성 3 상주 3 함안 2 공주 2 고부 2 여주 2 창녕 1 금구 1 청주 1 인천 1 강양 1 광주廣州 9	24본 233위
朴	밀양 47 함양 17 반남 5 완산 3 충주 3 순천 3 진원 3 죽산 2 상주 1 금성 1 창원 1 함평 1	12본 87위	崔	전주 67 삭녕 13 경주 8 화순 6 해주 6 강화 3 탐진 3 진주 2 초계 1 영암 1 밀양 1	11본 111위
安	순흥 12 강진 3 죽산 3 광주廣州 1	4본 19위	鄭	동래 13 초계 10 경주 7 연일 4 하동 4 나주 3 진주 2 해주 2 광주光州 1	9본 46위
趙	옥천 37 함안 7 한양 3 풍양 3 순창 2 김제 2 홍양 1 가림 1 임천 1 백천 1	10본 58위	柳	문화 44 전주 7 서산 6 영광 4 고흥 3 진주 2 선산 1	7본 67위
尹	남원 20 파평 10 여주 2 해남 1 해평 1	5본 34위	張	흥성 25 인동 5 덕수 3 구례 1 목천 1	5본 35위
宋	여산 17 홍주 7 진천 5 은진 3 요평 2 인의 2	6본 36위	林	나주 11 평택 4 조양 4 옥구 1 밀양 1 장흥 1	6본 22위
吳	해주 15 함양 11 나주 6 동복 4 보성 2 낙안 1	6본 39위	高	장흥 16 제주 9	2본 25위
申	고령 23 평산 8	2본 31위	黃	장수 11 우주 4 창녕 1	3본 16위
姜	진주 44 영광 5 탐진 1	3본 50위	羅	나주 9 금성 4	2본 13위
沈	풍산 16 청송 11	2본 27위	曺	창녕 14 거창 2	2본 16위
徐	달성 2 이천 3	2본 5위	晉	남원 4 나주 4	2본 8위
蔡	평강 13 창원 1	2본 14위	魯	강화 2 옥천 1 진주 1 함평 1	4본 5위
盧	풍천 12 교하 2	2본 14위	梁	남원 28 제주 4	2본 32위
丁	창원 6 영광 3	2본 9위	陳	나주 5 여양 2 삼척 2	3본 9위

姓	貫(숫자는 인원)	계	姓	貫(숫자는 인원)	계
任	진주 1　장흥 1	2본 2위	印	교동 1　석성 1	2본 2위
許	양천 8　태인 8	2본 16위	邊	원주 2　황주 2	2본 4위
기타	청주韓 56　남양洪 37　협천太 3　기계兪 1　옥천陸 1　경주偰 9　순창薛 13 옥천邕 4　창녕成 2　안동權 44　진주蘇 21　남평文 3　진동刑 2　광산阜 1 능성具 2　의령南 9　상주方 1　진주河 4　행주奇 3　장흥魏 1　성주玄 1 강릉劉 2　거창愼 2　곡부孔 4　남양房 11　함영南宮 1　함양呂 2　영월辛 5 현풍郭 11　천안全 6　파평廉 2　달성夏 2　여흥閔 5　담양田 1　충주池 1 추계秋 1　단양禹 2　상주周 1　목천尙 1　기타 4				

[표16]을 보면 김씨가 단연 수위를 점하고 있다. [자료] 『南原楊氏族譜(1955)』 전체의 17%나 된다. 다음은 이씨 16%에 이어 최씨 〉 박씨 〉 류씨 〉 조씨 〉 한씨 〉 강씨 〉 권씨 순이다. 본관별로는 경주김씨 〉 전주이씨 〉 광산김씨 〉 청주한씨 〉 밀양박씨 · 전주최씨 〉 안동권씨 · 문화류씨 · 진주강씨 순으로 이 아홉 성씨가 총선외가의 31%를 점하고 있다. 이 같은 결과는 전주이씨 · 전주최씨 · 밀양박씨 · 광산김씨 등은 대성이기 때문일 것이고, 경주김씨 · 문화류씨 · 안동권씨 · 진주강씨 등은 순창을 중심으로 거주한 까닭이다.

을미보乙未譜(1955)에는 거주지가 기록돼 있지 않아 확실한 통계를 잡을 수 없으나 우리 양씨 혼사는, 임진왜란 전, 즉 1580년대까지는 서울을 비롯해 충청도 등 전국적으로 이뤄지다가 임진왜란 이후는 그 대상이 전라도를 중심으로 축소됐고, 근세에 이르러서는 더욱 좁아져 순창 · 남원 등 인근 고을과의 혼사가 대부분이다. 이 같은 현상은, 옛날에는 전국적인 명문이었으므로 혼인도 전국을 대상으로 하다가 임진왜란 이후는 전라도 호족으로 행세했기 때문인 것으로 짐작된다.

일일이 거론할 수는 없지만 남원양씨의 선외조 가운데는 쟁쟁한 분이 많다. 인조조까지만 해도 관직이 없는 선외가는 거의 없다고 해도 과언이 아니다. 혼사가 주로 상류 계층에서 이뤄졌다는 증거다. 인조 이후는 가문의 쇠퇴와 함께 혼인의 대상도 그 영향을 피할 수 없었음은 오히려 자연스런 현상이라 할 것이다. 을미보와 『국조방목國朝榜目』을 보면 선외조 중 문과 방목은 8위, 서원에 배향된 분도 여덟 분이며, 사마에 오른 분 20위, 기타 유일이나 천거로 관직에 진출한 분도 상당하다. 품계로는 종2품 이상이 네 분, 종3품 이상은 12분이나 된다.

2. 외손外孫

[표17]처럼 출가 성씨는 선외가보다 약간 적고, 본관은 선외가보다 50여 본이 적다. '煥'자 항렬까지 출가 수효도 선조모분들보다 상당히 적다. 그 까닭은 선조모의 경우, 계배나 삼배三配까지 있을 수 있기 때문에 수효가 많아진 반면, 출가하신 여자분은 기록에서 누락된 경우가 있고, 기록됐다 해도 본관이 안 밝혀져서 통계에 안 잡혔으므로 이 같은 차이가 생긴 것으로 보인다.

성씨별로는 김씨가 158위로 가장 많고, 이씨 〉 최씨 〉 한씨 〉 유씨 순인데 이 5성이 전체의 45%를 차지하고 있다. 관향별로는 전주이씨 78위에 이어 경주김씨 〉 청주한씨 〉 문화유씨 〉 전주최씨 순인데 선

[표17] 외손 성관 일람표 ※ '煥'자 항렬까지의 집계

姓	貫(숫자는 인원)	계	姓	貫(숫자는 인원)	계
金	경주 55 광산 31 부안 14 김해 11 도강 10 연안 8 울산 7 언양 5 청도 4 의성 2 수원 2 천안 1 강릉 1 순천 1 덕수 1 월성 1 안동 1 금산 1 나주 1 분성 1	20본 158위	李	전주 78 성주 16 경주 12 연안 9 전의 6 영천 5 함풍 5 여주 2 광주光州 2 흥양 2 고부 2 협천 2 덕수 2 홍주 1 익산 1 월랑 1	17본 1 3 7 위
鄭	진주 2 동래 8 경주 6 초계 6 연일 4 하동 3 인산 1 온양 1 해주 1	9본 32위	朴	밀양 14 반남 3 순천 3 함양 2 죽산 2 진원 1 갑산 1	7본 26위
趙	옥천 16 한양 3 김제 5 함안 4 순창 5 풍양 1 죽산 1	7본 35위	宋	여산 11 은진 2 진천 2 인의 2 신평 1 홍천 1	6본 19위
柳	문화 39 전주 7 서산 3 진주 2 영광 2 고흥 1	6본 54위	崔	전주 39 삭녕 9 화순 6 경주 3 해주 1 탐진 1	6본 59위
吳	함양 14 나주 10 해주 9 화순 1 동복 3	5본 37위	尹	남원 20 파평 11 해남 1 여주 1	3본 33위
安	순흥 15 죽산 1 탐진 1	3본 17위	張	흥성 18 완산 1 인동 1	3본 20위
梁	남원 12 제주 3	2본 15위	申	고령 24 평산 12	2본 36위
洪	남양 25 풍산 1	2본 26위	羅	나주 5 금성 2	2본 7위
陳	나주 4 여양 2	2본 6위	徐	이천 8 달성 1	2본 9위
丁	창원 10 영광 3	2본 13위	許	시산 5 양천 1	2본 6위
元	원주 3 여주 2	2본 5위	邊	황주 2 장연 2	2본 4위
黃	장수 6 우주 4	2본 10위	盧	풍천 14 광주光州 2	2본 16위
沈	청송 7 풍산 6	2본 13위	裵	성주 1 대구 1	2본 2위
周	철원 1 성산 1	2본 2위	高	장흥 12 제주 2	2본 14위
林	나주 3 조양 1 평택 1	3본 5위			
기타	청주韓 54 경주偰 8 순창薛 19 창녕曺 12 순창邕 1 창녕成 4 안동權 24 진주姜 11 평강蔡 5 수원白 5 밀양孫 2 협천太 2 진주刑 2 강릉劉 1 초계卞 1 장흥馬 1 개성王 1 신천康 1 강화魯 2 진주蘇 23 능성具 2 의령南 7 함양呂 3 상주方 1 진주河 3 행주奇 1 성산玄 1 거창愼 2 곡부孔 2 남원房 10 함양南宮 1 영월辛 1 현풍郭 7 천안全 2 여흥閔 6 담양田 2 程(본관 미상) 1 (기타)				

[자료]『南原楊氏族譜』, 1955

외가와 비교해보면 전주이씨와 경주김씨 순위가 바뀌었다. 그러나 혼인의 대상이 되는 성씨나 지역은 선외가와 크게 다르지 않다.

외손 중에서 사위나 외손자 중의 문과 급제자는 사위가 여덟, 외손자 여덟 해서 모두 18위이고, 무과는 사위가 6위, 외손자가 5위로 도합 11위다. 서원에 배향된 분은 사위가 2위, 외손자 4위이며, 사마는 사위 27, 외손자 26위로 도합 51위가 생원이나 진사다. 그 외 유일과 천거, 음사도 적지 않다. 품계로는 종2품 가선대부 이상이 7위, 정3품 · 종3품 17위, 정4품 이하는 32위가 있다.

제15장

전통의례

통과의례 | 사람은 누구나 출생, 성년, 결혼, 사망 따위와 같이 일생 동안 새로운 환경으로 넘어갈 때 겪어야 할 의식이 있다. 그림은 태어날 때의 금줄, 배우자를 만날 때의 초례상, 죽어서 입는 수의, 그리고 사후에 받는 제사상.

사람은 누구나 출생 → 성년 → 결혼 → 사망 등 일생 동안 새로운 상태로 넘어갈 때 통과의례를 치른다. 그 의례는 대개 가족을 중심으로 행하기 때문에 가정의례라고 한다. 우리나라 가정의례는 조선조의 사상적 근간인 성리학에 기반을 두고 있다. 그 교과서가 『주자가례』다. 『주자가례』의 줄기는 사례四禮, 곧 관혼상제다. 그런데 주자의 준엄한 가르침에도 불구하고 환경에 따라 차별성을 드러낸다. 문중에 따라, 지역에 따라 한결 같지 않다.

막연한 추정이지만, 우리 집안도 그럴 것이다. 다음에 소개하는 의례는 남원양씨의 본향인 귀미에서 전통적으로 치렀던 출생에서 죽음에 이르는 일련의 풍습에 관한 내용이다. 여기에 소개하는 자료는 이 책의 저본인 『남원양씨세적집요』에서 다루지 않았으나 조상들의 생활 모습을 이해하는 데 도움이 될 것으로 기대하면서 한국향토사연구전국협의회가 귀미에서 취재한 내용을 간추린 것이다. 묘제 자료는 남원양씨 대종회의 지침에 따랐다.

1. 출산

자손이 많기를 바라는 점은 소위 주자의 사례에는 들지 않으나 세속이 바라는 오복의 중요한 덕목이다. 그래서 우리 조상들은 정한수를 떠놓고 신령님께 자식을 점지해 달라고 빌었다. 이를 '기자정성祈子精誠'이라고 한다. 이른 새벽에 목욕재계한 후 깨끗한 옷으로 갈아입고, 누구보다도 먼저 자신이 늘 이용하는 샘으로 가서 깨끗한 물을 떠놓고 손은 비비거나, 아니면 거기서 길어온 첫물로 집 안에서 치성을 드리는 주술행위다. 자식을 갖게 해 달라고 정성을 바치면 삼신産神·三神할머니가 감응하여 아기가 들어선다고 믿었다. 다음은 출산할 때까지 치르는 정성의 과정이다.

미역 준비 |

출산이 가까워지면 구입해 온 미역을 아랫목 시렁에 걸어 놓는다. 산모는 그 미역을 보면서 몸가짐을 삼가며 출산을 기다린다.

삼신조왕상 차림 |

산기가 나타나면 방을 따뜻하게 데운다. 웃목에 짚 한 다발을 펼친 자리에 쌀을 담은 시루 위에 미역을 걸쳐 놓고, 물 한 종발을 떠 놓은 뒤 아기를 순산하게 해 달라고 손을 비빈다. 삼신상은 자식을 점지해 준 신령님을 위한 상, 조왕상竈王床은 아기가 부정을 타지 않고 건강하게 자라도록 지켜주는 부뚜막신을 위한 상이다. 임산부가 있는 집에서는 부엌이나 굴뚝을 건드리면 조왕할미의 심기를 불편하게 하는 것이므로 매우 조심해야 한다고 믿었다. 태어난 아기가 첫 외출을 할 때면 부엌을 거쳐서 나간다.

뱅이防- 하기 |

언제 닥칠지 모르는 사고 혹은 질병을 예방하거나, 어쩔 수 없이 일어난 재액을 되도록이면 빨리 없애는 일종의 주술이다. 귀미 마을에서는 순산하지 못하고 산모의 진통이 심해지면 남편 가족 중 또는 남자가 지붕으로 올라가 용마름을 둘둘 말아 한쪽으로 몰아 놓았다.

삼신조왕상 올리기 |

출산 직후, 그리고 첫이레로부터 일곱이레까지 매 이레마다 삼신할머니에게 떡 · 밥 · 미역국 따위와 물 한 종지를 갖춘 상을 올린다. 이 상은 첫이레, 세이레, 일곱이레 때는 각별한 정성으로 넉넉하게 차렸다.

금줄 치기 |

출산 사실을 외부에 널리 알려 출입을 금하는 표시로 대문 귀에 건다. 새끼를 왼쪽으로 꼬아 아들은 고추, 딸이면 숯을 끼운다. 이 금줄은 망종이레(일곱이레)가 지나서 거둔다.

탯줄 태우기 |

아기가 달고 나온 탯줄을 아기 무릎만큼의 길이를 실로 묶고, 미리 끓여놓은 물에 소독한 가위로 잘라 방 한쪽에 잘 간수했다가, 사흘째 되는 날 장작더미를 쌓아놓고 그 위에 얹어 불에 사른다(탯줄을 목에 감고 나온 아기의 태는 재앙을 막기 위해 당골(무당巫堂)이나 절에 팔기도 했다).

배냇저고리 |

'이레안 적삼'이라고 한다. 아기가 입는 첫 옷이다. 세상에 나와 사흘 동안 발가벗은 채로 있던 아이는 비로소 목욕을 하고 이 옷을 입게 된다.

'훗배앓이' 뱅이 |

산모는 출산 사흘째 되는 날 부엌 바닥을 밟아야 훗배앓이(해산 뒤에 생기는 복통)가 없다는 속설에 따라, 부엌으로 가서 불만 때주면서 시어머니를 도와주는 시늉을 하고 들어온다.

산모의 문 밖 나들이 |

산후 조리를 하던 산모는 초이레가 지나면 문 밖 출입이 가능해진다. 그러나 모두가 가난하고 고단하던 시절에는 출산하자마자 기저귀 등을 빨아야 하는 경우가 많았다.

2. 관례

총각이 15~20세에 이르는 동안 땋아 내린 머리를 올려 상투를 트는 의식이다. 관혼상제 중 맨 처음 이뤄지는 의례지만 지금은 사라진 지 오래된 의식이다. 혼전에 관례를 치른 경우에는 초립을 썼기 때문에 초립동이라고 했다. 그러나 옛날의 귀미에서도 특별히 관례를 치르지는 않고, 머리를 땋고 지내다가 혼인 말이 오가면 상투를 잘 트는 사람의 주도로 총각 머리를 빗어 올리고 상투를 틀어 갓을 씌우는 정도였다. 그 일이 끝나면 관습에 따라 관례 턱이 나왔다. 술이나 약간의 먹을거리이다.

3. 혼례

가. 혼례 준비

의혼議婚 |

혼기의 총각 · 처녀 집안 사정을 잘 아는 중신아비를 통해 혼담이 오간다.

사성四星(사주단자) |

신랑의 사주四柱(생년월일시)를 적은 장지를 사성 보자기에 싸서 중신아비를 통해 신부 집에 보낸다. 이와 함께 '중천[納采]'이라 하여 살림 수준에 맞춰 치마저고리, 패물 등을 보낸다.

날받이擇日 |

사성을 받은 신부 집에서 혼사 날을 정하여[涓吉] 중신아비를 통해 알린다. 이때 중신아비에게 중매 턱을 낸다.

나. 혼례식

친영親迎 |

신랑이 신부 집에 가서 신부를 맞아오는 의례 과정이다. 신랑은 떠나기에 앞서 사당의 조상신에게 혼인 사실을 알린다. 신랑은 가마를 타고, 상객上客(후행이라고도 하며 신랑의 조부, 아버지, 형 또는 백숙부 등이 따라가기도 한다.)과 함께 '오리'를 든 기럭아비가 동행한다.

정방定房 |

신부 집에서 내세운 신랑의 대리역이다. 신랑과 비슷한 연배로 신부측의 유식한 이가 맡는데, 행사 기간 중 신랑의 잔심부름을 맡는다. '대반對盤이'라고도 한다. 신부 집에 들어가기 전, 신랑은 대반의 안내를 받아 미리 정해 놓은 집에서 사모관대 차림으로 초례醮禮 때까지 대기한다.

교배상交拜床 |

초례를 거행하는 상. 상차림은 대나무(청렴과 결백을 상징)를 꺾어다가 바닥에서부터 양쪽으로 세우고, 거기에 백지(신성성 상징. 잡귀의 접근 방지)를 건다. 상에는 삼색 과일 · 쌀 · 무로 빚은 숭어 두 마리, 대추 · 밤 · 감 · 무명씨 · 콩을 베풀고 바닥에 암수 두 마리의 닭을 산 채로 묶어 둔다.

전안상奠雁床 |

교배상 밑에 두는 조그만 상으로, 곁상이라고도 한다. 나중에 오리를 안치하거나 술과 안주를 차리는 상이다.

집례執禮 |

신부 측 어른 중 식견 있는 사람이 맡는다.

신랑출新郎出 |

정방에서 대기 중인 신랑을 식장으로 불러낸다. 신랑은 동네 젊은이들의 '걸메당 소리' 속에 뚜껑 없는 가마를 타고 신부집으로 향한다. 대문에 도착하면 앞에 놓인 짚 다발을 밟고 가마에서 내린다.

대례홀기大禮笏記 |

집례가 진행하는 의례 순서다. 남원양씨종친회에서는 의례를 통일 · 간소화하기 위해 1983년 『혼상제례약선婚喪祭禮略選』이라는 가정의례 교본을 발간했다. 다음은 이 교본이 제시한 의례 절차다.

行奠雁禮

新郎至大門外 → 贊者出迎 → 揖新郎 → 新郎答揖 → 新郎入門 → 東向立 → 贊者又揖新郎 → 新郎答揖 → 雁夫進雁又 新郎 → 新郎受雁左手 → 贊者引新郎至奠雁所 → 新郎跪 → 置雁于床 → 新郎小退立 → 姆奉雁入新婦 室 → 新婦起

行交拜禮

贊者引新郎至交拜禮席 → 新郎東向立 → 新婦出 → 新郎正面 → 新郎新婦盥 → 各盥洗 → 新郎新婦興 → 新郎揖新婦就席 → 新婦再拜 → 盥 → 新郎答一拜 → 新婦又再拜 → 新郎答一拜

行就坐飲食禮奠雁禮

新郎揖新婦先坐 → 新婦坐 → 從者女從者進酒饌于新郎新婦前 → 新郎新婦各祭酒擧飮擧肴 → 從者又進酒新郎新婦前 → 新郎揖新婦擧飮 → 從者就 拜斟酒進于新郎新婦前 → 新郎揖新婦擧飮

禮擧

贊者引新郎就外室 → 從者導新婦入內室

신랑의 지혜 시험 |

식이 거행되는 동안에 신랑을 골탕 먹이거나, 신랑의 지혜 또는 아량을 시험해 보는 우스개 과정이다. 먼저 합환주를 마시는 '근배례巹杯禮' 과정에서 안주로 깎은 밤을 접시에 담아 놓는다. 그리고 그 접시 맨 위에는 나무로 깎아 만든 나무밤을 올린다. 신랑이 무심코 집어 먹도록 골탕을 먹이는 장난이다. 역시 안주로 마련한 돼지고기 접시의 맨 위 고기를 뒤집어 놓는 풍습이 있다. 그리고 젓가락 대신 장작 두 개를 놓는다. 미련한 신랑은 기어이 장작 젓가락으로 뒤집으려다 낭패 보겠지만, 지혜로운 신랑은 장작 젓가락을 치우고 손으로 뒤집어 놓을 것이다. 술잔은 반드시 교배상 밑으로 하님(하인)을 통해서 건넨다.

관대 벗김 |

혼례식이 끝나면 신랑 신부는 가운데를 병풍으로 가로 막은 방으로 대반이 인도한다. 그곳에서 간단한 상견례를 치른 후 신랑은 관대를 벗고 준비한 의복으로 갈아입는다. 신부도 자기 방으로 돌아가서 족두리와 예복을 벗는다.

신랑 다루기 |

다시 병풍을 두른 방으로 들어와서 병풍을 치우고 신랑을 다룬다. 동네 총각들이 신랑을 향해 "너 여기 뭐 하러 왔느냐."라면서 시비를 걸기 시작한다. 신부는 옆에 앉혀 놓은 채 신랑을 거꾸로 매달거나 두들겨 패기도 한다. 옛날에는 심한 경우, 이 과정에서 불구가 되는 불상사도 생겼다. 동네 총각들의 뜻이 어느 정도 이루어지면 음식상을 받고 인사를 교환한다.

첫날밤初夜 |

신랑, 신부가 첫날밤을 보내는 신방은 대개 이부자리와 병풍이 펼쳐져 있고, 간단한 주안상도 마련되어 있다. 신부는 말없이 앉아 있어야 하고 신랑의 질문에 작은 소리로 대답만 한다. 대화를 나누고, 술이 한 순배 돌고 나면, 신랑이 먼저 자기 옷을 벗는다. 그런 뒤, 신랑이 신부의 옷을 벗긴다. 먼저 저고리 옷고름 풀고, 치마끈을 풀어

주면 신부가 발을 살포시 내민다. 버선을 벗기라는 뜻이다. 이렇게 신랑이 저고리 옷고름과 치마끈을 풀어줘야 '속이 열린다'고 한다. 호롱불을 꺼야 될 때, 불을 입으로 불어 끄면 재물이 나간다고 하여 대개는 이불이나 치마로 덮어 껐다.

신방 지키기 |

첫날밤에는 친척이나 이웃들이 신방의 문구멍을 뚫고 엿보는데 이를 '신방 지킴'이라고 한다. 지방에 따라서는 '망보기', '신방 엿보기'라고도 한다. 이런 행위에는 '만약 사람이 엿보지 않으면 귀신이 엿본다'거나, '신부가 장래를 약속한 남자가 있었는데도 부모의 강요에 못 이겨 다른 남자에게 시집을 오고, 첫날밤에 잠든 사이에 과거의 남자가 나타나 남편을 죽이고 신부와 함께 도망간다'는 속설에 따라 예방책으로 신방을 지킨다는 말이 있다.

다. 신행新行·于歸

혼례 후 사흘이 지나면 신랑은 일찍 집으로 출발하고 가마 탄 신부는 가족과 이별한다. 신부는 원삼에 족두리 차림으로 가마를 타고 정든 집을 뒤로 한다. 바로 떠나지 않고 해를 묵히는 풍습도 있었다.

신부 정방 |

드디어 신부를 태운 가마 일행이 집 앞에 당도하면 하인들이 징을 치면서 신부 일행의 도착을 알린다. 동네 사람들이 몰려들면서 미리 준비한 무명씨 · 팥 · 소금을 가마에다가 뿌린다. 신부가 시댁에 당도하면 역시 시댁 대문 앞에 피워 놓은 짚불을 넘어서 들어간다. 잡귀를 물리치는 상징적 행위다. 한편, 신부가 살煞이 있다고 하면 시어머니는 신부를 바라보지 않고 쌀독을 열어 놓고 그곳만 굽어본다고 한다. 대문에 들어가면 시댁에서는 미리 손 없는 자리인 좌坐를 봐두었다가 그곳에 신부를 앉히는데 이것이 '정방定房'이다. 정방의 예를 들면 방한가운데인 방중房中이라거나, 방서房西, 또는 방북房北 등이다.

큰상 받기 |

정방한 신부는 부끄럼을 타거나 주눅이 들어 고개만 숙이고 있게 마련이다. 얼마를 그렇게 있으면 커다란 음식상이 신부 몫으로 나오는데 이를 '큰상'이라고 한다. 이 큰상은 신부가 평생 단 한 번 받아보는 상이다.

구고례舅故禮 |

요즘의 '폐백'에 해당된다. 점심 식사를 마치면 마당에 쳐놓은 차일 아래 돗자리를 깔고, 병풍을 두른다. 그러면 집안의 어른들 순으로 병풍을 배경으로 앉고, 신부는 구고례를 거행한다. 신랑은 미리 와서 집안 어른들께 다녀왔음을 알린 관계로 구고례는 신부만 거행한다.

제일 먼저 시부모께 절하고 술잔을 올린 후 집안 어른 순으로 차례로 이어진다. 어른들은 절과 술을 받고, 밤이며 대추를 던져 주면서 아들 많이 낳으라는 축원과 덕담을 건네기도 한다.

이바지 음식 돌리기 |

신부집에서 보내온 '이바지' 음식이다. 옛날 부잣집은 이바지가 열 짝, 스무 짝이어서 자랑이 대단했다. 이 음식이 오면 신랑 집에서는 접시에 담아서 온 동네에 돌린다. 그 음식은 일명 '입 덮치 떡'인데, 떡을 돌리면서 하는 말이 '남의 흉보지 말고 설령 흉이 있어도 이 떡 먹고 입 덮으라'고 한다는 데서 유래했다. 신부 친정으로 빈 이바지 용기를 되보낼 수 없다는 체면 때문에 신랑 집에서도 신부 집으로 답례 음식이 나간다.

아침 문안 |

신부는 다음 날부터 아침 '문안인사'를 드린다. 깜깜한 새벽에 일어나서 머리 빗어 쪽지고, 분단장, 치마저고리 입고 시부모의 방문 앞에서 아침 문안인사를 드린다. 문안인사는 사흘간이 보통이지만 시아버지가 '그만 하라'는 별도의 말씀이 있을 때까지 계속한다.

부엌 출입 |

시집온 지 사흘간은 부엌 출입을 시키지 않는 것이 관례이다. 사흘이나 나흘째 되는 날, 신부는 앞치마를 두르고 부엌으로 나선다. 이

때는 시집올 때 '가마에 달고 온 바가지' 세 개를 들고 나가는데 하나는 물바가지, 또 하나는 쌀바가지, 그리고 나머지는 미역바가지로 사용한다. 첫 밥상은 친정에서 가져온 쌀과 미역으로 마련하여 대접 한다. 이제부터 신부의 '매운 시집살이'가 시작되는 것이다.

신랑 재행再行 |

혼인한 신랑이 처음으로 처가댁에 가는 것을 재행이라고 한다. 보통은 신행한 지 사흘 만에 신랑 혼자서 간다. 딸을 시집에 보내고 시름에 젖어있는 '장모 눈물 닦아주러 간다'는 의미가 있다.

신부 근행謹行 |

혼인한 지 1년 만에 신부가 친정에 가는 것을 말한다. 시댁에서는 정성껏 음식을 장만해서 보낸다.

4. 상례

인간은 누구나 죽음을 피할 수 없다. 그래서인지 『주자가례』의 사례 중 상례는 가장 보수적이면서도 가장 잘 계승되는 관습이다.
상례는 크게 운명에서 입관까지, 입관으로부터 매장까지, 매장 이후로 구분 지을 수 있다. 이런 의례는 집안마다, 마을마다 다를 수 있으므로 남의 집 치상이나 제례에 끼어드는 것은 오래된 금기다.

가. 임종에서 입관까지

운명이 임박했다고 판단되면 각처에 있는 가족에 연락해서 종신終身을 지켜보게 한다. 유언도 이때 듣게 된다.

수시收屍 |

일단 숨을 거두면 솜으로 콧구멍, 귓구멍을 틀어막고, 시신의 손발을 굽어지지 않게 반듯이 편다. 다음에 시신을 발목, 허벅지 부근, 그리고 손을 앞으로 모은 채 허리까지 세 군데를 묶음으로써 시신이 흐트러지지 않도록 한다.다음에는 일종의 칠성판을 만든다. 귀미는 삼농사가 많았던 지역이라 겨릅대(껍질을 벗긴 삼대)를 주먹만큼 한 묶음씩 잡고 사람 키만큼 서로 잇댄다. 그렇게 잇댄 두 개의 겨릅대 묶음을 삼끈으로 일곱 매듭으로 묶는다. 그리고 그것을 사람 키 방향으로 놓고 시신을 그 위에 반듯이 눕힌 다음 홑이불로 시신을 덮는다. 이때 시신의 발바닥이 아랫목 벽에 닿도록 밀착시킴으로써 시신의 흐트러지지 않도록 한다. 만약 임종을 보지 못한 가족이나 친지가 나중에 오면 홑이불을 걷고 고인의 얼굴을 드러낸 채 곡을 해야 한다.

소렴小殮 |

귀미에서는 임종으로부터 이 과정까지를 소렴이라고 한다.

고복皐復 |

초혼招魂이라고도 한다. 고복은 본래 타성他姓이 담당한다. 소렴을 한 뒤, 망인亡人의 웃옷을 들고 마당에 나가서 '남원양씨', '남원양씨', '남원양씨' 하고 세 번을 외친다. 그리고 나서 '복復', '복', '복' 세 번을 외치고 지붕 위에 던져 놓는다. 망인이 여자일 경우에는 고인의 성씨를 똑같은 방법으로 세 번 부른다.

사잣밥使者- |

밥 세 그릇과 신발 세 켤레, 약간의 노잣돈으로 사잣밥使者-을 만들어 놓는다. 사잣밥은 대문 밖에다 짚을 깔고 그 위에 차린다.

부고訃告 |

치상 준비와 함께 밖에서 제작해 파송한다.

조문弔問 |

문상은 상주가 받는다. 상주는 장자(아들이 없을 때는 장손)가 맡는다. 호상護喪은 망인의 친구나, 예를 잘 아는 사람이 담당하며 상례 모든 과정을 지휘한다. 조문은 첫날부터 시작된다. 조객들은 망인을 애도하면서 부조를 한다. 부조로는 주로 두부 1모, 봉초담배 1봉, 팥죽 1항아리, 파 1다발, 달걀 몇 개, 백지 1권, 창호지 1권 등이었고, 특히 종이가 많았다. 상가에서는 그 종이는 보공補空(시신을 안치하고 흔들리지 않도록 관의 빈 곳을 채움)이나 상여 장식에 많이 쓰인다. 부의록을 작성하여 기록된 사람이 보내온 정도껏 나중 그 집 상례 때 보답한다.

관・상여 |

집안에 연로하신 분이 계실 경우에는 미리 관목을 준비해 두는 것이 관례이다. 관목으로는 큰 소나무를 사용한다. 소나무를 베어다 절반을 켜서 집안에 세워 놓았다가 어른이 운명하면 목수로 하여금 바로 맞추도록 한다. 널은 옹이가 없는 판을 이용한다. 상여도 동네 사람들이 직접 만든다. 상여틀은 마을에서 공동으로 사용하는 것이 있으며, 만약 없을 경우에는 사다리를 이용한다. 상여꽃은 동네의 어른이고 아이들이고 할 것 없이 모두가 나서서 직접 만들고 물감도 직접 들인다.

입관入棺 |

대렴이라고도 하는데 매우 복잡한 과정을 거친다. 염殮은 상주가 직접 못한다. 준비한 수의를 입히기 전에 시신을 물수건으로 씻고, 손발과 온몸도 함께 닦는다. 그리고 머리털과 양쪽 손발톱을 각각 두 개씩 깎아서 오낭五囊주머니에 담는다. 그 주머니는 시신 밑 각각의 위치에 맞게 넣어 두었다가 입관 후 관에 같이 넣는다. 수의는 속옷과, 명주에다가 삼베로 안을 댄 겉옷, 두루마기 순으로 입히고 버선을 신긴다. 손도 육탈肉脫 후까지 흐트러지지 않도록 주머니로 씌워서 묶는다. 수의를 입힌 후 버드나무로 만든 숟가락으로 시신의 입에 쌀과 조각낸 엽전을 떠 넣는다. 먼저 큰아들이 떠 넣고 둘째 → 셋째 순으로 하는데 이때 각각 '천석이요', '이천석이요' 하고 외친다. 끝나면 얼굴을 보자기로 감싼다. 이어서 시신을 광목으로 일곱 매듭 묶고 입관한다. 입관을 마치면 관 뚜껑을 닫기 전에 참여한 가족이 모두 곡을 한다. 곡이 끝나면 관 뚜껑을 닫고 못을 박은 후, 다시 광목으로 일곱 매듭을 묶고 나면 입관식, 즉 대렴이 끝난다.

대호리 |

출상 전날 밤에 빈 상여를 '어른다'는 관습이다. 즉, 출상 전날 밤에 유대꾼들 12명이 빈 상여를 어깨에 메고 실제로 출상하는 것처럼 상두가香徒歌를 매기면서 논다. 가난한 집에서는 대호리를 하는 예가 드물고 부잣집에서 주로 대호리를 했는데 부잣집에서 돈을 풀려는 인정이다. 대호리를 하면 죽도 끓여내고, 술도 내고 돈도 걸어야 하기 때문이다. 유대꾼들이 상여를 메고 마당을 돌면, 상주들은 한쪽에 서서 곡을 한다. 이때 조객들 중에서 가짜 상주를 내세워서 상여 뒤를 따르게 한다. 가짜 상주들은 가짜로 곡을 하면서 갖은 재담을 한다. 이러한 행위는 실제로 출상할 때를 위하여 유대꾼들 간의 호흡도 맞추고, 우스갯소리를 통해 지친 상주들도 위로하기 위한 것이다. 이때 소리꾼을 상여에 태우기도 한다.

나. 출관出棺

출상하는 날 아침에 관을 방에서 마당으로 옮기는 의식이다. 4명이 각각 양편에서 광목으로 만든 끈을 이용하여 운구한다. 출관은 망자의 친척 중에서 촌수가 다소 먼 사람들이 행한다.

하직下直 인사 |

관을 들고 방의 네 구석에 각각 하직인사를 한다. 하직인사는 관을 든 채 두 번씩 들었다 놓으면서 '하직이요' 하고 외친다.

박 바가지 깨트리기 |

하직인사를 마치고 마루를 거쳐 토방으로 내려설 때 토방 밑에 박 바가지를 엎어 놓는다. 그러면 출관하는 사람이 첫발을 내려놓으면서 그 바가지를 깨뜨린다. 이 소리는 슬픔으로 하늘이 무너지는 듯한 상주의 마음을 상징한다. 관은 마당에 마련된 상여틀이나 사다리에 안치한다. 그 다음 상여를 씌우고 그 앞에 병풍을 세워 놓는다.

성복成服 |

출관을 마치면 비로소 상복을 제대로 입는다. 이때까지 왼쪽 어깨를 드러내고 있는 까닭은 상주가 죄인이기 때문이다.

천구고사遷柩告辭 |

성복 후에 지내는 제사. 방식은 기제사와 똑같다. '今遷柩就轝敢告'라고 돼 있는 축문을 읽는다.

다. 출상出喪

만사지 |

상여를 따라 들고 가는 만장輓章. 상여 앞에 고정적으로 들고 가는 것은 '삽전[雲壺]'과 명정지이다. 명정은 빨간 명주 베를 사용하여 '南原楊氏○○之柩'라고 쓴다. 만사지는 상여 뒤를 따르는 게 관례이다. 만사지는 주로 망인의 친구들이 죽은 이를 애도하여 보내는데, 비단 베에다 조의를 표하는 내용이다. 따라서 만사지 행렬의 길이를 보면 망자의 삶을 어느 정도는 짐작할 수도 있다. 만사지는 치상이 다 끝난 뒤에 영호靈戶에 걸어 둔다.

장지葬地 |

남원양씨 본향인 귀미의 인근 산은 모두다 종산인 관계로 임종 후에 장지를 얼마든지 선택할 수 있었다. 예전에는 명당을 찾아 외지에 나아가서 장지를 물색하기도 했다. 지금은 다르다. 옛날의 명당은 '배산임수가 분명하고, 청룡 백호가 착 감아 도는 데'였다.

혼백함 |

사진이 나오기 전 사용했던 혼백함은 종이로 만들어 여닫을 수 있는 상자이다. 상자 안에는 오색의 실을 꼬아서 접어 넣는다. 이 혼백함은 치상 후에 영호에 모셨다가 탈상, 탈복 후에 무덤 앞에 묻는다. 지금은 사진으로 대치하지만 역시 무덤 앞에 묻는 것은 마찬가지이다.

발인 출상 |

보통 출상날 아침에 상식을 올리고 발인제를 지낸다. 남원양씨 가정의례 교본인『혼상제례약선』에서는 이 의식을 '견전 고사遣奠告辭'라고 했다. 이 발인제는 '靈 既駕 往即幽宅載陳遣禮永訣終天'이라는 축문을 읽는다. 출상은 앞소리꾼이 상여소리를 매기고 12명의 유대꾼이 뒷소리를 받으며 나간다. 상여가 나갈 때 빠른 길로 간다고 해서 남의 집 뒤란으로 가는 것은 엄격한 금기로 되어 있다. 또한 여자들은 동구밖까지만 따라 오다가 돌아가서 집 안 일을 마무리해야 한다.

노제路祭 |

상여를 메고 나가다가 적당한 곳에서 지내는 제사다. 부잣집일 경우에는 몇 차례 지내기도 하고 가난한 집일 경우는 상여를 멘 채 동네에 하직인사만 드리고 간다. 노제는 조객들을 대접하기도 하고, 문상이 늦은 사람들을 위해 조문도 받으려는 기능을 겸한다. 이때는 초석을 깔고 제상을 진설, 집례자의 지시에 따라 기제사와 똑같이 지낸다.

천광穿壙 |

영구가 들어갈 무덤을 파는 산역山役이다.

치분治墳 |

하관 후에 봉분을 만드는 일이다. 옛날에는 하관 후에 흙과 백회를 섞어서 평토될 때까지 결백했다. 나무뿌리나 짐승의 침노를 예방하기 위해서다. 요사이는 평토제를 지내지 않고 곧바로 봉분, 즉 성분成墳한다. 지금은 사라졌지만 제대로 하자면 '사토제祠土祭'라는 것이 있었다. 천광을 하기 위해서 산지山地를 점용할 때 산신께 드리는 제사이다. 다음은 사토제를 올릴 때 남원양씨 『혼상제례약선』이 제시한 축문이다.

維歲次某年某月某日幼學某敢昭告于

土地之神今爲某姓名營建宅兆

神基保佑殺無後艱謹以酒果祗薦于神 尙 饗

반혼返魂 |

성분을 하는 동안 조객들한테 음식을 대접하고, 치분을 다 마치면 상여를 그 자리에서 태우고, 혼백을 앞세워 되돌아온다. 되돌아 올 때는 상여가 왔던 길을 따라서 온다. 집에 도착해서는 대문 앞에 짚불을 피워 놓고 그 불을 건너뜀으로서 정화의식을 치른다. 옛날에는 평토제를 지냈다. 다음은 평토제를 지낼 때의 『혼상제례약선』 반혼축문이다.

維歲次年月日孤子某敢昭告于

顯考學生府君 形歸 神返室堂

神主未成權奉 紙榜伏惟 尊靈是憑是依

라. 출상 이후

영호靈戶(祭廳) |

산역을 하러 간 사이에 일부는 남아서 제청을 만든다. 제청을 남원 양씨는 '영호'라고 했다. 영호는 집안 형편에 따라 마루 끝에 두기도 하고 작은방구석에 두기도 한다. 어떤 집은 별도로 마련했다. 집에 도착하면 영호 앞에 모여서 곡부터 한다. 영호는 고인을 산사람과 똑같이 대접하기 위해서 만든 시설이다. 영호 안에는 혼백함을 모시고 상복을 비롯한 지팡이, 만사지 등 치상 용품을 간직한다. 영호 앞문은 짚을 엮어서 만든 거적문을 단다. 정면에 통풍을 위하여 구멍을 두세 개 뚫어놓는다. 영호에 조석으로 진지상을 올리는데 이를 '상식上食'이라고 한다. 상식은 후손이 식사하기 전에 먼저 올렸다가 나중에 그 음식으로 가족이 식사를 한다. 그 집안에 처음 오는 손님은 영호에 먼저 참배를 해야 한다. 이러한 과정을 3년 동안 계속하는 것이 이른바 삼년상이다. 상식을 올릴 때는 항상 온 가족이 참례할 수는 없어 주로 며느리나 큰아들이 한다.

삼우제三虞祭 |

초상 치르고 3일째 되는 날 상주 이하 가족이 묘에 가서 지내는 제사다. 삼우제는 삼과실을 가지고 가서 간단하게 지내지만 격식은 기제사와 똑같이 축문을 읽으며 지낸다. 다음은 초우일 경우, 『혼상제례약선』이 제시한 우제축문이다.

維歲次年月日孤子某敢昭告于

顯考學生府君 日月不居奄及初虞夙興夜處哀慕不寧

謹以淸酌庶羞哀薦 事 尙 饗

삭망朔望 |

매월 음력 초하룻날과 보름날 새벽에 영호에 드리는 제사다. 삭망제는 다른 날보다 좀 이른 시간에 치른다. 이 의례는 영호에 놓인 상복을 입고 기제사처럼 지낸다. 삭망 지키는 일이 예전에는 삼 년을 꼬박 했지만 점차 1년으로, 다시 49제로 축소됐다가 지금은 삭망을 지키지 않는 경우가 많아 삼 일 만에 끝내기도 한다.

소상小祥**과 탈상**脫喪 |

소상은 일 년째 되는 해에 지내는 기제사를 말한다. 탈상은 실제로는 만 2년 만에 지내는 기제사인데, 흔히 삼년상이라고 부른다. 탈상은 '복을 벗는 날'이다. 가족들은 상복으로 갈아입고 밤에 기제사와 똑같이 제사를 지낸다. 마을이나 친척들은 초상 때처럼 조문을 간다. 밤에 탈상을 치르고 나면 다음날 새벽에 상복을 벗고 비로소 기제사를 드린다. 이때부터 비로소 바깥제사에서 방안제사로 옮겨 지내는 것이다. 탈복 후에 영호는 철거해서 불태우고, 삼과실을 가지고 묘에 가서 절하고 혼백함은 묘 앞에 묻는다.

5. 제례

'기제사忌祭祀' 또는 '기제'라고 한다. 기제는 망일을 추모하는 제사로 임종한 전날이 기일이 된다. 기제는 4대봉사가 관례다. 부모·조부모·증조·고조까지다. 제삿날이 돌아오면 반드시 목욕재계하고 새 옷이나 깨끗이 세탁한 한복과 두루마기, 갓과 망건을 착용하여 의관을 갖췄다.

가. 준비

단자單子 |

제삿날이 되면 낮부터 친척들, 즉 제꾼들이 손에 망태, 수세미 등 생활에 필요한 물건이나 음식을 들고 온다. 이것이 단자다. 제사를 모시는 종갓집에서는 빈손으로 보내지 않고 제사음식을 나누어 보낸다. 그리고 한 마을인 경우에는 낮부터 일을 거들고 술도 나눈다.

제시祭時 |

기제사가 끝나는 때는 이른 바 계명鷄鳴시간이다. 따라서 제사의 시작은 닭 울기 한 시간 전쯤이다. 대체로 두세 시경이다.

진설陳設 |

『혼상제례약선』이 제시한 진설 위치는 다음과 같다.

① 제상의 첫줄은 반飯, 잔盞, 갱羹 줄이다. 즉, 왼쪽부터 밥과 술

잔, 국그릇을 놓는다. 둘째 줄은 모毛, 우羽, 린鱗. 고기는 배가 앞쪽을 향하도록 한다. 셋째 줄에는 탕湯을 놓는다. 넷째 줄은 산채 등을 놓는다. 이 줄은 간납間納이라 하여 격식에 구애되지 않고 정성껏 추가하여 놓을 수 있다. 다섯째 줄은 대추棗 → 밤栗 → 감柹 → 배梨 → 기타 과자造果의 순서로 차린다. 기제忌祭는 양위가 모두 별세했을 경우에는 합설合設하는 것을 원칙으로 한다.

② 좌포우혜左脯右醯 · 어동육서魚東肉西 · 두동미서頭東尾西 · 홍동백서紅東白西 · 조율이시棗栗梨柹. 그 외에 과일은 정해진 순서가 없다.

- 대추는 씨가 하나로 임금을 뜻하고, 밤은 세 톨로 삼정승, 곶감은 여섯 개로 육방관속, 배 · 사과는 여덟 개로 8도관찰사를 상징한다.
- 설에는 메(제삿밥) 대신 떡국, 추석에는 메 대신 송편을 놓는다.

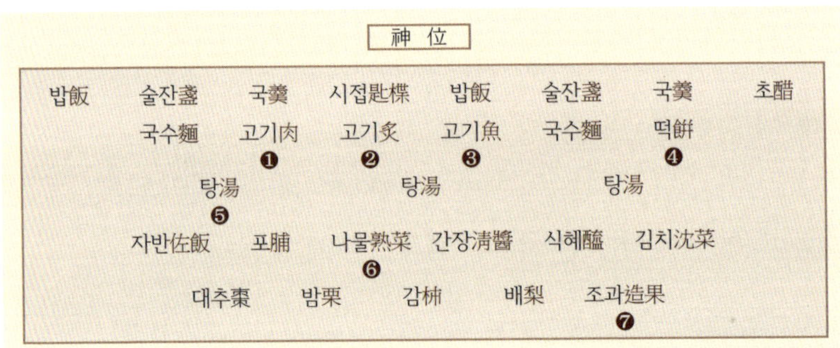

양위진설도 I
❶ 털毛 있는 짐승. 주로 쇠고기나 돼지고기 ❷ 깃羽을 가진 가축. 주로 닭 ❸ 비늘鱗있는 생선. 주로 조기·전어·준치·병치 등 ❹ 주로 인절미·시루떡 ❺ 고기가 들어간 탕을 진설할 경우는 2열처럼 모(털 있는 짐승) → 우(날개 달린 짐승) → 린(생선·새우·홍합 등)의 순서로 배치한다. ❻ 고사리 등 산채나 녹두나물 등. ❼ 한과나 기타 과일

- 양위 합제 때는 메(밥), 갱(국), 시저(수저)만 각각 두벌씩 놓으면 된다.
- 시저는 패인 곳을 절하는 쪽으로 메의 한 복판에 꽂는다.
- 남좌여우男左女右가 원칙이나 3년상 안에는 생전처럼 대하는 것을 참고로 한다.

모사茅沙 |

향상香床에다 향과 함께 놓는 모래 그릇.

신위神位 |

지방이라고 한다. 지방은 위에서 아래로, 그리고 제주를 기준으로 남좌여우男左女右로 쓴다. 지방은 목욕재계한 뒤, 의관을 정제하여 꿇어앉아서 작성해야 한다. '父=考, 母=妣'라 하며 관직이 있으면 관직을 쓰고, 없으면 處士(처사) 또는 學生(학생)이라 쓴다. 한지로 길이 22cm, 폭 6cm 정도이다. 『혼상제례약선』은 다음과 같이 지방 서식을 제시하고 있다.

고조부모	顯高祖妣 孺人全州李氏	神位
	顯 高 祖 考 學 生 府 君	神位
증조부모	顯曾祖妣 孺人 海州吳氏	神位
	顯 曾 祖 考 學 生 府 君	神位
조부모	顯祖妣 孺人 淸州韓氏	神位

	顯 祖 考 學 生 府 君	神位
부모	顯妣 儒人 東萊鄭氏	神位
	顯 考 學 生 府 君	神位
남편	顯 酸 學 生 府 君	神位
아내	亡室 儒人 光山金氏	神位
형	顯 兄 學 生 府 君	神位
동생	亡 弟 學 生 甲 守	神位

나. 제례 순서

강신降神 |

제주가 신위 앞에 나아가 꿇어앉아 분향하고 우집사右執事(아들이나 조카)가 술을 조금 따라 주면 제주는 모사茅沙그릇에 세 번으로 나누어 붓고 빈 잔을 다시 우집사에게 돌려준 뒤 두 번 절한다. 여자는 네 번이다.

참신參神 |

강신을 마친 후 모든 참사자가 신위를 향하여 두 번 절한다.

진찬進饌 |

별도로 준비한 음식을 집사가 소반에 받들어 드리면, 주인은 진설

할 때 비워둔 곳에 국羹과 물고기魚, 국수麵, 밥飯을 놓는다.

초헌初獻 |

제주가 술잔을 올리고 나면 집사가 간적肝炙을 시첩의 남쪽에 올린 후, 밥뚜껑을 연다.

독축讀祝 |

초헌이 끝난 다음 제주 이하 모든 제관이 꿇어앉고 제주의 왼쪽에서 꿇어 앉은 축관이 축문을 읽은 다음(곡을 해야 하지만 근래에는 생략함) 모두 두 번 절한다. 부모일 경우, 축문은 다음과 같다.

維歲次年月日孝子某 敢昭告于

顯考學生府君歲序遷易諱日福臨追遠感時昊天罔極

謹以淸酌庶羞恭伸奠獻 尙 饗

아헌亞獻 |

제주의 다음가는 근친자가 초헌과 같이 잔을 올린다. 주부, 또는 주인의 동생이 올리는데 절차는 초헌과 같다.

종헌終獻 |

마지막 잔으로 아헌자의 다음가는 근친자(손자)가 올린다.

유식侑食 |

주인은 잔에 첨작하고, 주부는 수저를 밥의 가운데 꽂되 서쪽으로 향하게 한다. 정저正著(젓가락을 제상 위에 조심스럽게 놓음) 후에 주인이 재배한다.

합문闔門 |

문을 닫은 후에 부복하고 있다가 닭 울기를 기다린다. 대개 한 식경一食頃(밥을 먹을 동안)이 되면 축관이 문을 연다.

사신辭神 |

닭이 울면 사신을 한다. 집사가 국을 거두고 숭늉을 올린 후에 밥뚜껑을 덮고 수저를 내린다. 축관이 주인의 왼쪽에 서서 고리성告利成(제사가 끝났다는 말)을 하면 일동 재배한다.

소지燒紙 |

축관이 지방과 축문을 들고 밖으로 나가서 사른다.

음복飮福 |

제상머리에서 제사 음식을 나눠 먹는다.

6. 시제時祭

4대조 이상의 조상을, 대개 봄 · 가을에 묘지에서 제사 모시는 것을 말한다. 남원양씨 시제는 4월 첫째 토요일에 모든 종원이 함께 봉행하는 대종춘제大宗春祭와 봄 · 가을 중에서 지파별로 날짜를 정해 모시는 시제가 있다. 대종춘제는 이씨할머니를 모시는 제사라서 관심 있는 남원양씨는 다 모여 경배한다.
묘제 의례는 기제사와 비슷하나 지방없이 홀기笏記를 부르는 집례자의 지시에 따른다.

가. 대종 춘제大宗春祭

대제학공 및 직제학공과 이씨할머니 시제

© 양현섭

추원재에서 봉행한 대종춘제(2017.4.1) | 묘소에서 올려야 하지만 날씨가 안 좋을 때는 제각에서 치른다.

일시 : 양력 4월 첫째주 토요일
장소 : 순창군 적성면 농소리
주관 : 남원양씨 대종회

준비準備

※ 執先就墓所 盥手帨手 仍詣拜位前 再拜	집례는 먼저 묘소에 나아가 손을 씻고 닦은 다음 배위에서 계배한다.
※ 奉香爐置于香案石 奉香盒置于香案上 空盞空器置于卓床	집사를 시켜 향로를 받들어 향로석에 안치하고 향을 받들어 안치한 다음, 빈 잔과 빈 그릇을 탁상 위에 올려놓도록 한다.
※ 升就于左墓庭 唱笏	집례는 묘정 왼편에 서서 향사를 진행한다. 집례는 향사의 순서를 부른다.

홀기笏記

창홀唱笏

• 獻官以下諸執事及 參祀人升就拜位序立	헌관 이하 모두 배위에 나와 서열하시오.(세 번)
• 祝及諸執事盥手帨手	축관과 집사는 손을 씻고 닦으시오.
• 各就位	각자 원 위치로 돌아가시오.
• 初獻官點視陳設	초헌관은 진설이 잘 됐는지 살펴보시오.
• 因降復位	원 위치로 돌아가시오.

강신례降神禮

	강신례를 하겠습니다.
• 初獻官 盥手帨手	초헌관은 손을 씻고 닦으시오.
• 升就拜位 跪	배위에 나아가 꿇어앉으시오.
• 三上香	향불(3개)
• 伏興再拜	구부렸다 일어서 재배하시오.
• 獻官 跪	헌관은 꿇어앉으시오.
• 司尊詣獻官之右跪	사준은 헌관의 오른편에 꿇어앉으시오.

• 獻官執爵	헌관은 잔을 들으시오.
• 司尊斟酒于盞	사준은 잔에 술을 따르시오.
• 獻官右手執爵	헌관은 오른손으로 잔을 들으시오.
• 灌于茅上	잔을 잔디 위에다 부으시오.
• 置盞故處	잔을 원 위치에 놓으시오.

※ 단제나 청사에서 향사를 행할 때 축관은 헌관의 왼편에 다가가 동쪽을 향하여 꿇어앉으며 강신축문을 읽는다.

• 獻官俛伏興再拜	헌관은 구부렸다 일어서 재배하시오.
• 獻官以下在位者皆 參神再拜	헌관 이하 모두 참신 재배하시오.
• 興平身	일어서서 바로 서시오.

초헌례初獻禮

초헌례를 하겠습니다.

• 初獻官升就拜位跪	초헌관은 배위에 나아가 꿇어앉으시오.
• 執事奉祖考位前盞盤, 以授獻官	집사는 조고위 앞 잔을 받들어 헌관에게 주시오.
• 司尊跪斟酒于盞	사준은 꿇어앉아 술을 따르시오.
• 獻官右手執爵	헌관은 오른손으로 잔을 들으시오.
• 少傾于茅上	잔디 위에 약간 기울이시오.
• 還授執事	집사에게 잔을 주시오.
• 執事奠于祖考位前	집사는 조고위 앞에 잔을 올리시오.
• 次詣執事奉祖妣位前, 盞盤以授獻官	다음집사는 조비위 앞 잔을 받들어 헌관에게 주시오.
• 司尊斟酒于盞	사준은 술을 따르시오.
• 獻官右手執爵	헌관은 오른손으로 잔을 들으시오.
• 少傾于茅上	잔디 위에 약간 기울이시오.
• 還授執事	집사에게 잔을 주시오.
• 執事奠于祖妣位前	집사는 조비위 앞에 잔을 올리시오.
• 執事奠于肉炙	집사는 육적을 육틀에 올리시오.
• 啓飯盖置基南	복개를 열어 남쪽에 놓으시오.

• 揷匙正箸	메에 수저를 꽂고 젓가락을 가지런히 놓으시오.
• 獻官以下在位者皆跪	헌관 이하 모두 꿇어앉으시오.
• 祝詣獻官之左東向跪	축관은 헌관의 왼편에 다가가 동쪽을 향하여 꿇어앉으시오.
• 讀祝文	축문을 읽으시오.
• 獻官以下在位者俛伏, 興平身	헌관 이하 모두 구부렸다 일어서 바로 서시오.
• 獻官再拜少退跪	헌관은 재배하고 약간 물러나 꿇어앉으시오.
• 執事奉祖考妣位前盞盤	집사는 조고비위 앞 잔을 받들어 내리시오.
• 撤酒他器	퇴주 그릇에 비우시오.
• 置盞故處	잔은 원위치에 놓으시오.
• 獻官興平身因降復位	헌관은 일어서서 바로 선 다음 원 위치로 돌아가시오.

아헌례亞獻禮

	아헌례를 하겠습니다.
• 亞獻官盥手帨手	아헌관은 손을 씻고 닦으시오.
• 升就拜位跪	배위에 나아가 꿇어앉으시오.
• 執事奉祖考位前盞盤, 以授獻官	집사는 조고위 앞 잔을 받들어 헌관에게 주시오.
• 司尊跪斟酒于盞	사준은 꿇어앉아 술을 따르시오.
• 獻官右手執爵	헌관은 오른손으로 잔을 들으시오.
• 少傾于茅上	잔디 위에 약간 기울이시오.
• 還授執事	집사에게 잔을 주시오.
• 執事奠于祖考位前	집사는 조고위 앞에 잔을 올리시오.
• 次詣執事奉祖妣位前, 盞盤以授獻官	다음 집사는 조비위 앞 잔을 받들어 헌관에게 주시오.

• 司尊斟酒于盞	사준은 술을 따르시오.
• 獻官右手執爵	헌관은 오른손으로 잔을 들으시오.
• 少傾于茅上	잔디 위에 약간 기울이시오.
• 還授執事	집사에게 잔을 주시오.
• 執事奠于祖妣位前	집사는 조비위 앞에 잔을 올리시오.
• 撤酒他器	퇴주그릇에 비우시오.
• 置盞故處	잔은 원위치에 놓으시오.
• 獻官興平身因降復位	헌관은 일어서 바로 선 다음 원위치로 돌아가시오.

종헌례終獻禮

	종헌례를 하겠습니다.
• 終獻官盥手帨手	종헌관은 손을 씻고 닦으시오.
• 升就拜位跪	배위에 나아가 꿇어앉으시오.
• 執事奉祖考位前盞盤, 以授獻官	집사는 조고위 앞 잔을 받들어 헌관에게 주시오.
• 司尊跪斟酒于盞	사준은 꿇어앉아 술을 따르시오.
• 獻官右手執爵	헌관은 오른손으로 잔을 들으시오.
• 少傾于茅上	잔디 위에 약간 기울이시오.
• 還授執事	집사에게 잔을 주시오.
• 執事奠于祖考位前	집사는 조고위 앞에 잔을 올리시오.
• 次詣執事奉祖妣位前, 盞盤以授獻官	다음 집사는 조비위 앞 잔을 받들어 헌관에게 주시오.
• 司尊斟酒于盞	사준은 술을 따르시오.
• 獻官右手執爵	헌관은 오른손으로 잔을 들으시오.
• 少傾于茅上	잔디 위에 약간 기울이시오.
• 還授執事	집사에게 잔을 주시오.
• 執事奠于祖妣位前	집사는 조비위 앞에 잔을 올리시오.
• 執事奠于魚炙	집사는 어적을 어틀에 올리시오.

- 獻官俛伏興再拜平身, 因降復位 — 헌관은 구부렸다 일어서 재배하고 바로 선 다음 원 위치로 돌아가시오.
- 初獻官 升就拜位 — 초헌관은 배위로 나오시오.
- 執事奉盤撤羹進熟水 — 집사는 메탕을 받들어 내리고 숭늉을 올리시오.
- 在位者皆立而肅俟 — 모두 서서 공손히 잠시 기다리시오.

※ 廳舍 享祀時 在位者皆俛伏 : 청사에서 향사를 행할 때 모두 엎드려 고개를 숙이시오.

- 平身 — 바로 서시오.
- 下匙著 — 수저를 내리시오.
- 合飯盖 — 복개를 덮으시오.
- 退爵 — 잔을 물리시오.
- 執事降復位 — 집사는 내려와 원 위치로 돌아가시오.
- 獻官以下在位者皆, 辭神再拜 — 헌관 이하 모두 사신 재배하시오.
- 興平身 — 일어서서 바로 서시오.
- 初獻官就位跪 — 초헌관은 나와 꿇어앉으시오.
- 祝詣獻官之左跪 — 축관은 헌관의 왼편에 꿇어앉으시오.
- 焚祝文 — 축문을 사르시오.
- 平身降復位 — 바로 서서 원 위치로 돌아가시오.
- 三獻官行飮福禮 — 삼헌관은 음복을 하시오.
- 平身 — 바로 서시오.
- 禮畢 — 향사를 마쳤습니다.
- 在位者各就坐 — 모두 자리에 앉아 음복하다.

※ 集禮俱復拜位前再拜 : 집례는 배위에 나아가 재배하다.

※ 復位就坐 : 돌아와 음복하다.

축문祝文

대제학공 시제 축문大提學公 時祀 祝文

維
歲次 □年 □月 □日 □代孫 □ □ 敢
昭告于
顯□代祖考 集賢殿 大提學 府君
顯□代祖妣 郡夫人 光山卓氏之壇

愿慤且信 一世敬重 德垂後裔 百代攸宗 氣序流易
節屆陽月 追惟報本 禮不敢忘 謹以淸酌 庶羞祗薦
歲事 尙
饗

□년 □월 □일 □대손 □ □는
□대이신 집현전 직제학 할아버님과
□대 할머니 군부인 광산탁씨 제단에 감히 밝게 아뢰옵니다.

근신 소박 신실로써, 당대에 존경받고 중용되어, 그 음덕 후대에 드리우시니, 대대손손 종지로 삼겠습니다. 질서가 흐르고 바뀌어 절기는 모춘에 이르렀습니다.
이에 음덕을 추모하며 태어난 은혜에 보답하는 예를 어찌 소홀히 할 수 있겠습니까. 삼가 맑은 술과 갖가지 음식으로 공손히 세사를 드리오니 흠향하옵소서.

직제학공 · 숙인이씨 시제 축문直提學公과 淑人李氏 時祀 祝文 祝文

維
歲次 □年 □月 □日 □代孫 □ □ 敢
昭告于
顯□代祖考 集賢殿 直提學 府君之壇
歷敭華秩 克濟世美 積善毓慶 上紹下啓

□년 □월 □일 □대손 □ □는
□대 할아버지이신 집현전 직제학 할아버님 제단에 감히 밝게 아뢰옵니다.
화려한 관직을 두루 거쳐 선대의 미덕을 계승하셨고, 선행을 쌓아 경사가

氣序流易 節届陽月* 追惟報本 禮不敢忘

顯二十二代祖妣 淑人李氏之墓 懿德坤厚

貞心玉潔 暎世警俗 不磨其烈 歲薦一祭

禮有中制 履玆霜露** 彌增感慕 謹以淸酌庶羞

祇薦歲事 尙

饗

자손에게까지 미치도록 하셨으니, 윗대를 계승하시고 아랫대를 열어주셨습니다. 계절이 바뀌어 양월*에 이르니, 선조의 은덕에 보답할 것을 생각하게 되어, 예를 갖추어야 함을 감히 잊지 못하겠습니다.

22대 할머님이신 숙인 이씨 묘소에 감히 밝게 아뢰옵니다.

아름다운 덕행은 땅처럼 두텁고 절개 곧은 마음은 옥처럼 깨끗하여, 세상을 비추고 세속을 깨우쳤으니, 그 곧은 절개가 닳아 없어지지 않을 것입니다. 1년에 한번 시제를 올리는 것이 예법에 맞으므로, 서리**와 이슬을 밟고 와보니 더욱 그리움이 느껴져, 삼가 맑은 술과 여러 가지 음식으로써 경건히 시제를 올리니, 드시옵기 바랍니다.

* 陽月 : 묘제 봉행 절기가 지금처럼 음력 3월이라면 '모춘暮春'이라고 해야 맞으나 대종춘제에서는 전해오는 예법대로 따르고 있다. 대제학공 축문도 이와 같다.

** 霜露 : 위의 '陽月'을 절기에 맞춰 '모춘'이라고 해야 한다면 '霜露'는 '雨露(비와 이슬)'로 해야 시기와 기후가 상응할 것이다. [편집자]

나. 대종회 주관 묘제

농소막 춘제 이외 어른들의 묘제는 주관 주체에 따라 두 영역으로 나눌 수 있다. 지파로 갈리기 이전 단계로서 파조가 아닌 분들의 묘제는 대종회에서 주관하고, 파조 어른은 그 후예들이 받들어 모셨다. 다음은 지파로 갈리기 전 11세 ~16세 어른들의 묘제에 대한 소개다.

[표 18] 선영 위치 및 묘제 일

世	휘	선영	시제일	묘제 및 시제 축문
9	대제학공 以時	순창군 적성면 농소리	양력 4월 첫째 토요일	대제학공 및 직제학공 시사時祀 축문 참조 (p.461)
10	직제학공 首生			
22	백수공 應秀	※ 백수공은 묘가 풍산면 옥출산에 있을 때는 어은낙하정공파가 묘제를 봉행했으나, 1990년 적성면 농소리로 이장한 뒤로는 대종회에서 농소리 춘제 때 아울러 담당하고 있다.		
11	함평공 思輔	순창군 동계면 관전리	양력 11월 첫 주 토요일	維歲次 □年 □月 干支朔 □日干支 □世孫 □□ 敢昭告于 ※ 顯□代祖考 通訓大夫 行咸平縣監 府君 顯□代祖妣 淑人黃氏之墓 歲薦一祭 禮有中制 履玆霜露 彌增感慕 謹以淸酌 庶羞祇薦 歲事 尙 饗
12	판관공 淵	순창군 동계면 관전리	양력 11월 첫 주 토요일	顯□代祖考 奉列大夫 內膳寺判官 府君 顯□代祖妣 令人全州崔氏之墓
13	임피공 子瞻	남원군 대산면 풍촌리	양력 11월 첫 주 토요일	顯□代祖考 中直大夫 臨陂縣令 府君 顯□代祖妣 淑人順興安氏之墓
14	귀암공 培	익산군 여산면 신양리	양력 4월 둘째 주 토요일	顯□代祖考 忠順衛 府君 顯□代祖妣 儒人密陽朴氏之墓
15	좌랑공 公俊	익산군 여산면 신양리	양력 4월 둘째 주 토요일	顯□代祖考 丞議郎 兵曹佐郎兼春秋記注官 府君 顯□代祖妣 令人德水張氏之墓
16	부정공 洪	익산군 여산면 신양리	양력 4월 둘째 주 토요일	顯□代祖考 通訓大夫 司僕寺副正兼春秋館 編修官 府君 顯□代祖妣 淑人順興安氏之墓

※ 판관공으로부터 부정공까지의 묘제 축문은 신위만 다르고 나머지 주문은 같다. 따라서 아래 어른들의 축문은 주문을 생략하고 신위만 밝혔다.

다. 지파 묘제支派墓祭

남원양씨 지파 계보는 다음과 같다. 파조 묘제는 파별로 봉행한다. 아래 축문은 18세 쌍매당공의 둘째 아드님 묘제 때 읽는 독축 예이다.

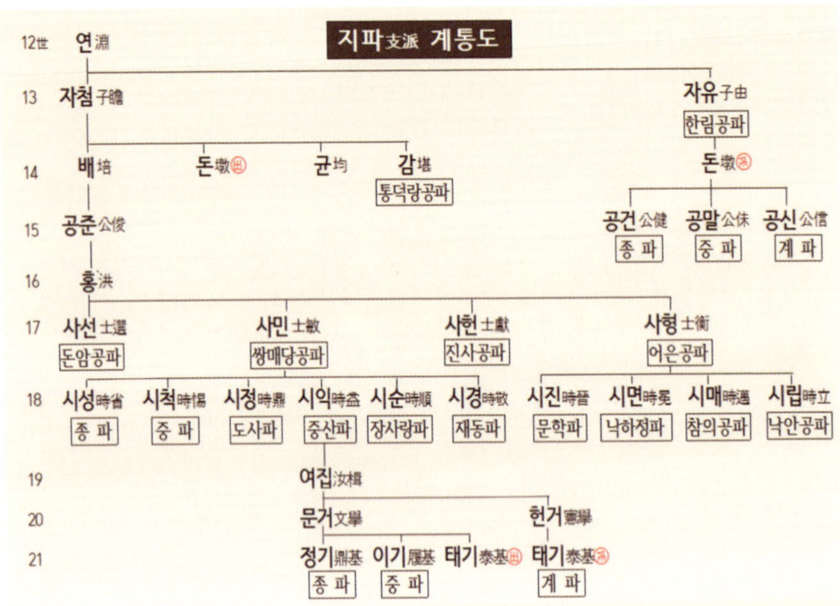

제18세 종사랑공諱시척의 묘제 축문[예시]

維
歲次 辛巳 九月癸丑朔 26日 戊寅 □代孫 이름 敢昭告于
顯□代祖考 從仕郎 府君
顯□代祖妣孺人 羅州吳氏之墓
歲庶一祭 禮有中制 履茲霜露
彌增感慕 謹用淸酌 時羞祇奉
常事 尙

[표 19] 지파 선영 위치 및 묘제일

지파	世	휘	선 영	묘제일	비고
한림공파	13	자유子由	임실군 삼계면 세심리(사오랑)	양력 11월 둘째 주 일요일	
	14	돈墩	임실군 삼계면 세심리(감음산)	양력 4월 둘째 주 일요일	
종파	15	공건公健	임실군 삼계면 세심리(사오랑)	음력 10월 7일	
중파	15	공말公休	임실군 삼계면 세심리	양력 11월 둘째 주 일요일	
계파	15	공신公信	임실군 삼계면 세심리(법고마을)	양력 11월 셋째 주 일요일	
통덕랑공파	14	감堪	남원시 대산면 풍촌리	음력 10월 9일	
돈암공파	17	사선士選	순창군 동계면 관전리	양력 11월 첫째 주 일요일	
쌍매당공파	17	사민士敏	순창군 인계면 세룡리	양력 11월 둘째 주 토요일	
종파	18	시성時省	순창군 적성면 구남마을(한산동)	양력 11월 둘째 주 토요일	
중파	18	시척時惕	순창군 적성면 입석리	양력 11월 셋째 주 토요일	
도사공파	18	시정時鼎	임실군 운암면 쌍암리	양력 10월 셋째 주 일요일	
중산파	18	시익時益	순창군 인계면 도사리	양력 11월 셋째 주 일요일	
종파	21	정기鼎基	순창군 인계면 도사리 (외약골)	양력 11월 셋째 주 일요일 (묘는 인계면 갑동리)	
중파	21	이기履基	순창군 인계면 중산리	음력 11월 3일	
계파	20	헌거憲擧	순창군 인계면 지산리(가목마을)	양력 11월 둘째 주 일요일	
장사랑공파	18	시순時順	순창군 유등면 창신리	양력 11월 셋째 주 토요일	
재동파	18	시경時敬			
진사공파	17	사헌士獻	익산시 여산면 원수리	음력 10월 5일	
어은공파	17	사형士衡	남원시 사매면 계수리	음력 10월 7일	
문학공파	18	시진時晉	순창군 적성면 내적마을	음력 10월 7일	
낙하정공파	18	시면時冕	남원시 대강면 평촌마을	음력 10월 7일	
참의공파	18	시매時邁	남원시 대강면 평촌마을	음력 10월 7일	
낙안공파	18	시립時立	순창군 적성면 내적마을	음력 10월 5일	

부록

농소 가는 길 | 적성면 일원으로 오른쪽은 우리 양씨들이 세거한 구남마을. 그림 아래쪽 중앙은 시목마을(감나무골), 그 뒤 위로 곧장 뻗은 포장도로가 대제학공 · 직제학공 제단과 이씨할머니의 묘소가 있는 농소리 들머리이다.

1. 인명록

우리 선조의 외손이나 외가, 선조 어른들과 교유했던 분, 긍정적이든 부정적이든 남원양씨와 인연 있는 분, 사제 관계로 이어진 학맥 등, 외성外姓·타성他姓을 중심으로 표제명을 선택했다. 본문 중 [외손]은 외손外孫, [선외가]는 선대의 외가先外家, [楊씨유사]는 선조와 관련된 사적史跡·史蹟, [학맥]은 사제 관계를 밝히는 표지이다.

강안국姜安國, 1542(중종 37)~ 미상. [외손] 본관은 진주. 자 취망就望, 호 국은菊隱. 강덕기姜德麒와 남원윤씨 사이의 4남 3녀 중 장남이다. 돈암공(諱사선)의 사위로 예빈시참봉을 지냈는데 장인이 마흔셋의 나이로 별세하자 처가의 3대 봉사奉祀를 이었다. 국은공이 세상을 뜬 뒤에는 돈암공의 큰외손자인 의헌공義軒 諱 흘屹이 외갓집 제사를 받들게 됐다. 그러나 임진왜란이 일어나자 의헌공은 창의군으로 참전했다가 후사 없이 순절殉節하고 말았다. 이에 따라 의헌공의 배위 순창조씨는 더 이상 외갓집 조상인 좌랑공(諱공준)으로부터 부정공(諱홍), 외할아버지인 돈암공까지 3대 내외분의 기제사와 묘지 관리를 감당하기 어려운 데다가 제사를 이어줄 자식이 없다면서 남편이 살아있을 때 받았던 위토와 노비를 남편의 외가에 반환했다. 이때 작성했다는 「제위봉행명문祭位奉行明文」이 지금까지 전해오고 있다. 이 문서에는 쌍매당공(諱사민)의 맏손자인 참봉공(諱여백)과 동생 선무랑공(諱여괄)이 당시의 증인으로 기재돼 있다.

고경명高敬命, 1533(중종 28)~1592(선조 25). 조선 중기의 문신·의병장. 본관 장흥. 자 이순而順, 호 제봉霽峰·태헌苔軒. 광주 압보촌鴨保村 출생. 문과에 급제하여 전적·수찬·지평, 외직으로 영암·순창·서산군수와 동래부사를 지냈다. 임진왜란 때 거병하여 6천여 의병을 거느리고 북상하다가 금산에서 격전 끝에 아들 인후와 함께 전사했다. 문장과 시에 능했으며 청렴한 생애를 보냈다. [楊씨유사] 우리 양씨와 교의가 깊었다. 어은공과 함께 화산서원에 배향됐다. 유작으로 「題映霞亭(어은공 휘 사형)」이 있다.

구 경具慶, 생몰 연대 미상. [외손] 영의정 구치관具致寬의 외아들, 판관공(諱연)의 둘째 사위다. 외아들 구장손具長孫만 남기고 세상을 떴다. 호군을 지낸 장손은 영의정에 오른 노사신의 사위이다. 판관공의 사돈인 구치관은 연줄이나 사사로운 거래로 얽힌 관료세계에 휩쓸리지 않고 영의정까지 오른 인물로 청직한 인품에 문무겸전한 대정치가로 이름이 높다.

권상규權相圭, 1874(고종 11)~1961년. 조선 말기 의병. 본관 안동. 권벌權橃의 후손이다. 자 치삼致三, 호는 채산蔡山 · 인암忍庵. 을미사변 때 의병을 일으켰으나 실패했고, 1896년(건양 1)에 다시 의병으로 활동했다. 경술국치 이후로는 세상과 인연을 끊고 사서를 탐독했다. [楊씨유사]「양씨양효자전楊氏兩孝子(諱석지 · 석태)傳」

권 성權惺, 1653년(효종 4)~1730(영조 6). 조선 중기의 문신. 본관 안동, 자 경중警仲, 호 제월재霽月齋. 1687년(숙종 13) 알성문과에 올라 순창군수 · 형조판서 · 좌참찬을 역임하고 신임사화(1721 · 경종1년, 왕위 계승 문제를 둘러싸고 노론과 소론 사이에 일어난 사화) 이후 은퇴했다. 시호는 정간貞簡. [楊씨유사] 순창군수로 부임한 이듬해에「열부숙인이씨묘비음기」를 썼다.

권순명權純命, 1891(고종 28)~1974. 유학자. 본관 안동. 자 고경顧卿, 호 양재陽齋. 고부 출신. 간재艮齋 전우田愚의 문인. 1910년 경술국치 이후 스승을 따라 서해의 군산도 · 왕등도 · 계화도 등지에서 15년 동안 학문에 몰두하여 화도주석華島柱石(중심되는 인물)으로 불렸다. 그 뒤 스승의 예설禮說 · 연보 · 척독尺牘 등을 편집하여 문집으로 출간했으며, 1937년 마흔일곱 살 때 척독을 편집하기 위해서 전국 팔도에 통문을 발송한 사건으로 일본경찰에게 붙잡혔다. 그때 삭발을 강요당하자, 장도粧刀로 목을 찔러 피가 낭자했으므로, 왜경들이 감복하여 풀어주었다고 한다. [楊씨유사]「녹암공(諱태래)묘갈명」

권 집權㙫, 1665(현종 6)~1716(숙종 42) 본관 안동. 자 수옥壽玉, 권집의 호 화산華山은 안음(경상남도 함양군 안의면)에서 순창 적성으로 이거한 후 생활한 산의 이름이다. 권집이 살았던 숙종대에는 당파 싸움에 많은 선비들이 연루되어 화를 입었으므로 권집은 산간에 묻혀 살며 제자들에게도 "오늘 같은 세상을 살면서는 당론에 가담하여 소장疏章을 올린다거나 하는 일을 삼가야 할 것"이라고 당부했다고 한다. 1701년(숙종 27)에 사약을 받고 죽은 희빈 장씨의 아들(훗날 경종)이 왕위에 오르면 또 한 번 변이 일어날 것을 염려했기 때문이었다. 당호를 극복재克復齋라고 했는데, 이는 공자가 역설한 '극기복례克己復禮'를 실천하기 위해서였다. 적성면 괴정리 서림 마을에 유허비가 있다. 저술로는 『화산유고華山遺稿』가 전한다. 楊씨유사 승의랑공(諱처기)과 친교가 두터웠다. 승의랑공은 돌아가실 때 권집에게 아들 백수공(諱응수)을 간곡히 부탁했다. 백수공이 도암 이재 문하로 들어간 때는 권집이 별세한 뒤다. 백수공은 권집의 행장을 도암 이재에게 받아 영전에 바침으로써 어린 시절의 스승 은혜에 보답했다.

권 필權韠, 1569(선조 2)~1612(광해군 4). 조선 중기의 시인. 본관은 안동, 권벽權擘의 다섯째 아들이다. 자 여장汝章, 호 석주石洲. 정철 문인으로, 성격이 자유분방하고 구속받기 싫어하여 야인으로 일생을 마쳤다. 광해군 초에 권신 이이첨이 교제를 청했으나 거절했다. 유희분 등의 방종을 임숙영이 「책문策文」에서 공격하다가 광해군의 뜻에 거슬려 삭과削科된 사실을 듣고 분함을 참지 못하여 「궁류시宮柳詩」(「宮柳靑靑花亂飛 滿冠蓋媚城春輝 朝家共賀昇平樂 誰遣危言出布衣」…대궐 안 버들이 푸르니 꽃이 흩날리고, 만조백관으로 하여 봄빛이 더욱 빛나는구나. 조정이 모두 태평세월을 구가하는데, 누가 위태로운 소리를 지껄여 벼슬을 물러나랴.)를 지어서 풍자했다. 楊씨유사 「궁류시」는 낙하정공(諱시면)의 「장안곡」과 함께 광해 혼정을 풍자한 시로 쌍벽을 이룬다.

기우만奇宇萬, 1846(헌종 12)~1916. 조선 말기의 의병장. 본관 행주. 자 회일會一, 호 송사松沙. 전라남도 화순 출신. 참봉을 지냈으므로 기참봉으로 알려졌다. 기정진의 손자로서 학업을 이어받아 일찍이 문유文儒로 추앙됐다. 조선 말기 일제의 침탈을 막으려고 의병을 일으켰다가 체포돼 수감생활을 했다. 楊씨유사 「취계공(諱집하)묘갈명」,「심주공(諱석모)묘갈」

기정진奇正鎭, 1798년(정조 22)~1879년(고종 16). 조선 후기의 학자. 순창 출신. 본관은 행주. 자 대중大中, 호 노사蘆沙. 1815년 양친을 여의고 아버지의 유언에 따라 장성 하남河南으로 이사했다. 1831년 사마시에 장원한 뒤 명성이 조정에 알려져 1832(순조 32)년 강릉康陵(명종과 인순왕후 릉)참봉이 주어졌고, 1835년(헌종 1)에는 현릉顯陵(문종과 현덕왕후 릉)참봉, 1837년에는 유일로 천거되어 사옹원주부에 임명됐으나 모두 나아가지 않았다. 1842(현종 8)년 전설사별제典設司別提로 임명됐으나 취임 6일 만에 병을 핑계 삼아 사임하고 귀향했다. 얼마 뒤 평안도도사, 1857(철종 8)년 무장현감, 1861(철종 12)년 사헌부장령, 1864(고종 1)년 사헌부집의 등에 임명됐으나 끝내 나아가지 않았다. 1866년(고종 3) 병인양요가 일어나자 서양세력의 침략을 염려하여 그 해 7월「육조소六條疏」라고 알려진 첫 번째「병인소丙寅疏」를 올렸다. 그해 6월 사헌부집의, 7월에는 동부승지, 8월에는 호조참의, 10월에는 가선대부의 품계와 함께 동지돈녕부사 등에 제수됐으나 모두 취임하지 않았다. 그는 동지돈녕부사에 임명되자 이를 사양하는 두 번째「병인소」를 올렸다. 여기에서는 당시의 국가적 폐습을 준엄하게 비판하고, 지도층인 사대부에게 청렴결백한 기풍이 없음을 우려해 삼무사三無私(공자가 사심이 없는 세 가지에 대해 말한 것으로 하늘, 땅, 해와 달처럼 사심 없이 천하를 위해 봉사하는 일. 곧 지극히 공평한 것을 가리킴)를 권장하도록 강조했다. 이어서 공조참판 · 경연특진관에 위촉됐으나 사양했고, 1877년 우로전優老典(나이 많은 사람에게 대우하여 내리는 벼슬)으로 가의대부가 주어졌다. 그해에 장성 하리 월송月松(지금의 진원면 고산리)으로 이사했으며, 이듬해 그곳에 담대헌澹對軒이라는 정사를 짓고 많은 문인과 함께 어울리다가 세상을 떠났다. [학맥] 심주공諱(석모)의 스승 [楊씨유사] 「광제정(매당공 諱돈의 정자)중건기」

김경희金景喜, 생몰 미상. 본관 광산. 자 용회用晦, 호 노계蘆溪. 1534년(중종 29) 식년시로 진사에 올라 장사랑 의릉참봉을 지냈다. 을사사화 · 정미사화에 연루된 명현이다. [楊씨유사] 김경희 문집에 부정공(諱홍)의 성리학설에 대한 서찰이 있다.

김계지金繼志, ?~1410(태종 10). [외손] 조선 전기의 무신. 대제학공(諱이시)의 사위다. 본관은 광산. 호 송곡松谷. 1403년(태종 3) 상호군으로서 경상 · 전라 · 충청도 경차관으로 파견되어 병선을 점검하고 만호 · 천호 등의 근무상황을 규찰했다. 같은 해 안변부사 조사의趙思義가 난을 일으키자 그곳으로 파견되어 교서를 반포하고 민심을 위무한 공으로 군공 1등에 등제되면서 토지와 노비를 하사받았고, 곧 전라도병마도절제사로 파견됐다. 1407년(태종 7) 삼군총제서로 명나라에 관마진헌을 위한 진헌관마색進獻官馬色이 설치되면서 그 제조를 겸임했다. 이어 황해도병마도절제사 겸 판해주목사에 기용됐고, 전국에 11도병마도절제사의 설치와 함께 다시 강원도병마도절제사에 서용됐다. 탁월한 무예로 태종의 신임을 받으면서 경·외의 군정에 많이 기여했다. 김계지의 아들, 곧 대제학공의 외손자인 김재金滓는 태종 8년 식년시 문과에 급제하여 이조판서에 이르렀다. 김재의 후손인 김동준金東準은 회와공(諱공신)의 외손자다.

김 관金灌, 1575년(선조 8)~졸년 미상. [선외가] 사의공(諱여집)의 배위이신 도강김씨의 아버님으로 귀음공(諱시진)의 처남. 자 옥이沃而, 호 명천鳴川. 출생지는 정읍 태인. 조부는 찬하정공(諱항)의 배위 할머니의 아버님이신 쌍백당雙栢堂 김원金元이며, 부친은 선무랑 사포서별제 김대립이다. 1615년(광해군 7) 식년시에 진사가 됐다. 광해군 때 과거 시험을 보러 한양에 갔을 때, 당시 대북파의 거두 이이첨이 도덕군자로 소문난 그를 만나려고 시험장으로 찾아왔으나 그는 임해군·유영경 등을 폐출시키고 강화부사를 시켜 영창대군을 죽게 만든 이이첨을 만나지 않으려고 그 자리에서 집으로 돌아왔다. 그 후 독서에 전념하면서 후학 양성에 힘썼다. 1627년(인조 5년) 정묘호란이 일어나자, 공주에서 양호호소사兩湖號召使(전라충청지방의 의병 소집책)로 있던 김장생의 휘하로 들어갔다. 정읍 칠보면 무성서원에 최치원·신잠申潛·정극인丁克仁·안세림安世琳·정언충鄭彦忠·김약묵金若默 등과 함께 배향됐다.

김광을金光乙, 생졸 미상. 고려 후기의 문신. [학맥] 본관은 강릉, 명주군왕 김주원金周元의 후손이다. 아들 김추金錘는 조선 초기의 문신으로 1392년(태조 1)에 공조판서를 역임했다. 1352년(공민왕 1)에 공을 세워 찬화공신(공민왕 때 일어난 홍건적의 난 진압에 공을 세운 공신)으로서 명주부원군溟州府院君 2등에 책봉됐고, 관직은 문하시중에 이르렀다. 전설에 의하면 이씨할머니가 귀미로 입향하신 1380

년(우왕 6)경, 사냥만 일삼는 아드님(諱사보)에게 '김주서金注書(김광을)가 멀지 않은 곳에 사니 네가 거기를 찾아서 지금까지의 버릇을 버리고 오로지 공부만 열심히 한다는 말을 김씨로부터 듣는다면 나는 다시 밥을 먹고 죽지 않겠다.'라고 질타했다는 일화가 있다. 주서는 그가 역임했던 관직명이다. 『옥천지』 등의 기록에 의하면 김주서가 귀미에서 거주한 때는 고려 말 공민왕 무렵이다. 강릉김씨 집안은 이로부터 조선 선조조까지 약 2백여 년, 여기서 8대에 걸쳐 많은 인물을 배출했다고 한다. 그가 살았던 곳은 얼마 전까지만 해도 주서동注書洞이라는 행정명칭으로 불렸다. [학맥] 김주서의 고손 김효간은 1489년(성종 20) 문과에 급제, 대사성을 지냈다. 그는 임피공(諱자첨)의 둘째 따님과 혼인함으로써 남원양씨 집안과 오랜 인연을 이어왔다. 강릉김씨 집안은 선조 이후 귀미에서 자취가 보이지 않는다.

김 구金矔, 생졸 연대 미상 [외손] 기묘명현인 십청헌十淸軒 김세필金世弼의 아드님이자, 좌랑공 諱공준公俊의 사위로 3남 1녀를 뒀다. 큰아들 원경은 별좌, 둘째 중경은 행별제에 증판서, 셋째 선경은 판관이다. 사위는 군수를 지낸 기묘명현 이연경의 아들 이호균李好均이다. 이호균의 아들 이광악李光岳은 임진왜란 후 선무공신3등으로 광평군廣平君에 봉해졌다 ▶ 김세필

김구용金九容, 1338(충숙왕 복위 7)~1384(우왕 10). 고려 후기의 문신. 본관은 안동. 자 경지敬之, 호 척약재惕若齋·육우당六友堂. 사장詞章으로 이름을 날렸으며 특히 시로 유명했다. 이색은 그의 시를 가리켜, '붓을 대면 구름이나 연기처럼 뭉게뭉게 시가 피어나온다'고 했다 한다. 『동문선』에 시 8편이 수록돼 있다. [楊씨유사] 대제학공의 절친한 벗으로 「고부 임지로 양지신사를 보내며送楊知申事以時之任古阜」라는 격려시와 「친구 양 대제학을 애도하며輓楊友大提學」라는 만사가 전한다.

김 균金畇, 1888(고종 25)~졸년 미상. 호 염재念齋. [楊씨유사] 「통정대부호조참의공(諱여균)묘표」, 「담재공(諱득희)묘갈명」, 「우산공(諱재주)묘갈명」, 「청파공(諱기영)묘갈명」, 「만포공(諱찬영)묘갈명」

김기종金起宗, 생졸 연대 미상. 외손 귀음공(諱시진)의 사위다. 그의 아들(귀음공의 외손자) 천정天挺의 자는 천휴天休, 호는 난전. 1679년(숙종 5) 식년시병과에 올라 찰방이 이르렀다. 김난전이 등과 후에 외조부(諱시진)가 대북당이었다는 모함을 받자 무송공(諱몽거)이 상소를 올려 적극적으로 해명함으로써 오해가 풀렸다. 귀음공은 대북당이 아니라 대북당의 모함(능창군추대사건)으로 모진 고문을 받고 유배지로 가다가 희생된 인물이다. 중산진사공(諱시익)의 사위인 조선 후기의 운학자 황신구는 김천정의 외증손이다.

김 단金湍, 선외가 의암공(諱오거) 배위 부안김씨의 친정아버지. 호는 수분와守分窩. 석계 최명룡崔命龍에게 배우고 부안 유천사柳川祠에 배향됐다. 부안김씨는 고려조에 중서시랑평장사를 지낸 문정공 김구金坵의 후예로 부안에서 세거했는데 일부가 조선 중엽에 남원으로 이거했다.

김대립金大立, 1550년(명종 5)~졸년 미상. 선외가 조선 중기 유학자 · 문신 · 의병. 찬하정공(諱항)의 배위 할머니와 남매이며, 귀음공(諱시진)의 배위 도강김씨의 친정아버님이시다. 자 신부信夫, 호 월봉月峰. 정읍 칠보 사람이다. 조선 개국원종일등공신인 김회련金懷鍊의 후손으로, 부친은 쌍백당雙栢堂 김원金元이다. 일재一齋 이항李恒의 문하에서 수학하여 도학道學이 고명하고 식견이 총민했으나, 여러 번 과장에 나가 실패하고, 뒤에 문행으로 천거되어 선무랑 사포서별제를 지냈다. 일찍이 호호정浩浩亭이란 정자를 짓고 노닐었는데 정여립이 이웃 고을인 금구에서 대동계를 운영하면서 교유를 청했으나 그를 피하려고 호호정을 허물어 버렸다고 한다. 1592년(선조 25) 임진왜란에 이정란과 함께 창의하여 의병을 모집, 행재소에 보냈다. 광해정난光海政亂 때는 동지와 결사하여 고현칠광古縣七狂을 자처하고 우울한 세월을 보냈다. 정읍 칠보면 무성리 송산사松山祠에 배향됐다. 1615년(광해 7) 진사에 오른 아들 김관金灌은 사의공(諱여집)의 장인이다.

김동준金東準, 1573(선조 6)~1661(현종 2). 외손 조선 후기의 문신. 회와공(諱공신)의 외손자이자 대제학공의 외손자인 김재金滓의 후손이다. 본관은 광산. 자 이식而

式, 호 봉곡鳳谷. 김장생 문인. 영창대군 살해와 인목대비 폐모사건이 일어날 무렵 전주에 있다가, 그곳 사람들이 광해군의 처사에 부화뇌동하는 소를 올리려 하자 죽음을 무릅쓰고 반대했다. 1617년 사마시에 합격하고, 1623년 인조반정 후 김장생의 추천으로 의금부도사가 된 뒤 감찰을 지냈다. 병자호란 때는 왕을 남한산성까지 호종했고, 오랑캐가 물러난 뒤 경기도 양성현감 · 감찰에 임명됐으나 나아가지 않았다. 전주 석계사石溪祠와 인봉사麟峯祠에 제향했다. [楊씨유사] 계당공(諱기沂) · 소세량과 가까이 지냈다.

김병국金炳國, 1825(순조 25)~1905(광무 9). 조선 말기의 문신. 본관은 안동. 자 경용景用, 호 영어穎漁. 이조판서 수근洙根의 아들이자, 병학炳學의 동생이다. [楊씨유사] 호은공(諱석룡)이 영면했을 때 「양진사를 애도하며輓楊上舍」라는 만장을 보내왔다. ➡ 김병학

김병기金炳冀, 1818(순조 18)~1875(고종 12). 조선 후기의 문신. 본관은 안동. 자 성존聖存, 호 사영思穎. 할아버지는 대제학 조순祖淳, 아버지는 판돈녕 영근泳根, 어머니는 윤치승尹致升의 딸이다. 영의정 좌근左根에게 입양됐다. [楊씨유사] 호은공(諱석룡)을 스승처럼 대접했다.

김병필金炳弼, 1839(헌종 5)~1870(고종 7). 조선 말기의 문신. 본관은 안동. 자 경량景良. 이장履長의 증손으로, 할아버지는 이순頤淳, 아버지는 영은부원군 문근, 철종비 명순왕후明純王后의 동생이다. [楊씨유사] 호은공(諱석룡)을 스승처럼 대접했다.

김병학金炳學, 1821(순조 21)~1879(고종 16). 조선 말기의 문신이자 세도가. 본관은 안동. 자 경교景敎, 호 영초穎樵. 이직履直의 증손, 할아버지는 인순麟淳, 아버지는 이조판서 수근洙根, 철종의 장인인 영은부원군 문근汶根의 조카이다. 준근浚根에게 입양됐다. [楊씨유사] 호은공(諱석룡)을 스승처럼 대접했다.

김사걸金士傑, [선외가] 모정공(諱희적)의 배위인 연안김씨의 친정아버님. 사헌부집의를 지냈다. 연안김씨는 계림군 김균金稛의 6세손으로 삼계면 일대에서 세거해 온 씨족이다.

김상헌金尙憲, 1570(선조 3)~1652(효종 3). 조선 중기의 문신. 본관 안동. 자 숙도叔度, 호 청음淸陰 · 석실산인石室山人 · 서간노인西磵老人. 아버지는 돈녕부도정 극효克孝, 어머니는 좌의정 정유길鄭惟吉의 딸이다. 우의정 김상용金尙容은 형. 효종이 북벌을 추진할 때 그 이념적 상징으로 '대로大老'라고 존경을 받았으며, 김육金堉이 추진하던 대동법에는 반대하고 김집金集 등 서인계 산림의 등용을 권고했다. [楊씨유사] 「奉使燕京別章(귀음공 휘 시진)」

김세기金世基, 생졸 연대 미상. [선외가] 반선정공(諱공말)의 배위 경주김씨의 친정아버지, 집의 김미金亹의 아드님이다. 판서 김충한金冲漢의 후예로 남원시 송동면 일대에 사는 씨족이다. 자세한 행적은 알려진 것이 없다.

김세필金世弼, 1473(성종 4)~1533(중종 28). [외손] 조선 중기의 문신 · 학자. 좌랑공(諱공준)의 둘째 따님의 시아버지(김구金礭의 부친). 1495년(연산군 1) 사마시, 같은 해 식년문과에 병과로 급제했다. 홍문관의 정자 · 박사를 거쳐 수찬이 되고, 이어서 사헌부지평에 올랐다. 1504년 갑자사화에 연루되어 거제도에 유배됐다. 정국일등공신 박원종의 외질녀사위로 중종반정 직후 풀려난 뒤 전한 · 형조참판 · 부제학을 지내고 외직으로 광주목사 · 전라도관찰사 · 대사헌 · 이조참판을 지내고, 1519년 사은사로 명나라에 다녀왔다. 그해 겨울, 능주에 유배 중인 조광조를 사사하자, 임금의 처사가 부당하다고 규탄하다가 장배杖配됐다. 1522년 풀려났으나 다시는 벼슬에 나가지 않고 고향으로 내려가서 십청헌十淸軒을 짓고 후진을 교육했다. 시호는 문간文簡.

김 순金巡, 생졸 연대 미상. [선외가] 돈재공(諱사泗)의 배위이신 연안김씨의 친정아버지. 1522년(중종 17) 식년시 생원. 자는 순지巡之, 주부를 지냈다. 병조판서 김여지金汝知의 후예다.

김시서金時瑞, 1652년(효종 3)~졸년 미상. 자 휴징休徵, 호 자연당自然堂. 본관은 울산. 김인후의 5세손이다. 복흥면 사창에 살았는데 성리학에 조예가 깊었고, 시문에 능하여 산수를 즐겼으므로 따르는 벗들이 많았다. [楊씨유사] 최락당공(諱정기)과 교의가 깊었다. 어은공과 함께 화산서원에 배향됐다.

김약묵金若默, 1500년(연산군 6)~1558년(명종 13). 조선 전기의 문신. 본관은 도강. 자 태용太容, 호는 성재誠齋. 쌍매당공의 원배이신 광산김씨의 처이숙이다. 1540년(중종 35)에 별시 문과에 을과로 급제하여 사록司錄 · 전적 · 감찰, 형조 · 예조의 좌랑과 직강直講 등을 지냈다. 1552년(명종 7) 한산군수가 됐을 때 검소하고 근면한 관리로 표창을 받고, 이듬해 다시 선정을 베풀었다 하여 표창을 받았다. 그 뒤 집의 · 사성 · 내자시정을 거쳐, 1557년 양주목사를 역임했다. 학행으로 이름을 날렸고 김인후 묘지명을 지었다. 정읍시 칠보면의 무성서원에 배향됐다.

김영한金甯漢, 1878년(고종 15)~1950년. 조선 말기 문신. 자 기오箕五, 호는 급우재及愚齋 · 동강東江 · 본관 안동. 공주군 공암리에서 살았다. 김싱힌의 13세손으로, 고조부는 공조참판 증영의정 김연근金淵根, 증조부는 순조의 3녀 복온공주와 혼인한 창녕위昌寧尉 김병주金炳疇다. 1894년(고종 31) 열일곱의 나이로 식년시 진사에 올라 영릉참봉 · 용인군수 · 양근군수를 역임했고, 1903년(광무 7)에는 어진을 모셔 평양에 봉안했다. 그해 9월 비서원승秘書院丞에 제수되고, 헌종 계비 효정왕후의 혼전인 효혜전孝惠殿의 향관享官에 차정됐다. 1905년(광무 9) 을사늑약 이후 세상에 대한 뜻을 접고 벼슬에 나아가지 않았다. [楊씨유사] 「한림공(諱자유)묘갈」, 「통정대부첨추공(諱진우)묘갈명」, 「감역예암공(諱재영)묘표」

김　원金元, [선외가] 찬하정공(諱항)의 배위인 도강김씨의 친정아버님이자 사의공(諱여집)의 처조부. 정읍 칠보면 일대에 세거하는 성씨다.

김원행金元行, 1702년(숙종 28)~1772년(영조 48). 조선 후기의 문신 · 학자. 본관은 안동. 자 백춘伯春, 호 미호渼湖 · 운루雲樓. 아버지는 승지 제겸濟謙인데 당숙인 숭겸崇謙에게 입양되어 창협昌協의 손자가 됐다. 나라에서 정통 학자로 추대되었으며 문하에서는 수많은 순수 성리학자들이 배출됐다. 실학자 홍대용 · 황윤석 등이 대표적 문인이다. [학맥] 돈와공(諱종해) · 경암공(諱종을) · 담재공(諱득희)의 스승이다.

김인후金麟厚, 1510(중종 5)~1560(명종 15). 조선 중기의 문신 · 학자. 전라남도 장성 출신. 본관은 울산. 자 후지厚之, 호는 하서河西·담재湛齋. 김안국金安國에게서 『소학』을 익혔다. 1531년 사마시에 합격하고 성균관에 입학했는데, 이때 이황李滉과 교의를 맺고 함께 학문을 닦았다. 1540년 별시문과에 급제하여 권지승문원부정자·홍문관저작을 거쳐 세자시강원설서·홍문관부수찬이 되어 세자를 보필하고 가르치는 직임을 맡았다. 기묘사화에 희생된 제현諸賢의 원한을 개진하여 문신으로서 본분을 다했다. 그 해 부모의 봉양을 위해 옥과현감으로 나갔다. 1544년(중종 39) 중종이 죽자 제술관으로 서울에 올라왔으나, 1545년(인종 1) 인종 승하 후 을사사화가 일어나자, 병을 이유로 고향인 장성에 돌아가 성리학 연구에 전념하다가 순창으로 옮겨 살았다. 시문에 능해 10여 권의 시문집을 남겼으나 도학에 관한 저술은 많지 않다. 『하서집』·『주역관상편周易觀象篇』·『서명사천도西銘事天圖』·『백련초해百聯抄解』 등이 있다. 문묘에 배향된 18현 가운데 호남 유일의 인물이다. [楊씨유사] 「追詠光霽亭(매당공 휘 돈)」, 「次白雲居士(반선정공 휘 공말)世梅軒韻」, 「次伴仙亭韻(반선정공 휘 공말)」. 소세양, 백광홍, 임억령, 정희렴 등과 함께 반선정(諱공말이 지은 정자)에서 노닌 유현이다. 어은공과 함께 화산서원에 배향됐다.

김재석金載石, 1895(고종 32)~1972 본관은 울산. 호 월담月潭. 복흥 태생으로 전우田愚의 문인. [楊씨유사] 「지곡(諱병운)기芝谷記」

김 정金淨, 1486(성종 17)~1521(중종 16). 조선 전기의 문신·학자. 본관은 경주. 자 원충元冲, 호 충암冲菴·고봉孤峯. 보은 출신. 1507년 증광 문과에 장원으로 급제해 성균관전적·수찬·정언에 이어 병조정랑·부교리·헌납·교리·이조정랑 등을 거쳐 1514년에 순창군수를 부임했다. 이때 왕의 구언求言(정치에 도움이 되는 말이나 글)에 따라 무안현감 유옥(창주공 휘 諱시성의 처증조부), 담양부사 박상과 함께 폐출된 중종의 원비 단경왕후 신씨愼氏의 복위를 주장하고, 아울러 신씨 폐위의 주모자인 박원종 등을 추죄할 것을 상소했다가 왕의 노여움으로 고향에 안치됐으나 조광조 등의 언론 활동으로 풀려났다. 그 후 기묘사화에 조광조와 같이 연좌되어 금산에 유배됐다가 제주도에 이배돼 죽음을 맞이했다. [楊씨유사] 어은공과 함께 화산서원에 배향됐다.

김정언金廷彦, 생졸 연대 미상. 자 공미公美, 나주에서 살았다. [선외가] 쌍매당공(諱사민)의 배위 광산김씨의 아버님. 당시 순창에 살았던 윤임형尹任衡의 사위. 윤임형은 진사에 합격하고 음직으로 진안현감을 지냈는데, 세 딸이 김인후, 김약묵, 김정언에게 각각 출가했다. 그러므로 광산김씨께서는 윤임형의 외손녀이자 김인후의 처이질녀가 된다.

김천일金千鎰, 1537(중종 32)~1593(선조 26). 조선 중기의 문신 · 의병장. 본관 언양. 자 사중士重, 호 건재健齋. 나주 출신. 이항李恒의 문인으로, 김인후 · 유희춘 등과 교유했다. 임진왜란이 일어나자 의병장이 되어 진주성으로 진격, 전세가 절망적인 방향으로 치닫자 아들 상간象幹을 안고 촉석루 앞 남강에 몸을 던져 장렬하게 순절했다. [楊씨유사] 어은공과 함께 화산서원에 배향됐다.

김택술金澤述, 1884(고종 21)~1954. 유학자. 본관은 부안. 자 종현鍾賢, 호 후창後滄. 일곱 살 때 마을서당에서 수학, 15세경에 사서삼경을 통달했다고 한다. 1900년 전우田愚를 사사하여 학문의 대도를 배웠는데, 이때 '후창'이라는 호를 받고, 창동처사滄東處士라 했다. 서른두 살에 할머니와 어머니가 함께 죽었을 때, 3년간 시묘해 포로고행圃老高行이라는 칭송을 받았다. 나라가 일제에 강점된 뒤에 큰아들을 학교에 입학시키라는 강요를 뿌리치고, 단발령과 창씨 개명을 거부함으로써 배일당排日黨으로 됐다고, 일제의 배급을 받지 않고 솔잎과 감자로 연명했다. [楊씨유사] 「선무랑공(諱여괄)묘표」, 「성암공(諱원영)행장」

김효간金孝侃, 생졸 연대 미상 [외손] 임피공(諱자첨)의 큰사위이다. 본관 강릉. 자 언형彦衡. 아버지는 김박金博. 1489년(성종 20년) 식년시 병과로 급제하여 성균관대사성을 지냈다. 함평공의 스승인 주서 김광을金光乙의 고손이기도 하다. 응두應斗라는 아들이 있다.

노석승盧錫升, 1781년(정조 5)~?. 본관 풍천. 옥계 노진의 후예로 관전리에서 살았다. [학맥] 경암공(諱종을)의 문하다. 문장에 능해 명성이 자자했으나 일생은 진사로 그치고 벼슬에는 나아가지 않았다. [楊씨유사] 「관전제각상량문」, 「돈와진사공

(諱종해)행장」

노석장盧錫璋, 1769년(영조 45) 출생. 호 서하西河. 1819년(순조 19년) 식년시 생원, 본관 풍천. 자세한 행적은 알려진 것이 없다. 楊씨유사 「찬하정공(諱항)묘갈」

노 진盧禛, 1518(중종 13)~1578(선조 11). 선외가 조선 중기의 문신. 화양공(諱여매)의 처증조부이자 초로공(諱운거)의 처고조부다. 이렇게 해서 노진의 후손은 통덕랑공 형제의 배위할머니와 함께 네 분이 우리 집안에 들어오시는 경사를 이뤘다. 본관은 풍천, 자 자응子膺, 호는 옥계玉溪 · 칙암則庵으로 함양 출신이다. 공은 평소에 기대승 · 노수신 · 김인후 등의 학자들과 도의道義로 교유했다. 효로써 정려가 세워졌고, 남원의 창주서원, 함양의 당주서원에 제향됐으며, 시호는 문효文孝다. 『옥계문집』이 전한다. 학맥 쌍매당(諱사민)과 어은공(諱사형) 형제분의 스승이다.

능양군 이종綾陽君 李倧, 1595(선조 28)~1649(인조 27. 재위 1623년~1649년). 조선의 제16대 임금인 인조. 자 천윤天胤 · 화백和伯, 호는 송창松窓. 선조의 서손이었으나 첫 손자로 할아버지 선조의 특별한 총애를 받았다. 구성具宬의 문인이다. 신경희의 옥사로 동생 능창군이 위리안치 된 후 자진하고, 아버지 정원군마저 화병으로 세상을 떠나자 복수를 다짐, 반정을 일으키고 즉위했다. 이후 친명반청 정책을 추진하다가 정묘호란과 병자호란의 빌미를 제공했다. 병자호란 이후 청나라에 볼모로 잡혀간 장남 소현세자가 베이징에 온 천주교 선교사와 서양의 문물을 접하고 청나라에 호의적인 자세를 보이자, 귀국 후 소현세자를 독살하고 세자빈 강씨와 손자들에게 역시 사약을 내렸다. 재위하는 동안 1623년 3월부터 1647년 4월까지 친정했고 한때 1624년 2월 이복 숙부 흥안군興安君 이제李瑅가 실권 탈취를 기도한 바 있으며 1647년 4월부터 1649년 5월 승하할 때까지 차남 봉림대군이 왕세자 신분으로 대리청정했다. 인조 이후로 명나라처럼 청나라에서도 장목왕莊穆王이라는 시호를 내렸으나 청나라와의 외교문서 이외에는 사용하지 않았다. 楊씨유사 인조반정의 성공으로 '능창군추대사건'에 연루돼 9년 동안 유배 중이던 성천공(諱시우)이 풀려났고, 종성으로 귀향 가던 중 고문 후유증과 여독으로 숨을 거둔 귀음공(諱시진)의 명예가 회복됐다. 조정(효종조)에서는 귀음공위 배위 도강김씨에게 효열의 정려를 내렸다.

능창군 이전綾昌君 李佺, 1599(선조 32)~1615(광해군 7). 인조반정으로 조선의 16대 왕위에 오른 능양군 이종의 친동생이자 능풍군의 이복동생이다. 가계상 고종의 친조부 남연군의 생7대조이다. 어머니는 구사맹의 딸 계운궁 구씨이다. 생부가 정원군이었으나, 아들 없이 사망한 선조의 넷째 서자이자 동복 큰아버지인 신성군의 양자가 되어 큰어머니이면서 양어머니인 군부인 신씨가 그를 양육했다. 따라서 신입은 양외조부가 되고, 신경진. 신경희는 양외삼촌이 된다. 정원군과 신성군 모두 인빈 김씨 소생이다. 능창군은 어려서부터 재주와 지혜가 뛰어나고, 외모도 훤칠했으며 궁마술에 능해 말타기와 활쏘기를 잘했다 한다. 독서를 즐겨했으며 별칭이 현공자賢公子. 1601년 세 살 나이로 능창수綾昌守에 책봉됐으며 11년 후 1612년 열네 살 나이로 겨울에 능창군으로 개봉됐고 광해군 때 왕이 되고자 한다는 고변에 따라 역모로 몰려 교동에 위리안치 된 후 스스로 목을 매 자진했다. [楊씨유사] 이 사건으로 우리 집안의 귀음공(諱시진)은 함경도 종성으로 유배 가던 중 세상을 떴고, 성천공(諱시우)은 9년 동안을 유배지 함경도 삼수에서 보냈다.

민정중閔鼎重, 1628(인조 6)~1692(숙종 18). 조선 후기의 문신. 본관 여흥. 자 대수大受, 호 노봉老峯. 민유중의 형으로 인현왕후의 백부가 된다. 아버지는 강원도 관찰사 민광훈閔光勳, 서인의 지도자 송시열의 문인이다. 윤휴 · 허목 등의 정계 입문을 적극 지원하기도 했던 그는 예송 논쟁을 거치면서 남인에게도 열린 자세를 견지한 이전의 포용력을 버리고, 경신대출척庚申大黜陟(1680 · 숙종 6년, 서인이 반대파인 남인을 몰아내고 권력을 잡은 사건)을 전후하여 남인을 척결하는 데 앞장섰다. 흥선대원군의 외할아버지 민경혁은 그의 4대손이다. [楊씨유사] 당대 정계의 거물이었던 민정중은 무과에 급제한 곤양공(諱오거)을 발탁해 적극 지원했다.

박두양朴斗陽, 1854(철종 5)~?. 조선 말기 문신. 자 건칠建七. 본관은 반남. 부친은 박제만朴齊萬, 모친은 이창신李昌新의 딸. 1874년(고종 11) 증광시에 문과 병과로 급제했다. 1880년(고종 17) 5월에 홍문록에 올랐고, 같은 해 6월에는 도당록都堂錄에 올랐다. 관직으로는 세자시강원설서 · 승정원가주서 · 예문관검열 · 사간원정언 · 홍문관부교리 · 홍문관수찬 · 사헌부헌납 · 홍문관부응교 · 홍문관응교 · 세자시강원 겸 필선 · 규장각직각 등을 역임했다. [楊씨유사] 율계공(諱재홍)의 제자

박 상朴祥, 1474(성종 5)~1530(중종 25). 조선 중기의 문신. 본관 충주. 자 창세昌世, 호 눌재訥齋. 1515년 순창군수 김정과 함께 중종반정으로 폐위된 단경왕후 신씨의 복위를 주장하고, 박원종 등 3훈신勳臣(성희안 · 유순정과 함께 중종반정 3대장으로 불리는 인물)이 임금을 협박해 국모를 내쫓은 죄를 바로 잡으라고 청하다가 중종의 노여움을 사서 남평의 오림역烏林驛으로 유배됐다. 1516년 방면되어, 의빈부도사 · 장악첨정, 상주와 충주의 목사 등을 지냈다. 청백리에 녹선됐으며, 성현 · 신광한 · 황정욱 등과 함께 서거정 이후 한문학 4가四家로 칭송된다. 조광조는 그의 신씨 복위 상소가 강상綱常을 바로잡은 충언이었다고 극구 칭찬했다. [楊씨유사] 어은공(諱사형)과 함께 화산서원에 배향됐다.

박 순朴淳, 1523(중종 18)~1589(선조 22). 조선 중기의 문신. 본관은 충주. 자 화숙和叔, 호 사암思菴. 기묘명현 박상朴祥의 조카로 나주 출신이다. 서경덕에게 배워 성리학에 두루 통했으며, 특히 『주역』에 대한 연구가 깊었다. 중년에 이황李滉을 사사했고, 만년에 이이 · 성혼과 깊이 사귀어 '이 세 사람은 용모는 달라도 마음은 하나이다.'라고 할 정도였으며, 동향의 기대승과도 교분이 두터웠다. 성균관전적 · 홍문관응교 · 성균관사성 · 이조참의 · 대사헌 · 예조판서 · 우의정 · 좌의정을 역임했다. 붕당정치 초기에 서인의 원로 대접을 받았다. 시호는 문충文忠. [楊씨유사] 우리 집안에서 세운 서룡사 배향됐으나 주벽(주장이 되는 위패)문제로 귀암공의 위상과 다투다가 충주박씨측에서 신주를 회수해 갔다. 충주박씨는 이를 계기로 서룡사를 훼철하라고 조정을 압박했다.

박중우朴仲愚, 생졸 연대 미상. [선외가] 귀암공(諱배)의 장인이자 아악공신 박연의 아들이

다. 제용감직장을 지냈다. 박연의 사패지가 익산에 있었으므로 둘째 아들인 박중우가 이곳으로 이주했으나 후사가 없어 귀암공이 향화(제사)를 이었다. 1920년대 박중우의 후예가 나타나 묘를 창원으로 옮기고 제사권을 인수해 갔다.

방원정房元井, 1593(선조 26)~1652(효종 3). 외손 조선 중기 문신 · 학자. 자는 이정而淨, 호 지족와知足窩. 본관 남양. 방덕화房德驊와 쌍매당(諱사민)의 따님 사이에서 태어났다. 창주공(諱시성)의 절친인 오정길吳廷吉에게 배웠고, 1624년(인조 2) 이괄의 난이 일어났을 때 분개하여 의병과 군량을 모아 전주에 이르렀다. 1636년(인조 14) 병자호란 때 의병을 일으켜 청주에서 적을 격파하고 과천에 이르러 야간공격을 감행하여 적을 무찔렀으나 강화 소식이 전해지자 의병을 해체했다. 1646년(인조 24) 문과에 급제한 후 삼례찰방에 임명되어 백성들에게 선정을 베풀었으며, 국가 시장市場정책의 허점을 지적하며 시장경제를 바탕으로 나라가 부강해지도록 하자고 주장했다.

백광홍白光弘, 1522(중종 17)~1556(명종 11). 조선 중기의 문인. 이달 · 최경창과 더불어 3당시인으로 불렸다. 본관은 해미. 자 대유大裕, 호 기봉岐峯. 장흥 출생. 아우 백광안白光顔과 백광훈白光勳, 종제 백광성白光城 등 한 집안 4형제가 모두 문장이라는 평판을 받았다. 그의 「관서별곡」은 정철이 지은 가사 「관동별곡」보다 25년이나 앞선 작품으로 기행가사의 효시가 됐다. 楊씨유사 「次伴仙亭(諱공말)韻」

변사정邊士貞, 1529(중종 24)~1596(선조 29). 조선 중기의 의병장. 본관 장연. 자 중간仲幹, 호 도탄桃灘. 이항李恒의 문하에서 수업했고, 1583년 학행으로 천거돼 경기전참봉이 됐다. 1592년 임진왜란이 일어나자 남원에서 2,000여 명의 의병을 모집, 정염丁焰 · 어은공(諱사형) · 모정공(諱희적) 등에 의하여 의병장으로 추대됐다.

서광필徐光弼, 자세한 행적은 알려진 것이 없다. 楊씨유사 「효열부진주강씨(諱석원의 배위)묘갈명」

설흥국薛興國, 호가 옥천玉川이라는 것 말고는 알려진 행적이 없다. 楊씨유사 「돈암공(諱사선)유사」

소봉선蘇奉善, 생졸 연대 미상. 자 희고希古. 본관 진주. 1543년(중국 38). 생원시에 합격했다. [선외가] 진사공(諱사헌)의 장인으로 돈암공(諱사선)의 배위, 곧 맏형수와 같은 집안이다.

소세량蘇世良, 1476(성종 7)~1528(중종 23). [외손] 조선 중기의 문신. 귀암공(諱배)의 사위. 본관 진주. 자 원우元佑, 호는 곤암困菴 · 병암屛巖. 1507년(중종 2) 동방 급제한 좌찬성 소세양蘇世讓의 형. 1496년(연산군 2) 생원시를 거쳐 성균관에 들어가 명유들과 교유했다. 사서삼경은 물론 소설小說(민간에 떠도는 자질구레한 이야기) · 불경佛經에 이르기까지 통하지 못하는 것이 없었고 문장과 글이 물 흐르듯 막힘이 없었다고 한다. 1507년(중종 2) 식년문과에 병과로 급제, 예문관 검열에 등용된 뒤 홍문관수찬, 사헌부의 지평 · 장령, 홍문관의 · 응교 · 직제학 등을 거쳐 사간 · 좌부승지 · 동부승지 등을 역임하고 1524년 대사간에 승진됐다가 부모의 봉양을 위하여 남원부사를 자원했다. 이때 과중한 업무로 인해 임지에서 죽었다. [楊씨유사] 공의 배위이신 양씨(1478~1549)께서는 조선 전기의 정렬貞烈로 이름이 자자했다. 양씨께서는 시집올 때 가져온 혼수 일부를, 생활이 어려운 시부모님께 드리고, 패물은 시누이와 시동생에게 고루 나눠줬다. 남편 병암공이 첫 벼슬길에 올라 서울에서 지낼 때는 살림이 옹색해도 구차한 빛을 띠지 않았고, 조카 순巡을 친 자식처럼 돌봐 듣는 사람마다 감탄했다고 한다. 1524년(중종 19) 대사간으로 있던 병암공은 부모 봉양을 위해 남원부사를 자원했다. 남원부사 시절, 양씨께서는 친족들이 찾아오기라도 하면 개인적인 일로 공사를 어지럽히는 일이 없도록 당부하기도 했다. 병암공이 과로로 쓰러지자 자진하려 했던 미망인은 시모께서 살아계셨으므로 차마 뒤따르지 못했다. 병암공의 상여가 남원성문을 나서자 백성들이 통곡하면서 많은 부의를 했다. 장례를 마친 뒤 양씨께서는 아들에게 '군자君子는 상비喪費를 가사에 보태는 법이 아니다. 아버지께서 구례求禮에서 치상하실 때 베풀었던 것처럼 어려운 사람들에게 적선하라'고 일깨웠다. 양씨께서는 평생토록 아들들에게 늘

아버지 유지를 받들어 청빈하게 살라고 강조했고, 1537년(중종 32) 3남 봉逢이 부제학에 제수되자 슬픈 낯빛으로 '네 아버님은 일생을 삼가고 청렴하게 사셨지만 직위가 덕에 맞았다. 너는 나이가 젊고 덕이 아버지에게 미치지 못한데 직위가 오히려 높으니 불행한 일이요, 숙부蘇世讓는 대제학이고 조카는 부제학이어서 흉흉한 세상에 시기하는 자가 없을 수 없다.'라고 하여 물러나게 했다. 이에 숙부 소세양도 연로한 어머니 봉양을 이유로 사임했다. 양씨께서 세상을 뜨자, 조카 순은 어육을 입에 대지 않고 채식으로만 3년상을 치렀다고 한다. 순의 따님은 돈암공 휘 사선의 배위로 우리 집안에 들어오셨다. 소세량 · 세양 형제는 우리 양씨와 깊이 교유했다.

소세양蘇世讓, 1486(성종 17)~1562(명종 17). 조선 중기의 문신. 본관은 진주. 귀암공의 사위인 소세량의 동생이다. 자 언겸彦謙, 호 양곡陽谷 · 퇴재退齋 · 퇴휴당退休堂. 형조 · 호조 · 병조판서를 역임했다. [楊씨유사] 「次伴仙亭韻(반선정공 諱공말)」을 읊으며 김인후 · 소세양 · 백광홍 · 임억령 · 정희렴 등과 함께 휘 공말의 반선정에서 노닐었다

소　순蘇巡, 생졸 연대 미상. [선외가] 돈암공 배위이신 진주소씨의 친정아버지. 1519년(중종 14) 기묘 식년시 진사로 첨사 소세온蘇世溫(소세양의 형)의 아드님이다. 진주소씨는 익산과 남원에 세거하는 씨족이다. 공의 큰어머님이 귀암공(諱배)의 따님이시다. ➡ 소세량

송규헌宋奎憲, 1870년(고종 7) 출생. 본관 은진. 1891년(고종 28) 식년시 진사방에 오르고 이듬해 별시 문과로 급제했다. 자세한 행적은 알려진 것이 없다. [楊씨유사] 「농은공(諱여감)묘갈명」, 「진사공(諱시익)묘갈명」

송명흠宋明欽, 1705(숙종 31)~1768(영조 44). 조선 후기의 문신 · 학자. 본관 은진. 자 회가晦可, 호 역천櫟泉. 이재의 문인. 사화를 피하여 낙향하는 아버지를 따라 옥천 · 도곡塗谷 · 송촌宋村 등지로 옮겨 다니며 살았다. 뒤에 학행으로 추천되어 충청도도사 · 지평 · 장령 등이 제수됐으나 나아가지 않았다. 1754년(영조 30) 특별히 서연관書筵官을 제수하여 별유別諭를 내리기까지 했으나 역시 사양

했다. 1755년 옥과현감으로 나아갔다가 모친상을 당하여 사직하고 3년상을 마친 뒤, 집의·승지·참의 등의 벼슬이 주어졌으나 모두 나아가지 않았다. 만년에 정국이 다소 안정되면서 1764년 부호군에 임명되고 찬선贊善으로 경연관이 되어 정치문제를 논의하는 가운데 영조의 비위에 거슬리는 발언으로 파직됐다. 시호는 문원文元. 楊씨유사 「귀음공(諱시진) 묘갈」글씨, 이재가 지은 낙하정공(諱시면)의 비석 글씨를 썼다.

송병선宋秉璿, 1836(헌종 2)~1905(광무 9). 조선 말기의 학자·순국지사. 본관은 은진. 자 화옥華玉. 호 연재淵齋, 시호 문충文忠. 충청도 회덕 출생. 송시열의 9세손이며, 송병순宋秉珣의 형이다. 큰아버지인 달수에게서 동생과 함께 성리학과 예학을 익혔다. 조정에서는 그의 학문과 명성을 듣고 여러 번 불렀으나 나아가지 않고 독서와 제자양성에만 몰두했다. 1905년 11월 일제가 을사늑약을 체결하고 국권을 박탈하자 두 차례의 「청토흉적소請討凶賊疏」를 올렸다. 그러나 이에 대한 비답이 없자 상경하여 고종을 알현하고 을사오적을 처형할 것, 현량賢良을 뽑아 쓸 것, 기강을 세울 것 등의 십조봉사十條封事를 올렸다. 을사늑약에 대한 반대운동을 계속 전개하려 했으나 경무사 윤철규尹喆圭에게 속아 납치되어 대전으로 호송됐다. 그해 음력 12월 30일 국권을 강탈당한 데 대한 통분으로, 황제와 국민과 유생들에게 유서를 남겨 놓고 세 차례에 걸쳐 다량의 독약을 마시고 자결했다. 유서에서 을사오적 처형, 을사늑약 파기 및 의義로써 궐기하여 국권을 회복할 것을 호소했다. 죽은 뒤 의정議政에 추증됐다. 학맥 심주공(諱석모)·성암공(諱원영)의 스승. 楊씨유사 「귀암정기龜巖亭記」

송병순宋秉珣, 1839(헌종 5)~1912(일제강점기). 순국지사. 본관은 은진. 자 동옥東玉, 호 심석재心石齋. 충청도 회덕 출신. 을사년 겨울에 순절한 송병선의 아우다. 뛰어난 학행으로 많은 사람들의 신망을 받아 서연관으로 임명됐으나 나아가지 않았다. 그 뒤 영동군 학산면 활산에 강당을 세우고 많은 문인들을 지도·계발하여 천리를 밝히고 민족의식을 고취시키는 데 진력했다. 1905년 형 병선이 강제로 체결된 을사늑약을 파기하기 위해 활동하다 순절하자 그해 11월「토오적문討五賊文」을 지어 전국의 유림에게 배포하며, 민족정기를 드높이고 국권을 회복할 것을 호소했다. 1910년 경술국치를 당하자 "나라를 위하는 충성과 겨레를 사랑하는 마음에는 순국하는 길밖에 없다." 하고 그해 9월 5일 강당 위 서산의 높은 봉우리에 올라 투신자살을 기도했다. 그때 마침 문인 김용호金龍浩가 뒤에서 껴안아 실패하자, 그 뒤 두문불출하고 망국의 슬픔을 시로써 달래었다. 1912년 일제가 회유책으로 경학원經學院 강사에 임명했으나 이를 거절하고, 대의를 지켜 순국할 것을 결심, 유서를 남긴 뒤 독약을 먹고 자결했다. [楊씨유사] 「귀암정차운」(귀암공 휘 배), 「귀암정」편액 휘호, 「돈암공(諱사선)묘비음기」, 「진사삼성당공(諱회영)묘표」, 「처사조은공(諱석규)묘갈명」

송증헌宋曾憲, 1878(고종 15)~1947. 본관 은진. 자 원효元孝, 호 후암後菴. 송병수의 아들. 큰아버지 송병선에게 수학했다. 어려서부터 남다른 기개와 학문적 조예로 존경을 받았다. 아버지의 글을 편집하여 『심석재문집』을 간행했다. [楊씨유사] 「성암공(諱원영)묘표」

송환기宋煥箕, 1728(영조 4)~1807(순조 7). 조선 후기의 문신 · 학자. 본관 은진. 자 자동子東, 호 심재心齋 · 성담性潭. 송시열의 5대손. 남달리 총명하여 어릴 때부터 『태극도설』 · 『역학계몽』 · 『가례』 등을 배웠다. 사도시주부司䆃寺主簿 · 사헌부지평 · 사헌부장령 · 군자감정을 거쳐 진산군수가 됐으나 병을 핑계로 사직했다. 1807년(순조 7) 형조참의 · 예조참판, 1808년 공조판서, 1811년 의정부우찬성에 올랐다. 당시 심성心性의 변辨으로 성리학계에서 논쟁을 벌일 때 한원진韓元震의 주장을 지지했다. 학덕을 겸비하여 조야의 존경을 받았으며, 문하에 많은 선비가 모여들었다. 시호는 문경文敬. [楊씨유사] 「증좌승지최락당공(諱정기)묘갈명」

신경준申景濬, 1712(숙종 38)~1781(정조 5). 조선 영조 때 실학자. 본관 고령. 자 순민舜民, 호 여암旅菴. 신숙주의 아우 말주末舟의 12대손. 1754년(영조 30)에 비로소 향시, 그해 여름 증광시에 을과로 급제했다. 그 후 정언 · 장령 · 현감 등을 역임한 다음 1769년(영조 45) 종부시정이 되어 강화의 선원각璿源閣을 중수한 뒤 일단 고향에 돌아갔다가 승지 · 북청부사 · 순천부사 · 제주목사 등을 역임하고 귀향해 1781년(정조 5) 일흔 살을 일기로 일생을 마쳤다.『운해훈민정음韻解訓民正音』(세칭 훈민정음운해) ,『산경표』 등의 탁월한 저서를 남겼다. 楊씨유사 순창 출신이었으므로 우리 선조들과 친교가 깊었다. 백수공(諱응수)보다 12년 연하지만 각별한 사이였다. 학문적으로는 두 분의 방향이 달라 강론과 문답에 관한 사적은 없다. 우리 문중에 남긴 글로는「산인동기」(諱배 · 돈),「진사화양공(諱여매)묘갈명」, 「승의랑공(諱처기)행장」, 「묵재공(諱진갑)행록」, 「열부김씨(諱정堉의 배위)행장」 등이 있다.

신경희申景禧, 1561(명종 16)~1615(광해군 7). 조선 중기의 문신. 본관은 평산. 기묘명현 신상申鏛의 증손, 아버지는 신급申礏, 도순변사 신립申砬의 조카. 1588년(선조 21) 음보로 임관됐다. 이듬해 '정여립의 난' 때 그 일당인 선홍복宣弘福을 붙잡은 공로로 6품직에 발탁되어 1591년 제용감주부가 됐다. 1593년 고산현감으로 도원수 권율의 휘하에 종군하여 공을 세우고 같은 해 행주산성의 대첩보大捷報를 제일 먼저 왕에게 보고했으며, 면천군수와 중화부사 등을 역임했다. 1605년 재령군수로 재직 중 순변사 이일李鎰의 종사관 윤섬尹暹을 사칭하며 도당을 모아 횡행하던 윤세침尹世沈을 붙잡아 중앙에 보고할 때 공명심으로 장계를 날조한 사실이 발각되어 삭직과 함께 문외출송(사대문 밖으로 쫓겨남)의 처벌을 받았다. 楊씨유사 뒤에 용서되어 1611년(광해군 3) 수안군수에 등용됐으나, 1615년 귀음공(諱시진) · 성천공(諱시우) · 김정익金廷益 · 소문진蘇文震 등과 반역을 모의하여 능창군 전佺을 추대하려 했다는 소명국의 무고로 장살됐다.

신공제申公濟, 1469(예종 1)~1536(중종 31). 조선 중기의 문신. 본관 고령. 자 희인希仁, 호 이계伊溪. 신말주의 손자. 1495년(연산군 1) 증광문과에 병과로 급제, 홍문관부제학 · 호조참판 · 이조판서 등을 역임했고, 1528년(중종 23) 좌참찬, 이해 겨울에 호조판서 겸 세자좌부빈객을 거쳐, 1536년 동지중추부사를 지냈다. 순창의 자연을 사랑하여 정자를 짓고 스스로 '이계주인伊溪主人'이라 했는데, 그의 호는 여기에서 비롯됐다. 시호는 정민貞敏. 楊씨유사 어은공(諱사형)과 함께 화산서원에 배향됐다.

신말주申末舟, 1429(세종 11)~1503(연산군 9). 조선 전기의 문신. 본관 고령. 자는 자집子楫, 호는 귀래정歸來亭. 신숙주申叔舟의 동생. 1454년(단종 2) 생원시에 합격하고, 같은 해 식년문과에 정과로 급제하여 벼슬이 대사간에 이르렀다. 성격이 조용하고 담담하여 벼슬하기를 즐기지 않았다. 단종이 왕위를 찬달당하고 이후로 벼슬을 사임하고 물러나 순창에 살면서, 귀래정을 지어 산수를 즐겼다. [楊씨유사] 어은공(諱사형)과 함께 화산서원에 배향됐다.

신석희申錫禧, 1808(순조 8)~1873(고종 10). 조선 후기의 문신. 본관 평산. 자 사수士綏, 호 위사韋史. 시호 효문孝文. [楊씨유사] 호은공(諱석룡)을 스승처럼 대접했다.

신선흡申善潝, 1675(숙종 1)~1731(영조 7). 자 패연沛然. [선외가] 백수공(諱응수)의 배위이신 고령신씨의 아버님이시다. 고령신씨는 장성에서 살다가 순창 남산대로 이거한 집안이다. 세조 때 절의로 이름 높은 대사간 귀래정 신말주의 후예로, 어은공(諱사형)과 함께 화산서원에 배향된 이조판서 신공제는 신말주의 손자, 영조조 실학의 대가로 「산인동기」, 『산경표』를 남긴 여암 신경준은 그 후손이다. [楊씨유사] 남산대 신씨는 우리 집안과 대대로 세교를 맺어온 명문이다.

신 흠申欽, 1566(명종 21)~1628(인조 6). 조선 중기의 문신. 본관은 평산. 자는 경숙敬叔, 호는 현헌玄軒 · 상촌象村 · 현옹玄翁 · 방옹放翁. 아버지는 개성도사 신승서申承緖, 어머니는 은진송씨 송기수宋麒壽의 딸이다. 일찍이 부모를 여의었으나 학문에 전념해 문명을 떨쳤다. 벼슬에 나가서는 서인인 이이와 정철을 옹호하여 동인의 배척을 받았으나, 장중하고 간결한 성품과 뛰어난 문장으로 선조의 신망을 받으면서 항상 문한직文翰職을 겸대하고 대명외교문서의 제작, 시문의 정리, 각종 의례문서의 작성에 참여하는 등 문운의 진흥에 크게 기여했다. 이정구 · 장유 · 이식과 함께 조선 중기 한문학의 정종正宗(바른 종통) 또는 월상계택月象谿澤(이정구 · 신흠, · 장유 · 이식의 호에서 첫글자를 조합한 용어)으로 칭송됐다. [楊씨유사] 「題映霞亭」(어은공 휘 사형)

심이섭沈理燮, 1876년(고종 13). 고종 30년(1893) 정시 병과로 급제했다. 자세한 행적은 알려진 것이 없다. 楊씨유사 「남원양공(諱기영)효행비」

아지발도阿只拔都, ?~1380(고려 우왕 6). 아기발도阿其拔都라고도 한다. 왜구가 극성을 부리던 고려 말 진포(충청남도 임천 고다진에서 서천포에 이르는 바닷가)에 상륙해 약탈을 하던 왜구 무리의 우두머리를 이르던 말. 15세쯤으로 보이는 어린 나이였으나 뛰어난 무용으로 고려를 위협했다. 황산에서 이들 무리와 맞선 이성계와 이두란이 활을 쏘아 그를 쓰러뜨렸는데, 우두머리인 아지발도가 죽자 왜구들은 모두 허겁지겁 흩어졌다. '아지발도'란 고려 군사들이 붙인 명칭으로 본명은 알려지지 않았다고 한다. 이 명칭은 '아지[아기]+발도[바토르]'의 음차 합성어이다. '아지'는 우리말 '아기 · 어린이'라는 뜻이고, '바토르'는 '용맹한 자'라는 의미의 몽골어이다.

안극함安克諴, 생졸 연대 미상. 선외가 양호재공(諱홍)의 배위이신 순흥안씨의 아버님, 통례원 인의引儀 · 주부를 역임했다.

안 소安塑, 생졸 연대 미상. 호가 죽계竹溪라는 것 말고는 알려진 것이 없다. 楊씨유사 「사산감역양공묘표(諱공말)」, 「심주공묘갈명(諱석모)」, 「절부김씨(諱근영根泳의 배위)묘표」

안지귀安知歸, 생졸 연대 미상. 선외가 조선 전기의 문신. 임피공(諱자첨)의 배위인 순흥안씨의 친정아버님이다. 문성공 향珦의 5대손. 1432년(세종 14)에 식년문과에 동진사同進士로 급제하여 직제학 · 진주목사 · 전주부윤 · 예조참의 등을 거친 뒤 대사성에 이르렀다. 그의 종형제인 관후寬厚 · 중후重厚 · 근후謹厚 · 돈후敦厚 · 인후仁厚 등 5형제가 등과하여 당시 세상 부러움을 사기도 했다. 임피공의 처남인 안침安琛(1445~1515)은 왕이 강원도에 행차해 시행한 고성별시문과(1466)에 2등으로 급제하여, 전라도관찰사를 지내고 한성부우윤 · 대사헌을 거쳐 호조참판 겸 예문관제학을 역임했다. 중종반정 뒤에는 지중추부사, 공조판서에 발탁됐다가 바로 병사했다.

양사언楊士彦, 1517(중종 12)~1584(선조 17). 조선 전기의 문신 · 서예가. 본관 청주. 자 응빙應聘, 호 봉래蓬萊 · 완구完邱 · 창해滄海 · 해객海客. 형 양사준楊士俊, 아우 양사기楊士奇와 함께 중국의 삼소三蘇(소식 · 소순 · 소철)에 견주어졌다. 아들 양만고楊萬古도 문장과 서예로 유명했다. [楊씨유사] 우리나라 양씨를 단일본으로 삼으려고 해 우리 어른들의 공분을 산 인물이다. 지금도 청주양씨의 구보舊譜에는 우리의 성시조 영월공이 청주양씨의 시조 양기의 둘째 아들로 돼 있다. 남원양씨가 자기 집에서 갈려 간 집이라는 가설이다.

양일영楊日榮, 생졸 연대 미상. 조선 영조 시대에 활약한 학자. 본관은 중화. 호는 화은和隱. 덕천군수 이시항李時恒의 행장을 썼다는 것 말고는 알려진 것이 없다. [楊씨유사] 명종 시기에 양사언이 청주양씨 족보를 편찬할 때 남원양씨와 합보를 편찬하자, 백수공(諱응수)이 청주양씨와 동보同譜인 평양 중화양씨 양일영에게 서찰을 보내 조상의 계보를 바로잡았다는 기록이 『백수집』에 전한다.

오언기吳彦麒, 생졸 연대 미상. [선외가] 쌍매당공의 2남(諱시척)의 배위이신 나주오씨의 친정아버님. ➡ 오희길吳希吉

오정길吳廷吉, 1558(명종 13)~졸년 미상. 본관 해주. 자 형보亨甫, 호 해서海西. 남원에서 살았다. 1591(선조 24) 식년시 생원 2등. 1603년(선조 36) 식년시 병과로 급제. 관직은 교서관정자에 이르렀고 덕행으로 하서 김인후 · 고암 홍순복 · 미능재 최상중 · 폄재 최온 · 오주 최휘지와 함께 노봉서원露峰書院에 제향됐다. 고향이 같은 충청도병마절도사 황진黃進과는 마음을 아는 벗으로서 교유했다. [楊씨유사] 창주생원공(諱시성)의 절친한 벗으로 「제생원창주공문」을 남겼다.

오희길吳希吉, 1556(명종 11)~1623(인조 1). [선외가] 조선 중기의 문신. 쌍매당공의 2남인 종사랑(諱시척)의 처남이자, 따님이 종사랑공의 후사로 입계한 선무랑공(諱여춘)의 배위가 됨으로써 바깥사돈이 됐다. 고모(諱시척의 배위)와 친조카가 시가의 시어머니와 며느리로 이어진 셈이다. 본관은 나주. 자 길지吉之, 호 도암韜庵. 아버지는 오언기吳彦麒, 정여립의 문인이다. 고창에 살았는데 스승 정여립이 이이와 성혼을 비방한다는 말을 듣고 그 잘못된 점을 적은 서찰을 정여립에게 보내 절교했다. 한때 정여립의 난에 연루되어 투옥됐으나, 결백을 증명해 주는 편지가 정여립의 집에서 발견돼 석방된 후 천거로 후릉참봉을 거쳐

1592년 임진왜란이 일어나자 전주의 경기전참봉으로서 태조의 어진을 비롯한 제기祭器와 역대 실록을 내장산에 옮겨 보전했다. 오늘날 『조선왕조실록』이 온존한 것은 도암공이 전주사고의 실록을 내장산으로 옮겨 보존한 덕택이다. 1618년(광해군 10)에 위성공신(임진왜란에 광해군을 호종하는데 공을 세운 관원)에 녹훈됐다. 사근도찰방沙斤道(경상도 함양의 사근역 중심의 역도)察訪과 태인현감을 지냈다. 고창의 월계정사에 제향됐고 저서로『도동연원록道東淵源錄』이 있다. 楊씨유사 장사랑공(諱시경)의 장인인 동암 이발李潑 가족이 정여립과 절친하다는 이유로 집권층에 의해 도륙된 데 비해 오희길은 역적 정여립을 배척했다 해서 선조에게 발탁됐다. 귀음공(諱시진)의 장인인 김월봉(諱대립)도 정여립을 꺼려했다 하여 칭송받았으며 뒤에 문행으로 천거됐다.

유동연柳東淵, 1613(광해군 5)~1681(숙종 7) 외손 귀음공(諱시진)의 사위다. 본관은 문화. 자 정숙靜叔, 호 남간南磵. 담양 창평에서 태어났으나 여섯 살 때 남원으로 이거했다. 최온崔薀 문인으로, 사마시에 합격하여 사산감역을 제의했으나 나아가지 않고 초야에 묻혀 학문에만 정진했다. 중종의 폐비인 단경왕후 신씨 복위 상소를 올린 유옥柳沃의 현손이다. 삼계면에 세거한 공의 후예를 강진말유씨라고 한다. 楊씨유사 「초로공(諱운거)묘표」, 「선무랑희릉참봉(諱여백)묘갈명」이 있다. 최휘지 · 최유지 · 유동유 · 하만리 등과 초로공(諱운거)이 종호에 있는 육로암에서 노닌 것으로 유명하다. 유동유는 유동연의 친동생. 초로공은 만년에 유동연과 최유지를 지북리로 불러 함께 살았다. ➡ 유옥

유동유柳東遊 ➡ 유동연柳東淵

유 식柳栻, 생졸 연대 미상. 자세한 행적은 알려진 것이 없다. 楊씨유사 「사예공(諱시정)묘비음기」

유언집兪彦鏶, 1714(숙종 40)~1783(정조 7). 조선 후기의 문신. 본관 기계杞溪. 자 사호士鎬, 호는 대재大齋. 정조 묘정에 배향된 유언호兪彦鎬의 친형. 권상하權尙夏 · 이재의 문인. 학행으로 천거되어 세자시강원 자의諮議가 되고, 1778년(정조 2) 경연관, 1783년에 돈녕부도정으로 원자를 보도輔導하고 이조참의로 치사致仕

했다. 학맥 백수공(諱응수)의 손자 귀은공(諱종갑) · 경암공(諱종을) 형제의 스승이다. 이들 형제는 스승 유언집의 주선으로 개성유수 도움을 받아 여러 차례 현지를 답사하면서 대제학공의 유택을 찾으려고 백방으로 노력했으나 성공하지는 못했다고 전한다. 楊씨유사 「백수공행장」

유언호兪彦鎬, 1730(영조 6)~1796(정조 20). 조선 후기의 문신. 유언집의 동생. 자 사경士京, 호 칙지헌則止軒. 1761년(영조 37) 정시 문과에 급제, 다음 해 한림회권翰林會圈(예문관검열을 뽑기 위해 예문관 전임 관원들이 피선자에게 낙점을 찍음)에 선발됐다. 이후 주로 사간원 및 홍문관의 직책을 역임했다. 1771년에는 영조가 산림을 당론의 온상이라 공격하면서 이를 배척하는 『엄제방유곤록嚴堤防裕昆錄』을 만들자, 권진응權震應 · 김문순金文淳 등과 함께 상소해 경상도 남해현에 유배됐다. 다음 해에 홍봉한洪鳳漢 중심의 척신 정치의 제거가 청의淸議와 명분을 살리는 사림정치의 이상을 실현하는 것이라고 생각한 정치적 동지들의 모임인 이른바 청명류淸名流사건에 연루되어, 붕당의 타파를 탕평으로 생각한 영조의 엄명으로 흑산도로 정배의 명령을 받기도 했다. 그러나 당시 왕세손이던 정조의 춘궁관春宮官으로 열심히 보호했으므로 정조 등극 후에는 홍국영洪國榮 · 김종수金鍾秀와 함께 지극한 예우를 받았고, 『명의록名義錄』편찬을 주관했다. 그 뒤 규장각직제학 · 평안감사 등을 거쳐, 우의정에 올랐다. 이듬해 경종과 희빈장씨를 옹호하고 영조를 비판한 남인 조덕린趙德隣이 복관되자 이를 신임 의리(1721년 · 경종 1~1722년, 왕통문제와 관련하여 소론이 노론을 숙청한 일)에 위배되는 것으로 공격했다. 이에 정조의 탕평을 부정한다는 죄목으로 제주도 대정현에 유배됐다가 3년 뒤에 풀려났다. 이후 향리에 칩거했다가 1795년 잠시 좌의정으로 지낸 후 다음 해 사망했다. 시호는 충문忠文. 楊씨유사 「함평공(諱사보)묘갈명」, 「장사랑쌍매당공(諱사민)묘갈명」

유 옥柳沃, 1487(성종 18)~1519(중종 14). 선외가 조선 중기의 문신. 창주공(諱시성)의 처증조부. 본관은 문화. 자 계언啓彦, 호 석헌石軒. 할아버지가 사육신의 한 사람인 유성원柳誠源과 6촌으로 창평에서 태어났다. 1501년(연산군 7) 생원이 되고, 1507년(중종 2) 식년 문과에 장원으로 급제해 1509년 홍문관수찬을 거쳐 이듬해 무안현감이 됐다. 이때 담양부사 박상, 순창군수 김정 등과 연명으로 단경왕후 신씨 복위를 요구하면서 신씨를 폐위시킨 반정공신의 죄를 규탄하는 소를 올렸다. 또, 장경왕후(중종의 제1계비) 윤씨가 원자를 낳은 지 7일 만에 죽자, 복성군의 어머니 경빈 박씨가 정비正妃가 될 경우 원자가 위험할 것으로 판단, 박씨가 정비가 되는 것을 반대하는 소를 올렸다. 이에 박상과 김정은 유배됐으나 그는 정광필鄭光弼의 도움으로 화를 면했다. [楊씨유사] 어은공(諱사형)과 함께 화산서원에 배향됐다.

유홍원柳洪源, 생졸 연대 미상. [선외가] 창주공(諱시성)의 배위이신 문화유씨의 친정아버님. 자세한 행적은 알려진 것이 없다. ▶ 유옥柳沃

유희춘柳希春, 1513(중종 8)~1577(선조 10). 조선 전기의 문신. 본관은 선산. 자 인중仁仲, 호는 미암眉巖. 해남 출신. 아버지는 유계린柳桂鄰, 어머니는 『표해록漂海錄』으로 유명한 사간 최부崔溥의 딸이다. 유희춘의 외아들 유경렴을 김인후金麟厚가 셋째사위로 삼을 만큼 두 사람의 사이가 돈독했다. 유희춘은 경전에 널리 통했고 제자諸子와 역사에도 능했다. 시강원설서 재임 시에 김인후와 함께 세자(인종)의 학문을 도왔고, 선조 초에는 경연관으로 경사經史를 강론했다. 왕위에 오르기 전에 그에게 배웠던 선조는 항상 "내가 공부를 하게 된 것은 희춘에게 힘입은 바가 크다."고 했다 한다. 성격이 소탈해 집안 살림에는 어두웠으나, 사람들과 세상 이야기나 학문, 정치하는 도리에 관한 말을 꺼내면 투철한 소견과 해박한 지식은 남들이 도저히 생각하지 못한 것들이었다고 한다. 시호는 문절文節. 『미암일기』가 유명하다. [학맥] 쌍매당(諱사민) · 어은공(諱사형) 형제분의 스승이다.

윤 길尹趌, 1567(명종 22)~1615(광해군 7). 본관 파평, 무안 출신이다. 자 여직汝直. 사헌부장령으로 있을 때, 귀음공(諱시진) · 성천공(諱시우)과 함께 능창군을 추대하려는 음모에 가담했다는 진사 소명국의 무고로 장살됐다.

윤 복尹復, 1512(중종 7)~1577(선조 10). [선외가] 조선 중기의 문신. 본관은 해남. 자

원례元禮, 호 석문石門 · 행당杏堂. 1538년(중종 33) 별시문과에 을과로 급제, 1547년(명종 2) 부안현감으로 부임하여 백성들의 굶주림을 보고 구휼에 진력했다. 이어 전라도사를 거쳐 1552년(명종 7) 낙안군수가 됐다. 이때 왜구가 쳐들어와 인근 여러 성들을 함락하여 노략질하자, 읍성과 무기들을 보수하여 방비를 철저히 했다. 한산군수 · 광주목사 · 선공감부정 등을 역임하고, 1565년(명종 20) 안동대도호부사로 부임했는데, 이때 예안에 거주하던 이황李滉과 교유했다. 1573년(선조 6) 승정원 좌 · 우부승지를 거쳐 충청도관찰사를 지냈다. 찬하정공(諱시면)의 처조부로 처남 윤서중尹瑞中은 등과해 감사에 이르렀다. 정여립의 난에 희생된 이발의 외가이기도 한 해남윤씨는 홍문관교리로 있다가 기묘사화에 폐출된 귤정 윤구(이발의 외조부)와 효종조에 시주문학의 절정을 구사한 윤선도를 배출한 집안이다.

윤 빈尹玭, 생졸 연대 미상. [선외가] 집의공(諱자유)의 배위 순흥안씨의 친정아버님. 본관은 무장茂長. 참판을 지냈다. 세종조의 문장가로 병조판서와 대제학을 지낸 청향당 윤회尹淮(1380~1436), 세조 · 성종조의 공신으로 영의정을 지낸, 윤회의 손자 무송부원군 윤자운尹子雲(1416~1478)과 한집안이다.

윤용구尹用求, 1853(철종 4)~1939. 문신 · 서화가. 본관은 해평. 자 주빈周賓, 호 석촌石村 · 해관海觀 · 수간睡幹 · 장위산인獐位山人. 1871년(고종 8) 직장直長으로 문과에 등제하여 벼슬이 예조 · 이조판서에 이르렀다. 해서 · 행서에 능했으며 그림은 난과 대를 잘 그렸다. 금석문으로 과천의 「문간공한장석신도비文簡公韓章錫神道碑」와 광주廣州의 「선성군무생이공신도비宣城君茂生李公神道碑」가 있으며, 순천 선암사 입구의 강선루降仙樓 현판 등을 남겼다. [楊씨유사] 농소리 「숙인이씨묘비」 글씨는 그의 작품이다.

이건창李建昌, 1852(철종 3)~1898(광무 2). 조선 말기의 문신 · 학자. 본관은 전주. 자 봉조鳳朝 · 鳳藻, 호는 영재寧齋. 한말의 대문장가로, 김택영이 우리나라 역대의 문장가를 추숭할 때에 여한구대가麗韓九大家의 하나로 이건창을 꼽은 것을 보면, 당대뿐 아니라 우리나라 전 시기를 통해 몇 안 되는 대문장가라고 해도 과언이 아니다. 조선조의 대과 최연소 급제자. 조정에서는 15세로 급제한 이건창에게 바로 관직을 줄 수 없어서 4년을 기다렸다가 홍문관직을 제수했다고 한다. 글씨에도 뛰어났으며, 성품이 곧아 병인양요 때에 강화에서 자결한 할아버지의 유지를 받들어 개화를 뿌리치고 철저한 척양척왜주의자로 일관했다. 저술로 『명미당집明美堂集』·『당의통략黨議通略』 등이 있는데, 『당의통략』은 파당을 초월하고 문벌을 초월해 공정한 입장에서 당쟁의 원인과 전개 과정을 기술한 명저로 평가되고 있다.

이 귀李貴, 1557(명종 12)~1633(인조 11). 조선 중기의 문신. 본관 연안. 자 옥여玉汝, 호 묵재默齋. 세조조의 문신인 석형石亨의 5대손이다. 이이 · 성혼 문하에서 수학했으며, 1582년(선조 15) 생원이 됐다. 이듬해 일부 문신들이 이이와 성혼을 공박, 모함해 처지를 위태롭게 만들자 여러 선비들과 함께 논변하는 글을 올려 이이를 적극 옹호했을 분만 아니라, 정여립의 난을 다스리던 위관 정철 아래에서 많은 선비들이 화를 당하자, 이를 바로잡으려고 노력했다. 1603년(선조 36) 정시 문과에 병과로 급제해 형조좌랑 · 안산군수 · 양재도찰방 · 배천군수 등을 차례로 지냈고, 1616년(광해군 8) 숙천부사로서, 해주목사에게 무고를 받아 수감된 최기崔沂를 만난 일로 탄핵을 받아 이천에 유배됐다. 1619(광해군 11)년에 풀려나와 1622년 평산부사가 됐으나 광해군의 난정을 개탄하고, 김류金瑬 · 신경진申景禛 · 최명길崔鳴吉 · 김자점金自點 및 두 아들 시백時白 · 시방時昉 등과 함께 반정을 준비했다. 이듬해 3월 광해군을 폐하고 선조의 손자인 능양군綾陽君을 왕으로 추대, 인조반정에 성공함으로써 정사공신靖社功臣 1등에 책록되고, 연평부원군에 봉해졌다. [楊씨유사] 귀음공(諱시진)의 절친한 벗이다. 귀음공이 성절사 서장관 임무를 띠고 베이징으로 출발할 때 「奉使燕京別章」라는 글로 장도를 빌었다. 익산의 진사였던 소명국의 무고로 능창군추대사건에 연루돼 귀음공이 함경도 유배길에서 돌아가신 뒤, 배위이신 도강김씨께서 「하청송」이란 시를 읊자, 이를 인조에게 알린 이가 연평부원군 이귀다.

이 발李潑, 1544(중종 39)~1589(선조 22). [선외가] 조선 중기의 문신. 장사랑공(諱시경)

의 배위이신 광산이씨의 친정아버님. 자 경함景涵, 호 동암東巖 · 북산北山. 동인이 남인과 북인으로 갈릴 때 붙은 '북인'이란 이름은 이발의 호 북산에서 유래한다. 달선達善의 증손으로, 할아버지는 공인公仁, 아버지는 제학 중호仲虎이며, 어머니는 호남 제일의 문벌을 자랑하던 해남윤씨 윤구尹衢의 딸이다. 김근공金謹恭 · 민순閔純의 문인. 광산이씨는 당시 10대 홍문이라 하여 9대(10대라고 했지만 실제는 이발 · 길 형제가 급제하여 9대가 됨)에 연이어 홍패를 받은, 외가 못지않은 호남 제일의 벌열임을 자랑했다. 1568년(선조 1) 생원이 되고, 1573년(선조 6) 알성문과에 장원, 이듬해 사가독서를 하고, 이조정랑으로 발탁됐다. 1579년 응교, 1581년 전한, 1583년 부제학을 역임하고 이듬해에 대사간에 이르렀다. 홍가신 · 허당 · 박의 · 윤기신 · 김영일 · 김우옹 등과 교유했으며, 특히 최영경崔永慶과 가장 친했다. 조광조의 지치주의至治主義를 이상으로 지향하면서 사론士論을 주도, 경연에서 왕도정치를 제창하여 기강을 확립하고 시비를 분명히 가리려고 노력했다. 이조전랑으로 있을 때에는 자파의 인물을 등용함으로써 견제 세력으로부터 원망을 샀으며, 동인의 거두로서 정적이었던 정철의 비행을 논의할 때 강경파를 영도하면서 북인 지도자로 활약했다. 이로 인해 이이 · 성혼 등과도 교분이 점점 멀어져 서인의 미움을 받았다. 1589년(선조 22) 서인들이 집권하게 되자, 관직을 사퇴하고 어머니를 봉양했다. 그 해 가을, 절친이었던 정여립이 역적질을 했다는 소식을 듣고 급거 상경, 교외에서 대죄待罪하던 중 잡혀 정철이 주도한 두 차례 모진 고문 끝에 장살杖殺됐다. 그가 죽은 뒤 여든두 살의 노모와 여덟 살밖에 안 된 아들도 엄형嚴刑으로 죽었는데, 그 노모는 형벌이 너무 지나치다고 꾸짖으면서 끝내 역모에 관한 일을 승복하지 않았으며, 문생 · 노비도 모두 엄형을 가했으나 승복하는 자가 없었다고 한다.

이사헌李士獻, 생졸 연대 미상. 외손 귀음공(諱시진)의 사위로 영의정 이준경의 손자다. 공은 진사로 참봉에 그쳤으나 병자호란의 창의로 이름을 떨쳤다. 4남을 뒀는데 셋째 필무必茂는 1778년(정조 2) 등과하여 사헌부장령에 이르렀고 넷째 필방必芳은 진사였다. 공의 후예는 남원 덕과면에 세거, 이른바 '사립안이씨'

로 통한다.

이상영李商永, 생졸 연대 미상. 자세한 행적은 알려진 것이 없다. 楊씨유사 「백수공(諱응수)묘갈명」

이상형李尙馨, 1585(선조 18)~1645(인조 23) 선외가 초로공(諱운거) 원배이신 전주이씨의 친정아버님이다. 본관은 전주. 자는 덕선德先, 호는 천묵재天默齋. 효령대군의 7대손으로, 임실군 둔남면에서 살았다. 김장생의 문인. 1636년 병자호란 때에는 척화를 주장, 화의를 건의하는 최명길 등을 탄핵했다. 1638년 교리 · 장령 등을 제수받았으나, 병으로 나아가지 않았다. 경서에 정통했고 음양 · 지리에도 밝았으며, 특히 역학에 뛰어났다. 이조판서에 추증되고, 시호는 충경忠景이다. 공의 후예는 '둔덕이씨'로 통한다. 楊씨유사 임진왜란에 어은공(諱사형)과 함께 창의한 금헌 이대윤李大胤은 공의 형이다.

이 색李穡, 1328(충숙왕 15)~1396(태조 5). 고려 후기의 문신 · 학자 · 문인. 본관은 한산. 자는 영숙穎叔, 호는 목은牧隱. 포은圃隱 정몽주, 야은冶隱 길재와 함께 삼은三隱의 한 사람으로 칭송된다. 아버지는 찬성사 이곡李穀, 이제현李齊賢의 문인이다. 楊씨유사 『목은문고牧隱文藁』「제용재기濟用財記」에 '양군 이시楊君以時는 남원인이다'라고 적은 구절이 있어 남원양씨의 기원을 살피는 데 매우 중요한 단서가 됐다. 이색은 대제학공과 매우 가까이 지낸 것으로 알려졌다.

이수광李睟光, 1563(명종 18)~1628(인조 6) 조선 중기의 문신 · 학자. 자는 윤경潤卿. 호는 지봉芝峯. 이조판서를 지냈으며, 사신으로 여러 차례 명나라에 다녀오면서 천주교 지식과 서양 문물을 소개하여 실학 발전의 선구자가 됐다. 저서『지봉유설』이 유명하다. 楊씨유사 귀음공(諱시진)과 각별하게 지냈다. 귀음공이 성절사 서장관의 임무를 띠고 명나라로 떠날 때「奉使燕京別章」라는 시로 장도를 빌었다.

이유겸李有謙, 1586(선조 19)~1663(현종 4). 조선 후기의 문신. 자는 수익受益, 호는 만회晩悔. 백수공(諱응수)을 대현으로 이끈 이재의 증조부다. 본관은 우봉. 조수륜趙守倫(1555년~ 1612, 성혼의 문집『우계집』을 편찬한 조선 중기의 학자)과 함께 성혼의 책을 읽고, 김장생을 사사했다. 광해군 때에 조수륜이 화를 당해 모두가 모른 체하자 감히 나서서 수습하고자 했고, 인목대비 폐비의 잘못을 직언하여 화를 입었다. 1623년 인조반정 뒤 광해군 때에 직언으로 피죄된 사실이 인정되어 6품직인 유일로서 신령현감에 임명됐다. 신령현감 재임 중 모략을 받자 백성들이 자진해서 포布를 상납하여 죄를 풀고자 했을 정도로 선치를 베풀었다. [楊씨유사] 순창군수를 역임한 인연으로 남원양씨가 세운 서룡사와 지계사에 배향됐다.

이의장李義章, 생졸 연대 미상. [선외가] 반선정공(諱공말)의 배위인 함풍이씨의 친정아버님으로 찰방을 역임했다. 전남 영광의 함풍 일대에 세거한 가문이다.

이인좌李麟佐, ?~1728(영조 4). 조선 후기의 역신逆臣. 본명 현자玄佐. 본관 전주. 윤휴尹鑴의 손서孫壻이다. 본래 남인 가문에서 출생했던 그는 소론 당파와도 연대했다. 영조의 즉위로 소론이 정계에서 배제되자 정희량 · 이유익 · 심유현 · 박필현 · 한세홍 등 소론 과격파는 갑술환국(숙종 20년, 폐비민씨 복위운동을 반대하던 남인이 화를 입어 실권하고 소론과 노론이 재집권하게 된 사건) 이후 정계에서 물러난 남인과 공모하여 밀풍군 이탄李坦(소현세자의 증손)을 추대하고 무력으로 정권쟁탈을 도모했다. 이때 반란 진압을 위하여 출동한 도순무사 오명항吳命恒의 관군과 맞서다가 안성에서 패하자 죽산으로 도피했으나, 신길만申吉萬 등 마을사람에게 잡혀 서울로 압송됐다. 그해 3월 26일 친국에서 역모의 전모를 공술하고 다음날 대역죄로 군기시 앞에서 능지처참됐다.

이 재李縡, 1680(숙종 6)~1746(영조 22). 조선 후기의 문신. 본관은 우봉牛峰. 자는 희경熙卿, 호는 도암陶菴 · 한천寒泉. 순창군수를 지낸 유겸有謙의 증손으로, 할아버지는 우의정 숙䎘, 아버지는 진사 만창晩昌, 어머니는 민유중閔維重(숙종의 비 인현왕후의 아버지)의 딸이다. 김창협金昌協의 문인. 학문에 힘써 많은 인재를 길렀는데, 이황 · 이이와 함께 대유현으로 이름을 떨쳤다. 시호는 문정文正. 저술로는 백수공(諱응수)이 찬집한 『도암집陶菴集』을 비롯, 『도암과시陶菴科詩』 · 『사례편람四禮便覽』 · 『어류초절語類抄節』 등이 있다. [楊씨유사] 백수공(諱응수)은 그의 고

제이다. 이런 인연으로 이재는 우리 문중에 많은 찬사讚辭를 남겼다. 「열부숙인이씨전」, 「귀음공(諱시진)묘갈명」, 「증도승지어은공(諱사형)묘갈명」, 「처사낙하정공(諱시면)묘갈명」은 모두 그가 베푼 정성이다. 백수공은 스승의 은혜를 잊지 못하고 스승의 치상 중 『도암집陶菴集』편찬에 진력했다.

이재현李載現, 생졸 연대 미상. 조선 말기의 문신. 본관은 전주. 1892년(고종 29) 유학幼學으로 응제시應製試(왕이 신하에게 일정한 제목을 주어 시를 짓게 하는 시)에 합격한 뒤 곧바로 전시殿試에 나아갔다. 정언, 홍문관교리, 승정원동부승지, 사직서제조 · 경모궁제조 · 궁내부특진관 · 시강원첨사, 상주군수를 지냈고, 경상남도관찰사, 비서원경秘書院卿 · 동지돈녕원사 · 의정부찬정贊政, 예식원장례경禮式院掌禮卿을 지냈다. 楊씨유사 「초산공(諱재익)효행비문」

이 집李集, 1327(충숙왕 14)~1387(우왕 13). 고려 후기의 학자 · 문인. 본관은 광주廣州. 자 호연浩然, 호 둔촌遁村. 충목왕 때 과거에 급제했는데 문장을 잘 짓고 지조가 굳기로 명성이 높았다. 1368년(공민왕 17) 신돈의 눈 밖에 나 생명의 위협을 받자, 가족과 함께 영천으로 도피하여 겨우 죽음을 면했다. 1371년(공민왕 20) 신돈이 주살되자 개경으로 돌아와 판전교시사判典校寺事에 임명됐으나 곧 사직하고, 여주 천녕현川寧縣의 전야에 묻혀 시작詩作으로 일생을 마쳤다. 서울 강동구에 있는 둔촌동이란 동명은 그가 만년을 보낸 데서 유래한다. 문집으로 『둔촌유고遁村遺稿』가 있다. 楊씨유사 대제학공과 절친하여 대제학공이 돌아가시자 「哭楊判事以時」이라는 만사로 조상했다.

이 창李昌, 1437(태종 18)~1470(성종 1) 외손 판관공(諱연)의 큰사위다. 조선 2대왕 정종의 12번째 왕자 도평군桃平君 이말생李末生의 외아들로 봉작封爵은 수성부정壽城副正. 1435년(세종 17)에 현량과에 급제하여 한림, 호당을 거쳐 병조판서와 이조판서를 역임했다. 정여창 · 김종직과 함께 수학하여 당세에 명성을 떨쳤다. 정의대부와 현록대부에 이르고 효가 극진하므로 시호를 '효민孝敏'이라 했다. 배위 현부인縣夫人은 판관공의 큰따님이다. 과정이야 어떻든 판관공의 자녀 혼사는 종실과 인연이 깊다. 판관공의 아드님은 諱자첨 · 자유이신데 이 중 어느 분인지는 모르나 세종 대의 종실 이유강의 여동생 혼사에 휘말려 판관공이 곤욕을 치렀다(『세종실록』 29년(1447) 12월 4일).

이천보李天輔, 1698(숙종 24)~1761(영조 37). 조선 후기의 문신. 본관은 연안. 자는 의숙宜叔, 호는 진암晉庵. 아버지는 옥천군수 주신舟臣이며, 어머니는 광성부원군 김만기金萬基(숙종 원비 인경왕후 부친)의 딸이다. 1739년(영조 15) 알성문과에 을과로 급제하여 이조판서 · 병조판서 등을 역임하고 우의정에 이어 좌의정에 올랐다가 영돈녕부사로 전임됐다. 1761년 영의정에 올랐으나 사도세자의 평양 원유사건遠遊事件에 인책, 음독 자결했다. 담론을 잘하여 허식을 차리지 않고 남과 희소喜笑(즐겁게 농담함)하기를 즐겼으며, 시에 뛰어난 재질을 보였다. 시호는 문간文簡. [楊씨유사] 사성공(諱몽인)과 성균관 동문이자 동방급제자다. 사성공의 재예를 칭송하며 '장차 크게 쓰일 그릇이다'라고 칭송했으나 사성공이 일찍 돌아가심으로써 기대에 부응하지는 못했다.

이충남李忠男, 생졸 연대 미상. 본관 미상. [선외가] 조선 중기 문신. 송와공(諱공건) 배위의 친정아버님으로 자는 가윤可胤. 1504년(연산군 10) 식년시로 문과 급제했고, 전적 · 사헌부지평 등을 역임했다.

이휘지李徽之, 1715(숙종 41)~1785(정조 9). 조선 후기의 문신. 본관은 전주. 자는 미경美卿, 호는 노포老圃. 1741년(영조 17) 생원진사시에 합격한 뒤 음사蔭仕로 목사가 됐다가 1766년(영조 42) 정시문과에 병과로 급제했다. 이조참의, 성절사로 청나라에 다녀와 홍문관대제학, 강화부유수를 거쳐 규장각제학, 평안도관찰사, 우의정에 올랐다. 1781년 실록청총재관을 겸하여 『영조실록』의 편찬을 주관했다. [楊씨유사] 백수공(諱응수)의 친구로 백수공과 함께 천태암에서 강론했다.

임억령林億齡, 1496(연산군 2)~1568(선조 1). 조선 중기의 문신. 본관은 선산. 자는 대수大樹, 호는 석천石川. 박상朴祥의 문인이다. 1525년 식년문과에 병과로 급제, 부교리 · 사헌부지평 · 홍문관교리 · 사간 · 전한 · 세자시강원설서 등 여러 직위에 임명됐다. 1545년(명종 즉위년) 을사사화 때 금산군수로 있었는데 동생 백령百齡이 소윤 일파에 가담하여 대윤의 많은 선비들을 추방하자, 책임을 느끼고 벼슬에서 물러나 해남에 은거했으나, 다시 등용되어 1552년 동부승지 · 병조참지를 역임하고, 이듬해 강원도관찰사를 거쳐 1557년(명종 12) 담양부사가 됐다. 도량이 넓고 청렴했으며, 사장詞章에 탁월한 재능을 발휘했다. 楊씨유사 김인후 · 소세양 · 백광홍 · 정희렴 등과 함께 반선정(譴공말이 적성 강변에 지은 정자)에서 풍류를 즐겼다.

임 제林悌, 1549(명종 4)~1587(선조20). 선외가 조선 전기의 문인. 참봉공(譴여백)의 배위 나주임씨의 친정아버님. 자는 자순子順, 호는 백호白湖 · 풍강楓江 · 소치嘯癡 · 벽산碧山 · 겸재謙齋. 어려서부터 지나치다 할 정도로 자유분방해 스승을 모시지 못하다가 스무 살이 넘어서야 성운成運에게 배웠다. 젊어서는 얽매임을 싫어하여 기녀와 술자리를 즐겼다. 1571년(선조 4) 스물세 살 때 어머니가 돌아가시자 비로소 잠시 동안 술을 끊고 글공부에 뜻을 뒀다. 과거에 몇 번 응시하여 번번이 떨어졌으나 계속 학업을 놓지 않았으며 『중용』을 8백 번이나 읽었다는 유명한 일화가 있다. 1577년(선조 10) 나이 스물여덟에 알성시에 급제한 뒤 흥양현감 · 서북도병마평사 · 관서도사關西都事 · 예조정랑을 거쳐 홍문관지제교를 지냈다. 그러나 호방한 성격에 구속을 싫어해 벼슬길에 점점 흥미를 잃었으며 관리들이 서로를 비방 질시하며 편을 가르는 현실에 깊은 환멸을 느꼈다. 관직에 뜻을 잃은 이후에 이리저리 유람하다 고향인 나주 다시면 회진리에서 1587년(선조 20) 서른아홉 살을 일기로 세상을 떠났다. 죽기 전 여러 아들에게 "천하의 여러 나라가 황제를 일컫지 않은 나라가 없었다. 오직 우리나라만은 끝내 황제를 일컫지 못했다. 이와 같이 못난 나라에 태어나서 죽는 것이 무엇이 아깝겠느냐! 너희들은 조금도 슬퍼할 것이 없느니라"고 한 뒤에 "내가 죽거든 곡을 하지 마라"는 유언을 남겼다. 검劍과 피리를 좋아했고 술 마시고 방랑하며 여인과 친구를 사귄 짧은 삶이었다. 「수성지愁城誌」·「화사花史」·「원생몽유록元生夢遊錄」 등 3편의 한문소설을 남겼고, 문집으로는 『임백호집林白湖集』 4권이 있다.

임 회林檜, 1562(명종 17)~1624(인조 2). 조선 중기의 문신. 본관은 평택. 자 공직公

直, 호는 관해觀海. 정철의 문인이자 사위이다. 1623년 인조반정으로 대북파가 몰락하고 서인이 집권하자 예조정랑에 복직됐으며, 군기시첨정을 거쳐 이조판서 겸 대제학 신흠의 추천으로 광주유수가 되어 남한산성의 수축을 독려했다. 1624년(인조 2) 이괄의 난이 일어나 도성을 침범하므로 박영서朴永緖 · 마우현馬佑賢과 함께 패주하는 적을 추격하다가 경안역慶安驛에서 전사했다. 楊씨유사 「次伴仙亭韻(반선정공 휘 공말)」이 전한다. 남원양씨가 세운 서룡사에 배향됐다.

장 건張健, 1519(중종 14)생~? 외손 송와공(諱공건)의 사위. 자 경순景順, 본관 흥덕. 정랑 · 군수 역임. 아버지는 장응량張應樑, 아들은 장경세. 1589년(선조 22) 문과에 급제해 현령을 지내고 남원 주암서원에 배향됐다.

장경세張經世, 1547(명종 2)~1615(광해군 7). 외손 조선 중기의 학자. 송와공(諱공건)의 외손자. 본관은 흥덕. 자는 겸선兼善, 호는 사촌沙村. 남원 출생. 아버지는 정랑 장건張健. 바른 생활과 뛰어난 문장으로 이름을 날렸던 노진盧禛을 비롯하여 김복흥金復興 · 어은공(諱사형) · 최상중崔尙重 등과 돈독한 관계를 쌓았다. 1585년(선조 18) 생원이 되고, 1589년(선조 22) 마흔세 살 때 증광문과에 급제한 뒤, 교서관저작을 거쳐 1593년(선조 26) 공주제독관을 지냈으며 얼마 뒤에 승문원박사를 역임했다. 이어 공조 · 예조의 좌랑을 거쳐 전라도도사로 부임했다가 1602년(선조 35)에는 노모를 모시기 위하여 금구현령을 자청했다. 이듬해에 관직을 그만두고 시문을 즐기며 여생을 보냈다. 저술로 『사촌집沙村集』이 유명하며 광해군 때 국한문으로 지은 「강호연군가江湖戀君歌」는 나라를 걱정하고 임금에게 충성하려는 마음과 주자학을 숭상하는 사상이 잘 드러난 작품으로 평가된다. 楊씨유사 「追詠光霽亭(매당공 휘 돈)」

장 유張維, 1587(선조 20)~1638(인조 16). 선외가 조선 중기의 문신. 본관은 덕수. 자는 지국持國, 호는 계곡谿谷 · 묵소默所. 아버지는 형조판서 운익雲翼이며, 어머니는 판윤 박숭원朴崇元의 딸이다. 우의정 김상용金尙容의 사위로 효종비 인선왕후의 아버지이다. 김장생의 문인. 천문 · 지리 · 의술 · 병서 등 각종 학문에 능통했고, 서화와 특히 문장에 뛰어나 이정구 · 신흠 · 이식 등과 더불어 조선 한학의 사대가四大家로 불렸다. 신풍부원군에 봉해졌으며 영의정에 추증됐다. 시호는 문충文忠. 많은 저술이 있다고 하나 대부분 없어지고 현재『계곡만필』·『계곡집』·『음부경주해陰符經注解』가 전한다. 좌랑공(諱공준)의 배위이신 덕수장씨의 종증손從曾孫뻘이 되므로 '시時' 자 항렬과는 8촌척이라는 인연으로 나주목사로 재임할 때 사의공(諱여집)을 조정에 천거했다. 이로 인해 사의공은 통선랑 장예원사의로 제수됐으나 나아가지는 않았다. [楊씨유사] 귀음공(諱시진)과 가까이 지냈으며 귀음공이 명나라 성절사로 떠날 때 격려시「奉使燕京別章」을 읊었다.

장충보張忠輔, 생졸 연대 미상. [선외가] 좌랑공(諱공준)의 배위 덕수장씨의 친정아버지. 자는 국좌國佐, 1486(성종 17) 식년시 병과로 급제. 선조조 정여립의 난에 정철과 함께 맹위를 떨친 형조판서 장운익·장유 부자의 선조다.

전 우田愚, 1841(헌종 7)~1922(일제강점기). 조선 말기의 학자. 전주 출신. 본관은 담양. 자는 자명子明, 호는 구산臼山·추담秋潭·간재艮齋. 1882년 선공감감역·전설사별제·강원도도사, 1894년 사헌부장령, 이듬해 순흥부사·중추원찬의中樞院贊議를 제수 받았으나 모두 나아가지 않았다. 그의 명성이 널리 알려지자 1895년 박영효 등이 수구守舊 학자의 우두머리로 지목하여 개화를 실현시키려면 그를 죽여야 한다고 여러 번 청했으나 고종이 받아들이지 않았다. 계화도界火島에 정착하여 계화도繼華島(중화를 잇는다는 뜻)라 부르면서 세상을 떠날 때까지 저술과 제자 양성에 힘썼다.

정승순鄭承順, 생졸 연대 미상. [선외가] 매당공(諱돈)의 배위 광주정씨의 친정아버님, 홍문관교리를 역임했다. 조선 초기 양관대제학과 예조판서를 지낸 정귀진鄭龜晉 집안이다.

정 온鄭蘊, 1569(선조 2)~1641(인조 19). 조선 중기의 문신. 본관은 초계草溪. 자는 휘원輝遠, 호는 동계桐溪·고고자鼓鼓子. 1607년(선조 40) 정인홍이 왕위계승을 둘러싸고 의혹을 일으키는 유영경 등 소북파를 탄핵하다가 처벌을 받자 정인홍을 옹호하는 상소를 올렸다. 광해군 때는 임해군과 영창대군의 옥사를 두고 비록 의견이 달랐지만 정인홍에 대한 의리는 변하지 않아 인조반정 후 정인홍의 처벌을 반대했다. 그러나 이후 격화된 당쟁 속에서 그와 그의 후손들은 남인으로 처신했다. 그의 현실대응 자세는 조식曺植 → 정인홍으로 이어지는 강개한 기질을 이어받아 매사에 과격한 자세를 견지했다. 그것은 영창대군 옥사 때의 상소나 대청관계에서의 척화론에서 유감없이 발휘됐다. 허목許穆 · 조경趙絅 등 기호남인畿湖南人과 깊은 관계를 가져 이황李滉 → 정구 → 허목으로 이어지는 기호남인 학통 수립에 큰 구실을 했다.

정운한鄭雲翰, 생졸 미상. 본관 영일. 호 오천烏川. 안음현감, 마전麻田 군수를 지냈다. [楊씨유사] 「참봉만오공(諱석승)묘갈명」

정홍서鄭弘緖, 1571(선조 4)~1648(인조 26) [외손] 어은공(諱시형)의 맏사위. 자는 극승克承, 호는 송탄松灘. 일두 정여창의 현손이다. 한강 정구의 문인으로 서른세 살 때 정여창의 역사적 재평가에 따라 그 음덕으로 현릉(조선 5대왕 문종 내외릉) 참봉에 임명됐으나 이듬해 모친상을 입어 사직했다. 1628년(인조 6) 문과 별시에 급제하여 성균관 학정學正에 올랐으며 학문이 넓고 깊어서 한번 읽으면 모두 암기할 정도로 학자로서의 명성이 세상에 널리 알려졌다. 1629년 유곡도(조선시대 경상도 문경의 유곡역을 중심으로 한 역도) 찰방으로 제수되어 임지로 떠나기 전에 장릉莊陵(영월에 있는 단종릉) 위호位號 문제로 파직, 옥천으로 유배됐다. 유배에서 풀려난 뒤 학정이 됐으나 약 6개월 만에 사직했다. 1624년(인조 2) 부원수 이괄이 반란을 일으키자 분연히 일어나자 대제학 정경세가 '나라를 위한 마음이 천리를 서로 비친다'라는 격문을 써서 격려했다. 고향에 돌아온 뒤 병자호란을 만나 남한산성이 포위됐다는 소식을 듣고 서쪽을 향해 통곡하며 여러 날 침식을 전폐했는데 이때 나이는 예순이 넘었다. 일흔여덟의 천수를 누리고 함양 수동면 남계서원에 제향됐다. 『송탄선생문집松灘先生文集』이 전한다.

정희량鄭希亮, ?~1728(영조 4). 조선 후기의 역신. 본관은 초계. 정온鄭蘊의 손자. 명문의 자손으로 안음에 거주하면서 부귀를 누리다가 순흥으로 이사했다. 1728년 이인좌李麟佐 · 박필현朴弼顯 등과 공모하여, 영조 즉위 후 벼슬에서 밀려난 소론 일파의 호응을 얻어 밀풍군 탄坦을 추대, 왕통을 바로 세워야 한다고 주장하고, 이인좌를 도원수로 삼고, 스스로는 원수가 되어 반란을 일으켰다. 청주를 습격하고 한때 안음 · 거창 · 합천 · 삼가 등의 여러 고을을 제압했으나, 도순문사 오명항吳命恒이 이끄는 관군에 패배했다. 거창에서 선산부사 박필건朴弼建과 곤양군수 우하형禹夏亨 등에게 체포되어 참수됐다. 楊씨유사 농소막 이씨할머니 묘역에 투장해 오랫동안 우리 문중을 괴롭힌 정씨들이 호가호위狐假虎威했던 인물이다. ➡ 정온鄭蘊 ➡ 이인좌

정희렴鄭希濂, 생졸 연대 미상. 조선 중기의 문신. 본관은 서산. 자는 이간而簡, 호는 동계東溪. 1525년(중종 20) 식년문과에 병과로 급제하여 예문관검열에 임용됐다. 정언 · 지평 등 언관을 역임하면서 당시 세도를 부리고 있던 김안로 일당의 횡포를 비판하다가, 그가 주관한 과거시험의 비리에 빌미가 잡혀 반대파의 탄핵을 받고 벼슬에서 물러났다. 그 뒤 학문에 전념하면서 일생을 보냈다. 楊씨유사 「次伴仙亭(휘공말)韻」 김인후 · 소세양 · 백광홍 · 임억령등과 함께 반선정(휘공말이 지은 정자)에서 풍류를 즐겼다.

조면호趙冕鎬, 1803년(순조 3)~1887년(고종 24). 조선 말기의 문신 · 서예가. 본관은 임천. 자는 조경藻卿, 호는 옥수玉垂 · 이당怡堂. 김정희金正喜의 제자이다. 1837년(헌종 3) 진사시에 합격, 공조참의를 거쳐 호조참판 · 지의금부사를 역임했다. 저서로 『옥수집玉垂集』 32권 16책을 남겼고 유묵으로 예서隸書 2점이 전한다. 한예漢隸에 기초를 두고 추사秋史의 필치를 겸하여 근대 한국서법의 백미를 이룬다는 평가가 있다. 楊씨유사 심주공(휘석모)와 교의가 깊었다.

조종영趙鍾永, 1771(영조 47)~1829(순조 29). 조선 후기의 문신. 본관은 풍양. 자는 원경元卿. 1799년(정조 23) 정시문과에 병과로 급제, 부교리 · 우승지를 역임했다. 그 뒤 1810년(순조 10) 안주목사로 나가 이듬해 홍경래가 난을 일으키자 민병을 규합, 난의 평정에 진력했다. 1813년 황해도관찰사, 이어 한성부의 좌윤 · 우윤을 거쳐 공조 · 형조 · 호조의 참판을 차례로 역임했다. 이어 외직으로 경기도관찰사를 마치고 내직으로 예조 · 이조의 판서를 지냈다. 1829년(순

조 29) 우참찬에 임명됐으나 곧 세상을 떴다. 시호는 충간忠簡. [楊씨유사] 돈와공(諱종해)·경암공(諱종을)과 교유했다. 좌승지로 있었던 서른여덟 살 때 우리 문중에서 세운 「지계사봉안문」을 지었다.

차운로車雲輅, 1559(명종 14)~1637(인조 15). 조선 중기의 문신. 본관은 연안. 자 만리萬里, 호 창주滄州. 조선 중엽의 명문장이라는 차천로車天輅 동생이다. 1580년(선조 13) 생원·진사 양시兩試에 장원, 1583년(선조 16) 알성문과에 장원했다. 내직으로는 내자시정·사옹원정·공조정랑·시강원필선, 외직으로는 개성부교수·어천도찰방·풍기·금성의 군수·황간현감·금성부사·봉상시판관·첨정 등의 여러 관직을 역임했다. 개성부교수 당시에는 홍이상洪履祥, 이시정李時禎, 윤영실尹英實 등과 장원 합격자들의 모임인 4장원계四壯元契를 결성하기도 했다. 당대 사람들로부터 비록 문벌은 미천했으나 문장이 뛰어나다는 평가를 받았다. [楊씨유사] 귀음공(諱시진)과 교의가 깊었다. 귀음공이 성절사 서장관이 돼 연경으로 떠날 때 「奉使燕京別章」을 읊어 장도를 빌었다.

차천로車天輅, 1556(명종 11)~1615(광해군 7). 조선 중기의 문신. 본관 연안. 자는 복원復元, 호는 오산五山·귤실橘室·청묘거사淸妙居士. 송도松都 출신으로 서경덕徐敬德의 문인이다. 1577년(선조 10) 알성문과에 병과로 급제하여 개성교수開城敎授를 지냈고, 1583년 문과 중시에 을과로 급제했다. 1586년 정자正字로서 고향 사람 여계선呂繼先이 과거를 볼 때 표문表文을 대신 지어주어 장원으로 급제시킨 일이 발각되어 명천에 유배됐다가 1588년 풀려났다. 한호韓濩·권필權韠·김현성金玄成과 더불어 서격사한書檄詞翰으로 불린다. 특히 시에 능해 한호의 글씨, 최립崔岦의 문장과 함께 '송도삼절松都三絶'이라 일컬었다. 아버지 식軾, 아우 운로와 함께 세인으로부터 '3소三蘇'라 불렸다. 가사歌辭와 글씨에도 뛰어났다. 유집으로 『오산집五山集』·『오산설림五山說林』이 있고, 작품으로 「강촌별곡江村別曲」이 유명하다.

최병심崔秉心, 1874(고종 11)~1957. 유학자. 본관은 전주. 자는 경존敬存, 호는 흠재欽齋. 이병우李炳宇·전우의 문인이다. 1904년(광무 8)에 명릉참봉에 임명됐으나 나아가지 않았다. 1917년 왜정倭政이 전주에 잠업소蠶業所를 설치한다고 대대로 이어받은 대지를 매도하라고 요청했으나, 일제에 토지를 내줄 수 없다고 단호히 거절하자, 토지 수용령을 발동시켜 가옥을 모두 소각했을 정도로 갖은 고초를 겪으면서도 결사적인 단식 투쟁으로 일제와 대결했다. 한말 독립투사들의 비사秘史를 엮은 조희제趙熙濟의 『염재야록念齋野錄』에 춘추대의적春秋大義的인 민족자존의 의지를 밝힌 서문을 쓴 일로 조희제와 함께 임실경찰서에서 옥고를 치르기도 했다. 역사적 상황의 불안정과 격변 속에서 유학의 본질인 도학과 의리 정신을 지키면서, 전주 옥류동玉流洞의 염수당念修堂에서 많은 영재를 배출했다. [楊씨유사] 「귀양공(諱경승)묘갈명」, 「송은공(諱영기)묘갈명」, 「계은공(諱우기)묘갈명」, 「열부수원최씨(諱재수在綉의 배위)비음기」, 「팔암공(諱종린)묘갈명」, 「지곡처사(諱병운)묘갈명」

최 부崔府, 1370(공민왕 19)~1452(단종 즉위년). [선외가] 고려 말 조선 초의 문신. 판관공(諱연)의 배위이신 전주최씨 친정아버지이시다. 자는 수지受之. 고려 말 생원 · 진사시에 합격하고 성균관학유가 됐다. 광주목사로 외직에 나갔으나 고과考課 때마다 가장 높은 등급을 받아 임기를 다 채우지 않은 채 1405년(태종 5) 의정부사인, 경기도도관찰사 · 인수부윤仁壽府尹, 좌군동지총제左軍同知摠制로서 천추사가 되어 명나라에 다녀왔고 예조참판이 됐다. 1428년(세종 10) 대사헌 · 경창부윤慶昌府尹 · 강원감사를 역임, 1439년(세종 21) 공조판서를 제수 받아 이듬해 많은 나이를 이유로 물러나기를 바랐으나 윤허를 받지 못하고 곧 이조판서에 올랐다. 이어 공조판서로서 경기전봉안사가 되어 전라도지방을 순회하고 1447년(세종 29) 노환으로 사직했다. 시호는 정간靖簡.

최산흥崔山興, 1883(고종 20)~1910(융희 4). 조선 말기의 의병장. 순창 출신. 원래 잡화상인이었으나 을사늑약에 격분하여 의병에 투신했다. 1906년 10월부터 이경춘李慶春 의병부대의 도십장都什將 · 전포장前砲將을 맡아 12월까지 태인과 부안을 중심으로 활동하다가 1907년 11월부터 이석용李錫庸의 휘하로 옮겨 이듬해 4월까지 검찰檢察을 맡았다. 이때 임실 · 남원 · 진안 · 용담 등지에서 의병항쟁을 전개하면서 1908년 6월부터 1909년 10월까지 양춘영楊春泳(일명 양윤숙) 의병장 아래에서 중군장을 맡았는데, 의병의 규모도 500~600명으로 늘어났다. 이때도 친일파의 가옥 방화, 군자금 모금 등을 계속했는데 이는 주로 각 이장里長에게 할당하여 징발했다. 부하들은 대체로 순창과 임실 출신으로 조복동 · 김기룡 · 배팔봉 · 박선경 · 임유등 · 박가우 · 옹태룡 · 엄일봉 · 조화중 등이 있다. 1909년 12월경 붙잡혀 교수형을 당했다. 1990년 건국훈장 독립장을 추서했다. 서울국립현충원 무후열사제단에 위패가 있다. [楊씨유사] 「의격문 의병장 춘계공(諱춘영)」

최상중崔尙重, 1551(명종 6)~1604(선조 37). [선외가] 조선 중기의 문신. 어은공(諱사형)의 동문수학이자 처남이다. 본관은 삭녕. 자는 여후汝厚, 호는 미능재未能齋. 영의정 최항崔恒의 6대손이며, 아버지는 어모장군 최영崔潁, 어머니는 현감 송구宋駒의 딸이다. 유희춘의 문인. [楊씨유사] 어린 시절 어은공과 함께 공부했고, 임진왜란이 발발하자 어은공 · 모정공(諱희적)과 함께 창의하여 고경명의 막하에서 활약했다.

최수웅崔秀雄, 생졸 연대 미상. [선외가] 남원시 사매면 계수리의 삭녕최씨의 입향조이다. 어은공(諱사형)의 배위 삭녕최씨의 친정아버님이신 최영의 선조인 그의 호는 운경雲卿. 영의정 영성부원군 최항이 조부, 아버지는 예조참의를 지낸 최영린崔永潾, 어머니는 고령박씨이다. 부인은 진주하씨로 사직司直 하응河應의 딸. 최수웅은 일찍이 음사蔭仕로 충의위정략장군忠義衛定略將軍에 올랐다. 그러나 세상이 어지러워진데다 신병으로 남원부(지금의 임실군 오수면 둔덕리) 상동 처가로 요양 겸 내려왔다가, 서울로 돌아가지 못하고 세상을 떠났다. 이로 인해 삭녕최씨 통례공파의 낙남파落南派 파조가 됐으며, 자손들이 5백여 년 동안 남원 일대에 뿌리를 내려 번성하는 발판이 됐다.

최시망崔時望, 1548(명종 3)~미상. [선외가] 조선 중기 문신. 의병장. 백수공(諱응수) 외할아버지의 고조부. 본관 강화. 자는 자유子裕, 호는 괴정槐亭. 기대승奇大升의 문인으로 1582년(선조 15) 식년시에 합격하여 1598년(선조 31) 사헌부장령 · 춘추관편수관 · 홍문관전한 · 김제군수를 역임했다. 임진왜란에 선조를 의주까지 호종했다. 이후 금산전투가 패하자 남평에서 홍민언洪民彦 · 홍민망洪民望과 모의募義, 천여 명을 모집하여 의병장으로 활약했다. 왜적이 물러간 뒤 효충선무공신效忠宣武功臣에 녹선됐다.

최시옹崔是翁, 1646(인조 24)~1730(영조 6). 선외가 1802년(순조 2) 무과에 급제한 諱서흠의 처증조부. 본관은 삭녕. 자는 한신漢臣, 호는 동강東岡. 아버지는 초로공과 육로암에서 풍류를 즐긴 최휘지崔徽之다. 윤증尹拯의 문인으로, 열아홉 살 때 향시에 합격하고, 서른 살 이후로는 과거나 영리를 버리고 수행독학修行篤學했는데, 이때부터 윤증과 박세채朴世采의 문하에서 글을 배웠다. 1694년(숙종 20)에 좌의정 박세채의 추천을 받아 관직에 나아가 지평을 거쳐 첨지중추부사에 이르렀다. 楊씨유사 「생원공(諱세기)묘갈문」을 썼다.

최 영崔潁, 생졸 연대 미상. 선외가 어은공(諱사형)의 배위이신 삭녕최씨의 친정아버지. 공의 아들이 어은공과 함께 임진왜란에 궐기한 증대사헌 미능재 최상중이다. 최씨들은 입향조 최수웅이 낙향한 이래 남원 사매면을 중심으로 세거해 왔다. ➡ 최수웅

최영년崔永年, 1859(철종 10)~1935(일제강점기). 교육자 · 언론인 · 문인. 본관은 경주. 자는 성일聖一, 호는 매하산인梅下山人. 경기도 광주 출생. 신소설 「추월색秋月色」을 지은 최찬식崔瓚植의 아버지. 楊씨유사 「지곡공(諱병운)묘갈」

최유지崔攸之, 1603(선조 36)~1673(현종 14). 선외가 생원공(諱세기)의 배위인 삭녕최씨의 친정아버지. 자는 자유子有, 호는 간호艮湖. 영穎의 증손으로, 할아버지는 임진왜란에 어은공(諱사형)과 함께 창의한 최상중, 아버지는 좌윤 연衍이며, 계부季父 승지 온薀에게 입양됐다. 1630년(인조 8) 사마시에 합격하고, 문음으로 입사入仕하여 1639년 종묘직장宗廟直長이 됐다. 1642(인조 20)년부터 승문원정자로 있다가 1646년 별시문과에 을과로 급제했다. 1656년(효종 7) 병조좌랑, 이듬해 김제군수, 1661년(현종 2) 사헌부장령, 이듬해 집의로 승진했으며 옥당의 신록新錄(홍문관 교리나 수찬에 새로 뽑힌 사람)에 올랐다. 그해 어머니의 병

환으로 남원에 내려와 있으면서 기근으로 백성들이 겪고 있는 참상과 당국에서 진제곡賑濟穀을 지급하지 않아 희생자가 더욱 많다며 현지사정을 상소했다. [楊씨유사] 명성이 높았던 최휘지 · 유동연 · 유동유 · 하만리 등과 종호 육로암에서 초로공과 함께 풍류를 즐겼던 것으로 유명하다. 육로암에서 읊은 운「종호팔경운鍾湖八景韻」이 전한다. 초로공은 만년에 유동연과 최유지를 지북리로 불러들여 그 마을에서 함께 살았다고 한다.

최 항崔恒, 1409(태종 9)~1474(성종 5). [선외가] 본관은 삭녕. 자 정보貞父, 호 태허정太虛亭 · 동량幢梁. 최충崔忠의 증손으로, 할아버지는 최윤문崔潤文, 아버지는 증영의정 최사유崔士柔. 『동문선』을 편찬한 서거정의 자부姉夫. 1434년(세종 16) 알성문과에 장원으로 급제, 집현전부수찬이 됐으며, 이해에『자치통감훈의資治通鑑訓義』의 편찬에 참여했고, 이어 박팽년 · 신숙주 · 성삼문 등과 같이 훈민정음 창제에 참여한 조선 초기의 문신이자 학자. 어은공(諱사형)의 처남이자 동문수학인 미능재 최상중의 6대조이다. ➡ 최상중

최휘지崔徽之, 1598(선조 38)~1669(현종 10). 어려서부터 남다른 재능으로 학문에 뜻을 두어 경전과『근사록』연구에 전념했다. 1624년(인조 2) 진사시에 합격, 1631년(인조 9) 자여도自如道(경상도 창원의 자여역을 중심으로 한 역도)찰방察訪에 제수됐는데, 청렴하고 성실히 관직에 임하여, 마을 사람들이 송덕비를 세웠다. 1636년(인조 14) 병자호란이 일어나자, 계부季父 최온崔蘊과 의병을 일으켜, 청주와 과천으로 진입했으나, 이미 강화했다는 소식을 듣고는 바로 북쪽을 향하여 통곡을 하고 집으로 돌아왔다. 그 뒤로 오로지 초야에 묻혀 학문에만 전념했다. 1659년(효종 10) 북벌에 대한 뜻을 가지고 공조좌랑에 부임했으나 얼마 후 고향으로 돌아왔다. 시詩 · 서書에 능통한 학자로 관직에 미련이 없었으며, 산수를 즐겼는데 특히 도연명의 풍치를 좋아했다. 노봉서원에 제향됐다. 최치옹崔致翁과 최계옹崔啓翁, 최시옹崔是翁등 세 아들도 잘 알려진 인물들이다. ➡ 최유지

탁광무卓光茂, 생졸 연대 미상. [선외가] 고려 후기의 문신. 대제학공의 배위인 군부인 광산탁씨의 친정아버지. 본관은 광산. 자는 겸부謙夫, 호는 경렴정景濂亭. 평

장사 영英의 손자, 제학提學 문신文信의 아들이다. 1331년(충혜왕 1) 국자감시國子監試에 급제했고, 1365년(공민왕 14) 내서사인內書舍人, 이듬해 좌사의대부左司議大夫에 제수됐고, 뒤에 우사의대부로서 신돈에게 아부하던 홍영통洪永通을 폐하여 서인으로 삼고 가산을 적몰하라고 탄핵했다. 뒤에 벼슬이 예의판서 · 개성부윤에 이르렀으며, 문명이 높았다. 벼슬에서 물러난 뒤에는 향리로 돌아와 은거했다. 성주의 오계사梧溪祠에 제향. 시호는 문정文正. 이제현 · 정몽주 · 이숭인 등과 교유했다.

탁 신卓愼, 1367(공민왕 16)~1426(세종 8). [선외가] 고려 말 조선 초의 문신. 대제학공의 처남. 본관은 광산光山. 자는 자기子幾 · 겸부謙夫 · 계위係危, 호는 죽정竹亭. 평장사 영英의 증손으로, 할아버지는 직제학 문위文位, 아버지는 좌사의대부 광무光茂, 어머니는 판종부시사 박지연朴之衍의 딸이다. 지신사 · 경승부윤敬承府尹 · 이조참판을 거쳐, 1418년(세종 즉위년) 예조참판 · 동지경연사에 올랐다. 1419년 예문관제학을 지냈고, 1423년 의정부참찬에 올랐다. 경학經學에 밝았고, 무예 · 음률에도 능했다. 성주의 오계사에 배향됐다. 시호는 문정文貞.

하만리河萬里, 1597(선조 30)~1671(현종 12). 본관은 진양. 자는 자장子長, 호 양진당養眞堂. 최연崔衍 · 최온崔薀의 문하에서 경전을 연구하며 학문에만 전심하고 벼슬에는 뜻을 두지 않았다. 효자로서 이름이 났으며, 작품으로 「종호팔경운鍾湖八景韻」·「유거십팔운幽居十八韻」 등 풍월시가 전한다. [楊씨유사] 하만리는 최유지 · 휘지 형제, 유동연 · 동유 형제, 초로공과 더불어 종호 육로암에서 풍류를 즐겼던 것으로 유명하다.

한성보韓聖輔 생졸 연대 미상. [외손] [諱]여식汝植의 사위다. 송시열의 문인으로 학행이 높아 유일遺逸로 천거돼 부사를 지내고, 사후에는 판서에 증직됐다. 아들 배하配夏는 윤증의 문하로 1693년(숙종 19)에 등과하여 공조판서에 이르렀다.

한응성韓應聖, ?~1592(선조 25). [외손] 조선 중기의 의병. 한림파 생원공([諱]순洵)의 사위다. 생원공은 후사가 없어 사위가 향화를 이었다. 본관 청주. 자는 경기景期, 호 귀와龜窩. 좌익공신 청성군 종손終孫의 현손이며, 아버지는 대호군 축

軸이다. 조헌趙憲의 문인. 1592년(선조 25) 임진왜란이 일어나자 조헌이 옥천에서 의병을 일으킬 때 어은공(諱사형) · 모정공(諱희적)과 함께 남원에서 궐기, 하인 수십 명을 데리고 합류해 8월에 청주에서 분전, 적군을 격퇴하고 금산으로 진격했다. 이 싸움에서 선봉으로 용전하다가 칠백의사와 함께 전사했다. 이때 수행하던 노복 부협夫脅은 한응성의 시신을 수습하여 고향에 돌아와 장사를 치른 뒤 자신이 주인을 잘 모시지 못하여 죽게 했다며 자결했다. 그 후 타고 갔던 말도 피로에 지쳐 죽었다고 전한다. 한응성의 묘 아래에 부협과 말의 무덤이 있고 이들의 비도 세워져 있다. 이조참의에 추증되고, 정문旌門이 내려졌다. [楊씨유사] 귀미 한산에 귀와공의 묘소와 제각이 있다.

한정오韓正吾, 1619(광해군 11)~?. 본관은 청주. 자 여중汝中, 호 이안怡顔. 아버지는 충의위 한관韓貫. 1657년(효종 8년) 생원시에 올랐으나 벼슬을 단념하고 학문에만 전념하면서 남원 요천蓼川 기슭에 지은 이안정怡顔亭에서 사우들과 풍류를 나누었다. [楊씨유사] 매당공(諱돈) · 모정공(諱희적)과 함께, 우리 문중에서 세운 지계사에 배향됐다.

한준겸韓浚謙, 1557(명종 12)~1627(인조 5). 조선 중기의 문신. 본관은 청주. 자 익지益之, 호 유천柳川. 서울 출신. 인조의 장인이다. 어은공(諱사형)과 생원시 동방이다.

한치명韓致明, 1703(숙종 29)~1788(정조 12). 본관은 청주, 자 일승日昇, 호는 지산芝山. 인계면 갑동甲洞에서 한태장韓泰章의 아들로 태어났다. 1740년(영조 16)에 증광시 생원에 합격, 이듬해 성균관으로 들어가 학문을 닦았으나, 문과에는 급제하지 못했다. 1760년(영조 36)에 조정에서 읍지를 만들어 올리라는 명이 있자, 순창군수 이휘지李徽之의 요청으로 백수공(諱응수), 한종악韓宗岳과 함께 『옥천군지』을 편찬했다. 석학들과 교유가 깊었다. [楊씨유사] 「사의공(諱여집)묘갈명」, 「승지공(諱문거)묘갈명」, 「첨추오졸재(諱진우)제문」

허 목許穆, 1595(선조 28)~1682(숙종 8). [선외가] 조선 후기의 문신. 참봉공(諱여백)의 처이질. 본관은 양천. 자는 문보文甫 · 화보和甫, 호는 미수眉叟. 찬성 자磁의 증손으로, 할아버지는 별제 강橿이고, 아버지는 현감 교喬, 어머니는 임제林悌의 딸이므로, 쌍매당종파 참봉공은 허목의 이모부가 된다. 부인은 영의정 이원익李元翼의 손녀. 서인 정권이 난무하던 조선 후기의 정치적 거물로 남인들의 지도자다. 楊씨유사 '정여립의 난'의 위관이었던 정철을 질타한 숙종 3년의 무송공(諱몽거)의 「정사상소」는 허목의 정치적 배경과 관련이 있다.

홍계희洪啓禧, 1703(숙종 29)~1771(영조 47). 본관은 남양. 자는 순보純甫, 호는 담와淡窩. 백수공과 함께 이재의 대표적인 문인이다. 승지로, 1747~1748년 일본 막부의 9대 장군 도쿠가와德川家重의 승습을 축하하기 위한 통신상사로 뽑혀 사절단 5백여 명을 이끌고 일본에 다녀왔다. 이어 형조참판, 충청도관찰사, 병조판서, 이조 · 형조 · 병조 · 호조의 판서 및 예문관대제학을 역임했다. 1762(영조 38)년 경기도관찰사로 있으면서 나경언羅景彦을 사주하여 사도세자의 잘못을 고변케 함으로써 세자를 죽음의 길로 이끌었다. 그 뒤 이조 · 예조의 판서를 거쳐, 판중추부사로서 봉조하로 승승장구했다. 그는 노론 이재의 문인을 자처했으나, 대다수 이재 문인들로부터는 배척을 당했다. 한때는 조현명 · 송인명 · 김재로 등 탕평파에 접근해 출세했으나, 후일 조현명 등과 갈등하면서 영의정 김상로金尙魯, 형조판서 윤급尹汲, 참판 이기경李基敬 등과 결탁했다. 정순왕후의 아버지 김한구金漢耉와 내통하는 등 권력을 좇아 처세한 탓에 사림들로부터 소인 내지 간신이라는 지탄을 받았다. 1777년(정조 1) 정조를 암살하기 위해 경희궁 존현각으로 자객을 침투시킨 홍상범 · 홍술해 부자는 홍계희의 아들과 손자다. 楊씨유사 「통훈대부정랑공(諱시우)묘갈문」

홍서봉洪瑞鳳, 1572(선조 5)~1645(인조 23). 조선 중기의 문신. 본관은 남양. 자 휘세輝世, 호 학곡鶴谷. 아버지는 도승지 천민天民이며, 어머니는 제용감주부 유당柳樘의 딸. 1594년(선조 27) 별시문과에 병과로 급제하여 정언 · 부수찬 · 이조좌랑과 성주목사 · 사예를 역임했다. 1608년(광해군 즉위년) 중시문과에 갑과로 급제한 뒤 사성 · 응교 등을 역임하고, 사가독서(문흥을 일으키기 위하여 유능한 젊은 관료들에게 휴가를 주어 독서에만 전념케 하던 제도)의 은전을 입었다. 1623년 인조반정을 주동, 정사공신 3등에 책록되고, 익녕군益寧君에 봉해졌다. 병조참의 · 이조참의 · 대사간 · 동부승지 · 부제학 · 대사헌 · 병조참판 등을 차례로 역임한 뒤 1626년에는 도승지가 됐다. 1628년(인조 6) 유효립柳孝立의 모반을 고변, 영사공신 2등에 책록되고 지의금부사, 예조판서를 거쳐 1630년(인조 8) 대사헌, 이어서 우참찬 · 이조판서 · 좌빈객 · 병조판서 등을 두루 역임한 뒤 1634년(인조 12) 예조판서와 부묘도감제조를 겸했다. 이듬해 좌참찬 · 대제학을 지내고, 1636년(인조 14) 우의정을 거쳐 좌의정에 올랐다. 병자호란이 일어나자 화의를 주장, 최명길 · 김신국 · 이경직 등과 청나라 군사 진영을 내왕하며 화의를 위한 실무를 수행했다. 1639년 부원군에 봉해지고, 이듬해 영의정에 올랐다. 1640년부터 1645년까지 영의정과 좌의정을 번갈아 역임하며 국왕을 적극적으로 부필했다. 1645년(인조 23) 청나라에서 귀국한 소현세자가 급사하자 세손을 잇는 것이 상도常道임을 들어 봉림대군을 세자로 책봉하려는 인조의 의사에 반대했다. 시호는 문정文靖. 楊씨유사 귀음공(諱시진)이 성절사 서장관이 돼 명나라로 출발할 때 「奉使燕京別章」을 지어 격려했다.

홍석주洪奭周, 1774(영조 50)~1842(헌종 8). 조선 후기의 문신. 본관은 풍산. 자 성백成伯, 호 연천淵泉. 약관에 모시毛詩(『시경』을 달리 이르는 말) · 경례經禮 · 자사子史 · 육예백가六藝百家의 글을 모두 읽어 일가를 이루었다. 또한 한번 읽은 글은 평생 기억할 정도로 총명했다. 1795년(정조 19) 전강殿講에서 수석을 해 직부전시直赴殿試의 특전을 받고, 그해 춘당대문과에 갑과로 급제해 사옹원직장, 승정원주서, 정언, 이조참의에 이어 가선대부 병조참판을 지냈다. 1832년(순조 32) 양관대제학을 거쳐, 1834년(헌종 즉위년) 이조판서가 됐다. 이어 좌의정 겸 영경연사 감춘추관사 세손부에 올랐다. 楊씨유사 돈와공(諱종해) · 경암공(諱종을)과 교유했다. 「지계사상량문」은 그의 작품이다.

황신구黃信龜, 1633(인조 11)~1685(숙종 11) 외손 중산진사공(諱시익)의 외손자. 자는 석여錫汝, 호 운계雲溪. 본관 장수. 증조부는 병마절도사 황진黃進, 조부는 황정열黃廷說, 부친은 이조참판에 추증된 황위黃暐이다. 학행으로 조정에서 여러 차례 불렀으나 끝내 나아가지 않았다. 문집으로 『운계집雲溪集』 외에 많은 저술이 있다. 楊씨유사 「숙인이씨정려비음기」를 지었다. 외가인 우리 문중 종사에 관심이 많았다.

황 위黃暐, 1605(선조 38)~1654(효종 5) 외손 중산진사공(諱시익)의 사위. 자 자휘子輝, 호 당촌塘村. 본관은 장수. 증좌의정 황윤공黃允恭의 증손으로, 할아버지는 충청도병마절도사 황진黃進이고, 아버지는 황정열黃廷說, 아들은 황신구이다. 정홍명鄭弘溟(정철의 아들)의 문인. 병자호란 때 남원에서 창의, 의병 수천 명을 거느리고 남한산성을 향하여 올라오다가 과천에서 적군을 만나 격파했다. 1638년(인조 16) 정시문과에 장원급제하여 정언이 됐는데, 병자호란 때 척화에 앞장섰던 김상헌이 주화론자들로부터 배척당함을 보고 상소로 구제하려다가 파직됐다. 1649년 효종 즉위와 함께 다시 등용되어 함경도도사 · 평양서윤 등을 역임했다. 楊씨유사 「제희릉참봉공(諱여백)문」

황윤석黃胤錫, 1729(영조 5)~1791(정조 15). 조선 후기의 운학자韻學者. 본관 평해, 흥덕 출신. 자 영수永叟, 호는 이재頤齋 · 서명산인西溟散人 · 운포주인雲浦主人 · 월송외사越松外史. 처음에는 백수공(諱응수)에게 배웠다가 뒤에 김원행의 문인이 됐다. 1759년(영조 35) 진사시에 합격, 1766년(영조 42)에 은일로서 장릉참봉에 임명되고, 사포서의 직장 · 별제를 거쳐 익위사의 익찬이 됐으나 곧 사퇴했고, 1779년(정조 3)에 목천현감으로 갔다가 다음해 사퇴했으며 1786년(정조 10) 전생서 주부를 거쳐 전의현감으로 갔으나 그 다음해에 물러났다. 『이재유고頤齋遺稿』 · 『이재속고頤齋續稿』 · 『이수신편理藪新編』 · 『자지록恣知錄』 등 많은 저술을 남겼다. 楊씨유사 「서룡사봉안문」, 「처사귀암공진사매당양공(諱배 · 돈)합전」, 「고사산감역반선정양공(諱공말)전」, 「봉훈랑내선시판관공(諱희적)묘표」

황 현黃玹, 1855(철종 6)~1910(융희 4). 조선 말기의 순국지사 · 시인 · 문장가. 본관은 장수, 자 운경雲卿, 호 매천梅泉. 전라남도 광양 출신. 구례에서 작은 서재를 마련해 3천여 권의 책을 쌓아 놓고 독서와 시문 짓기, 역사 연구 · 경세학에 열중했다. 1894년(고종 31) 동학농민운동 · 갑오경장 · 청일전쟁이 연이어 일어나자 급박한 위기감을 느끼고, 후손들에게 남겨주기 위해 『매천야록梅泉野錄』 ·

『오하기문梧下記聞』을 저술했다. 1905년 11월 일제가 을사늑약을 강제체결하자 통분을 금하지 못하고, 당시 중국에 있는 김택영과 함께 국권회복운동을 하기 위해 망명을 시도하다가 실패했다. 1910년 8월 일제에 의해 강제로 나라를 빼앗기자 절명시 4수를 남기고 다량의 아편으로 자결했다. 학맥 지곡공(諱병운)의 스승. 楊씨유사 황현의 순절을 찬양한 성암공(諱원영)의 「感詠十絶」이 있다.

황 희黃禧, 생졸 연대 미상. 선외가 함평공(諱사보)의 장인이시다. 이분에 대한 기록은 명확하지 않다. 창시보인 병술보(1766, 영조 42)는 '좌의정 황희黃喜'로 나와 있다. 어은공파 가승보는 '우리나라에서 황씨로 정승을 지낸 이는 세종조의 방촌 황희黃喜 · 세조조의 황수신黃守身 부자, 그리고 명종조에 좌의정을 지낸 우주황씨 황헌黃憲인데, 함평공과 가장 가까운 이는 방촌 황희다. 방촌은 1363년(공민 12) 출생이므로 함평공보다 14년 정도 앞선다. 나이로나 한자 이름으로 보나 함평공 처부로 보기에는 무리가 있다. 위 세 정승은 함평공 처가와는 멀지만 달리 고쳐 쓸 수 없어 그대로 적는다'고 했다. 백수공의 손자 귀은공(諱종갑)께서 좌의정 유언호에게 받아온 묘갈에는 '한성윤漢城尹'으로 돼 있다. 17세기 조종운趙從耘이 편찬한 『씨족원류氏族源流』도 할머니를 '한성윤 황' 딸이라고만 했을 뿐 휘를 밝히지 않았다. 1955년 간행한 『남원양씨대동보』 을미보는 '한성좌윤 황희', 1998년 『남원양씨대동보(무인보)』는 '좌의정 황희'로 적었다. 참고로 한성좌윤이란 관직은 세조 12년에 생긴 직제다. 함평공이 살아계셨을 때는 한성좌윤이 아닌, 판한성부사라고 했다.

2. 조선 시대의 품계와 관직

품계 제도는 각 품을 정正·종從으로 나누어 정1품에서 종9품까지 18품으로 하고, 다시 종6품 이상의 정·종품은 각각 상하의 2계階로 나누어, 정3품 상계上階 통정대부 이상은 당상관, 정3품 하계下階 통훈대부 이하 종6품까지를 당하관·참상參上, 정7품~종9품까지를 참하라고 구분했다. 따라서 조선 시대의 품계는 사실상 30계로 나뉘고, 각 계는 종친(왕족)·의빈(왕의 사위)·동반(문관)·서반(무관)·잡직·토관직土官職 별로 그 품의 명칭이 있었다. 조선 시대의 정식 관직 명칭은 이와 같이 계(품계) → 사司(소속) → 직職(직위)의 순으로 부른다. 이를테면 정1품 영의정인 경우, 그의 정식 관직명칭은 '대광보국숭록대부(품계) 의정부(소속) 영의정(직위)'이라고 해야 맞다.

별칭		품계	동반	서반	주요 관직	외명부(外命婦)
당상권	대부	정1	대광보국숭록대부 상보국숭록대부 보국숭록대부		3정승, 세자자부, 호위대장, 도제조, 도체찰사	부부인 府夫人 정경부인 貞敬夫人
당상권	대부	종1	숭록대부 숭정대부		좌 · 우찬성, 세손사부, 체찰사	봉보부인 奉保夫人 정경부인 貞敬夫人
당상권	대부	정2	정헌대부 자헌대부		좌 · 참찬, 지사, 판서, 판윤, 대제학, 세자좌 · 우빈객, 도총관, 제조, 도순찰사, 동지중추부사	정부인 貞夫人
당상권	대부	종2	가의대부 가선대부		참판, 판윤, 좌 · 우윤, 대사헌, 제조, 제학, 훈련대장, 금위대장, 어영대장, 수어사, 총융사, 포도대장, 관찰사, 병마절도사, 부윤	정부인 貞夫人
당상권	대부	정3	통정대부	절충장군	참의, 참지, (도)승지, 대사간, 대사성, 수찬관, 위장, 선전관, 군문별장, 겸사복장, 호위별장, 참찬관, 첨지중추부사	숙부인 淑夫人
당하권	대부	정3	통훈대부	어모장군	통례, 목사, 제용감 정, 직제학, 장악원 정, 첨정	숙인 淑人
당하권	대부	종3	중직대부 중훈대부	건공장군 보공장군	부정, 집의, 사간, 전한, 사성, 부사, 병마절제사	숙인 淑人
당하권	대부	정4	봉정대부 봉렬대부	진위장군 소위장군	사인, 장령, 시강관, 응교, 사예, 호군, 우후, 봉례	영인 令人
당하권	대부	종4	조산대부 조봉대부	정략교위 선교위	첨정, 부응교, 제검, 편수관, 익선, 부호군, 군수, 만호, 도총	영인 令人
당하권	참상	정5	통덕랑 통선랑	과의교위 충의교위	정랑, 지평, 사의, 헌납, 시독관, 교리, 직장, 익위, 문학	공인 恭人
당하권	참상	종5	봉직랑 봉훈랑	현신교위 창신교위	부교리, 승문원교리, 교서관교리, 판관, 영, 기주관, 권독, 현령, 도사	공인 恭人
당하권	참상	정6	승의랑 승훈랑	돈용교위 진용교위	좌랑, 감찰, 정언, 검토관, 수찬, 기사관, 사서, 종사관, 익찬, 별제	의인 宜人

별칭	품계	동반	서반	주요 관직	외명부(外命婦)
	종6	선교랑 선무랑	여절교위 병절교위	부수찬, 기사관, 찬독, 우찬독, 교수, 의금부도사, 오부도사, 수문장, 현감, 찰방, 조지서사지 주부, 별제	의인 宜人
수습관료 참하	정7	무공랑	적순부위	주서, 박사, 봉교, 기사관, 설서, 부솔	안인 安人
	종7	계공랑	분순교위	직장, 기사관, 종사, 전회, 부사정, 수문장	안인 安人
	정8	통사랑	승의부위	저작, 대교, 학정, 시직	단인 端人
	종8	승사랑	수의부위	봉사, 전곡, 별검, 기사관, 부사용, 수문장	단인 端人
	정9	종사랑	효력부위	정자, 검열, 훈도	유인 孺人
	종9	장사랑	진력부위	참봉, 의금부도사, 감역, 가감역, 대군·왕자, 왕손사부, 교관	유인 孺人

※ 6품 이상은 등급마다 상 · 하로 구분했다.

※ 관계官階는 세 등급으로 나눠 승진을 제한했다

[당상관] 정3품 통정대부 이상. 국정에 참여하는 정치 관료.

[당하관 · 참상관] 정3품 통훈대부 · 어모장군 이하~6품 이상. 중앙 관서의 중견 관료와 목민관.

[참하관] 7품 이하로 서울과 지방 관아의 각종 실무를 담당하는 하급 관리.

※ 4품 이상은 대부, 5품 이하는 랑郞으로 구분했다. 사대부라 할 때 랑은 '사士' 계층에 해당한다. 대부는 임금이 관교官敎 형식으로 직접 임명장을 수여했으나 랑은 전조(이조와 병조) 낭청과 당상의 결재를 거쳐 교첩 형식으로 임명장을 줬다. 5품 이하 모든 관원은 대간의 서경署經을 거쳐 임명한다. 4품과 5품의 구분은 당상 · 당하 못지않은 고급 관료와 하급 관료의 경계선이다.

※ 관료체제의 운영은 근무 일수를 기준으로 인사이동과 승진을 정하는 순자법循資法을 따랐다.

[사만仕滿] 근무 일수를 채워야 품계를 올려 받을 수 있다. 참하관은 450일(15개월), 참상관은 900일(30개월)이 사만仕滿이다.

[도목정都目政] 모든 사만자가 승진하지는 않는다. 매년 6월 보름과 섣달 보름에 임금에게 보고되는 근무고과에 통과해야 한다.

※ 품계와 관직은 반드시 일치하지는 않는다. 품계가 높고 관직이 낮으면 행직行職, 품계는 낮은데 벼슬이 높으면 수직守職이라고 한다. 예컨대, 종1품 숭정대부가 정2품 이조판서에 임명 되면 '종1품 숭정대부 행 이조판서', 반대로 정3품 통정대부가 정2품 예문관 대제학이 되면 '정3품 통정대부 수 예문관 대제학'이라고 한다. 직함職銜은 반드시

'품계 → 관청 이름 → 벼슬 이름' 순서로 쓴다. 판서 이상 당상관(2품)은 대감, 참판 등 당상(정3품 이상)은 영감, 당하관은 '나으리'라고 부른다.

[준직準職] 당하 3품 벼슬인 통훈대부와 어모장군을 이르는 말. 당상관과 당하관의 차등을 둔 것은 소수 관료층의 관직 독점을 보장하기 위한 조치이다. 같은 3품이라 할지라도 통정대부는 망건에 옥관자를 붙이고 영감令監이란 존칭을 받지만 통훈대부는 까막관자를 붙이고 '나으리'로 불린다. 3품 당하관은 자궁資窮·계궁階窮이라 하여 당상 3품에 오르는 것을 허락하지 않았다. 그러나 10년 이상 당하관에 머무른 사람을 구제하기 위해 중시重試를 부과하여 문관의 품계를 올려 주기도 했다.

3. 과거제도

최소 4대 안에는 생원이나 진사 정도는 나와야 양반이라는 헛기침이라도 할 수 있다. 과거는 개인의 영달에 그치지 않고 양반 가문의 명운이 갈리는 관문이다. 우리 집안에서는 조선 시기만 해도 끊임없이 홍패와 백패를 배출했다. 이들 문서는 족보와 함께 가문의 위상을 밝혀주는 중요한 단서다. 그러므로 과거가 어떤 시험인가를 알아두는 것도 의미 있는 일이다.

가. 식년시

자子·묘卯·오午·유酉가 드는 해를 식년으로 하여 3년에 한 번씩 정기적으로 치르는 고전 지식과 저술 능력 시험. 양반의 자제는 다섯 살 무렵부터 한자 공부를 시작하는데 《동몽선습》·《소미통감》 등의 기초 서적으로 출발하여 사서삼경을 학습했다. 능력 차이는 있으나 서른다섯 살 정도 돼야 합격이 가능했다

1) 문과

소과 일명 사마시司馬試. 자격시험.

1 선발 인원

	한성시	향시									총계	복시
		경기	충청	전라	경상	강원	평안	황해	함경	계		
생원	200	60	90	90	100	45	45	35	35	500	700	100
진사	200	60	90	90	100	45	45	35	35	500	700	100

※ 합격자를 입격入格이라 한다. 복시 합격자에게 백패白牌를 주고 대과 응시 및 성균관 입학 자격을 부여했다. 백패는 일종의 양반 자격증이다.

※ 초시의 각 지역 시험 장소는 두 곳, 곧 한성시는 예조와 성균관, 강원과 황해도를 제외한 향시는 좌·우도 또는 남북도로 나누어 시행됐고 복시는 예조에서 치렀다.

2 시험 과목

	초시(한성시 · 향시)	복시	비고
생원	경서 지식 시험. 사서의四書疑 · 오경의五經義 각 1편 ❶	초시와 같음	진사시 다음날 실시
진사	문장력 시험. 부 1편, 시 · 명 · 잠 중 1편 ❷		첫날 실시

❶ 의疑는 문제점 지적, 의義는 의미 해석.

❷ 부賦 : 문학, 명銘 : 사물의 공덕 · 유래, 잠箴 : 가르쳐 경계하는 글, 전箋 : 문장 능력.

대과 예조에서 주관하는 중급관리 선발 시험

1 선발 인원

<table>
<tr><th colspan="11">초시 (복시 자격 시험)</th><th rowspan="3">복시 ❶
(원시험)</th><th colspan="3" rowspan="2">전시 ❷
(석차시험)</th></tr>
<tr><th rowspan="2">한성시</th><th rowspan="2">성균
관시</th><th colspan="9">향시</th></tr>
<tr><th>경기</th><th>충청</th><th>전라</th><th>경상</th><th>강원</th><th>평안</th><th>황해</th><th>함경</th><th>계</th><th>갑과</th><th>을과</th><th>병과</th></tr>
<tr><td>40</td><td>50</td><td>20</td><td>25</td><td>25</td><td>30</td><td>15</td><td>15</td><td>10</td><td>10</td><td>240</td><td>33</td><td>3</td><td>7</td><td>23</td></tr>
</table>

❶ 일명 회시會試. 합격자에게 홍패를 준다. 부정행위가 없는 한 불합격자가 없다.

❷ 초시로부터 9차에 걸친 시험 중 마지막 관문. 문 · 무 합격자는 급제及第 또는 출신出身이라 한다. 급제자 모두 등용되는 것은 아니며, 등용되더라도 수습기간을 거쳐야 한다. 과거는 이미 합격한 사람도 승진이나 개인적인 의지로 또 응시할 수 있었다. 이이李珥는 열셋의 나이에 진사과 초시, 스물한 살 때 진사과 복시, 스물세 살에 별시, 스물아홉에 생원과의 초시와 복시, 대과 초시 · 복시 · 전시의 모든 과정에서 모두 장원을 차지하는 놀라운 천재성을 발휘함으로써 구도장원공九度壯元公으로 불렸다.

2 시험 과목

<table>
<tr><th></th><th>초시 ❶</th><th>복시 ❶</th><th>전시</th></tr>
<tr><th>초장</th><td>사서의 · 오경의 · 논論 중 2편 제술</td><td>사서삼경의 각 대문, 곧 7대문 강경講經 ❷</td><td rowspan="3">초 · 중 · 종 구별 없이 등급만 정함. 대책 · 표 · 전 · 잠 · 송 · 제 · 조 · 논 · 부 · 명 10편 중 1편
주로 대책이 출제됨 ❸</td></tr>
<tr><th>중장</th><td>부 · 송, 명 · 잠 · 기 중에서 1편(후에는 부 1, 표 · 전 1편) 제술</td><td rowspan="2">초시와 같음</td></tr>
<tr><th>종장</th><td>대책 1편</td></tr>
</table>

❶ 초시와 복시의 초 · 중 · 종장은 하루씩 간격을 두고 치르며 한 과정이라도 실패하면 다음 과정은 응시 자격이 없다.

❷ 강경 : 책을 보지 않고 물음에 답하는 배강背講과 책을 보면서 답하는 임문고강臨文考講이 있다.

❸ 대책對策 : 시정 현안, 표表 : 외교문서, 송頌 : 공덕 칭송, 제制 : 법규의 조문.
조詔 : 임금이 신하에게 내리는 글, 논論 : 이론을 밝힘 .

3 등용

[장원] 종6품[7년(450일×6품계=2,700일) 단축된 품계] 의정부 · 이조 · 호조 · 사헌부 · 사간원 · 홍문관 등 청요직 제수

[갑과 2 · 3등] 정7품

[을과 7명] 정8품

[병과 23명] 정9품직. 홍문관 · 승문원 · 성균관 · 교서관 등 4관에 배치.

2) 무과

※ 고려는 문과만으로 인재를 선발했으나 조선은 태조가 무과를 과거에 도입했다. 무과 출신은 문반에 비해 품계가 낮아 정3품 절충장군까지만 승진이 가능하고 그 이상은 문과 출신으로 충당했다.

원시院試 훈련원에서 주관하는 식년시 예비시험

※ 70명을 선발하는 무과 초시인데 무과 초시에는 향시도 있다.

대과 병조에서 주관하는 무예 시험

1 선발 인원 : 28명(갑과 3, 을과 5, 병과 20명)

2 시험 과목 : 강서講書

육기六技 : 나무화살, 쇠화살, 편전片箭, 말 타고 활쏘기, 말 타고 창 쓰기, 격구

3 등용 : [갑과] 종7품, [을과] 종8품, [병과] 종9품. 모두 종품계로 훈련원 · 별시위에 배치한다.

3) 잡과

※ 예조에서 주관하는 기술 시험. 전시는 치르지 않으며 복시에서 각각 9명씩 선발

[역과譯科] 1등…종7품, 2등…종8품, 3등…종9품. 사역원에 배치

[음양과陰陽科 · 의과醫科 · 율과律科] 1등…종8품, 2등…정9품, 3등…종9품. 관상감 · 전의감 · 혜민서 등에 배치

나. 별시

1) 문과

증광시增廣試

즉위경卽位慶이나 30년 등극경登極慶과 같은 큰 경사가 있을 때 또는 작은 경사가 여러 개 겹쳤을 때 임시로 실시한 과거. 시험 절차는 식년시와 같다.

정시庭試

왕실의 경사가 있을 때, 또는 특정 지역의 유생이나 관료를 대상으로 실시하는 단일시單一試. 당일 급제자를 발표한다.

알성시謁聖試

국왕이 봄 · 가을에 문묘에서 제례를 올릴 때 성균관 유생에게 시험을 보여 성적이 우수한 몇 사람을 선발하는 과거. 문과와 무과가 있다. 임금이 친림하며 시험 당일 급제자를 발표한다.

춘당대시春塘臺試

국가적 경사를 맞아 창경궁 춘당대에서 관무제觀武祭가 있을 때 실시하여 당일 급제자를 발표한다.

외방별시外房別試

임금의 몽진蒙塵 · 능침陵寢 · 온천 갈 때 행재소에서 치르는 시험이다.

중시重試 문신정시文臣庭試 발영시拔英試

일종의 자격 승진시험으로 10년에 한 차례씩 치른다. 임금이 참석한 가운데 대궐의 뜰에서 진행해 합격자의 7품 이하는 6품직(정규 관원이 되는 6품은 출륙出六이라 해서 출세의 한 단계로 현감이나 찰방 지위를 얻을 수 있었음)을 주고, 10년 동안 준직에 머무른 정3품 이하 당하관은 당상관으로 올려주었다.

2) 무과

※ 식년시와는 별도로 매년 봄과 가을에 치른다. 서울에서는 병조와 훈련원의 당상관이, 지방에서는 병마절도사가 주관한다. 우수자에게는 초시 합격 자격, 뛰어난 자에게는 복시 합격 자격을 주었다.

4. 남원양씨 항렬行列

세대	항렬자	세대	항렬자
19	汝	27	錫
20	擧	28	泳 洙
21	基 春 大 世 揆 道	29	秉 相 東
22	鎭 準 應 泰 震	30	萬 燮 熙

23	德奎漢東重	31	旭圭奎埈坰載培鳳
24	泰宗夏秀	32	雨鏞鎰鎬鉉鎭鍾欽
25	煥壽年祖	33	準淮澈澤
26	在河龍永	34	世模料植

5. 호칭

호칭이란 어떤 사람을 직접 부르는 말이고, 지칭이란 어떤 사람을 다른 사람에게 말할 때 가리키는 말인데 모두 말할 때는 칭호稱號라 한다. 우리나라는 여느 나라와 달라 같은 대상이라도 경우에 따라 여러 가지로 부르거나 말하게 된다. 또 순수한 우리말 칭호와 한자말이 섞여서 쓰이고 있다. 그렇기 때문에 호칭이나 지칭을 잘못 쓰면 무례한 사람이 된다. 아래 예시는 성균관 생활예절 범례[성균관 http://www.skk.or.kr>유교와 전통>언어예절>호칭]를 발췌한 것이다.

가. 친척끼리

자기에 대한 칭호

저 · 제 | 웃어른이나 여러 사람에게 말할 때

나 | 같은 또래나 아랫사람에게 말할 때(근친어른에게 쓰기도 한다.)

우리 · 저희 | 자기 쪽을 남에게 말할 때

상대가 부르는 칭호 | 자기를 아랫사람에게 말할 때는 상대가 나를 부르는 호칭으로 말한다.

부모에 대한 칭호

아버지 · 어머니 | 자기의 부모를 직접 부르고 지칭하거나 남에게 말할 때

아버님 · 어머님 | 남편의 부모를 직접 부르고 지칭하거나 남에게 말할 때와 남에게 그 부모를 말할 때

아비 · 어미 | 부모의 어른에게 자기의 부모를 말할 때와 부모가 자녀에게 자기를 지칭할 때 및 조부모가 손자녀에게 그 부모를 말할 때

아빠 · 엄마 | 말을 배우는 아이가 자기의 부모를 부르거나 말할 때

가친家親 · **자친**慈親 | 자기의 부모를 남에게 말할 때의 한문식 지칭

춘부장椿府丈 · **존장**尊丈 · **자당**慈堂**님** | 남에게 그의 부모를 말할 때의 한문식 지칭

부친父親 · **모친**母親 | 남에게 다른 사람의 부모를 말할 때

현고顯考 · **현비**顯妣 | 축문이나 지방에 돌아가신 부모를 쓸 때

선친先親 · **선고**先考 · **선비**先妣 | 남에게 자기의 돌아가신 부모를 말할 때

부주父主 · **자주**慈主 | 편지에 부모를 쓸 때의 한문식

선고장先考丈 · **선대부인**先大夫人 | 남에게 그 죽은 부모를 한문식으로 말할 때

아들에 대한 칭호

얘 · 너 · 이름 | 직접 부를 때와 지칭할 때

아들 · 자식 | 남에게 자기의 아들을 말할 때

애비 | 자녀를 둔 아들을 그 아내나 자녀에게 말할 때

아드님 · 자제 · 영식令息 | 남에게 그 아들을 말할 때

망자亡子 | 자기의 죽은 아들을 쓸 때

네 남편 | 며느리에게 그 남편인 아들을 말할 때

딸에 대한 칭호

얘 · 너 · 이름 | 시집 가지 않은 딸을 직접 부르거나 지칭할 때

○실 · ○집 | 시집간 딸은 남편의 성을 붙여서 부른다.

딸 · 여식 | 자기의 딸을 남에게 말할 때

따님 · 영애令愛 | 남에게 그 딸을 말할 때

에미 | 자녀를 둔 딸을 그 남편이나 자녀에게 말할 때

며느리에 대한 칭호

얘 · 며느리 · 너 | 며느리를 직접 부르거나 지칭할 때

네댁 · 네 아내 | 아들에게 그 아내인 며느리를 말할 때

에미 | 자녀를 둔 며느리를 직접 부르거나 말할 때

며느님 · 자부님 | 남에게 그 며느리를 말할 때

사위에 대한 칭호

○서방 | 장인이 사위를 직접 부르거나 지칭할 때

○서방 · 자네 | 장모가 사위를 직접 부르거나 지칭할 때

네 남편 · ○서방 | 딸에게 그 남편인 사위를 말할 때

사위님 · 서랑婿郎 | 남에게 그 사위를 말할 때

부부 간의 칭호

여보 · 당신 | 부부가 서로 부르거나 지칭할 때

사랑舍室 | 시댁의 어른이나 동서에게 자기의 남편을 말할 때

제 댁宅 | 자기 집이나 처가의 웃대 어른에게 자기의 아내를 말할 때

○서방 | 친정의 어른에게 자기의 남편을 말할 때

내자內- **· 안**內室 | 자기 집이나 처가의 같은 세대 어른 또는 제수 · 처남댁에게 자기의 아내를 말할 때

안사람 · 집사람 · 아내 | 남에게 자기의 아내를 말할 때

주인 · 바깥양반 · 남편 | 남에게 자기의 남편을 말할 때

주인어른 · 바깥어른 · 부군夫君 | 남에게 그 남편을 말할 때

안어른 · 부인 · 영부인令夫人 | 남에게 그 아내를 말할 때

시댁 가족에 대한 칭호

아버님 · 어머님 | 남편의 부모를 부르거나 말할 때

아주버님 | 남편의 형을 부르거나 가족 간에 말할 때

시숙媤叔 | 남편의 형을 남에게 말할 때

형님 | 남편의 형수나 누님을 부를 때

도련님 | 남편의 장가 안 간 동생을 부를 때

서방님 | 남편의 장가 간 동생을 부를 때

시동생 | 남에게 자기 남편의 동생을 말할 때

동서 · 자네 | 시동생의 아내를 부를 때

작은아씨 | 시집가지 않은 손아래 시누이를 부를 때와 가족 간에 말할 때

○서방댁 | 시집간 손아래 시누이를 부를 때와 가족 간에 말할 때

시누이 | 남편의 자매를 남에게 말할 때

아주버니 · ○○서방님媤妹婿 | 시누이의 남편을 부를 때

처가 가족에 대한 칭호

장인어른 · 장모님 | 아내의 부모를 부를 때

빙장 · 빙모 | 아내의 부모를 남에게 말할 때

처남댁妻嫂氏 **· ○○어머님** | 처남의 배우자를 부를 때

처형 · ○○어머님 | 처형을 부를 때

처제 · ○○어머님 | 처제를 부를 때

처남 · 자네 | 손아래 처남을 부를 때

※ 기타 처가 가족에 대한 호칭은 사회적인 호칭으로 한다. 아내의 직계존속과 부인들을 제외한 남자는 사회적 사귐이기 때문이다. 흔히 처형의 남편이 나이가 어린데도 불구하고 형님이라 부르는 경우가 있는데 이는 잘못이다.

형제간의 칭호

언니 | 미혼의 동생이 형을 부를 때

형님 | 기혼의 동생이 형을 부를 때

형 | 집안의 어른에게 형을 말할 때

백씨伯氏 · **중씨**仲氏 · **사형**舍兄 | 자기의 형을 남에게 말할 때

백씨장 · 중씨장 · 존형장 · 자네의 형님 | 남에게 상대방의 형을 말할 때

얘 · 이름 · 너 | 미혼이나 10년 이상 연하인 동생을 부를 때

동생 · 자네 · 이름 | 기혼이나 10년 이내의 연하인 동생을 부를 때

아우 | 동생의 배우자나 남에게 자기의 동생을 말할 때

아우님 · 제씨 | 남에게 그 동생을 말할 때

자매간의 칭호

언니 | 여동생이 여형을 부를 때

얘 · 너 · 이름 | 언니가 여동생을 부를 때

○**실** · ○**집** | 시집간 여동생을 부를 때(남편의 성을 위에 붙인다.)

형 | 집안의 어른에게 여형을 말할 때

○○**에미** | 집안의 어른에게 자녀를 둔 여동생을 말할 때

남매간의 칭호

오빠 | 미혼 여동생이 남자 형을 부를 때

오라버님 | 기혼 여동생이 남자 형을 부를 때

오라비 | 여동생이 집안 어른에게 남자 형을 말할 때

누나 | 미혼 남동생이 손위누이를 부를 때

누님 | 기혼 남동생이 손위누이를 부를 때

누이 | 남자가 여자 형제를 부를 때

얘 · 너 · 이름 | 손위누이가 미혼인 남동생을 부를 때와 오라비가 미혼 누이동생을 부를 때

동생 · 자네 · ○○아버지 | 손위누이가 기혼 남동생을 부를 때

○실 · ○집 | 오라비가 기혼 누이동생을 부를 때

형제자매의 배우자 칭호

아주머니 · 형수님 | 시동생이 형의 아내를 부를 때

아주머니 · 형수 | 집안 어른에게 형수를 말할 때

형수씨 | 남에게 자기의 형수를 말할 때

세수씨 · 수씨 | 동생의 아내를 식섭 부를 때

제수 | 집안 어른에게 제수를 말할 때

제수씨 | 남에게 자기의 제수를 말할 때

언니 | 시누이가 오라비의 아내를 부를 때

올케 · 새댁 · 자네 | 시누이가 남동생의 아내를 부를 때

○○댁 | 집안 어른에게 남동생의 아내를 말할 때

매부妹夫 | 누이의 남편을 남에게 말할 때

자형姊兄 · **매형**妹兄 | 누이의 남편을 부를 때와 말할 때

○서방 · 자네 · 매제妹弟 | 누이동생의 남편을 부를 때

형부兄夫 | 여동생이 여형의 남편을 부를 때와 말할 때

○서방 | 여형이 여동생의 남편을 부를 때

※ 원래는 자姊는 손위 누이, 매妹는 손아래 누이를 뜻하지만 이미 우리나라에서는 관습적으로 오래전부터 혼용되어 자형 · 매형 등의 말이 굳어 버렸다.

기타 친척 간의 칭호

할아버지 · 할머니 | 조부모를 직접 부르거나 남에게 말할 때

할아버님 · 할머님 | 남에게 그 조부모를 말할 때와 남편의 조부모를 부를 때

대부大父 · **대모**大母 | 8촌이 넘는 집안의 할아버지와 할머니를 부를 때

큰아버지 · 큰어머니, 몇째 아버지 · 몇째 어머니, 작은아버지 · 작은어머니 | 아버지의 형제와 그 배우자를 부르거나 말할 때 맏이는 큰, 막내는 작은, 기타 중간은 몇째를 붙인다. 이것은 형제자매나 차례가 있는 친족의 칭호에 공통으로 쓰인다.

아저씨 · 아주머니 | 아버지와 4촌 이상인 아버지 세대의 어른과 그 배우자를 부를 때

고모 · 고모부 | 아버지의 자매와 그 배우자를 부를 때

외숙-아저씨 · 외숙모-아주머니 | 어머니의 형제와 그 배우자를 부를 때

이모 · 이모부 | 어머니의 자매와 그 배우자를 부를 때

나. 사돈끼리

사돈이란 혼인관계로 맺어진 인척으로서 양가의 직계존비속, 방계가 서로를 호칭하고 지칭하는 말이다.

사돈 간의 칭호

사장査丈**어른** | 웃세대 사돈 남녀에 대한 칭호이다. 웃세대 사돈이란 며느리의 친정조부모, 딸의 시조나 제수의 친정부모, 자매의 시부모 등과 같이 자기보다 웃세대인 사돈을 말한다. 지방에 따라 바깥사돈을 말할 때도 사용한다.

사돈査頓 | 같은 세대의 동성同性끼리의 사돈으로서 연령이 10년 이내 연상까지를 말한다. 여자의 친정과 시댁의 아버지끼리나 어머니끼리 서로를 말할 때

사돈어른 | 같은 세대의 이성異性간의 사돈이나 동성이라도 자기보다 10년 이상 연

상일 때 말한다. 친정어머니가 시아버지를, 친정아버지가 시어머니를, 시아버지가 친정어머니를, 시어머니가 친정아버지를 말할 때

사돈양반 | 아랫세대의 기혼 이성인 사돈을 말할 때. 시어머니가 며느리의 오라비, 시아버지가 며느리의 형, 친정아버지가 딸의 시누이나 동서, 친정어머니가 딸의 시숙이나 시동생을 말할 때

사돈도령 · 사돈총각 | 미혼 남자인 사돈을 말할 때

사돈처녀 · 사돈아가씨 | 미혼 여성인 사돈을 말할 때

사돈아기씨 · 사돈아기 | 어린 사돈에 대한 칭호

6. 대종회 역대 도유사·대종회장 및 서울종친회장

우리 종중에서 도유사都有司 제도를 마련하여 종중사를 처리하기 시작한 것은 영조조인 18세기부터인 듯하다. 그 이전에는 수적으로 1백호 미만이므로 그럴 필요를 느끼지 않았을 것이다. 그러나 역대 유사의 취임 시기나 명단이 명확히 전수된 것이 없다. 여기 수록한 명단 중 일부는 구전口傳을 정리한 것이다.

가. 남원양씨 대종회

순	휘	호(자)	생졸	시기	파별	비고
1	양춘태楊春泰	안암鞍岩	1702~1782	영조조	어은공파	종약宗約 제정
2	양학태楊學泰	사첨士瞻	1705~1755	영조조	어은공파	농소 제전祭田 매입
3	양종해楊宗楷	둔와遯窩	1744~1815	정조조	어은공파	관전 묘비 건립
4	양득희楊得熙	담재澹齋	1756~1809	정조조	쌍매당공파	지계사 창건
5	양달환楊達煥	사와思窩	1776~1832	순조조	어은공파	농소 제각 중수
6	양재절楊在節	묵와默窩	1806~1859	헌종조	어은공파	관전 제각 중수
7	양재의楊在義	관호官湖	1809~1889	고종조	쌍매당공파	귀암정 창건
8	양재영楊在榮	예암禮庵	1822~1896	고종조	쌍매당공파	여산 산송山訟 처리
9	양석모楊錫謨	심연心淵	1848~1918	순종후	한림공파	보사譜事
10	양석승楊錫升	만오晚悟	1849~1929	순종후	쌍매당공파	여산 제각 중수
11	양헌영楊憲永	회암晦岩	1858~1951	순종후	쌍매당공파	죽곡 묘비 건립
12	양찬영楊瓚永	만포晚圃	1856~1918	순종후	쌍매당공파	죽곡 제각 건립
13	양병용楊秉鎔	회산晦山	1856~1918	순종후	쌍매당공파	농소 제각 중수
14	양찬수楊贊洙	후청後靑	1861~1943	순종후	쌍매당공파	
15	양인영楊寅泳	회봉晦峰	1875~1965	순종후	쌍매당공파	
16	양병현楊秉鉉	정재靜齋	1875~1946	순종후	쌍매당공파	
17	양병익楊秉益	귀운龜雲	1890~1979	대한민국	쌍매당공파	백수공 묘비 건립
18	양병근楊秉根		1892~1957	대한민국	어은공파	
19	양병옥楊秉玉	화석華石	1893~1961	대한민국	어은공파	
20	양병홍楊秉泓		1898~1978	대한민국	쌍매당공파	
21	양상하楊相夏	매하梅下	1905~1975	대한민국	쌍매당공파	종친회로 개편, 농소 제단祭壇 설정
22	양만상楊萬常	인산仁山	1911~1981	대한민국	쌍매당공파	

23	양주섭楊周燮	우당愚堂	1913~	대한민국	어은공파	
24	양상곤楊相坤	석포石圃	1912~1994	대한민국	쌍매당공파	
25	양병창楊秉暢	중호中湖	1922~2004	대한민국	한림공파	
26	양효섭楊孝燮	예촌禮村	1932~	대한민국	쌍매당공파	
27	양효섭楊孝燮	예촌禮村	1932~	대한민국	쌍매당공파	
28	양효섭楊孝燮	예촌禮村	1932~	대한민국	쌍매당공파	
29	양서봉楊棲鳳	매천梅泉	1928~2016	대한민국	쌍매당공파	일명 정욱正旭. 국사편찬위 사료조사위원
30	양서봉楊棲鳳	매천梅泉	1928~2016	대한민국	쌍매당공파	
31	양만성楊萬星	지산芝山	1934~	대한민국	쌍매당공파	
32	양만성楊萬星	지산芝山	1934~	대한민국	쌍매당공파	귀암공 묘소 등 여산 선영 사초 및 신양재 대대적인 보수
33	양상린楊相麟	유정柳亭	1937~	대한민국	쌍매당공파	종가 건립 부지 매입 및 관전 토지 정리 『남원양씨세적집요』 수정증보版 『버들숲 짙푸른 楊門을 다시 열며』 출간

나. 남원양씨 서울종친회

순	회장	부회장	총무	자문위원				취임일자	비고
1	병춘 秉春		전섭 田燮					1966. 7. 3	
2	병희 秉喜		병인 秉仁	병익 秉翼	병춘 秉春	우룡 雨龍		1967. 12. 17	
3	병춘 秉春	전섭 田燮	우룡 雨龍	병익 秉翼	병희 秉喜			1968. 12. 15	
4	병춘 秉春	인엽 仁燁	우룡 雨龍	병익 秉翼	병희 秉喜	전섭 田燮		1969. 12. 12	
5	병익 秉翼	태수 泰洙	우룡 雨龍	병춘 秉春	병희 秉喜	인엽 仁燁		1970. 12. 20	
6	병춘 秉春	병희 秉喜	동섭 東燮	병익 秉翼	인엽 仁燁	전섭 田燮		1971. 12. 19	
7	병춘 秉春	병희 秉喜	동섭 東燮	병익 秉翼	인엽 仁燁	전섭 田燮		1972. 12. 19	
8	병남 秉南	전섭 田燮	우룡 雨龍	병춘 秉春	병희 秉喜	동수 東洙		1974. 8. 25	
9	병희 秉喜	인엽 仁燁	창화 昌和	병춘 秉春	전섭 田燮	동수 東洙		1975. 12. 21	
10	인엽 仁燁	병희 秉喜	우룡 雨龍	병춘 秉春	도수 道洙	동섭 東燮		1976. 12. 19	

11	병춘 秉春	병만 秉萬	우룡 雨龍	태수 泰洙	병남 秉南	인엽 仁燁		1977. 12. 18	
12	도수 道洙	병희 秉喜	우룡 雨龍	병춘 秉春	병남 秉南	인엽 仁燁		1978. 12. 17	
13	정렬 正烈	병춘 秉春	우룡 雨龍	도수 道洙	병희 秉喜	인엽 仁燁		1979. 12. 16	
14	병춘 秉春	인엽 仁燁	홍묵 弘默	도수 道洙	병남 秉南	우룡 雨龍		1980. 12. 21	
15	병춘 秉春	우룡 雨龍	홍묵 弘默	도수 道洙	동욱 東旭	병희 秉喜		1981. 12. 20	
16	동욱 東旭	우룡 雨龍	홍묵 弘默	병춘 秉春	병희 秉喜	병남 秉南		1982. 12. 19	
17	동욱 東旭	전섭 田燮	홍묵 弘默	병춘 秉春	대원 大元	우룡 雨龍		1983. 12. 18	
18	전섭 田燮	우룡 雨龍	덕호 德鎬	병춘 秉春	도수 道洙	홍묵 弘默		1984. 10. 28	
19	전섭 田燮	우룡 雨龍	덕호 德鎬	병춘 秉春	도수 道洙	홍묵 弘默		1985. 10. 27	

순	회장	부회장	감사	총무	재무	청년회장		취임일자	비고
20	전섭 田燮	상군 相君	우룡 雨龍	성섭 成燮	×	대원 大元		1986. 10. 26	* 직제 개편 감사 및 청년회 신설
21	전섭 田燮	병만 秉萬 순웅 淳雄	우룡 雨龍	성섭 成燮	철 鐵	대원 大元		1988. 12. 11	* 직제 개편 부회장 2인
22	전섭 田燮	성봉 成鳳 순웅 淳雄	우룡 雨龍	성섭 成燮	철 鐵	대원 大元		1990. 12. 2	* 유적지 탐방 주요 묘소 정자
23	우룡 雨龍	병만 秉萬 순웅 淳雄	성섭 成燮	대원 大元	철 鐵	군섭 君燮		1992. 10. 18	
24	우룡 雨龍	성섭 成燮 병래 秉來	철 鐵	대원 大元	병준 秉浚	관욱 寬旭		1994. 12. 4	
25	우룡 雨龍	성섭 成燮 병래 秉來	해주 海周	대원 大元	병준 秉浚	관욱 寬旭		1996. 11. 3	* 파주, 대종회관 부지 구입
26	전섭 田燮	병만 炳萬 순웅 淳雄		성호 盛淏	병준 秉浚	관욱 寬旭		1998. 11. 1	

순	회장	부회장	감사	사무국장	기획국장	취임일자	비고
27	순웅 淳雄	병만 秉萬 경영 京泳 병래 秉來 형식 炯植 재욱 宰旭	병준 秉浚	성호 盛淏	관욱 寬旭	2000. 11. 5	* 직제 개편 부회장 5인 이내 사무국장 1인 기획국 1인

순	회장	부회장	감사	사무국장	기획국장	총무부장	의전부장	운영부장	청년부장	취임일자	비고
28	병래 秉來	형식 炯植 재욱 宰旭 현욱 賢旭 병문 秉文 상윤 相允	병만 炳萬	성호 盛淏	병관 秉寬	춘배 春培	용섭 龍燮	평섭 平燮	덕기 悳淇	2002. 11. 3	* 사무국 2부 기획국 2부 신설

순	회장	부회장	감사	사무국장	취임일자	비고
29	병래 秉來	현욱 賢旭 형식 炯植 상윤 相允 관욱 寬旭	병만 炳萬	성호 盛淏	2004. 11. 4	
30	병래 秉來	현욱 賢旭 형식 炯植 상윤 相允 관욱 寬旭	병만 炳萬	성호 盛淏	2006. 11. 3	

순	회장	부회장	감사	사무국장	재무국장		청년부장	부녀부장	취임일자	비고
31	병래 秉來	현욱 賢旭 형식 炯植 상윤 相允 관욱 寬旭	병만 炳萬	성호 盛淏	삼섭 三燮				2008. 11. 3	* 재무국 신설

32	병래 秉來	현욱 賢旭 형식 炯植 상윤 相允 관욱 寬旭	병만 炳萬	성호 盛淏 현욱 賢旭	삼섭 三燮 완욱 皖旭				2010. 11.	* 회원 배가 운동 추진
33	상윤 相允	관욱 寬旭 성호 盛淏 현섭 顯燮 병남 秉南 삼섭 三燮	재욱 宰旭 평규 平圭	현욱 賢旭	완욱 皖旭				2012. 11. 00	* 서울종친회 자산 등기 완료 *『남원 양씨 세적집요』증보 작업 착수
34	상윤 相允	관욱 寬旭 성호 盛淏 현섭 顯燮 병남 秉南 삼섭 三燮	평규 平圭	현욱 賢旭	완욱 皖旭				2014. 11. 00	
35	관욱 寬旭	현섭 顯燮 병남 秉南 대원 大元 성호 盛淏 삼섭 三燮 평규 平圭	현욱 賢旭	상군 相君	평섭 平燮		상민 尙旼	점순 點順	2016. 11. 00	* 부녀부 신설 *『남원양씨세적집요』증보版『버들숲 짙푸른 楊門을 다시 열며』출간

7. 선조들의 전적典籍

우리 선조들의 문헌은 본래 많을 것이나, 병란兵亂·재화災禍로 소실돼 현재 남아 있는 자료는 많지 않다. 원본이 한문으로 쓰인 문헌만 알려진 대로 간추리면 다음과 같다.

인쇄본

순	서명	저자	발간 연도	비고	순	서명	저자	발간 연도	비고
1	『漁隱集어은집』	양사형	1931	문집 1권	7	『遯窩遺稿돈와유고』	양종해	목판	시문집 2책
2	『龜陰集귀음집』	양시진	1931	문집 1권	8	『晩圃遺稿만포유고』	양찬영	1987	시문집 1책
3	『落霞亭集낙하정집』	양시면	1931	문집 1권	9	『星岩遺稿성암유고』	양원영	1983	시문집 2권 1책
4	『華陽集화양집』	양여매	1931	문집 1권	10	『靜齋遺稿정재유고』	양병현	1990	시문집 양장 1책
5	『三省堂遺稿삼성당유고』	양회영	목판	시문집 4권 2책	11	『龜雲遺稿귀운유고』	양병익	1983	시문집 1책
6	『白水集백수집』	양응수	1928	문집 33권 17책	12	『近朝鮮史근조선사』	양병양	1968	사서 3권
필사본	『春塘遺稿춘당유고』(諱석중) 『玉壺遺稿옥호유고』(諱홍순) 『晦山遺稿회산유고』(諱병용) 『春汀遺稿춘정유고』(諱병현) 『愚石遺稿우석유고』(諱병철)								

[자료] 『南原楊氏世錄便覽』(남원양씨대종회, 1994)

◆ 참고문헌 ◆

한국고전종합DB

한국역대인물종합정보시스템

디지털순창문화대전

민족문화대백과사전

南原楊氏大同譜, 1998

南原楊氏世錄便覽, 남원양씨대종회, 1994

南原楊氏世跡輯要, 양만정 편, 남원양씨대종회, 1975

婚喪祭禮略選, 남원양씨대종회, 1983

(한국의 전통마을 ⑨) 육백년 지켜온 한성받이 마을, 한국향토사연구전국협의회, 수서원, 1996

전라북도지全羅北道誌, 향토문화연구회, 1960

전설지傳說誌, 전라북도, 1960

가난했지만 행복했던 나의 삶, 양만정, 신아출판사, 2013

(팸플릿) 南原楊氏世跡輯要, 楊溶默편

(교육자료) 祖上의 史蹟地 先山巡禮, 楊田燮, 남원양씨서울종친회, 2000

| 찾아보기 |

가

가감역공假監役公 재영在榮 • 161, 414

가승家乘 • 24

갈록음수형渴鹿飮水形 • 367

「감영10절感詠十絶」• 298

감찰공監察公 여량汝樑 • 126

갑술환국甲戌換局 • 227

갓데참봉 • 69

강안국姜安國 • 87, 468

강진공康津公 시립時立 • 96, 158

개미바위蟻岩 • 376

거북바위龜岩 • 364

경기전慶基殿 • 115

경암공敬庵公 종을宗乙 • 284

계당공溪堂公 기沂 • 86

계은공桂隱公 석원錫源 • 161

계은공溪隱公 우기禹基 • 275

「계은공묘갈명溪隱公墓碣銘」• 275

「고 사산감역 반선정 양공전故四山監役伴仙亭楊公傳」• 259, 272

「고 처사 귀암양공 진사 매당양공 합전故處士龜岩楊公進士梅堂楊公合傳」• 257, 259

고경명高敬命 • 94, 233, 468

고려 직제학 양수생처 열부이씨려高麗直提學楊首生妻烈婦李氏閭 • 335

「곡양판사이시哭楊判事以時」• 36

곤양공昆陽公 오거五擧 • 124

과보科譜 • 19, 58

관전 선영 • 396

광산군부인 탁씨光山郡夫人卓氏 • 43

광제정光霽亭 • 75, 348

「광제정중건기光霽亭重建記」• 349

교룡도蛟龍島 • 52

구경具慶 • 469

구선동 선영 • 405

국가보물 제725호 • 327

국가지정문화재 • 326

『국로항추菊露抗秋』• 292

「궁류시宮柳詩」• 137, 470

권상규權相圭 • 469

권성權諱 • 46, 393, 469

권순명權純命 • 469

권집權집〈?〉• 174, 469

권필權韠 • 137, 470
귀문각龜文閣 • 362
귀봉공龜峰公 석원錫源 • 290
귀산공龜山公 치근致根 • 282
귀악龜岳 • 49, 359, 367
귀암공龜岩公 배培 • 73, 93, 254
귀암정龜巖亭 • • 345
「귀암정기龜巖亭記」 • 257,
「귀암정창건운龜巖亭創建韻」 • 293
귀은공龜隱公 종갑宗甲 • 283
귀음공龜陰公 시진時晉 • 96, 110, 206
귀정공歸汀公 일수日洙 • 294, 415
귀하공龜下公 석우錫愚 • 292
『근조선사近朝鮮史』 • 292
금귀예미형金龜曳尾形 • 359
금오공金吾公 국재國材 • 61
기우만奇宇萬 • • 470
기정진奇正鎭 • 349, 470
『기축록속己丑錄續』 • 225
기호학파畿湖學派 • 228
김경희金景喜 • 81, 471
김계지金繼志 • 43, 471
김관金灌礶 • 168, 472
김광을金光乙 • 69, 472
김구金 • 77, 473
김구용金九容 • 37, 41, 473
김균金畇 • 159, 473
김기종金起宗 • 474
김단金湍 • 125, 474
김대립金大立 • 114, 474
김동준金東準 • 86, 474
김병국金炳國 • 153, 475
김병기金炳冀 • 152, 475
김병필金炳弼 • 152, 475
김병학金炳學 • 154, 475
김사걸金士傑 • 99, 475
김상헌金尙憲 • 119, 476
김세기金世基 • 78, 476
김세필金世弼 • 78, 476
김순金巡 • 85, 476
김시서金時瑞 • 265, 476
김약묵金若默 • 91, 477
김영한金甯漢 • 73, 477
김원金元 • 85, 477
김원행金元行 • 228, 477
김인후金麟厚 • 75, 78, 91, 99, 477
김재金滓 • 43
김재석金載石 • 307, 478
김정金淨 • 314, 478
김정언金廷彦 • 91, 479

김천일金千鎰 • 98, 234, 313, 479
김택술金擇述 • 302, 479
김효간金孝侃 • 69, 479

나

낙안공樂安公 여두汝杜 • 160
낙하정공落霞亭 시면時冕 • 96, 137
낙하정落霞亭 • 358
「남원부신치제용재기南原府新置濟用財記」 • 37
남원양씨 종중 문서 • 327
남촌서원南村書院 • 322
남효온南孝溫 • 74, 348
『노계집盧溪集』 • 82
『노사선생문집蘆沙先生文集』 • 351
노석승盧錫升 • 150, 479
노석장盧錫璋 • 85, 480
노송공老松公 정식挺湜 • 189
노진盧禛 • 89, 144, 206, 480
녹갈암鹿渴岩 • 366
농산공農山公 재휴在休 • 194
농소 선영 • 392
농암공聾岩 재보在輔 • 294
능양군綾陽君 이종李倧 • 114, 210, 480
능창군綾昌君 이전李佺 • 113, 481
능창군추대사건綾昌君推戴事件 • 112, 206, 210

다

담재공澹齋公 득희得熙 • 149, 228, 262, 284
『당의통략黨議通略』 • 201
대감大監 • 182
대곡(대실) 선영 • 397
대모정大母井 • 367
대원군 구나사선 • 312
대제학大提學 • 41
대제학공大提學公 이시以時 • 25, 27, 30, 35, 37, 157
대제학공 홍패 • 328
대종춘제大宗春祭 • 455
대종춘제 축문祝文 • 461
대종춘제 홀기笏記 • 456
덕산역德山驛 • 114
도사공道事公 정신挺臣 • 126
『도암집陶菴集』 • 269
도형刀形 • 64
독서암讀書庵 • 364
돈암墩巖(돈바위) • 254, 293, 369
돈암공遯菴公 사선士選 • 87
「돈암공묘비음기遯菴公墓碑陰記」 • 88
돈암공파 • 87

돈와공遯窩公 종해宗楷 • 149

「돈와 진사공 휘종해 행장遯窩進士公諱宗楷行狀」 • 150

『돈와유고遯窩遺稿』 • 319

돈재공遯齋公 사泗 • 85

돈재공遯齋公 진호鎭豪 • 280

『동문선東文選』 • 32

동시낙향설同時落鄕說 • 53

동정공同正公 직령直令 • 60

동지공同知公 득춘得春 • 184

동지공同知公 재근在根② • 195

동지공同知公 주우柱宇 • 185

동지공同知公 한준漢儁 • 188

동지同知 • 182

마

만동묘萬東廟 • 311

『만성보萬姓譜』 • 22

「만양상사輓楊上舍」 • 153

「만양우대제학輓楊友大提學」 • 36

만오공晩悟公 석승錫升 • 163

만촌공晩村公 석종錫宗 • 288

만포공晩圃公 찬영瓚泳 • 296

매당공梅堂公 돈墩 • 75

매사재공梅史齋公 정환正煥 • 193

매은공梅隱公 시간時幹 • 272

매음공梅陰公 대중大仲 • 99

「명원록鳴寃錄」 • 406

모니노牟尼奴 • 31

모정공慕亭公 희적希迪 • 94, 97, 233, 236, 332, 348

모헌공慕軒公 세표世標 • 190

『목은문고牧隱文藁』 • 40

무량산無量山 • 363, 379

무변가武邊家 • 122

무송공撫松公 몽거夢擧 • 172, 213, 227, 280

묵암공默庵 지하志河 • 162

묵재공默齋公 진갑鎭甲 • 280

묵패墨牌 • 311

민적법民籍法 • 20

민정중閔鼎重 • 124, 481

바

박두양朴斗陽 • 287, 481

박상朴祥 • 314, 482

박상희朴相熙 • 386

박순朴淳 • 204, 316, 482

박연朴堧 • 74, 80, 400

박정수朴廷洙 • 87

박중우朴仲愚 • 74, 482

박환剝換 • 364

반선정伴仙亭 • 354
반선정공伴仙亭公 공말公말〈?〉 • 78, 259
반야般若 • 31
방원정房元井 • 483
배강背講 • 105
배암培巖(배바위) • 254, 293, 368
배정培亭 • 369
백광홍白光弘 • 356, 483
백수공白水公 응수應秀 • 26, 174, 228, 266, 295, 358
백수정와白水精窩 • 174, 269
『백수집白水集』 • 26, 163, 267, 342
백패白牌 • 327
변사정邊士貞 • 96, 483
별시別試 • 105
별제공別提公 재춘再春 • 161
『병술보丙戌譜』 • 22
「병자12월 20일 문적범경성丙子十二月二十一日聞賊犯京城」 • 143
『병자창의록丙子倡義錄』 • 240
병자호란丙子胡亂 • 237
보승정공保勝正公 용문用文 • 60
복시覆試 • 105
봉사공奉事公 신거莘擧 • 126
봉사공奉事公 여규汝珪 • 123
봉석封石 • 338
「봉훈랑 내선시판관공 묘표奉訓郞內贍寺判官公墓表」 • 97
「부 송양지신사 이시지임 고부附送楊知申事以時之任古阜」 • 32
부정공副正公 홍洪 • 79, 81, 83, 330, 360
부정공 교지 • 331
부정공 홍패 • 330
부호군공副護軍公 재춘在春 • 192
비지정문화재 • 326
비홍산飛鴻山(비홍재) • 49

사

사마방목司馬榜目 • 333
사마시司馬試 • 127
「사산감역 반선정 양공전四山監役伴仙亭楊公傳」 • 78
사색당四色黨 • 205
사성공司成公 몽인夢寅 • 120, 333
사예공司藝公 시정時鼎 • 83, 91, 116, 333
「사예공묘비음기司藝公墓碑陰記」 • 120
사의공司議公 여집汝楫 • 168
사평재공四平齋公 제신濟臣 • 282
사홍팔백四紅八白 • 261, 362

산림山林 • 166
산송山訟 • 406
「산인동기散人洞記」 • 254
「삼경지지발三經之旨發」 • 284
삼봉三鳳 • 296
삼성당공三省堂公 회영會榮 • 146, 185, 315, 365
삼창三昌 • 274
「상재상서上宰相書」 • 406
생원공生員公 공이公儞 • 79
생원공生員公 세기世基 • 145
생원공生員公 순洵 • 83
생원공生員公 여역汝櫟 • 141
생원공生員公 진수震燧 • 149
생진시生進試 • 127
서광필徐光弼 • 483
서당터 • 364
서룡사瑞龍祠 • 314
「서룡사봉안문瑞龍祠奉安文」 • 316
선달先達 • 06
선무랑宣務郞 여괄汝栝 • 132
선무랑宣務郞 여숙汝橚 • 133, 240
선무랑宣務郞 여춘汝椿 • 132
선무원종공신宣撫願從功臣 • 96, 332
설흥국薛興國 • 483
성시조姓始祖 • 24
성암공星岩公 원영瑗永 • 257, 297
「성암공 원영묘표星岩公瑗永墓表」 • 301
『성암유고星岩遺稿』 • 302, 386, 402
『성원총록姓源叢錄』 • 26
성천공聖泉公 시우時遇 • 115, 211
성혼成渾 • 117
세룡 선영 • 404
세심 선영 • 403
『세적편世蹟編』 • 302
소감공少監公 윤보允保 • 61
소근蘇近 • 77
소명국蘇鳴國 • 112, 206
소봉선蘇奉善 • 93, 484
소세량蘇世良 • 74, 484
소세양蘇世讓 • 365, 485
소세온蘇世溫 • 77
소순蘇巡 • 87, 485
소지所志 • 332
「송 양동년지임 고부 차운送楊同年之任古阜次韻」 • 31
송규헌宋奎憲 • 135, 485
송명흠宋明欽 • 135, 485
송병선宋秉璿 • 297, 486
송병순宋秉珣 • 297, 486
「송 양원 부연경시送楊員赴燕京詩」 • 111

송와공松窩公 공건公健 • 77
송증헌宋曾憲 • 301, 487
「송호은귀귀산送壺隱歸龜山」• 153
송환기宋煥箕 • 264, 487
수성군壽城君 • 64
「숙인이씨정려비음기「淑人李氏旌閭碑陰記」• 336
『순창군지淳昌郡誌』• 351
승종承宗 • 91
시율필법詩律筆法 • 172
시조동래설始祖東來說 • 25
식년시式年試 • 105
신경준申景濬 • 142, 254, 487
신경진申景禛 • 114
신경희申景禧 • 113, 488
신공제申公濟 • 313, 488
신돈辛旽 • 31
신말주申末舟 • 83, 489
신석희申錫禧 • 152, 489
신선흡申善潝 • 175, 268, 489
신흠申欽 • 353, 489
『심경총람心經總攬』• 304
심이섭沈理燮 • 489
심주공心洲公 석모錫謨 • 291
「심주공묘갈명心洲公墓碣銘」• 291
쌍매당공雙梅堂公 사민士敏 • 89, 94, 134, 261, 316
쌍매당공파 • 89
쌍매당종파 • 91
쌍매당중파 • 91, 133
쌍매당도사공파 • 91, 116
쌍매당중산파 • 91, 134
쌍매당중산종파 • 91
쌍매당중산중파 • 91
쌍매당중산계파 • 91
쌍매당장시랑공파 • 91, 135
쌍매당재동파 • 91, 135

아

아계사阿溪祠 • 321
아지발도阿只拔都 • 51, 337, 490
안극함安克諴 • 83, 490
안소安塑 • 291, 490
안악양씨安岳楊氏 • • 22
안암공鞍岩公 춘태春泰 • 44, 141, 271, 275
「안암공행장鞍岩公行狀」• 275
안지귀安知歸 • 69, 490
양감楊堪(통덕랑) • 76
양거흥楊巨興 • • 123
양경기楊景基(통덕랑) • 186
양경문楊敬文(영월공) • 23, 59

양경삼楊敬三 • 249
양경택楊敬澤 • 197
양공건楊公健(송와공) • 77
양공말公말〈?〉(반선정공、백운공) • 78, 259
양공신公信(회와공) • 78, 183
양공영楊公永(제용감정공) • 79
양공이楊公儞(생원공) • 79
양공준楊公俊(좌랑공) • 76
양국재楊國材(금오공) • 61
양규楊規 • 23
양규환楊奎煥(체와공) • 285
양극일楊克逸 • 185
양금호楊金灝(정랑공) • 160
양기楊沂(계당공) • 86
양기楊起 • 22
양대발大發(죽계공) • 406, 411
양대중楊大仲(매음공) • 99
양도영楊道永(첨지공) • 197
양돈楊墩(매당공、광재정공) • 75
양득춘得春(동지공) • 184
양득희楊得熙(담재공) • 149, 228, 262, 284
양만기楊萬基 • 185
양만정楊萬鼎(현곡공) • 248
양몽거楊夢擧(무송공) • 172, 213, 227, 280
양몽인楊夢寅(사성공) • 120, 333
양배楊培(귀암공) • 73, 93, 254
양병기楊秉錡 • 305
양병렬楊秉烈(후암공) • 49, 362
양병용楊秉鎔(회산공) • 304
양병운楊秉雲(지곡공) • 306
양병현楊秉鉉(정재공) • 305
양사민楊士敏(쌍매당공) • 89, 94, 134, 261, 316
양사보楊思輔(함평공) • 45, 50, 62, 157, 338, 364, 380
양사선楊士選(돈암공) • 87
양사수楊士秀(화은공) • 99
양사楊泗(돈재공) • 85
양사언楊士彦 • 26, 490
양사헌楊士獻(진사공) • 93
양사형楊士衡(어은공) • 89, 94, 110, 136, 233, 264, 332, 351
양상곤楊相坤(석포공) • 248
양상화楊相華 • 303
양서령楊瑞齡(태학생공) • 61
양서흠楊敍欽 • 126
양석규楊錫奎(조은공) • 289
양석렬楊錫烈(첨지공) • 196
양석룡楊錫龍(호은공) • 151

양석모楊錫謨(심주공) • 291
양석승楊錫升(만오공) • 163
양석우楊錫愚(귀하공) • 292
양석원楊錫源(계은공) • 161
양석원楊錫源(귀봉공) • 290
양석종楊錫宗(만촌공) • 288
양석중楊錫中(춘당공) • 195
양석진楊錫珍(죽오공) • 162
양선태楊善泰(우계공) • 148
양세기楊世基(생원공) • 145
양세표楊世標(모헌공) • 190
양수생楊首生(직제학공) • 44
양순楊洵(생원공) • 83
양시간楊時幹(매은공) • 272
양시경時敬(장사랑) • 91
양시립楊時立(강진공) • 96, 158
양시매楊時邁(참의공) • 96
양시면楊時冕(낙하정공) • 96, 137
양시면楊時冕(낙하정공) • 96, 137
양시성楊時省(창주공) • 91, 130
양시순楊時順(장사랑) • 91
양시우楊時遇(성천공) • 115, 211
양시익楊時益(진사공) 91, 134
양시정楊時鼎(사예공) • 83, 91, 116, 333
양시진楊時晉(귀음공 · 문학공) • 96, 110, 206
양시진처 도강김씨 정려楊時晉妻道康金氏旌閭 • 338
양시척時惕(장사랑) • 91
양시협楊時協(통덕랑) • 116
양신거楊莘擧(봉사공) • 126
양언영楊彦永(첨지공) • 197
양여괄楊汝栝(선무랑) • 132
양여규楊汝珪(봉사공) • 123
양여균楊汝筠(참의공) • 144, 159, 240
양여기楊汝機 • 124
양여두楊汝杜(낙안공) • 160
양여매楊汝梅(화양공) • 142, 240
양여백楊汝栢(참봉공) • 138
양여송楊汝松 • 116
양여숙楊汝橚(선무랑) • 133, 240
양여역楊汝櫟(생원공) • 141
양여장楊汝樟(참의공) • 144, 159, 240
양여집楊汝楫(사의공) • 168
양여춘楊汝椿(선무랑) • 132
양연楊淵(판관공) • 63
양연춘楊延春 • 123
양영재楊英材(참판공) • 101
양영재楊英材(창정공) • 59

양오거楊五擧(곤양공) • 124
양용문楊用文(보승정공) • 60
양우기楊禹基(계은공) • 275
양운거楊雲擧(초로공) • 169, 370
양원거楊元擧 • 125
양원영楊瑗永(성암공) • 257, 297
양육楊堉(첨지공) • 189
양윤보楊允保(소감공) • 61
양윤숙楊允淑(춘계공) • 242
양윤楊潤(참의공) • 84
양윤화楊允華 • 124
양응수楊應秀(백수공) • 26, 174, 228, 266, 295, 358
양응조楊應組(태은공) • 279
양이시楊以時(대제학공) • 25, 27, 30, 35, 37, 157
양인영楊寅泳(히봉공) • 360
양일수楊日洙(귀정공) • 294, 415
양일영楊日榮 • 26, 491
양자유楊子由(집의공、한림공) • 67, 69, 158, 403
양자첨楊子瞻(임피공) • 66, 76, 275
양장급제兩場及第 • 121
양재근楊在根①(첨지공) • 193
양재근楊在根②(동지공) • 195
양재보楊在輔(농암공) • 294
양재성楊在聖(중봉공) • 191
양재수楊在壽(첨지공) • 192
양재영楊在榮(가감역공、예암공) • 161, 414
양재익楊在益(초산공) • 343
양재춘楊再春(별제공) • 161
양재춘楊在春(부호군공) • 192
양재현楊在鉉(호계공) • 194
양재홍楊在鴻 • 287, 294
양재휴楊在休(농산공) • 194
양정기楊鼎基(최락당공) • 264, 315
양정식楊挺湜(노송공) • 189
양정신楊挺臣(도사공) • 126
양정환楊正煥(매사재공) • 193
양제신梁濟身 • 275
양제신楊濟臣(사평재공) • 282
양종갑楊宗甲(귀은공) • 283
양종린楊鍾麟(팔암공) • 287, 294
양종을楊宗乙(경암공) • 284
양종필楊宗弼(첨지공) • 192
양종해楊宗楷(돈와공) • 149
양종호楊宗虎(첨지공) • 196
양주영楊周泳(연파공) • 293
양주우楊柱宇(동지공) • 185
양지하楊志河(묵암공) • 162
양직령楊直令(동정공) • 60

양진갑鎭甲(묵재공) • 280
양진수楊震燧(생원공) • 149
양진우楊鎭禹(오졸재공) • 186, 315
양진호楊鎭豪(돈재공) • 280
양징楊澄(통정대부공) • 86
양찬수楊贊壽(후청공) • 303
양찬영楊瓚泳(만포공) • 296
양춘범楊春凡 • 248
양춘영楊春泳(춘계공) • 242
양추태楊春泰(안암공) • 44, 141, 271, 275
양춘해楊春楷(첨지공) • 191
양치근楊致根(귀간공) • 282
양치백楊致伯 • 249
양포楊浦 • 22
양학태楊學泰(처사공) • 26, 279
양한점楊漢占(중서공) • 60
양한준楊漢儁(동지공) • 188
양해거楊海擧(장륙공) • 144
양헌영楊憲泳(회암공) • 303
양형기楊炯基(여암공) • 146
양호재養浩齋 • 359
「양호재중수기養浩齋重修記」 • 360
양홍楊洪(부정공、양호재공) • 79, 81, 83, 330, 360
양회영楊會榮(삼성당공) • 146, 185, 315, 365
양희적楊希迪(모정공) • 94, 97, 233, 236, 332, 348
어은 양선생 강학지소漁隱楊先生講學之所 • 353
어은 양선생 독서암漁隱楊先生讀書菴 • 353, 376
어은공漁隱公 사형士衡 • 89, 94, 110, 136, 233, 264, 332, 351
어은공파 • 94
어은문학공파 • 96
어은낙하정공파 • 96
어은참의공파(구남파) • 96
어은낙안파 • 96
어은정漁隱亭 • 351
여산 선영 • 399
「여산산장추심문礪山山庄推尋文」 • 294, 415
여암공旅庵公 형기炯基 • 146
『여암유고旅庵遺稿』 • 256
연파공蓮坡公 주영周泳 • 293
「열부 수원최씨비음기烈婦水原崔氏碑陰記」 • 343
「열부 숙인이씨묘비음기烈婦淑人李氏墓碑陰記」 • 393
「열부 숙인이씨전烈婦淑人李氏傳」 • 47

영감令監 • 182
영남학파嶺南學派 • 229
영승문永承門 • 363
영월공寧越公 경문敬文 • 23, 59
영월군사지寧越郡事 • 59
영하정暎霞亭 • 351
예암공禮庵公 • 161, 414
오명제吳明濟 • 31
오언기吳彦麒 • 491
오자등과五子登科 • 68
오정길吳廷吉 • 130, 491
오졸재공迂拙齋公 진우鎭禹 • 186, 315
오희길吳希吉 • 133, 491
『옥수선생집玉垂先生集』 • 291
『옥천군지玉川郡誌』 • 47, 365
용궐산龍闕山 • 364
『용성지龍城誌』 • 28, 52
우계공愚溪公 선태善泰 • 148
우왕禑王 • 31
「운차청범루운韻次淸範樓韻」 • 80
위기지학爲己之學 • 147
위리안치圍籬安置 • 113
유동연柳東淵 • 370, 492
유동유柳東遊 • 370, 492
유식柳軾 • 120, 492
유언집兪彦鏶 • 44, 492
유언호兪彦鎬 • 262, 493
유옥柳沃 • 314, 493
유일遺逸 • 156
「유증최11留贈崔十一」 • 32
유홍원柳洪源 • 132, 494
유희춘柳希春 • 89, 494
육로암六老岩 • 171, 369
육로정六老亭 • 172
윤길尹趌 • 13, 494
윤두수尹斗壽 • 110
윤복尹復 • 137, 494
윤빈尹玭 • 72, 495
윤용구尹用求 • 163, 495
윤증尹拯 • 167
율계공栗溪公 재홍在鴻 • 287, 294
을묘당화乙卯黨禍 • 206, 211
을묘왜변乙卯倭變 • 80, 232
『을미보乙未譜』 • 420
을사늑약乙巳勒約 • 298
을해당론乙亥黨論 • 200
음서蔭敍 • 156
「의격문義檄文」 • 244
이건창李建昌 • 201, 495
이경진李景震 • 131
이광李洸 • 94, 234
이귀李貴 • 112, 114, 496

이극돈李克墩 • 67
이발李潑 • 136, 204, 216, 220, 496
이사헌李士献 • 114, 497
이상영李商永 • 1775, 498
이상진李尙眞 • 384
이상형李尙馨 • 170, 498
이색李穡 • 40, 498
이수광李睟光 • 211, 498
이씨할머니 • 24, 28, 30, 44, 366, 377
이유겸李有謙 • 320, 498
이의장李義章 • 78, 499
이인좌李麟佐 • 410, 499
이재李縡 • 41, 47, 268, 499
『이재유고頤齋遺藁』 • 257, 274
이재현李載現 • 343, 500
이정란李廷鸞 • 136
이제현李齊賢 • 40
이준경李浚慶 • 148, 161, 201
이집李集 • 37, 500
이창李昌 • 64, 500
이천보李天輔 • 121, 501
이충남李忠男 • 77, 501
이후李侯 • 40
이휘지李徽之 • 270, 501
인물성동이론人物性同異論 • 229, 284
인재공忍齋公 병기秉錡 • 305
인조반정仁祖反正 • 114
임문고강臨文考講 • 105
임병찬林秉瓚 • 243
임억령林億齡 • 78, 501
임제林悌 • 141, 502
임진왜란壬辰倭亂 • 232
임피공臨陂公 자첨子瞻 • 66, 76, 275
임회林檜 • 357, 502

자

장건張健 • 77, 503
장경세張經世 • 94, 503
장륙공藏六公 해거海擧 • 144
「장사랑쌍매당공묘갈명將仕郞雙梅堂公墓碣銘」 • 91, 262
장사랑將仕郞 시경時敬 • 91, 135
「장안곡長安曲」 • 137
장유張維 • 112, 503
장충보張忠輔 • 77, 504
『전간재집田艮齋集』 • 307
전라북도 유형문화재 • 332
전시殿試 • 105
전우田愚 • 307, 504
절도안치絶島安置 • 212
정랑공正郎公 금호金灝 • 160

정무서鄭武瑞 • 227
정사상소丁巳上疏 • 173, 213
「정사춘 생원 양몽등 소丁巳春生員楊夢舉等疏」• 225
정승순鄭承順 • 75, 504
정여립의 난(기축옥사) • 118, 136, 216
정여창鄭汝昌 • 96
정염丁焰 • 96
정온鄭蘊 • 410, 504
정운한鄭雲翰 • 165, 505
정재공靜齋公 병현秉鉉 • 305
정철鄭澈 • 118, 136, 173, 215
정태화鄭太和] • 170
정홍서鄭弘緖 • 96, 505
정희량鄭希亮 • 410, 505
정희렴鄭希濂 • 357, 506
정희왕후 • 67, 72
「제생원 창주공문祭生員滄洲公文」• 130
제단祭壇 • 42, 277, 367, 396
「제영하정題映霞亭」• 351
제용감정공濟用監正公 공영公永 • 79
「제종가쌍매당題宗家雙梅堂」• 89
「제평릉역정題平陵驛亭」• 33
「제함안청범루題咸安淸範樓」• 65
「제희릉참봉공문祭禧陵參奉公文」• 139
조면호趙冕鎬 • 291, 506
조상동원설祖上同源說 • 23
『조선시선朝鮮詩選』• 31, 34
『조선유현록朝鮮儒賢錄』• 253
조은공釣隱公 석규錫奎 • 289
조인하趙麟夏 • 415
조종영趙鍾永 • 319, 506
조철영趙喆永 • 287, 413
종통宗統 • 91
종호계鍾湖契 • 370
종호정鍾湖亭 • 370
종호鍾湖 • • 369
좌랑공佐郞公 공준公俊 • 76
좌랑공 홍패 • 330
좌리원종공신 • 70, 85
좌익원종공신 • 63
죽계공竹溪公 대발大發 • 406, 411
죽계공「옥중시獄中詩」• 411
죽오공竹梧公 석진錫珍 • 162
중도부처中途付處 • 211
중봉공中峰公 재성在聖 • 191
중서공中書公 한점漢占 • 60
중화양씨中和楊氏 • 22
「증숙부인 김씨정려 중수기贈淑夫人金氏旌閭重修記」• 339
「증좌승지 최락당공묘갈명贈左承旨最樂

堂公墓碣銘」• 264
지계사芝溪祠 • 318
「지계사 봉안문芝溪祠奉安文」• 319
지곡공芝谷公 병운秉雲 • 306
「지곡처사묘갈명芝谷處士墓碣銘」• 06
지방문화재 • 326
직제학공直提學公 수생首生 • 44
직제학공 홍패 • 329
「진사 화양공 묘갈명進士華陽公墓碣銘」 • 142
진사공進士公 사헌士獻 • 93
진사공進士公 시익時益 • • 91, 134
진사공파(익산파) • • 93
집의공執義公 자유子由 • 67, 69, 158, 403
집의執義 • 73
집현전集賢殿 • 41

차

「차권대부호정정시차운次權大夫鎬靜亭詩次韻」• 32
「차권좌윤숙모춘운次權左尹璹暮春韻」• 33
「차반선정운次伴仙亭韻」• 260, 355
「차백운거사적성운次白雲居士赤城韻」• 260, 355
차운로車雲輅 • 112, 507
「차윤오음두수견증운次尹梧陰斗壽見贈韻」• 110
「차종호팔경운次宗湖八景韻」• 372
차천로車天輅 • 211, 507
찬하정餐霞亭 • 85, 357
찬하정공餐霞亭公 항沆 • 85
참봉공參奉公 여백汝栢 • 138
참의공參議公 여균汝筠 • 144, 159, 240
참의공參議公 여장汝樟 • 144, 159, 240
참의공參議公 윤潤 • 84
참판공參判公 영재英材 • 101
창정공倉正公 유점由漸 • 59
창주정滄洲亭 • 358
창주공滄洲公 시성時省 • 91, 130
처사공處士公 학태學泰 • 26, 279
『척약재선생학음집若齋先生學吟集』• 32
천태암天台菴 • 375, 381
첨지공僉知公 도영道永 • 197
첨지공僉知公 석렬錫烈 • 196
첨지공僉知公 언영彦永 • 197
첨지공僉知公 육堉 • 189
첨지공僉知公 재근在根① • 193

첨지공僉知公 재수在壽 • 192
첨지공僉知公 종필宗弼 • 192
첨지공僉知公 종호宗虎 • 196
첨지공僉知公 춘해春楷 • 191
첨지僉知 • 182
청범루淸範樓 • 64
청요직淸要職 • 70
청주양씨淸州楊氏 • 22
청파공靑坡公 기영璣永 • 295
청패거사靑牌居士 • 145
청향정淸香亭 • 160
체와공棣窩公 규환奎煥 • 285
초로공楚老公 운거雲擧 • 169, 370, 382
「초산 양공 효행비음기樵山楊公孝行碑陰記」• 344
초산공樵山 재익在益 • 343
초시初試 • • 105
최락당공最樂堂公 정기鼎基 • 264, 315
최병심崔秉心 • 306, 507
최부崔府 • 64, 508
최산흥崔山興 • 244, 508
최상중崔尙重 • 96, 509
최수웅崔秀雄 • 405, 509
최시망崔時望 • 174, 509
최시옹崔是翁 • 146, 510
최영년崔永年 • 306, 510
최영崔瑩 • 35
최영崔穎 • 96, 510
최유지崔攸之 • 370, 510
최익현崔益鉉 • 243
최항崔恒 • 511
최휘지崔徽之 • 370, 511
추성관秋城館 • 234
『축장일기築場日記』• 269
춘계공春溪公 윤숙允淑、춘영春泳 • 242
춘계공「절명시絶命詩」• 248
춘당공春塘公 석중錫中 • 195
「춘초시春草詩」• 306
『춘향가』• 375
칠치의 난漆齒之亂 • 49

타

탁광무卓光茂 • 43, 511
탁신卓愼 • 43, 157, 512
탁영정濯纓亭 • 370
태은공台隱公 응조應組 • 279
「태은공행장台隱公行狀」• 279
태학사太學士 • 41
태학생공太學生公 서령瑞齡 • 61
토성분정土姓分定 • 19

통덕랑공通德郎公 감堪 • 76
통덕랑공通德郎公 시협時協 • 116
통덕랑공파 • 76
「통정대부 첨추공 휘진우묘갈명通政大夫僉樞公諱鎭禹墓碣銘」• 187
통정대부공通政大夫公 징澄 • 86
투장偸葬 • 51, 406

파

판관공判官公 연淵 • 63
팔암공八岩公 종린鍾麟 • 287, 294
풍산양씨豊山楊氏 • 22

하

하만리河萬里 • 370, 512
「하청송河淸頌」• 114
「학생 만촌공행장學生晩村公行狀」• 288
한림공翰林公 • 67, 69, 158, 403
「한림공묘갈명翰林公墓碣銘」• 73
한림공파 • 73
한림공종파 • 77
한림공중파 • 78
한림공계파 • 78
한명회韓明澮 • 67
한성보韓聖輔 • 512
한용귀韓用龜 • 321
한응성韓應聖 • 83, 512
한정오韓正吾 • 321, 513
한치명韓致明 • 94, 513
할머니샘 • 52
할머니성城 • 52
함평공咸平公 사보思輔 • 45, 50, 62, 157, 338, 364, 380
허목許穆 • 141, 213, 513
형제암兄弟岩 • 368
호계공虎溪公 재현在鉉 • 194
호남의병창의동맹단湖南義兵倡義同盟團 • 249
『호남절의록湖南節義錄』• 233
호락론쟁湖洛論爭 • 229
「호락지변湖洛之辨」• 284
호은공壺隱公 석룡錫龍 • 151
「호은 진사공 휘석룡 행장壺隱進士公諱錫龍行狀」• 151
호호정皞皞亭 • 358
『혼상제례약선婚喪祭禮略選』• 432
홍계희洪啓禧 • 116, 514
홍서봉洪瑞鳳 • 211, 514
홍석주洪奭周 • 319, 515
홍타이지皇太極 • 238
홍판紅板 • 335
홍패紅牌 • 327

「화남원양상일和南原楊相一」 • 291
화산서원花山書院 • 312
화암서원華岩書院 • 322
화양공華陽公 여매汝梅 • 142, 240
화은공華隱公 사수士秀 • 99
황단첨배皇壇瞻拜 • 147
황신구黃信龜 • 46, 336, 515
황위黃暐 • 139, 516
황윤석黃胤錫 • 256, 316, 516
황현黃玹 • 516
황희黃禧 • 63, 517
회니사생론懷尼師生論 • 205, 228
회봉공晦峰 인영寅泳 • 360
회산공晦山公 병용秉鎔 • 304
회암공晦岩公 헌영憲泳 • 303
회와공悔窩公 공신公信 • 78, 183
「회와공유사悔窩公遺事」 • 183
후암공後岩公 병렬秉烈 • 49, 362
후청공後青公 찬수贊壽 • 303
흑치지란黑齒之亂 • 51

| 가계도 |

[01] 이씨할머니께서 전하신 가승(1~10세) • 59

[02] 지파 초기(10~17세) • 62

[03] 한림공파(12~19세) • 70

[04] 부정공 자손 대의 지파들 • 80

[05] 돈암공파(17~27세) • 87

[06] 쌍매당공파(17~22세) • 90

[07] 진사공파(17~26세) • 93

[08] 어은공파(17~24세) • 95

[09] 통덕랑공파(13~21세) 참판공 가계 • 101

[10] 한림공계파(15~27세) 죽오공 가계 • 162

[11] 쌍매당중파(22~ 27세) 만오공 가계 • 163

[12] 어은공파(17~23세) 백수공 가계 • 174

[13] 통덕랑공파(13~21세) 동지공 가계 • 184

[14] 쌍매당중파(17~28세) 오졸재공 가계 • 187

[15] 어은공파(17~22세) 노송공 가계 • 190

[16] 쌍매당중산파(17~26세) 중봉공 가계 • 191

[17] 한림중파(16~25세) 매사재공 가계 • 193

[18] 한림공파(16~26세) 첨지공 기계 • 193

[19] 쌍매당도사공파(17~27세) 춘당공 가계 • 195

[20] 쌍매당중파(17~28세) 첨지공 가계 • 197

[21] 돈암공파(17~28세) 휘 종호、경택의 가계 • 198

[22] 쌍매당공중산파(17~29) 춘계공 가계 • 242

[23] 어은공파(17~24세) 백수공 가계 • 266

[24] 어은공파(17~24세) 안암공 가계 • 276

[25] 통덕랑공파(14~23세) 돈재공과 묵재공 가계 • 281

[26] 쌍매당종파(17~26세) 체외공 가

계 • 286
[27] 쌍매당중산파(17~28세) 만촌공 가계 • 288
[28] 쌍매당도사공파(17~29세) 지곡공 가계 • 307
[29] 쌍매당 · 어은공파(17~23세) 초로공 가계 • 383
[30] 어은문학공파(17~21세) 죽계공 가계 • 410
[31] 지파支派 계통도 • 464

| 표 |

[01] 문과안文科案 • 108

[02] 무과안武科案 • 122

[03] 사마안文科司馬案 • 128

[04] 음직안蔭職案 • 157

[05] 천거안薦擧案 • 165

[06] 증직 일람贈職一覽 • 179

[07] 수직 일람壽職一覽 • 182

[08] 유현儒賢 • 253

[09] 유행儒行 • 273

[10] 화산서원 배향 인물 • 313

[11] 서룡사 배향 인물 • 315

[12] 지계사 배향 인물 • 319

[13] 아계사 배향 인물 • 321

[14] 화암서원 배향 인물 • 322

[15] 선영 일람 • 391

[16] 성관별 선외가 일람 • 419

[17] 외손 성관 일람 • 422

[18] 대종회 주관 묘제 일람 • 463

[19] 지파 묘제 일람 • 465

[20] 품계와 관직 • 518

[21] 남원양씨 항렬표行列表 • 525

[22] 대종회 역대 도유사、회장 • 534

[23] 서울종친회 역대 임원 • 535

[24] 선조들의 전적典籍 • 539

| 삽도 |

1930년대의 귀미리 • 43

1930년대의 남원양씨 종가 • 49

1930년대의 농소 추원재追遠齋 • 394

거북바위 • 365

거북장수마을 벽화 • 103

「경명충렬敬命忠烈」 • 236

고려 직제학 양수생의 처 열부이씨려 • 334

고려사』 열전 • 34

관전 선영의 묘역 • 397

관전 효사재孝思齋 • 397

광제정 • 349

교룡산 아래 동네 • 17

구선동 어은공 묘역 • 405

구선동 이로재履露齋 • 405

귀문각 • 362

귀암정 • 346

귀암정 앞 만수탄 • 256

남원부지도 • 48

녹갈암 • 367

농소 가는 길 • 467

농소리 묘역 • 392

농소리 묘제의 어제와 오늘 • 393

농소리 산송 소지 • 407

대모정 • 367

대실 격사재格思齋 • 399

대실 선영의 묘역 ① • 398

대실 선영의 묘역 ② • 399

대제학공 홍패(1355, 고려 공민왕 4) • 328

만수탄의 물안개 • 251

만오공의 「白水集序」 • 164

무량산 서당터 • 364

무량산과 남원양씨 본향 • 363

무송공의 정사상소 • 199

무후선열제단無後先烈祭壇 • 246

『백수집』 • 267

『백수집』 권 6, 「혼천도설」 • 267

부정공 청도군수 임명 교지(1559, 명종 14) • 331

부정공 홍패(1540, 종종 35) • 331

사예공이 받은 교지들 • 117

사예공이 받은 종묘서령 교지(1628, 인조 6) • 333

삼인대三印臺 • 314
서당터에서 내려다 본 귀미 • 57
선비의 방 • 271
성균관 조감도(1747년 그림) • 131
성천공의 상소문 • 211
세룡 보사재報思齋 • 405
세룡의 쌍매당공 묘역 • 404
세심 사오재紗五齋、추선재追善齋 • 403
세심 선영의 묘역 • 403
소지所志 • 389
순창객사 • 231
양시진 처 도강김씨 정려 • 340
양위진설도兩位陳設圖 • 450
양호재 • 360
양호재 가구架構 • 361
어은공의 선무원종2등공신 녹훈록(1614, 광해 6) • 333
어은정 • 352
여산 선영의 묘역 ① • 400
여산 선영의 묘역 ② • 401
여산 신양재新陽齋 • 401
영승문永承門 • 325
영승문永承門 • 361
용궐산에서 바라 본 만수탄 • 155
장가 가는 날(풍속화) • 417
전통마을 귀미리의 돌담길 • 177
조선 시대 붕당 정치 계보도 • 202
종가에 있던 사당 • 276
종호 석벽의 음각 • 371
종호 주변의 육로정과 육로암 • 371
종호의 육로암 • 171
좌랑공 백패(1507, 중종 2) • 331
좌랑공 홍패(1520, 중종 15) • 331
직제학공 홍패(1376, 고려 우왕 2) • 329
『집의공이 한명회의 파면을 주장한『성종실록』기사 • 71
참봉공의 희릉참봉 임명 교지와 진사시 백패 • 139
창의거병도倡義擧兵圖 • 235
창주공 백패(1591, 선조 24) • 331
책가도冊架圖 • 309
책여산에서 바라 본 적성강 • 354
천태암 터 • 375
체 • 65
초산 양공 효행비 • 344
추원재의 대종춘제(2017. 4. 1) • 455
통과의례 • 425
한응성 장군 묘역과 충의비 • 84
항일의병장 춘계공의 묘 • 246
형제 바위와 산인동 • 368

◆ 後記 ◆

南原楊氏世蹟輯要 남원양씨세적집요 개편작업을 마치며

2016년 8월에 시작한 일을 2018년 2월에 마칩니다. 玄谷현곡 양만정님이 전주에서 1973년 편찬한 "남원양씨세적집요"라는 책을 남원양씨 서울종친회장 상윤님의 제안으로 개정증보판의 발행준비를 논의하면서 시작한 일입니다. 서울종친회는 100여명의 등록회원으로 50여명의 참석회원을 유지하며 활동중이며 최근 작고하시는 회원도 생기며 청년층이 참가를 피하는 현상이 있어 염려가 되는 중입니다. 제대로 꾸려진 우리씨족의 기원과 역사를 한 눈에 볼 수 있는 책자가 있었으면 하는 바램이 있었습니다.

이책의 앞부분에서 고려시대 大提學公대제학공(양이시)에 대한 遺蹟유적과 遺詩유시등 관련내용들이 설명됩니다. 이러한 내용은 역사적인 문헌에 근거한 것으로 남원양씨의 역사가 900여년이라고 이해할 수 있게 됩니다. 현재까지도 명실상부한 한성받이 마을로 연구되는 전북 순창군 동계면 귀미마을에 살기시작한 650여년전의 전후사정도 충분히 연결되며, 寧越公(양경문)을 왜 시조로 모시는 지를 저절로 알게 합니다. 시기는 고려16대 예종 혹은 17대 인종 무렵으로 짐작 할 수 있습니다.

어느성씨나 자기성씨를 대표하는 책으로 族譜족보가 있습니다. 이를 공부하는 분야를 譜學보학이라 하고 많은 공부를 하여 후학을 가르칠 정도의 학자를 譜學者라고하여 史學者와 구별하기도합니다. 현재는 사실 어느 가정이나 족보가 있으나 활용되지 못하고 있으며 난해하며 불편하고 나와 부모님 이름이 어디쯤 있는지를 확인하는 정도이며 문중이나 종사를 이해하려면 많은 노력이 필요합니다. 동성동본의 모든파를 집대성하여 만는 大同譜가 등장하고 자손의 수가 증가하며 책자의 크기 또한 작지않습니다.

우리문중에도 족보의 간행 이력이 다음과 같이 있습니다.

1766년 영조42 병술보 – 남원양문족보

1931년 신미보 – 남원양씨족보

1955년 을미보 – 남원양씨족보

1998년 무인보 – 남원양씨대동보

(이외에도 집안 별로 派譜파보나 家乘가승이 있을 것으로 사료됩니다.)

1998년 발행된 대동보에서도 우리가 우리의 뿌리를 쉽게 이해한다고 하는 것이 역시 어렵습니다. 이러한 불편을 해소하고 우리의 선조는 어떻게 살아왔으며 명문가문으로 대를 이어오기 위하여 어떤 노력을 하였으며 어떤 정성을 다하게 되었는지를 일목요연하게 분류/분석/설명을 한 책자를 만들기 위하여 집중 연구를 한 결과가 '남원양씨 세적집요'입니다.

전주를 중심으로 활동하셨지만 우리나라 譜學보학의 大家대가라 인정받고 향토사학자라고 존경 받던 현곡공께서 책자를 발행하기에는 조부 성암공, 부친 귀운공까지의 3대에 걸쳐서 연구한 결과인 노작(勞作)이며 후학/후손들에게는 그지없는 소중한 선물이라고 감히 말할 수 있습니다. 하지만 세월이 흐르고, 학문의 변화도 있어서, 금번의 개정증보를 위하여 결정을 한 것은 45년전의 책자로는 불편하고, 당시의 표현법인 국한문혼용체이며 출판환경이 활자인쇄인 이유로 오탈자가 많아 한편으론, 시급성 또한 있었습니다. 현곡선생님은 2015년 작고하시기 직전에도 개정판의 필요성을 강조하셨고, 2013년 발행한 회고록에도 책자를 상세하게 소개한 바 있습니다. 물론 이번 개정판은 공께서 저술한 범위내에서만 보완하는 것으로 영역을 정하였습니다. 사실 저는 개편위원으로 위촉받은 것도 영광이지만 완성도가 중요한 작업으로 정성을 다할 수 밖에 없었다는 점을 밝혀둡니다. 일자체의 중차대함을 감안하여 관련분야의 조예가 있는 위원으로 구성된 위원회를 만들기로하였습니다. 최초 논의된 시점의 실무진은 당시 서울종친회 상윤회장, 현욱사무국장, 완욱재무국장이였습니다. 2주후 상윤회장은 택규,천규,성재,완욱 4명을 개편위원으로 공식위촉하였고, 1차회의시에 택규님에게는 그간의 저술경험과 씨족사에 대한 연구경험을 금번 원고작성에 반영하고 특별히 금번 원고의 완성을 주관하여 주실 것을, 천규님에게는 문장의 교열에 힘써 주기를, 한문교육이 전공이고 현직 한문교사인 성재님에게는 한시와 한문부분에 집중보완하여 주실 것을. 상윤님과 완욱 두 사람은 기획 및 진행관련 제반 사항의 지원을 담당하자고 정하였습니다. 3주에 한 번 씩 혹은 한 달에 한 번 정도 5명의 개편위원은 각자의 의견을 개진하며 초고를 완성하려 집중하였습니다. 2017년 늦은봄에는 택규님의 강도 높은 노력으로 초고를 회람할 수 있게 되었습니다. 초고를 내어놓기까지 수 많은 참고자료와 확인작업 원본의 오탈자 확인등 작업량이 막대함에도 불구하고 완료할 수 있었던 것은 아무도 흉내조차도 낼 수 없는 筆才와 실재하는 여러 苦痛이 함께하는 시간을 보냈기에 가능했을 것으로 추측합니다. 초고가 정리되자 부족한 부분을 보완하며 출판계획을 구체화하면서 상윤님 택규님 완욱 세사람의 집중적인 작업이 진행되었고 본문의 서술내용과 함께 관련있는 사진을 대폭 보완하여야겠다는 필요성이 있어 규근, 상희, 병완, 동아, 병로, 증호, 태호님등 수많은 친지들의 지원을 받았고 외손 최훈님, 신렬호님의 협조가 있었기에 깊은 감사를 드립니다.

당초에 금번 출판은 서울종친회가 주관, 완료할 예정이었으나, 남원양씨대종회로 이관되어 진행하기로 결정된 바 있었고 초고 작성 상황과 초고의 완성내용등을 4차례에 걸쳐 대종회에 보고드린 바 있습니다. 개정증보판의 도서명을 깊은 고민끝에 "버들숲 짙푸른 楊門을 다시 열며"로 정하였습니다. 물론 "남원양씨세적집요" 라는 底本書名은 冠題로 함께 올리기로 하였습니다. 또한 경제성, 출판기술정도, 교정작업의 수월성과 편찬위원의 거주지역등을 감안하여 출판사를 결정하기로 의견을 모았고 최종 원고의 완성작업 즈음에는 상윤님, 택규님, 완욱 세 사람의 마무리작업으로 마쳤음을 밝혀둡니다.

재차 강조하는 점은 이책의 내용에 광복이후의 내용이 없는 것은 현곡공의 저술에 한하여 보완함에 따른 것으로 이후의 기록은 다음 단계의 연구과제로 미뤄둡니다. 1945년 광복도 73년이나 경과되니 실로 많은 역사적 사실이 발생되었으리라고 짐작이됩니다. 언젠가는 정리되어야 한다고 봅니다. 금번의 작업중에도 개편위원에게 전국의 많은 분들이 조언을 주셨습니다. 정성은 다하였으나 개편위원의 부족한 부분이 당연히 있을 수 있다고 생각되는 바, 諒解와 感謝의 말씀을 함께 올리며 관련된 후일 작업을 기대합니다. 특히 방대한 일이라며 시작을 만류하신 분도 있었으며 끊임없는 격려의 말씀을 주신 분도 있었고 2년여 작업하는 과정에 밤을 꼬박 새우기도 하였으며, 작업중인 컴퓨터가 이상신호를 보낸 적도 있었습니다.

脫稿에 앞서 戊戌年 설날연휴에 성재님과 규하님 (현곡, 양만정님의 장남) 두 분이 監修과정에 참여하는 勞苦가 있었기에 감사드립니다.

전주에서 題號를 기꺼이 써서 보내주신 서예가 東湖 양상배님에게 감사의 말씀을 남깁니다. 한자의 작업불편성과 도표와 사진작업등을 기꺼이 맡아 여러번 수정을 하여주신 서울 마포 소재 도서출판책과나무 출판팀과 디자인팀의 협조에 감사드립니다. 노심초사 책자의 완성도에 관심을 가지며 시종일관 관련된 모든 일에 솔선수범하며 출판제비용을 쾌척하신 前서울종친회 상윤회장님께 여백을 빌어 진심으로

감사의 말씀을 올리며 ------,

" 버들숲 짙푸른 楊門을 다시 열며 "의 改編을 마칩니다.

戊戌正月 雨水 완욱